世纪波
Century Wave

PDMA新产品
开发工具手册1（修订版）

The PDMA ToolBook 1
for New Product Development

[美] Paul Belliveau（保罗·贝利维尔）
Abbie Griffin（艾比·格里芬）
Stephen M.Somermeyer（史蒂芬·M.塞莫尔梅尔） 主编

赵道致 译

楼 政 唐 晔 马鸿秋 张 元 孙志宏 高志兴 景海斌 审

電子工業出版社
Publishing House of Electronics Industry
北京·BEIJING

The PDMA ToolBook 1 for New Product Development by Paul Belliveau, Abbie Griffin and Stephen M. Somermeyer
ISBN: 9780471206118 / 0471206113

版权贸易合同登记号　图字：01-2017-8740

图书在版编目（CIP）数据

PDMA 新产品开发工具手册：修订版．1/（美）保罗・贝利维尔（Paul Belliveau），（美）艾比・格里芬（Abbie Griffin），（美）史蒂芬・M. 塞莫尔梅尔（Stephen M.Somermeyer）主编；赵道致译．—北京：电子工业出版社，2020.3

书名原文：The PDMA ToolBook 1 for New Product Development

ISBN 978-7-121-38335-9

Ⅰ. ①P…　Ⅱ. ①保…　②艾…　③史…　④赵…　Ⅲ. ①产品开发－手册　Ⅳ. ①F273.2-62

中国版本图书馆 CIP 数据核字（2020）第 029868 号

责任编辑：卢小雷　　　　特约编辑：田学清
印　　刷：三河市鑫金马印装有限公司
装　　订：三河市鑫金马印装有限公司
出版发行：电子工业出版社
　　　　　北京市海淀区万寿路 173 信箱　　　邮编 100036
开　　本：720×1000　1/16　印张：27.5　字数：539 千字
版　　次：2010 年 5 月第 1 版
　　　　　2020 年 3 月第 2 版
印　　次：2020 年 3 月第 1 次印刷
定　　价：98.00 元

凡所购买电子工业出版社图书有缺损问题，请向购买书店调换。若书店售缺，请与本社发行部联系，联系及邮购电话：（010）88254888，88258888。

质量投诉请发邮件至 zlts@phei.com.cn，盗版侵权举报请发邮件到 dbqq@phei.com.cn。
本书咨询联系方式：（010）88254199，sjb@phei.com.cn。

修订版序

中国正处于全面实施创新驱动发展战略的关键历史时期。创新需要先进的科学方法的指导，借鉴发达国家的成熟创新方法不失为一条可行的道路。为了落实创新驱动发展战略和引进发达国家先进成果，国际人才交流基金会于2016年将美国产品开发与管理协会（PDMA）的“产品经理国际资格认证”项目及其知识体系正式引入中国，随后在国内出版了《产品经理认证（NPDP）知识体系指南》，并在国内选拔培养了一批NPDP培训师。为了使《PDMA新产品开发工具手册1》《PDMA新产品开发工具手册2》《PDMA新产品开发工具手册3》（以下简称《工具手册》）和《产品经理认证（NPDP）知识体系指南》（以下简称《指南》）保持一致，我们组织了专家团对本套《工具手册》进行了全面修订。参与此次修订的专家多数也是校对《指南》的成员，有着良好的合作基础。

在修订中，修订团队秉承“尊重原著作者和原译者风格，承前启后，实现与《指南》的一致化，同时提升翻译质量”的原则，重点在以下方面开展修订：一是以《指南》术语为标准，对《工具手册》术语进行了一致化处理；二是对书中的一些缺漏、错误进行了完善和纠正；三是对容易引起读者费解的内容进行了梳理。

修订团队由金指南企业管理咨询有限公司首席顾问楼政领导。楼政负责总审，修订安排如下：术语表（楼政、张元、唐晔）；第一册第1、3、5、7、9、11、13、15章（唐晔），第2、4、6、8、10、12、14、16章（马鸿秋）；第二册第1章（马琛），第2～6、12、14、15章（景海斌），第7～11、13章（高志兴），第16章（马鸿秋），第17章（张元）；第三册第1～9章（张元），第10～16章（孙志宏）。此外，修订团队还开展了交叉互审。互审安排如下：第一册第1～4章（高志兴），第5～8章（景海斌），第9～12章（张元），第13～16章（孙志宏）；第二册第1～4章（唐晔），第5～8章（马鸿秋），第9～12章（张元），第13～17章（孙志宏）；第三册第1～4章（唐晔），第5～8章（马鸿秋），第9～12章（高志兴），第13～16章（景海斌）。

在修订过程中，修订团队重温了这套书，对这套书的特点有了更深刻的体会。一是重实践、重应用、重产出。大部分作者是企业高管和咨询公司的资深顾问，有着非常丰富的实践经验和应用心得，总结的方法大多经过实践检验。二是有高度、有深度、有广度。既有战略高度、前瞻智慧和趋势判断，又有战术层面的具体应用和实例，同时涵盖了新产品开发的方方面面和多个行业。三是育人才、带团队、管企业。有针对个人管理水平提升的工具（如工程和设计工具、流程责任人工具等），也有适合团队管理水平提升的技术（如启动项目的工具，文化、组织和团队工具，整个项目都可使用的工具等），更有适用于企业成熟度提升的方法（如管理新产品开发流程的工具、管理新产品开发项目组合和管道的工具、整个企业和新产品开发项目绩效的战略工具等）。因此，对于从业者、研究者和学习者来说，本套书无疑是非常值得一读的佳作。

虽然修订团队花了半年多的时间来修订这套书，但仍然存在一些问题，期待有更多的同道中人提出意见和建议，共同完善这套书。为了便于和广大读者互动，修订团队建了产品管理研讨群，读者可以扫下面的微信二维码加入（加入时请注明研讨产品管理），共同探讨，不断提高。我们期待在引进、消化、吸收国外先进智力成果的基础上进行转化和创新。一起期待那一天的到来！

楼政

修订总审简介

楼政（联系电话：18029169969）

金指南企业管理咨询有限公司（www.jznpmp.com，国际人才交流基金会授权合作机构）创办人，海外留学回国资深专家，专注于产品开发、项目管理和创新领域。国际人才交流基金会 PgMP（项目集管理）授权培训师和 NPDP 授权培训师。从事项目实践和培训咨询近 30 年，领导和交付数十个项目（包括新产品开发项目、管理变革项目、运营提升项目、工程建设项目、项目集群管理、项目组合管理、咨询项目等）。为数百家企业和 2 万余名专业人士提供了培训、辅导和咨询。首创了实战演习结合全真项目实战培训方法，并首创了产品、管理和市场，个人、团队及企业“三位一体”咨询法，帮助企业实现收益倍增，受到企业推崇。领导 NPDP 师资班校对了《产品经理认证（NPDP）知识体系指南》，领导修订了《PDMA 新产品开发工具手册 1》《PDMA 新产品开发工具手册 2》《PDMA 新产品开发工具手册 3》，参与制定了 PMI《项目管理知识体系指南》（第 5 版）、《项目管理知识体系指南》（第 6 版）和《项目集管理标准》（第 4 版）。蒙特利尔大学高等商学院 MBA、六西格玛黑带、TPM 导师。拥有工程学、会计、英语、管理学四个学位。

译者序

译者长期从事制定战略、供应链管理、新产品研发管理领域的教学科研与企业咨询工作。近年来，中国已经成为全球的制造大国之一。然而，正当我国的经济进入健康快速发展阶段之际，全球金融危机和气候环境变化又给我们带来了新的挑战。

2009 年以来，世界各国都希望尽快摆脱危机阴影，一些国家之间的国际贸易争端不断，我国的一些企业也受到了来自不同国家的反倾销与反补贴的“双反”调查。在这样的背景下，我国以劳动密集型和资源密集型为主的、处在全球产业链低端的加工制造业面临着巨大的挑战。只有通过创新，尽快摆脱劳动密集型和资源密集型的低端产业地位，创造出具有高附加值的产品和服务，摆脱单纯依靠资源成本优势的全球竞争模式，才有可能再次获得生存和发展的机会。

2009 年 12 月 7 日至 18 日在丹麦哥本哈根召开的联合国气候变化大会（《联合国气候变化框架公约》第 15 次缔约方会议）上，如何承担减排责任成为所有参会国家争论的一个主要内容。中国作为一个对全人类可持续发展负责任的国家，在这次大会上向世界承诺：“到 2020 年，我国单位 GDP 二氧化碳排放量比 2005 年下降 40%～45%。”

环境的压力迫使我国的企业日益关注其产品和服务的创新与开发。然而，我国改革开放 40 年来，企业一直在快速成长，也有许多企业跻身世界财富 500 强。但是我们对企业本质的理解，对创新的理解，以及在创新开发管理的方法论上，仍然还有很大的提升空间。

企业是形成于市场经济环境下的概念。按照经济学的定义，企业就是将生产要素转化为有价值的产品和服务的组织。彼得·德鲁克曾指出，创造和管理企业的企业家就是要“设法将资源从生产力和产出较低的领域转移到生产力和产出较高的领域”[①]，从而在市场上获得生存和发展机会，并拥有竞争优势，这就是创新。

什么是创新？约瑟夫·熊彼特将创新定义为：创新是指新的生产函数（投入

① [美]彼得·德鲁克. 创新与企业家精神. 蔡文燕，译. 北京：机械工业出版社，2007.

产出关系）的建立，也就是企业家对企业要素实行新的组合，从而获得更高的投入产出效率。[①]在经济发展的周期中，能够成功创新的企业就有能力摆脱利润递减的困境而生存下来，而那些不能够成功地重新组合生产要素的企业最终会被市场淘汰。企业家的职能就是不断实现创新，引进新的生产要素组合。实际上，创新是企业摆脱恶性竞争、获取超额利润的唯一途径，这在经济学中早有结论。

企业家必须具有创新精神，然而，创新不仅是一种"精神"，更是一种能力。这种创新能力是可以通过学习和总结成功者的经验而获得的。

我们必须承认，我国历史上的农业经济体系和由此形成的封建政治体系，制约了我们国家的工业化进程，使我国在近代落后于西方，更晚成为进入工业化阶段的发达国家；在现代化创新开发方法论上，与发达国家也有较大差距。改革开放以来，尽管我国的企业充满了发展的活力，但是在经过了较快速的初期发展阶段之后，仍然遇到了向产业高端发展的瓶颈，其主要原因之一就是产品和服务创新方法及工具方面的不足。创新和开发的过程是具有很强的不确定性的过程。我们在 MBA 和 EMBA 的教学过程中经常发现，许多管理人员非常有智慧，他们有许多产品和服务创新的概念，然而这些概念的实现过程往往都是非结构化和非量化的，这就很难在组织内部通过团队的力量实施这些概念，也很难有效地控制这些具有很强的不确定性的新产品概念的实施进程。

PDMA（产品开发与管理协会：The Product Development and Management Association，http://www.pdma.org/）成立于 1976 年，是由致力于提升新产品开发效率和成功率的、多学科的、思想先进的实践者和学者构成的团体。数十年来，该协会为提升美国企业的新产品开发能力发挥了巨大的作用，并逐步形成了一套完整的、结构化的、不断完善和与时俱进的新产品开发管理方法和工具体系。"他山之石，可以攻玉"。为此，我们从 2005 年就与 PDMA 开始了合作与交流，并与时任 PDMA 主席的 Hamsa Thota 博士建立了良好的合作关系。在此基础上，我们于 2007 年翻译出版了《PDMA 新产品开发手册》。该手册的出版获得了良好的社会效应。为了能够将更多的、卓有成效的新产品开发管理的方法和工具介绍给我国的相关专业人员，我们继续组织了《PDMA 新产品开发工具手册 1》《PDMA 新产品开发工具手册 2》《PDMA 新产品开发工具手册 3》的翻译。本套手册的翻译是由天津大学管理与经济学部现代制造与物流研究所赵道致教授领导的团队和华成研发管理咨询公司的顾问团队共同完成的。天津大学管理与经济学部现代制造与物流研究所的团队负责全书的翻译，华成研发管理咨询公司的顾问团队负责全

① Joseph A. Schumpeter. The Theory of Economic Development: An Inquiry into Profits, Capital, Credit, Interest, and the Business Cycle. Transaction Publishers, Jan, 1982.

书的审译。其中，天津大学管理与经济学部现代制造与物流研究所的赵道致负责全书的翻译，陈佳、王艳丽、徐烨、张磐、郭彦路、王璇等参与了本书的翻译。华成研发管理咨询公司的曾学明和陈岗负责第 1 部分的审核，朱光辉和张现峰负责第 2 部分的审核，董奎和谢俊负责第 3 部分的审核，曹修洪负责第 4 部分的审核。这两个团队在新产品创新与开发管理领域均积累了相对较多的理论研究和实践的成果及经验，但是在快速发展的新产品创新与开发管理领域仍难免有不熟悉的新知识，因此在翻译中也难免存在翻译不准确和理解有偏差的地方，还请读者不吝赐教，让我们在新产品创新与开发管理的理论研究和实践中共同进步。也希望本书对我们的企业在新产品创新与开发管理领域的快速成熟起到良好的促进作用。

本套手册适合企业的新产品创新与开发经理和技术人员、市场营销经理、企业高层管理者、MBA 学员、管理类相关专业的本科生和研究生作为工具书和参考书使用，也可以作为从事创新与开发研究的学者了解新产品创新与开发管理理论与实践结合的参考书。

让我们共同仔细研读这套手册，从中了解结构化的产品和服务创新管理的方法和工具，并将其嫁接在我们中华民族的聪明才智之上，让这些有价值的管理工具帮助我们的企业走向世界，并进一步为世界人类文明做出更大的贡献。

赵道致

曾学明

译者简介

赵道致：天津大学管理与经济学部教授、博士生导师，现代制造与物流研究所所长，物流与供应链管理系主任。曾于 2000—2001 年在英国剑桥大学工程系做访问教授，2006—2007 年在美国佐治亚理工学院工业与系统工程系做福布赖特访问教授。主要研究领域包括物流与供应链管理、产品创新与开发管理、项目管理。

曾学明：华成研发管理咨询公司资深顾问、青铜器软件系统有限公司总经理、清华大学特聘教授。曾服务于华为技术有限公司，长期从事高科技企业研发管理的研究、咨询和培训服务。主要服务的领域包括创新管理、市场管理、产品开发流程管理、研发项目管理、研发人力资源管理和研发管理信息化等，曾经为数百家企业提供了研发管理培训服务，同时带领团队成功完成数十家企业的研发管理咨询和研发体系的 IT 建设。

前 言

欢迎阅读《PDMA 新产品开发工具手册 1》。

本书由研究新产品开发（New Product Development，NPD）的专家撰写。它提供了先进的有关产品开发工具和技术的详尽知识。本书最突出的特点是即学即用。每章介绍一个工具，列出实施步骤和应用举例，并指出成功的关键因素和要避免的错误。每个工具都经过企业的大量成功应用，以提高其产品开发效率。

由于受到 NPD 的水平和经验等因素的影响，不同的工具对企业有不同的意义。本书分成 4 个部分，以便于读者阅读和使用。在这 4 个部分中，有一部分会有益于 NPD 项目的参与人，所以我们建议读者最好先看自己所承担职责的那一部分。

如果你是产品开发团队的领导，你会发现本书的前两部分最有用，其中所提到的工具将帮助你更加切实有效地管理项目。

第 1 部分给出的 4 个工具用于项目的模糊前端（Fuzzy Front End，FFE），能够帮助你做好项目的准备工作。这些工具有助于完成产品开发正式开始之前的工作。其中的每个工具都提供了一种方法，通过增加前期的知识来提升项目成功的可能性。处于模糊前端的项目领导人在启动每个新项目之前，都将从这些工具的应用过程中有所收获。

第 2 部分中的工具可以用于项目的整个生命周期。尽管这些工具似乎越早用越好，但是实际上项目在任何时候都可以应用这些工具。在项目流程中，你将可能多次从应用这些工具的过程中得到好处。

第 3 部分和第 4 部分给出了交叉项目的工具——特别是应用于流程责任人（第 3 部分）和产品组合管理（第 4 部分）的工具。流程责任人是指那些负责开发、维护和部署企业 NPD 流程的执行经理。他们可能还负有开发和推进整个企业内部流程的责任。大项目经理是指监督多个项目开发进展的责任人，其监督的项目包括与企业或业务单元内的不同产品线相关的所有开发项目。

流程责任人将主要受益于第 3 部分的工具。该部分的每个工具都提供了一种改善产品开发流程的某个特定方面的方法。企业可以将这些工具并入标准的 NPD

流程中。

大项目经理会发现第 4 部分的工具最有用。这些工具提供了 4 种不同的方法，用于从整体上评估和改善企业的项目组合。

如何使用本书

本书可以逐章阅读，不必一次读完。我们建议读者在读每个部分之前先读引言。读者也可以先浏览某些章节的部分内容，熟悉某些特定的工具。然后，当希望改善 NPD 流程中的某些缺点或问题时，再进一步研读相关内容。

此外，读者也可以在项目开始之前阅读某些内容，这样可以帮助读者提高 NPD 效率。

对本书感兴趣和有其他 NPD 知识需求的读者，还可以阅读 PDMA 工具手册系列的其他读本。

保罗·贝利维尔（Paul Belliveau）
艾比·格里芬（Abbie Griffin）
史蒂芬·M. 塞莫尔梅尔（Stephen M. Somermeyer）

主编简介

保罗·贝利维尔（Paul Belliveau）

保罗·贝利维尔，新产品开发专家（New Product Development Professional, NPDP），是 Paul Belliveau 合伙公司的负责人。他为企业提供战略业务和新产品开发建议。保罗是 PDMA 的前主席之一，也是 PDMA 基金会的联合创始人之一。他是美国罗格斯大学罗格斯商学院（Rutgers Business School, Rutgers University）的兼职教授，也是《PDMA 新产品开发工具手册 1》的编者之一，该书于 2003 年赢得了由薛顿贺尔大学（Seton Hall University）斯蒂尔曼商学院（Stillman School of Business）和新泽西工商协会（NJBIA）联合推出的“新泽西闪亮构思奖”（New Jersey Bright Idea Award）。保罗在 *Journal of Product Innovation Management* 和 *Journal of Small Business and Enterprise Development* 等刊物上发表过多篇论文。保罗曾经是 *Journal of Small Business Management* 顾问委员会的成员，还是 *Journal of Product Innovation Management* 的评审专家。

艾比·格里芬（Abbie Griffin）

艾比·格里芬是美国伊利诺伊大学香槟分校（UIUC）商学院的工商管理教授，她主要讲授 B2B 市场营销和 MBA 第一年的市场营销核心课程。格里芬教授致力于新产品开发流程的度量和改善，她的论文发表在《工业营销管理》（*Industrial Marketing Management*）、《市场调查》（*Journal of Market Research*）、《斯隆管理评论》（*Sloan Management Review*）和《市场营销科学》（*Market Science*）等刊物上。格里芬是《PDMA 新产品开发工具手册 1》的编者之一。同时，她是航星国际（Navistar International）公司的董事会成员，还是 *Journal of Product Innovation Management*（1998—2003 年）的编辑。

史蒂芬 · M. 塞莫尔梅尔（Stephen M. Somermeyer）

史蒂芬 · M. 塞莫尔梅尔在 YourEncore 公司负责项目开发，还是 Somermeyer 公司的负责人，该公司主要为企业提供创新战略和组织咨询。他在 Eli Lilly and Company（一家制药公司）的制造和研发部门工作了 30 多年。塞莫尔梅尔是 PDMA 理事和提名委员会主席，还是创建 PDMA 知识体系的核心团队成员和《PDMA 新产品开发工具手册 1》的编者之一。塞莫尔梅尔做过许多次关于指标、标杆和外包、联盟等的演讲。

目　录

第 1 部分　启动项目的工具

第 3 部分　流程负责人的工具

第 4 部分　产品组合管理工具

第 1 部分

启动项目的工具

在新产品开发项目实际启动之前，第 1 部分的工具对项目领导者而言最为有用。此时，要开发的产品或服务还不完全清晰，业务计划还没有被批准，可能只确定了少数几个团队成员——只有他们在积极地工作。这些工具有助于 NPD 团队做好项目的准备工作。事实证明，准备工作是项目成功的基石。

第 1 部分提供了不同的方法，通过加深对竞争对手、技术、市场及客户的了解来提高项目成功的概率。在第 1 部分中，介绍工具的思路是这样的：第 1 章介绍通用工具，后续各章介绍解决特定问题的具体工具。

第 1 章明确了“新概念开发”的 5 项任务，包括机会识别、机会分析、创意生成和完善、创意选择及概念定义，这些任务在正式的 NPD 流程开始之前必须完成。完成这些任务依赖企业的领导力、文化及经营战略。没有这些因素，概念开发在企业内就得不到有力的支持。在模糊前端阶段，团队要在这 5 项任务中前后反复多次定义直至给出一个能够面向开发和商品化进程的可接受的概念，同时，这个概念还必须依据可行性和潜在性原则在战略上是可接受的。本章介绍的方法、工具和技术有助于团队成功地完成这 5 项任务，也有助于创造能够有效支持正在进行概念开发的领导力、文化及经营战略。

第 2 章介绍了一种帮助企业从现在的市场和产品转移到新的市场和产品的工具。该工具在企业的成熟产品市场特别适用。在成熟产品市场中，未来的新产品改善现有产品的机会通常是有限的，并且仅有很少一部分新产品能够为企业未来成长创造机会。本章介绍了 4 个阶段：准备（建立授权和项目计划）、寻找（发现大量的潜在机会领域）、建模（通过筛选，留下 3～5 个对企业有意义的问题进一步解决）、建立路径（建立一个高成功概率的业务系列，以计划的方式将企业转移到新市场领域）。

第 3 章通过电话访谈说明自己的价值主张，介绍了电话访谈工具，帮助企业发现让客户察觉到新产品概念的关键属性的方式。这项技术可以用于增强对任何概念的理解，它对于那些将产品销售给其他企业，以及因为客户在地域上分散或客户不愿意亲自参加焦点小组（Focus Groups）[①]调研的企业来说，是最有用的方法。该方法对于在形成一个复杂的或技术性强的概念过程中试图深入理解的人来说，也很有用。本章定义了一个强化价值主张的概念，提出了与详细访谈方法相关的步骤，讲解了成功地使用电话做访谈的方法，最后介绍了将收集到的信息重新纳入强化的价值主张中的有关知识。

第 4 章将 NPD 研究的焦点集中于客户感知价值（Customer Perceived Value，CPV），介绍了市场调研方法和工具，它们将有助于企业了解客户对产品和服务的评价，了解将这些产品和服务与客户感知到的有替代效用的其他产品和服务进行比较的方法。客户感知价值是其决定购买哪种产品和服务的基础，要量化这个价值也很困难，因为它是市场感知的（不是企业强加的），很复杂，仅仅当它相对于其他的备选产品时才是重要的。并且由于市场总在变化，所以它还是动态的。本章概括了了解客户的想法和需求的方法，识别价值属性的方法，以及了解市场要素和客户感知的重要性，同时还有感知其他相关备选产品和服务绩效的方法。这种来自市场信息的了解可用于特定的新产品开发工作。正在进入新市场或正跻身于动态市场的企业将会发现这个工具对于保证产品成功特别有用。

---

① 焦点小组是一种定性调研方法，该方法以召集目标人群代表举行座谈会的形式了解目标人群对产品、服务、概念、广告、构思和包装的意见及看法。在座谈会上，参加人会提出有关产品和服务的问题，自由地展开讨论。

第 1 章

模糊前端：有效的方法、工具和技术

彼得 · A.科恩（Peter A. Koen）、格里哥 · M.阿佳缅（Greg M. Ajamian）、斯哥特 · 博伊斯（Scott Boyce）、艾伦 · 克莱门（Allen Clamen）、艾登 · 费希尔（Eden Fisher）、斯泰夫洛斯 · 方妥拉基斯（Stavros Fountoulakis）、阿尔波特 · 约翰逊（Albert Johnson）、帕诗宾德 · 布里（Pushpinder Puri）、丽贝卡 · 赛博特（Rebecca Seibert）

1.1 引言

产品创新流程可以分为 3 个部分：模糊前端（FFE）、新产品开发（NPD）和产品商业化，如图 1-1 所示。在对产品创新的整个流程的改善中，FFE 通常被视为对产品创新流程改善时最重要的机会之一。许多公司已经通过实施正规的门径管理（Stage-Gate®）或 PACE 方法来管理创新流程的 NPD 项目，有效地缩短了周期并提高了效率。为了提高高利润产品概念进入产品开发和商业化的价值、数量和成功概率，企业日益聚焦于模糊前端的活动，这些活动先于上述正规和结构化的流程。

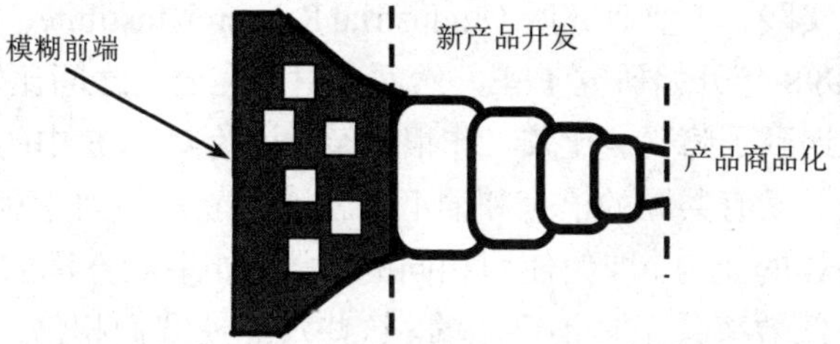

图 1-1 产品创新流程的 3 个部分

注：由于技术开发活动需要在不同的部门之间交替进行，FFE 和 NPD 之间的分界线通常不是很明显。

本章的目的是向读者提供管理 FFE 最有效的方法、工具和技术。本章首先简要讨论相关文献并介绍新概念开发（New Concept Development，NCD）模型的基本原理，然后介绍用于 NCD 模型各部分的行之有效的方法、工具和技术。

1.2 开发 NCD 模型之前的文献回顾和基本原理

对于创新流程的启动和 NPD 最佳实践，人们都很熟悉。然而，有关 FFE 最佳实践的研究很少见。许多有助于 NPD 的实践都不适用于 FFE，两者的差异如表 1-1 所示。之所以有关 FFE 最佳实践的研究很少，是因为 FFE 与 NPD 的工作性质、商业化日期、资金水平、收入预期、活动及进展评估在本质上都是不同的。

表 1-1 FFE 和 NPD 的差异

	FFE	NPD
工作性质	依靠经验，通常是混沌的，会有突发的灵感（Eureka Moment），计划性不强	遵守纪律，以目标为导向，有项目计划
商业化日期	不可预测或不确定	高确定性
资金水平	不稳定	有预算
收入预期	通常不确定，靠推断	可预测，随着产品投放日期的接近，确定性、可分析性和书面化程度都会逐步提高
活动	个体或团队执行研究，力求风险最小化、潜在成功最大化	跨职能团队和（或）流程开发团队
进展评估	强化的概念	达到突破要求

缺乏对最佳实践的研究使 FFE 成为最有希望改进创新流程的方式之一。为了说明和分享最佳实践，工业研究所（Industrial Research Institute，IRI）的一个多公司项目团队从 1998 年开始研究 FFE。然而，由于在公司之间比较 FFE 很困难，工作在开始时就遇到了障碍。比较工作很复杂，因为对 FFE 中的关键要素缺乏通用的术语和定义。没有共同的语言和词汇，就不可能具备创建新知识和在流程的不同阶段识别差异的能力。即使使用相同的术语，如果双方说的是不同的事情，双方的沟通也是低效率甚至是不可靠的。这些观点使我们相信，如果使用任何人都熟知的相同的术语去解释 FFE，就能够改善并促进大家对 FFE 的理解。

为了克服这个缺点，我们提出了一个理论上的结构——NCD 模型。该模型试图提供通用的 FFE 术语。为了建立模型，参与人要给出其所在公司的 FFE 活动的详尽评审。接下来，要识别所有公司中 FFE 活动的共同要素。然后，要讨论和解决双方在 FFE 活动中的术语和内容的差异问题。我们曾经做出了很大的努力，试图设计出一个与传统的门径流程相似的序列 FFE 模型。我们所有人都证明了在 NPD 中应用门径流程的成功，并假设一个类似的流程可用于 FFE。通过争论大家明白，一个序列 FFE 模型是不合适的。这个重要的认识使得大家将序列模型变为非序列的相关模型。

本章阐述了我们对在 FFE 中使用 NCD 模型的有效工具和技术的理解。这里讨论的方法、工具和技术来自许多公司的大量实践、广泛的文献搜索，以及对咨询公司和应用技术的回顾。此外，本章的所有作者都有相当丰富的从事 FFE 的经验。

本章的其余小节从 NCD 模型的概述开始，接下来是对模型的每一部分所涉及的方法、工具和技术的介绍。

定义

机会：一个商业或技术空白，它是公司或个人认识到的，存在于当前或对未来的想象中。寻找它是为了抓住竞争优势，应对威胁，解决问题和消除困难。

创意：新产品或服务的雏形。创意通常指抽象的想法，该想法的提出是为了抓住机会，解决问题。

概念：具有清晰定义的形式，包括书面的和可视化的说明，说明中要包括概念的主要特征和能给客户带来的好处，以及对相应技术需求的清晰理解。

1.3　NCD 模型的构成

图 1-2 展示的 NCD 模型由 3 个重要部分构成：

- 引擎或称牛眼部位包括企业的领导力、文化和经营战略，推动了由公司控制的 5 个关键要素。
- 内部辐条区域定义了 FFE 的 5 个可控的关键要素（机会识别、机会分析、创意生成和完善、创意选择和概念定义）。
- 影响因素由组织能力和外部环境（包括经销渠道、法律、政府政策、客户、竞争对手等因素）组成，可能还包括使能科学（内部和外部）。这些因素在整个商业化过程中影响整个创新流程。这些影响因素对公司而言是相对不可控的。

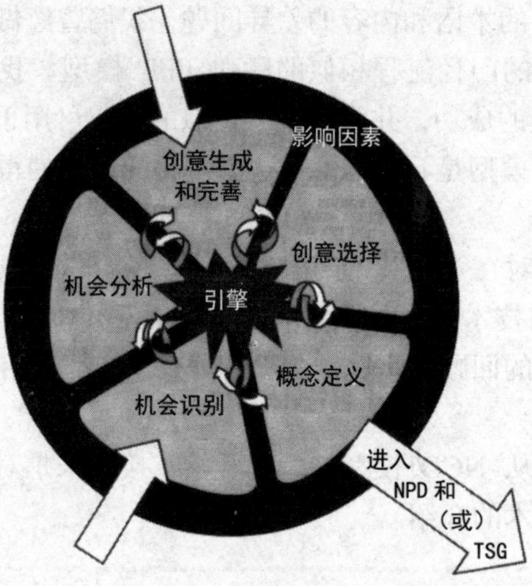

图 1-2　NCD 模型

NCD 模型是一个关联模型，而不是一个线性流程。该模型提供了通用的语言和 FFE 各关键组成部分的定义。引擎（表示高层和执行管理层支持）为 NCD 模型的 5 个关键要素提供原动力。NCD 模型的引擎和 5 个关键要素被置于影响因素的顶端。NCD 模型的环形形状表示创意和概念在 5 个关键要素之间进行迭代。指向模型的箭头表示开始点，指明项目可以从机会识别开始或从创意生成和完善开始。离开模型的箭头表示概念离开模型，进入 NPD 和（或）技术门径管理（Technology Stage Gate, TSG）流程。

要特别注意模型的几个特点。NCD 的内部辐条区的组成部分称为要素，而不是流程。此外，模型的形状为环形，目的是希望创意能够在所有 5 个关键要素之间实现循环和迭代，并且可以以任何顺序组合这些要素。这个模型与 NPD 或者门径流程相反，NPD 或者门径流程的循环、改变方向或重新开始会导致严重的延误、成本增加和失败。迭代和循环是 FFE 活动的一部分。虽然内在的循环也会导致 FFE 的延误，但是，它会缩短全部的产品开发和商业化的周期。新产品的市场和技术需求的确定、风险来源的分析，以及完善的业务计划越清晰，产品开发和商业化阶段的"返工"和"改变方向"的活动就越少，这两个阶段的管理就越有效。相反，如果在项目通过 NPD 或门径流程进行到中后期的时候再出现"返工"的活动，项目的时间和成本都会大幅度上升。

关于循环和迭代的一个例子是 3M 公司（著名美国公司，拥有上万种产品，包括黏合剂、研磨剂、电子产品、显示产品和医疗产品等）即时贴的开发。当时，斯彭斯·西尔弗在 3M 公司最早发现了比背后涂有胶水的邮票更有黏性的黏合剂，这种黏合剂后来促成了 3M 公司即时贴的开发。公司开始并没有推出这个产品创意——尽管西尔弗为了这个创意找过 3M 公司的大多数事业部。最初的创意是要开发一种涂上一层胶水的公告板，便于人们在上面粘贴单张的纸质通知。这个概念从没有实现，到最终变成了即时贴的新概念，是在创意生成和完善的机会识别和机会分析环节时提出的。连续的迭代和流动是 FFE 阶段的活动特点。

尽管 FFE 的关键要素要按顺时针的方向进行讨论，但是我们还是希望这些要素的执行不要按顺序进行。因为影响因素（环境）和关键要素之间的分离不是刚性的。各影响因素、5 个关键要素及引擎之间以交互和混合的方式持续出现。

下面将详细地讨论影响因素、5 个关键要素及引擎，并给出相应的方法、工具和技术。市场驱动和技术驱动的例子突显了模型每一部分的特点。

案例

市场驱动的例子是脱脂薯片的开发，采用油脂替代品（一种具有和油脂同样口味，但是不会被人体吸收的物质）来实现。技术驱动的例子是 3M 公司即时贴的开发。

1.4　NCD 模型中的影响因素

1.4.1　影响因素概述

FFE 存在于具有各种影响因素的环境中。这些因素包括公司的组织能力、客户和竞争对手的影响、外部世界的影响，以及使能科学和技术转化的深度和强度。只有当 FFE 活动能够依靠公司的组织能力完成时，持续成功的产品开发才会出现。组织能力决定了能否并如何识别与分析机会，如何选择和生成创意，以及如何进行概念和技术的开发。组织能力还包括在获取外部技术时要做的有组织的和结构化的工作。电子和制药类企业都有长期的利用外部许可、联合开发，以及测试和原型开发等手段增强产品开发能力的历史。这些能力会产生影响并使组织具备处理这些影响因素的能力。

使能（Enabling）科学和技术也是很关键的因素，因为典型技术的进步都是基于早先的成就。当科学和技术在产品和服务中可以重复使用时，它们才变为（新产品的）使能技术。“使能”不同于“成熟”（Mature），后者可根据技术的趋势线或渗透曲线确定。当技术发展到足以嵌入一种可制造的产品或能提供的常规服务中时，技术就成熟了。使能技术通常可以向客户提供增强产品效果、降低成本、提升价值或改善质量等服务。技术通常在其生命周期的早期转变为使能技术。

外部世界、政府政策、环境规则、有关专利的法律和社会经济发展趋势都会影响 FFE 和新产品开发或创新流程的门径部分。其中的某些因素在波特五力模型中已经指出。波特五力模型评价了客户、竞争对手、新进入者、供应商和替代产品制造商的讨价还价的能力和产业竞争状况，产业竞争状况是一种能力关系，它决定了竞争的强度，通常也会激励创新。

互补者（Complementor）是那些非直接的竞争对手，它们能够促进本行业的成长，应该被视为第 6 种力量。例如，微软的互补者是英特尔和戴尔。政府的法律和政策应该被视为第 7 种力量，因为它们对技术应用和产生的利润会产生影响。

这些因素会连续地影响人们的思想和行动，它们是新创意“偶然发现”（Serendipitous Discovery）的主要影响因素。正如一种有益的海洋环境是海洋生物健康生存的基本条件一样，良好的氛围是有效的 FFE 的基本条件。这些影响因素大多是企业的不可控因素。然而，引擎（领导力、文化和经营战略）会强烈地影响 NCD 模型 5 项内部要素的活动。这种影响也可能冲击企业的组织能力（自己开发、联合开发或许可证的方式），尽管这些能力的变化通常会比引擎的反应慢许多。

案例

在脱脂薯片的例子中，影响因素是消费者日益增长的对脱脂食品的需求，以及对降低胆固醇的愿望，同时还有食品的法规环境、竞争对手的替代品研究和企业的组织能力（从产品设计到市场评估和薯片产品的经销）。3M 公司即时贴的影响因素是组织能力和在黏合剂领域使能技术的效果和作用。

1.4.2 有效的方法、工具和技术

在出现变化时，执行力是一种关键的发现影响因素的工具。例如，康宁公司（Corning）成功地开发了陶瓷基片催化式排气净化器（一种减少汽车废气排放的装置）。这项成功直接来自公司高层管理人员很早就意识到《清洁空气法案》（*Clean Air Act*）要求减少排放和由此带来的巨大潜在商机。1970 年，这些影响因素促使康宁公司指导数百名科学家和工程师集中精力专攻这项挑战。现在，成果和产品已经在大汽车厂中得到应用。

新的联盟和伙伴关系会提升处理影响因素所需要的能力。在汽车行业和汽车材料行业中有这样的例子。节约能源的压力和改善生活质量、减少污染的意愿促使这些行业中的人们建立研究联盟、行业公会及产业—政府合作。美国汽车企业

和它们的供应商、政府实验室，以及几所大学建立了美国汽车研究协会（U.S. Countil for Automotive ReaSearch，USCAR）。这是一个联盟，开发如高燃料效率汽车等概念型产品。这种新的研究形式改变了汽车企业接受新工艺和新技术的方式。此外，材料（如铝、聚合物及合成物）能够显示出它们在安全、燃料经济性及车辆性能等方面的优势。

当全球钢铁产业感觉到竞争威胁的时候，它们很快做出了反应。钢铁产业的首脑们认为 USCAR 开发的新结构和新材料取代了钢铁材料，对钢铁产业造成了影响。为了应对来自新技术的挑战，全球 35 家以上的钢铁企业组成了超轻钢质车身（Ultra Light Steel Auto Body，ULSAB）研究联盟。这个联盟签订了研究协议，拟研究和开发在汽车中应用钢材的新工艺。它开发出了概念汽车，并展示了用钢材制造的车辆和零部件如何比传统零件减重 40%而不增加成本的方法。它采用新颖的体系结构和新的制造技术（例如,用加氢重整技术代替零件冲压和焊接技术，采用不等厚钢板和激光焊接等）完成了原型的制造，并推进了新的钢材成形技术（例如，用超高强度、又具有较轻的重量和良好可塑性的复杂微观结构，以达到工程和外观风格的要求）。

最有效的方法、工具和技术

在环境变化时迅速、有效地执行战略或计划的能力。

对汽车企业及其供应商起作用的影响因素是激励创新的方法，这些方法集中了多种材料和技术的最好属性。总之，材料创新正在帮助汽车企业生产出更加安全、更加节省燃料、具有更长的服务寿命和为客户增加价值的汽车。

执行战略或计划的能力依赖于整个企业内部迅速和有效的沟通。对影响因素的有效沟通和对质量信息的收集与组织在早期至关重要。从早期的预见可以发现一些征兆，它为决策者提供了决策和行动的时间。当影响因素发生重要的变化时，决策和行动的能力和时间是最有价值的资源。这是因为为新产品或服务开发新的使能技术需要时间投入。康宁公司、钢铁产业、铝工业的例子告诉我们，通过提高预见和触发行动的方式在公司内进行沟通，可以把影响因素引发的冲击引向有利的方向。

1.5　NCD 模型中的引擎

1.5.1　引擎概述

领导力、文化及经营战略要素构成了 NCD 模型的引擎。对这三个要素的精通程度决定了企业是否具有高创新能力。大量的研究表明，持续的来自高层管理者的对创新的支持是新产品开发取得成功的关键。在他们突破性的项目研究中指出，康宁公司、通用电气公司的计算机断层扫描仪和摩托罗拉便携式电话（所有这些都经过了很长的酝酿期）的巨大成功都是因为高层管理者的支持，因为“这些机会都有战略意义，它们符合业务的战略焦点”。整个创新流程（包括 FFE 和 NPD）都需要与经营战略一致，以确保具有企业价值的新产品和流程渠道的畅通。

FFE 中的文化在根本上不同于企业的 NPD 和运营部分。FFE 是经验性的、不明确的，并且通常是混沌的。相反，一个有效的创新流程的 NPD 或门径部分具有明确的条理和目标，总之就是遵循一个明确定义的流程。成功的运营是可预测的，并具有强烈的财务定向，附着于已建立的业务，并且通常是不可随意变化的。在赞恩和巴克勒 1997 年对 13 个高创新性企业的研究中，他们发现了导致这些企业之所以不同于其他普通企业的 7 个因素：

- 领导的每一项决策和行动都表明创新在他们的企业中是非常重要的。
- 鼓励有目的地改进和鼓励员工尝试新事物。（例如，3M 公司的员工会在他们自己的项目上花费一定的时间）
- 使管理者熟悉各个部门。（例如，索尼公司要求所有的管理者都要用 2～3 年的时间在市场部、研发部、生产部及财务部工作）
- 鼓励员工与客户紧密地互动，建立亲密的客户关系。
- 要让整个企业都理解创新是企业带给客户价值的根本途径。
- 持续地认可员工，并建立一个高度激励的环境。
- 讲述有感染力的故事，以强化创新原则和实践。

艾萨克森、多佛尔和琼菲格尔于 1994 年给出了问题解决方案的 9 个特点。普拉瑟根据他在杜邦公司的工作经验，在 2000 年指出，上述 9 个特点中有 5 个对于形成一个有利于创新的环境是重要的，这 5 个特点是：

- 吸引人的挑战，这将使员工变得在情感上重视对项目的承诺。
- 允许承担风险的环境，在尝试新事物时，何种程度未满足期望是可以接受的？
- 信任和开放，容许员工表达他们的想法和不同的观点。
- 在必须行动之前，给员工充分创意的时间。
- 新创意所需资金、资源具有可获得性。

经营战略的重点是 FFE 的生存活动、机会把握或成长目标。麦格拉思和秋山在 1996 年，库珀在 2000 年都曾强调开发一个面向新产品的产品愿景和战略的重要性。库拉纳和罗森塔尔于 1998 年在他们的“针对 12 个企业中的 18 个业务单位”的研究中得出这样的结论，在成功的企业中，经营战略和产品战略都能很好地整合进 FFE。

案例

开发脱脂薯片的引擎是，当 CEO 注意到竞争对手正在进入和自己的产品相同的方向，并且竞争对手的产品将会吞噬掉自己现有的高脂肪薯片的市场时，CEO 意欲开发脱脂薯片产品。

3M 公司开发即时贴的引擎是一种文化，该文化使得这种特殊黏合剂的发明家将该项新技术维持了多年，尽管没有公认的应用或客户需求存在。

与上述观点相反的是，柯林斯和波拉斯于 1994 年在他们经典的“18 个理想企业”的研究中发现，非常成功的企业在其核心的意识形态中会表现出对目标坚持的原则，该意识形态超出了赚钱的目的。这些企业的员工虽然提出了新的、与企业或产品战略不一致的创意和概念，但是，他们不会违背企业的核心意识形态。一个一致性的产品战略对于突破性项目而言，可能并不与其他的促成因素同样重要。斯温克在 2000 年的一项研究中指出，高层管理者参与高创新型的项目可能没有益处。真正的问题在于有没有坚持目标。一项没有发表的、由本章作者之一所在的公司进行的多年研究发现，它们的大多数高成功率项目的项目领导，都表现出对目标的执着，这些目标不可动摇。艾曼贝尔在 1998 年指出，管理者可能由于“经常改变目标”而破坏创造性环境。

1.5.2　有效的方法、工具和技术

鼓励创新和创造性的文化是一项关键的使能技术。下面两个方法能够通过对文化的评估来评价创造性氛围。一个是由“创造性问题解决小组”（Creative Problem Solving Groups）提出的“形势分析调查表”（the Situational Outlook Questionnaire），该调查表用 9 个标准评估创新的氛围，分别是挑战与参与、自由度、创意时间、对创意的支持、趣味性、人际冲突、对问题的辩论、信任和开放，以及风险态度。另一个方法是由创造性领导力研究中心提出的 KEYS。KEYS 评估了鼓励创造性的 6 个指标和两个阻碍创造性的标准。6 个鼓励性指标是：组织鼓励、主管鼓励、工作小组支持、资源可获得性、有挑战的工作和自由度。两个阻碍性指标是：组织的阻碍和工作压力。

最有效的方法、工具和技术

- 鼓励创新和创造性的文化。
  — 可用的几种经过测试的方法。（参见上述讨论）
- 业务执行的倡导者的早期参与。（业务执行的倡导者对资源配置有直接或间接的影响，并且利用他的权力将资源分配给其他新项目。该责任人不同于产品责任人，马卡姆和格里芬在 1998 年分别研究了产品责任人的性质，本章后面的概念定义部分也将讨论产品责任人）
- 一个协作文化可以鼓励知识创造。强化这样的文化的方法是：
  — 实践的团体。
  — 能够促成人与人之间联系的信息技术工具。
  — 协作工作空间。
- 领导维持目标不变。
- 设定进取型的目标。

1.6 NCD 模型中的机会识别

1.6.1 机会识别概述

在这个要素中，企业要识别可能需要把握的机会。然后对业务和技术的机会明确加以考虑，以将资源配置到新的领域。通常，这一要素会受到经营目标的驱动。例如，机会可能是一个应对近期竞争威胁的响应，获取竞争优势“突破”的可能性或一个简化、加速或降低运营成本的方法。机会可能是一个全新的业务方向或一个现有产品的升级。它也可能是一个新的产品平台、一个新的制造工艺、一个新的服务或一个新的营销方式。总之，机会识别定义了企业可能要参与的市场或技术竞技场。

企业可能有一套正规的机会识别流程，该流程与影响因素相关。此外，也可能存在非正式的机会识别活动，包括特别的会议、办公室或网络上的讨论、个人洞察和高层管理者下达的命令等。在许多情况下，机会识别领先于创意的生成和完善。它也可以将不可预知的想法与事先不知晓的业务或市场需求联系起来。机会识别可能始于某位员工认识到一项未能满足的客户需求或事先未察觉的问题。

案例

在脱脂薯片例子中，机会识别的发生，是在食品企业认识到要开发低脂肪产品来应对该领域的消费趋势和竞争威胁的时候。

在 3M 公司例子中，机会识别的发生，是在特殊胶水发明者认识到他已经创造出了真正唯一的、比黏合剂更好的一种胶水的时候。

1.6.2 有效的方法、工具和技术

针对这个要素的有效的使能技术是展望未来的方法，涉及对未来可能选择的机会进行进一步分析的方法。展望未来的主要方法包括路线图技术、技术趋势分析、竞争情报分析、客户趋势分析、市场调查及情景规划。路线图用图形的形式描述业务的驱动力量，以强化沟通和理解。路线图的关键价值不是体现在最终的图形上，而是体现在绘图的过程中。绘图过程为分享项目团队资源，能力和技能方面的集体智慧等提供了一个价值无穷的平台。此外，路线图也是能够容易地向那些非项目团队的成员传递项目复杂性的几种工具之一。

摩托罗拉的威尔亚德和麦克克利斯在 1987 年最早介绍了路线图的绘制流程。从此，实践者描述了关键技术和产品的路线图，涉及许多不同种类的应用领域，包括催化剂、光学存储器和医疗保健等。

将分散的竞争对手的信息转换为相应的有关竞争对手的地位、规模、努力程度和趋势的战略知识，是一种竞争情报分析的方法，许多公司都很好地开发了这些方法的应用。这些新的学科涉及广泛领域的实践，包括收集、分析和沟通那些最有用的、发生在自己公司外部的有关竞争趋势信息的知识。这不仅是关于信息收集的知识，还是一种可操作的流程。建议读者参考富尔德于 1994 年出版、卡亨尔于 1998 年出版的著作，并参考竞争情报专业协会（Society for Competitive Intelligence Professionals）的有关知识。

情景规划提供了规范的想象和筹划未来的方法，该方法能够激发那些原本会被人们忽略的决策，并与主流思维模式相对应。企业面临的挑战是利用情景开发的方法来提出对未来的多样化的观点。这些观点表明了对未来环境的前瞻，从而有助于企业更好地确定应该捕捉哪个机会。

通用电气的杰克·韦尔奇曾要求他的管理人员做一个预测：因特网业务在将来会给他们带来哪些冲击。预测的方法是让每一个业务单元都准备一个因特网竞争对手可能实施的、并且会削弱通用电气的客户基数的计划。他称这个练习为“破

坏你的业务”。例如，通用电气重新评估了家电产品的运输方式及开发与家得宝的合作关系，该合作只需在家得宝的门店销售通用电气的家电产品而无须家得宝持有存货。通用电气将从自己的仓库直接送货。利用这个新的战略，通用电气届时会将其 25 亿美元的家电产品销售额的 45%转到因特网，随着总交易成本的日益下降，通用电气在因特网上打开了一个全新的细分市场。通用电气通过竞争对手的视角预测了一个新的未来，并触发了这一新的战略。

最有效的方法、工具和技术

- 通过利用下列预测未来的方法来创造更多的机会：
  - — 路线图技术。
  - — 技术趋势分析。
  - — 客户趋势分析。
  - — 竞争情报分析。
  - — 市场调查。
  - — 情景规划。

1.7 NCD 模型中的机会分析

1.7.1 机会分析概述

在这个要素中，通过分析机会来确定该机会是否值得捕捉。同时需要更多的信息将机会识别转换为特定的业务和技术机会。这里包括对早期的且通常是不确定的技术和市场的评价。在焦点小组、市场研究和（或）科学实验上要付出大量的努力。然而，所花费的努力将取决于信息的价值（机会吸引力的不确定性），还取决于决策人的风险承受能力。

机会分析可能是正规流程的一部分，或以迭代的方式呈现。在这个要素中要评价企业的业务能力和竞争力，还要确定对未来工作的支持。然而，尽管做了所有的努力，重要的技术和市场仍然具有不确定性。

案例

脱脂薯片例子中的机会分析发生在食品公司认真地考察趋势的时候。客户是否真的想要低脂肪产品？客户会放弃多少味觉上的享受？市场是否主要在一个小的细分领域内？有哪些法规问题？在这个要素中，食品公司还要考察它们对产品组合所投入的努力的价值，以及如果不开发这样的产品，它们将面临的竞争威胁。

3M 公司例子中的机会分析发生在西尔弗试图为这种陌生的黏合剂找到一个机会的时候。在西尔弗寻找的过程中，他访问了 3M 公司内的所有部门，试图找到新技术的业务机会。

1.7.2　有效的方法、工具和技术

在机会识别中应用的许多工具也适用于这一要素。路线图技术、技术趋势分析、竞争情报分析、客户趋势分析及情景规划都可用于这个要素。在机会识别中，可用这些工具确定机会是否存在。在这个要素中，要花费更多的资源以提供关于所选择机会的恰当性和吸引力方面更详细的信息。针对大型机会的典型分析包括：

- 战略框架。确定这个机会在市场和技术优势、差距和威胁之间的契合点。
- 市场细分评估。详细地描述细分市场，说明它为什么是一个很好的机会。要确定市场规模、增长率及竞争对手的市场份额，还要评估影响市场细分的经济、文化、人口、技术和法规等因素。公司通常仅评估那些市场大于某特定规模（如那些年销售收入大于 1 亿元，并且年增长率在 10%的市场）的机会。
- 竞争对手分析。确定在识别的细分市场中谁是主要的竞争对手。确定为了获得竞争优势所需要的新产品类型。评估竞争对手的优势和能力，以及在该领域近年来的专利状况。
- 客户评估。确定现有的产品不能满足哪些客户的主要需求。

在这个要素方面，对一个大型机会进行有效的实践是指派一个特定的多职能团队，其中的成员要全日制工作，进行机会分析。这个团队的规模取决于开发工作的规模、范围、复杂性程度及组织文化。团队通常有 3～5 人，包括营销和研发人员。团队的工作应该从一个项目章程开始，项目章程应明确地指出项目预期、资源承诺及成果概述。没有项目章程，团队常常会将努力浪费在焦点之外。项目章程的内容类似于克劳福德和德贝内代托在 2000 年提出的产品创新章程，但项目章程聚焦于识别新的机会，而不是新产品。用于评估机会的清晰的分析框架和一个经验丰富的分析员的协助都会使团队受益。一个用于评估技术机会的分析框架的例子是 Alcoa 公司曾经用过的有关历史性能、对标和理论及工程极限的情境图。

最有效的方法、工具和技术

- 决策未来机会所用的方法、工具和技术不变，但需要在细节方面下更多的工夫。
- 对负责大项目的由 3～5 人组成的全日制专业化多功能团队进行业务评价。
- 创建任务书指明团队的方向。

一个大型的机会分析一般需要 60～90 天。时间短可能导致评估只能来自二手资源，同时缺少对竞争者和客户进行深入评估的详尽资料。资料的详细程度应该使技术、市场和商业的风险降到最低，并且阐明在机会分析中用于支持结论的假设。NCD 的这个要素用于识别适宜的客户和市场细分及具有显著技术潜力的领域。在概念定义部分的进一步探讨会对机会做更加详细的阐释。对大量细节的需要应与机会分析所需的知识保持平衡，如果收集信息太过详尽和彻底将会阻碍项目的进程。

在许多案例中，由于在概念定义阶段会发现新的特性和限制因素，这个团队将会退回到机会分析阶段。这些新的特性会扩大市场吗？如果是这样，会增加多少？如果项目不能提供这些特性，影响会是怎样？为了找出在项目开始时未能预料到的所有新的机会，在一些案例中团队还可能退回到机会识别阶段。然而，这些寻求的新机会只有和团队章程保持一致时才应被分析，团队章程在机会分析开始前就应该确定。

1.8 NCD 模型中的创意生成和完善

1.8.1 创意生成和完善概述

在创意生成和完善这个要素中，一个具体创意的形成、发展和成熟是主要关注点。创意生成是一个进化的过程。它要经历创建、分解、合并、重塑、修改和升级。当一个具体的创意和 NCD 模型的其他要素放在一起进行审查、研究和讨论、开发时可能要经历多次迭代和变更。与客户的直接沟通，与其他跨职能团队的联系，以及和其他公司、组织的协作经常会有助于这项活动的开展。

创意生成和完善可能是一个正式的流程，包括头脑风暴和创意储备部分，以促使公司针对已识别的机会生成新的、完善的创意。一个新的创意也可能超越常规——一个偏离主题的试验，供应商提供的一种新材料，或者是一个用户提出的特殊要求。创意的生成和完善能够丰富机会识别的内容，这也说明 NCD 的要素经常以非线性的模式流转，无论它们发生在哪个阶段都会完善和充实创意。

案例

在脱脂薯片例子中，创意生成和完善是在当认识到有几种不同的生产脱脂薯片的方案时发生的。一些创意认为可以降低总的脂肪含量；另外一些创意认为可以采用油脂替代品（一种具有和油脂同样口味、但是不会被人体吸收的物质）。

在 3M 公司例子中，创意生成和完善发生在一些产品的想法已明确的情况下，如即时贴。

任何一个对具体的想法、问题、需求和形势有十足热情的人都会生成创意。其他人通过某关键人物或负责人的努力也可能生成和完善创意。创意一经确定，许多不同的创造性技术就可以用于在原有的基础上生成和完善创意。那些技术可以被个人或者团队用在头脑风暴或研讨会上。

1.8.2　有效的方法、工具和技术

了解客户和市场的需求，对于成功的产品开发来说，是一个不变的主题。有许多头脑风暴的技术可以用来丰富创意。也可以利用 TRIZ（创造性解决问题的理论）加以丰富，这是一种用于解决问题和形成多种选择正确解决方案的系统化方法。TRIZ 通过促使个人依据自身的经验思考并构建能利用其他科学领域的方案来解决问题的交叉体系来提升其创造力。一些最有效的工具和技术包括：

- 独特的企业文化，鼓励员工不定期地检验和验证自己和其他人的创意。
- 多样的激励（如奖励、同事的认可、成绩的肯定），用于刺激创意生成和完善。
- 一个基于网络的创意库，可以很容易地获得关于产品与服务的改善建议，包括客户和供应商的建议。
- 赋予某些人正式的角色，以协调从创意生成到创意评价的全过程。
- 一种超越或跨越本业务单元范围的处理创意的机制。
- 少量简单、可衡量的目标（价值体系）用于追踪创意生成和完善。包括从创意组合中提炼和完善出来的创意数量、经过一段时间后生成或完善的创意数量、创意商业化的百分比、在创意组合（或创意库）中创意的价值、

进入 NPD 流程创意的百分比、可以形成专利创意的百分比、被业务部门所接受的可开发创意的百分比等。

- 工程师、科学家、发明者频繁地轮岗，鼓励知识共享和交互式工作。
- 交流核心竞争力、核心技能，以及在全公司广泛推行技术共享的机制。
- 在创意完善团队中要包括具有不同认知风格的人。

然而，在这些技术当中，有许多并不能产生突破性的创意。冯·希普尔认为一种产品的首批使用者形成了 75%以上的突破性创意。这种现象之所以会发生是因为潜在的需求是和使用者联系在一起的。冯·希普尔认为这种知识具有“黏性”，因为从领先用户向其他人传播是很困难的。更好地了解客户这种潜在的需求的方法是利用领先用户方法论，主要是指和领先用户及模拟用户一起工作。3M 公司已经利用领先用户方法论开发了比传统手术成本更低、更有效防止感染的方法。在公司的 55 个部门当中，首批领先用户方法论已在其中的 8 个部门获得成功验证。人种学方法包括通过成为客户聚集地的一部分以获取他们潜在知识的方法。迈克尔斯指出摩托罗拉运用人类学观察法开发出了适用于中国农村市场的两用寻呼机。

最有效的方法、工具和技术

- 识别隐性客户需要的方法包括：
  — 人种学方法。
  — 领先用户方法论。
- 客户倡导者的早期参与。
- 探索客户的原始需求。
- 市场和商业需求持续地与技术进步相呼应。
- 识别新的技术解决方案：
  — 增强在内部和外部联系间的技术流动。
  — 建立伙伴关系。
- 宽松的企业文化，鼓励员工自由地测试和验证自己或其他人的创意。
- 刺激创意的多种激励方法。
- 基于网络的创意库，可以很容易地获得产品与服务的改善建议，包括客户和供应商的建议。
- 赋予一些人正式的角色，以协调创意生成和完善的过程。
- 一种超越或跨越本业务单元范围的处理创意的机制。
- 少量简单、可衡量的目标（或价值体系）用于追踪创意生成和完善。

- 频繁地轮岗，鼓励知识共享和交互式工作。
- 交流核心竞争力、核心技能，以及在全公司推行广泛技术共享的机制。
- 在创意完善团队中要包括具有不同认知风格的人。

1.9　NCD 模型中的创意选择

1.9.1　创意选择概述

在大多数案例中，问题并不伴随着新的创意的选择而显现出来。对于绝大部分企业来说，问题在于为了最大限度地实现商业价值应该选择哪种创意。明智的选择对企业未来的良性发展和成功是至关重要的。大多数创意选择包括一系列迭代的活动，可能要多次经历机会识别、机会分析和创意生成与完善，影响因素和引擎经常会提供新的洞见和指示。

创意选择可以像做选择题一样简单，也可以像项目组合管理一样规范，更可以像多阶段的商业进程一样复杂。由于适用于产品开发初期的信息和理解都比较有限，在 FFE 中推动正规的决策进程通常比较困难。在起始阶段对未来产生收益的财务进行分析和评估通常是盲目的猜想。在 FFE 中创意选择不像 NPD 部分那样严格，因为许多创意允许不断地补充和完善。在创意选择后，要开展很多工作进行概念定义。

案例

在脱脂薯片例子中，创意选择发生在选定一种特定的脂肪替代分子时。

在 3M 公司例子中，创意选择发生在选定即时贴的创意作为继续发展的方向时。

1.9.2　有效的方法、工具和技术

创意选择经常始于个人下意识的判断。一般情况下，早期做出的个人判断是在情感或“内在感受”的层面上做出的判断，只考虑创意本身。

虽然没有一个最佳的实践用于创意选择，但是我们的经历表明如果缺少正规的决策保证资源（时间、资金、人力），绝大多数新的创意都会消失，进入一种“黑洞”。根据作者的经历，只要有来自管理层的支持、有一个流程负责人推进这项活动，正规的进程就会发挥作用。许多人把他们的创意投入建议箱或其他收集渠道却从未收到任何答复。结果，他们就不会再递交新的创意，长此以往，新创意的

源泉就枯竭了。基于这个原因，和原始创意者沟通创意被处理的情况（或者只是简单地告知创意被搁置了），对于流程来说是至关重要的环节。此环节应该向创意生成者快速地反馈对创意的处理情况，并且周期性地审查创意库中的创意。

大多数正规的流程从某个人或小组开始，他们对创意只有非常有限的信息（见图 1-3）。他们可能需要经过很多阶段才能做出资源承诺的决定。在一些案例中，流程可能开始于不超过一行的创意描述。如果认为创意很有吸引力，接下来通常会收集更多的信息，这可能是对原始创意人的要求或者被指派给其他人。原始创意人通常有巨大动力和主人翁精神，并希望自己的创意得到进一步完善。如果接下来的工作被指派给其他人，原始创意人会感觉自己的创意被别人拿走了。另一方面，原始创意人可能没有时间和意愿做进一步的工作，他们认为这是额外的工作或是一种负担。任何创意选择流程都要能处理这些可能性。一旦额外的信息被收集分析，创意通常会进入另一个决策过程。参与人的角色和职责、流程的假设和期望，都需要让负责流程和依赖此流程的人清楚地知晓和理解。

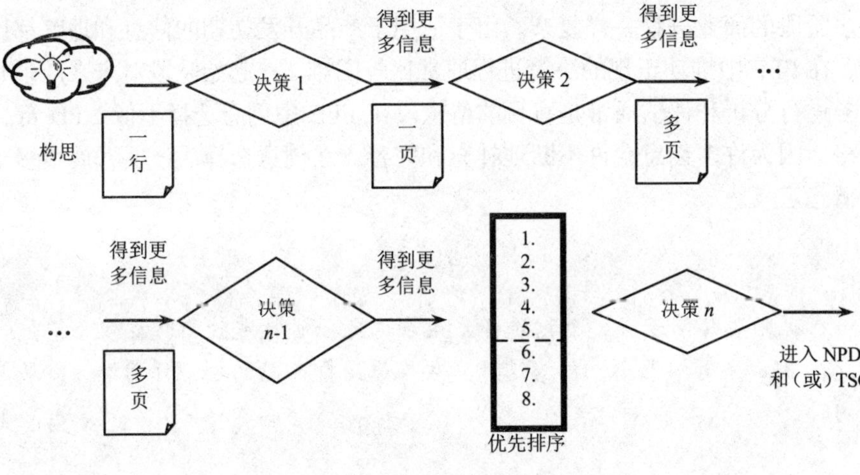

图 1-3　一个典型的创意选择流程

注：在许多情况下，总的决策次数会减少到两次。

在创意选择中，决策者需要采取积极的态度，而不是把这项任务当作是在一些没有吸引力的创意中进行过滤和筛选。决策者需要询问如何更有利于一个创意向前发展和如何完善它，使其更具吸引力，而不是去问怎样决定哪些方案应该被淘汰。应该采取一种保护措施鼓励创造性，而不应遏制新的创意的提出。

已经确定的创意是值得进一步关注的内容，下一步就是确定这些创意的优先排序从而选出最好的创意。通常一个企业有很多的创意想要完成，但是这些超出了它们已有的资源范围。因此必须找到一种方法来决定哪些创意更具吸引力。传统的财务衡量体系能够很好地适用于短期产品，并能够满足具有明显特征的客户和市场的需求。然而，随着创意变得越来越新奇，商业化的时间更长、更不确定，像净现值、内部收益率等价值体系也就随之瓦解。

与上述被讨论的人为的流程相比，Nortel 公司开发了一套电子绩效支持系统，可以让创意生成者利用“专家”系统自行筛选他们自己的创意，这样就不需要人为排除每一个递交的创意了。只要创意经过了以下 3 个阶段（创意资格审查、概念发展、概念评级），决策者就会自动收到一份标准的表格。总体的创意测评从市场、技术、人和商业因素中分出 16 个标准，代替传统的财务计量方法，第一，博尔建议考虑一个创意的“期末价值”。他指出“期末价值”可能占长期开发价值的 75%或者更多。第二，传统的折旧现金流价值体系包括产品开发和发布后的总成本。依靠这些价值体系来形成有限期间内的短期投资，并使有价值的创意实现商业化是相互矛盾的。第三，博尔认为传统的折旧现金流计量法不适用于评估风险的价值（不再用折旧率及资产成本评估）。捕获风险的方法也是必需的。

用选择论来评估风险也是一种方法。关于市场风险，选择论中用现金流的概率分配或独立的收入和成本组成对其进行描述，提高了选择的价值。

当考虑进一步开发所选择的创意时，必须要参考鲍尔和克里斯蒂森的主张，就是大部分业务都会拒绝“颠覆式技术”。这样，任何的创意选择流程可能都会瓦解，因为一个颠覆式创意无法获得资源来对抗已存在的业务。鲍尔和克里斯蒂森认为在颠覆式创意最初的发展阶段应该创立一个独立的小型组织来负责。

史蒂文斯、伯利和迪万认为在直觉和思考上，高迈尔斯—布里格偏好（个性分析指标，MBTI）的人比低迈尔斯—布里格偏好的人更能做出好的创意选择，并能产生更多的效益。奇怪的是很少有研究能够直接检验在大公司 NPD 绩效中个人角色的作用。相反，新的商业企业文化正在广泛地调研企业家和非企业家之间的个人差异。

总之，创意选择应该给原始创意人提供及时反馈。然而，为高度创新项目选择最佳创意的标准刚刚出现。传统的财务计量方法，除了递增的产品和服务，在这些例子中已经被验证不再适用。其他方法（如选择论和风险评估）也都刚刚出现，还没有作为最优的评判方法得到大多数人的认同。而且，公司需要决定如何拒绝可能从根本上摧毁公司现有业务的颠覆式创意。

最有效的方法、工具和技术

- 采用锚定标尺的、基于多因素（不仅仅是财务因素）的组合方法论。
  - — 技术成功概率。
  - — 商业成功概率。
  - — 报酬。
  - — 战略匹配性。
  - — 战略杠杆。
- 正规的创意选择流程，为创意提交人提供快速的回馈。
  - — 用电子绩效支持系统提升方法。
  - — 过程的网络互动性。
- 应用选择论评价项目。

锚定标尺利用量化的指标，其中的每一项都有助于进行客观的评价。在评定项目的价值时采用锚定标尺可以排除许多主观因素。

1.10 NCD 模型中的概念定义

1.10.1 概念定义概述

概念定义是 NCD 模型中的最后一个要素。这个要素提供了 NPD 和技术门径管理的唯一出口。为了穿过这道门槛，创新者必须为商业或技术主张的投资提供一个强有力的论证，一些企业把这个称作“获胜陈述”，也称作“关口文件”。这个投资案例必须由定量和定性的信息组成，以供“把关者”做出最后的决定。许多公司详述了其方针。可能涉及：

- 目标。
- 概念和战略的一致性。
- 机会的大小，如财务影响。
- 价值链上的取得双赢的商业计划。
- 商业和技术风险因素。
- 环境、健康和安全。
- 来自接受团体方倡导者的资助。
- 包含资源和进度的项目计划。

基于概念的性质和类型，以及决策者对待风险的态度，所需的信息需求和标准也会有所不同。例如，很多公司为 NPD 及其改善设定市场、财务和进度限制。很多公司希望它们的 NCD 团队可以把技术创意融入商业概念。如果投资论证不够吸引人，概念可能退回到 NCD 而不是进入 NPD 门径流程或技术门径管理流程。这就提供了一个修改和强化概念的机会。换句话说，概念可能进入休眠状态。如何使这些休眠的概念仍有利用价值，在环境改变时仍会被考虑，在知识管理上是一个挑战。

商业论证的形式由于受到以下因素的影响而有所不同：

- 机会的性质，如新市场、新技术、新平台。
- 资源水平。
- 推进到 NPD 的组织需求。
- 企业文化，如正式、非正式或两者兼有。

案例

在概念定义中，脱脂薯片启动和支持一个科学的程序来开发选中的脂肪替代分子。

3M 公司开发了一个全新的即时贴制造流程。

为新的概念开发一个商业计划和（或）一个正式的项目建议书通常代表该要素进入 NPD 和（或）技术门径管理流程的最终交付成果。

1.10.2　有效的方法、工具和技术

当团队商讨如何回应有关市场、客户、竞争者、技术、产品、制造、调配、供应链、递送、服务和其他方面的问题的时候，就用专业的、可衡量的术语定义了一系列必要的、明确的目标。例如，团队会量化新机会的目标效果并详述评估的方法。参与者定义边界条件，如不满足这个条件将会导致项目终止。这些边界可能包括团队将会选取的技术范围、成本、时间进度、资源限制及其他可能改变结果的技术和商业风险。流程负责人在目标审议中发挥至关重要的作用。他们引导讨论，以清除“技术烟雾”，揭露在争论背后隐藏的未申明的假设。如果引导有效，目标审议会带来可靠的承诺，包括来自所有干系人的资源承诺。

许多公司开发了一些有助于创新者评价机会是否具有吸引力的标准，如表 1-2 所示的评估案例。

我们发现，在许多公司中要想让大量创意存活，通常需要拥有产品的倡导者。

然而，马卡姆和格里芬在 1998 年的研究表明拥有产品的倡导者与项目成功与否没有相关性。为确保创意选择过程更加严谨，必须定义评判标准以确定真正好的产品应该具备什么条件，这样才可以对倡导者形成制约，防止其推销不好的项目。

表 1-2　评估案例

因　素	特定问题	有吸引力的	无吸引力的
市场	市场规模	>1 亿美元	<1 000 万美元
	市场增长	>20%	<5%
	市场驱动	满足所有的要求	满足至少一种要求
	市场进入	已有业务	需要开发
	潜在市场份额	>20%	<5%
能力	业务基础	已有	需要建立
	客户熟悉程度	当前阶段	很少
	核心能力	认可	无
竞争问题	专营地位	是	不是
	领先地位	到第 5 年排名第一	不领先
	成本地位	最低	最高
	关键竞争优势	专营	无
	地位可持续性	高	低
时间因素	销售时间	<2 年	>5 年
	全部商业化	<5 年	>5 年
	时间竞争优势	>2 年	<1 年
	达到盈亏平衡点	<3 年	>5 年
技术	技术获得性	可用	需要开发
	技术准备程度	已证明	仍需证明
	技术技能基础（人员和时间）	可获得的	需要进一步获得
财务	税后运营收入	>12%	<8%
	最大现金缺失	<2 000 万美元	>5 000 万美元
	销售收入流	>1 条产品线	1 种产品
	业务潜力	>1 亿美元	<2 000 万美元

Alcoa 公司采用一种方法用于快速评估有巨大潜力的商业机会和产品创新。需要资金来检验技术难关的快速提案会经过有经验的创新评估团队的评审，因为

这需要对潜在的商业价值、创新的性质、快速测试概念中高风险要素的计划、潜在项目赞助人的识别进行评估。为了判断项目是否具有很大的投资价值，经常需要提供必要的快速的高风险检测。

当出现非常明显的技术的不确定性时，一些公司通常采用技术门径管理流程。技术门径管理流程可能包含于或部分独立于甚至完全独立于 NCD。探索、考察、评估新技术平台的技术项目，在起始阶段通常比较混乱，但也是 NCD 的一部分。随着不断的努力，技术风险逐渐降低，直到能够证明进一步投资的合理性。资源利用得越多，决策也会变得越结构化，会使技术门径管理的后续部分进入 NPD。在一些案例中，如果技术活动非常结构化，风险较小，或者已有业务上的决定以追逐某个特定的技术，技术门径管理将完全独立于 NCD 之外。相反，如果不具备这些要素，技术门径管理应包含在 NCD 内。

最有效的方法、工具和技术

- 目标审议方法。
  - 花时间仔细定义项目目标和产出。
- 设立评估标准描述有吸引力的项目需要具备哪些条件。（根据财务、市场增长、市场大小等）
- 快速评估极具潜力的创新。
- 严格使用技术门径管理评估高风险项目。
- 理解并确定技术的性能极限。
- 客户早期参与实际的产品测试。
  - 在产品成形前就有客户参与。
  - 在 FFE 阶段为极具潜力的项目配备人力。
- 核心竞争力领域的外部合作。
- 聚焦。
- 寻求互补的科学方法。
- 如果没有充足的资金，就要寻求产品倡导者的支持。

1.11　小结

创新流程中的 NPD 部分使用的方法、工具和技术通常在 FFE 中都不起作用，因为 FFE 与 NPD 从根本上就不同。所以，FFE 是创新过程中最薄弱的领域，正因为薄弱，因此它也是最大的有待改进的领域。在 NPD 和 FFE 之间有四个重要的差别，第一，FFE 工作不是结构化的，而是试验性的，往往涉及个人而非跨职能团队。第二，FFE 工作非常早，所以不能确定销售预期，也不可能预测其商业化日期。第三，FFE 工作所需要的资金通常也是多变的。第四，FFE 工作的结果是强化概念，而不是去达成一个计划好的目标。

我们的探索开始于确定最有效的 FFE 工具和技术的尝试。然而这个最初的努力并没有得到收获，因为没有共同的 FFE 术语和词汇。为此，我们的团队开发了一个理论上的框架——NCD 模型。该模型包括 3 个部分：不可控的影响因素，驱动 FFE 活动的可控引擎，以及 5 个 NCD 活动要素。该模型强调了活动迭代的序列，可以从任何地方开始，可以从一个人一瞬间的想法开始，然后花数月或数年的时间去定义一个突破性的概念。

NCD 不是一个具有特定步骤和时间的线性流程，不同于许多企业用于 NPD 工作的门径管理框架。它只是一个帮助大家更好地描述 NCD 各部分的有效方法、工具和技术的模型。这个模型具有通用语言和术语，应该能使业务和技术领导能够更好地优化 FFE 的活动。优化会使得更多的具有高盈利能力的概念进入 NPD 阶段。同时，统一的术语使调查人员能在把握 FFE 整体的同时，也能更好地将他们的研究集中于 FFE。

参考文献

[1] Ajamian, G. M., and P. A. Koen. 2002. "Technology Stage Gate: A Structured Process for Managing High-Risk New Technology Projects." In P. Belliveau, A. Griffin, and S. Somermeyer, eds., *The PDMA ToolBook for New Product Development*. New York: John Wiley and Sons.

[2] Altshuller, G., 2002. The *Innovation Algorithm: TRIZ, Systematic Innovation and Technical Creativity*. Worchester, MA: Technical Innovation Center.

[3] Amabile, T. M.1998. "How to Kill Creativity." *Harvard Business Review,* September-October, 77–87.

[4] Angelis, D. 2000. "Capturing the Option Value of R&D." *Research Technology Management* 43, 4: 31–35.

[5] Bacon, G., S. Beckman, D. Mowery, and E. Wilson. 1994. "Managing Product Definition in High Technology Industries: A Pilot Study." *California Management Review,* spring, 32–56.

[6] Boer, P. F. 1999. *The Valuation of Technology*. New York: John Wiley and Sons.

[7] Boer, P. F. 2000. "Valuation of Technology Using Real Options." *Research Technology Management* 43, 4: 26–30.

[8] Bower, J. L., and C. Christensen. 1995. "Disruptive Technologies: Catching the Wave." *Harvard Business Review,* January-February, 43–55.

[9] Brown, S. L., and K. M. Eisenhardt. 1995. "Product Development: Past Research, Present Findings, and Future Directions." *Academy of Management Review* 20: 343–78.

[10] Buckler, S. A. 1997. "The Spiritual Nature of Innovation." *Research Technology Management* 40, 2, March-April, 43–47.

[11] Burchill, G., and C. Brodie. 1997. *Voices into Choices: Acting on the Voice of the Customer.* Madison, WI: Oriel.

[12] Capron, B. A. 1997. *Optical Memory Application Assessment.* Boeing Defense and Space Group, Seattle, WA. Sponsor: Army Missile Research Development and Engineering Lab, Redstone Arsenal, AL. Contract F30602–95-C-0270, Project 4594, Task 15, AD-A327 833/0/XAB, RL-TR-96–268, April.

[13] Collins, J. C., and J. I. Porras. 1994. *Built to Last.* New York: HarperCollins.

[14] Cooper, R. G. 1993. *Winning at New Products.* 2nd ed. Reading, MA: Addison-Wesley.

[15] Cooper, R. G. 1999. "The Invisible Success Factors in Product Innovation." *Journal of Product Innovation Management* 16: 115–33.

[16] Cooper, R. G., S. J. Edgett, and E. J. Kleinschmidt. 1998. *Portfolio Management for New Products.* Reading, MA: Perseus Books.

[17] Cooper, R. G., and E. J. Kleinschmidt. 1987. "New Products: What Separates Winners from Losers?" *Journal of Product Innovation Management* 4, 3: 169–84.

[18] Cooper, R. G., and E. J. Kleinschmidt. 1995. "Benchmarking the Firm's Critical Success Factor in New Product Development." *Journal of Product Innovation Management* 12: 374–91.

[19] Crawford, C., and A. DiBenedetto. 2000. *New Products Management.* Boston: Irwin/McGraw-Hill.

[20] Davis, J., A. Fusfield, E. Scriven, and G. Tritle. 2001. "Determining a Project's Probability of Success." *Research Technology Management* 44, 3, May-June, 51–57.

[21] Eldred, E. W., and M. E. McGrath. 1997. "Commercializing New Technology—I." *Research Technology Management,* January-February, 41–47.

[22] Foster, R. 1986. *Innovation: The Attacker's Advantage.* New York: Summit Books.

[23] Fuld, L. M. 1994. *The New Competitor Intelligence: The Complete Resource for Finding, Analyzing, and Using Information About Your Competitors.* New York: John Wiley and Sons.

[24] Griffin, A., and A. L. Page. 1996. "PDMA Success Measurement Project: Recommended Measures for Product Development Success and Failure." *Journal of Product Innovation Management* 13: 478–96.

[25] Grove, A. S. 1999. *Only the Paranoid Survive.* New York: Bantam Doubleday Dell.

[26] Harryson, S. J. 1997. "How Canon and Sony Drive Product Innovation Through Networking and Application-Focused R&D." *Journal of Product Innovation Management* 14: 288–95.

[27] Isaksen, S., B. Dorval, and D. Treffinger. 1994. *Creative Approaches to Problem-Solving.* Dubuque: Kendall/Hunt.

[28] Jackson, N. B. 1997. *Catalyst Technology Roadmap Report.* Sandia National Labs, Albuquerque, NM. Sponsor: Department of Energy, Washington, DC. Contract AC04–94AL85000, DE97009294/XAB, SAND-97–1424, June.

[29] Kahaner, L. 1998. *Competitive Intelligence: How to Gather, Analyze and Use Information to Move Business to the Top.* New York: Touchstone Books.

[30] Khurana, A., and S. R. Rosenthal. 1998. "Towards Holistic 'Front Ends' in New Product Development." *Journal of Product Innovation Management* 15: 57–74.

[31] Koen, P. A. 1997. "Technology Maps: Choosing the Right Path." *Engineering Management Journal* 9, 4: 7–12.

[32] Koen, P. A., G. Ajamian, R. Burkart, A. Clamen, J. Davidson, R. D'Amoe, C. Elkins, K. Herald, M. Incorvia, A. Johnson, R. Karol, R. Seibert, A. Slavejkov, and K. Wagner. 2001. "New Concept Development Model: Providing Clarity and a Common Language to the 'Fuzzy Front End' of Innovation." *Research Technology Management* 44, 2, March-April, 46–55.

[33] Krough, G. V., K. Ichijo, and I. Nonaka. 2000. *Enabling Knowledge Creation.* Oxford: Oxford University Press.

[34] Leifer, R. C., M. McDermott, G. O'Connor, L. Peters, M. Rice, and R. Veryzer. 2000. *Radical Innovation.* Boston: Harvard Business School Press.

[35] Leonard, D., and S. Straus. 1997. "Putting Your Company's Whole Brain to Work." *Harvard Business Review,* July-August, 110–21.

[36] Lynn, G. S., J. G. Morone, and A. S. Paulson. 1996. "Marketing and Discontinuous Innovation: The Probe and Learn Process." *California Management Review* 38, 3: 8–37.

[37] Markham, S. K. 1998. "A Longitudinal Examination of How Champions Influence Others to Support Their Projects." *Journal of Product Innovation Management* 15: 490–504.

[38] Markham, S. K. 2002. "Championing Projects." In P. Belliveau, A. Griffin, and S. Somermeyer, eds., *PDMA Toolbook for New Product Development.* New York: John Wiley and Sons.

[39] Markham, S. K., and L. Aiman-Smith. 2001. "Product Champions: Truths, Myths and Management." *Research Technology Management* 44, 3, May-June, 44–50.

[40] Markham, S. K., and A. Griffin. 1998. "The Breakfast of Champions: Associations Between Champions and Product Development Environments, Practices and Performance." *Journal of Product Innovation Management* 15: 436–54.

[41] McDermott, R. 1999. "Why Information Technology Inspired, but Cannot Deliver Knowledge Management." *California Management Review* 41, 4: 103–117.

[42] McDermott, R. 2000. "Knowing in Community: Ten Critical Factors for Community Success." *IHRIM Journal,* March, 19–26.

[43] McGrath, M. E., and C. L. Akiyama. 1996. "PACE: An Integrated Process for Product and Cycle Time Excellence." In M. E. McGrath, ed., *Setting the PACE in Product Development.* Boston: Butterworth and Heinemann.

[44] McGrath, R. G., and MacMillan, I. C. 2000. "Assessing Technology Projects Using Real Options." *Research Technology Management* 43, 4: 36–49.

[45] Meadows, L. 2002. "Lead User Methodology and Trend Mapping." In P. Belliveau, A. Griffin, and S. Somermeyer, eds., *PDMA Toolbook for New Product Development.* New York: John Wiley and Sons.

[46] Michaels, M. Z. 2000. *Speed: Linking Innovation, Process and Time to Market*. New York: The Conference Board.

[47] Montoya-Weiss, M. M., and T. M. O'Driscoll. 2000. "Applying Performance Support Technology in the Fuzzy Front End." *Journal of Product Innovation Management* 17: 143–61.

[48] Nayak, P. R., and J. M. Ketteringham. 1994. *Breakthroughs*. San Diego, CA: Pfeiffer and Co.

[49] Porter, M. E. 1987. "How Competitive Forces Shape Strategy." *Harvard Business Review*, March-April, 137–45.

[50] Prather, C. W. 2000. "Keeping Innovation Alive After the Consultants Leave." *Research Technology Management* 43, 5: 17–22.

[51] Rosenau, M. D., A. Griffin, G. A. Castellion, and N. F. Anschuetz, eds. 1996. *The PDMA Handbook of New Product Development*. New York: John Wiley and Sons.

[52] Schoemaker, J. H. 1995. "Scenario Planning: A Tool for Strategic Thinking." *Sloan Management Review* 36, 2: 25–40.

[53] Shaver, K. G., and L. R. Scott. 1991. "Person, Process, Choice: The Psychology of New Venture Creation." *Entrepreneurship Theory and Practice*, winter, 23–42.

[54] Slowinski, G., S. A. Stanton, J. C. Tao, W. Miller, and D. P. McConnell. 2000. "Acquiring External Technology." *Research Technology Management* 43, 5: 29–35.

[55] Smith, G. R., W. C. Herbein, and R. C. Morris. 1999. "Front-End Innovation at AlliedSignal and Alcoa." *Research Technology Management* 42, 6: 15–24.

[56] Song, M. X., and M. E. Parry. 1996. "What Separates Japanese New Product Winners from Losers." *Journal of Product Innovation Management* 13: 422–39.

[57] Stevens, G., J. Burley, and R. Divine. 1999. "Creativity + Business Discipline = Higher Profits Faster from New Product Development." *Journal of Product Innovation Management* 16: 455–68.

[58] Stevens, G., J. Burley, and R. Divine. 1998. "Profits and Personalities: Relationships Between Profits from New Product Development and Analyst's Personalities." *Product Development Management Proceedings*, 157–75.

[59] Swink, M. 2000. "Technological Innovativeness as a Moderator of New Product Design Integration and Top Management Support." *Journal of Product Innovation Management* 17: 208–20.

[60] Turnbull, G. K., E. S. Fisher, E. M. Peretic, J. R. H. Black, A. R. Cruz and M. Newborn 1992. "Improving Manufacturing Competitiveness Through Strategic Analysis." In J. A. Heim and W. D. Compton, eds., *Manufacturing Systems: Foundations of World-Class Practice*. Washington, DC: National Academy of Engineering, National Academy Press.

[61] Varnado, S., et al. 1996. *Development of a Technology Development Strategy to Reduce Health Care Costs*. Department of Energy, Albuquerque, NM. Contract MIPR-94MM4592, AD-A318 818/2/XAB, November.

[62] von Hippel, E. 1986. "Lead Users: A Source of Novel Product Concepts." *Management Science* 32: 791–805.

[63] von Hippel, E. 1998. "Economics of Product Development by Users: The Impact of 'Sticky' Local Information." *Management Science* 44: 629–44.

[64] von Hippel, E., M. Sonnack, and S. Thomke. 1999. “Creating Breakthroughs at 3M.” *Harvard Business Review*, September-October, 3–9.

[65] Wenger, E., and W. Snyder. 2000. “Communities of Practice: The Organizational Frontier.” *Harvard Business Review*, January-February, 139–45.

[66] Wheelwright, S. C., and K. B. Clark. 1992. *Revolutionizing Product Development*. New York: Free Press.

[67] Willyard, C. H., and C. W. McClees. 1987. “Motorola’s Technology Roadmap Process.” *Research Management* 30, 5: 13–19.

[68] Zien, K. A., and S. A. Buckler. 1997. “From Experience Dreams to Market: Crafting a Culture of Innovation.” *Journal of Product Innovation Management* 14: 274–87.

第 2 章

寻找希望领地：预测模糊前端

克里斯托弗 · W.米勒（Christopher W.Miller）

水牛正在迅速减少。几年前羚羊还有许多，现在它们变得非常稀少。随着它们的灭绝，我们将面临饥饿；我们会寻找其他的东西充饥。

——Tonkahaska（Tall Bull）

苏族领袖，1880 年

2.1 引言

FFE 始于这样的关键点：存在可以识别的需求，满足这种需求的技术也同时存在。这一基本假设告诉大家，多达一半的产品在潜在生命周期内的价值，存在于难以定义的、连接新兴需求和技术的“模糊”地带与大多数正式的分阶段的产品开发流程的起点之间。FFE 展示的空白是一个巨大的机会。这对于产品开发组织预测那些影响识别产业阶段的变化而言只有很小的帮助。但是总有例外：摩尔定律曾经帮助半导体产业预测创新，纯粹的人口统计可以帮助预测消费品和服务，尽管这些只能提供很少并且不全面的帮助。大多数行业发现自己陷入了一种困境：可用于指导的知识很少甚至几乎没有，也没有什么经验。赖纳特森和史米斯模型可以用下面的方式表示：

|———— 模糊前端 ————|— NPD 持续时间 —|— 商品化持续时间 —|

大家应该寻找希望领地，大胆地填补模糊前端的空白。寻找希望领地根植于成熟的消费品产业，它们积极地采用了大量不同的客户心声数据收集技术。这些公司站在新兴趋势的前沿，并不断寻求和识别可能影响其类别的变化。它们也已

经迅速增加产品开发和配套技术研究方面的投资。在这些情况下，可以认为，由于早期阶段的努力，FFE 所需的持续时间变短了很多。新产品开发（NPD）流程中的积极投资已得到了回报。成熟的客户响应型公司可能经历较少的摸索，公司内大多数人员都熟知并理解 NPD 流程。这些公司中的许多高管都有 NPD 经验。FFE 的持续时间较短，这使得这些成熟的公司需要转型为 FFE 模式，以便在大众市场出现之前就预测到可能的需求，并及早发现在有效地使用之前就有望满足这些需求的技术。对成熟的以客户为导向的公司而言，模型可能是如下形式：

|—— 模糊前端 ——|— NPD 持续时间 —|— 商品化持续时间 —|

只有当渐进式改善（一种成长型范畴的标志）对客户来说不再具备有意义的差异标志时，这种渐进式改善才会失败。在此之前，渐进主义优于重大飞跃，因为它能保证价值链和创新的同步。成熟的产品类别必须寻求完全新的和唯一的机会。那些几乎没有能力从广泛的资本和人力资源投资，以及在一个复杂而广泛的、布满了长期客户的价值链上的投资退出的组织是一个成熟的组织（见图 2-1），这也是关于组织寿命的一个遗憾的事实。要降低那些公司曾经培育过（有些已经培育了几十年）的产品类别、技术或客户的重要性，是很困难甚至是很痛苦的。

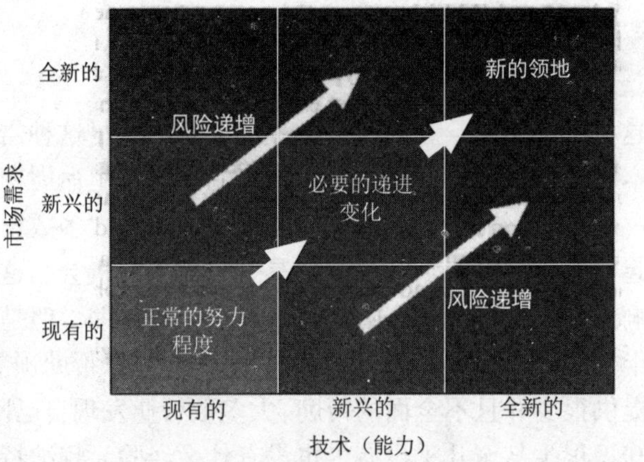

图 2-1　需求×技术矩阵

注：正常的业务就是用现有的技术满足现有的市场需求。NPD 做的工作就是从这一点进行预测，向新兴的市场需求和新兴技术的交会点发展。寻找希望领地则是从一个已确定的未来机遇到现在的平衡点和能力的反向预测，它提供了关于未来增长潜力的一些假想，为确定现在做的渐进式努力，哪些最有利于支持未来的成长，指引了必要的方向。

案例

在 Snake 灯取得不可思议的成功背后，Black & Decker 公司意识到世界已经不需要另外的小型家电制造商了。虽然 Snake 灯改写了便携式照明产品类别的定义，然而这真是在许多小工具系列产品长期改进过程中可以做的最后尝试。Black & Decker 公司很清楚地知道主要的优势还会产生更大的差距，并且随之进一步完善，世界上其他 200 家类似产品的制造商将会很快地颠覆 Black & Decker 公司的创新。换句话说，Black & Decker 公司的成功吸引了许多其他厂商参与进来。虽然新的、更好的产品仍然是 Black & Decker 公司系列的一部分，然而他们面临着陷入产品开发团队所说的“奇迹小部件现象”的危险，这意味着他们在寻找兔子而不是水牛，他们是在寻找一天，而不是一个季节。

产品销量的递减是成熟的标志之一。强大的管理团队逐渐意识到，渐进性和成熟性会利用现有的现金流、组织和结构去创造新的销售收入流。在避免“S 曲线”（萌芽、成长、成熟和下降的商业周期）发生的过程中，一般都是通过再造流程以确保企业有能力在现有市场上参与竞争。组织的领导层可以看到所有合理的路径仍然会走下坡路。提高效率和降低成本本身并不能创造长期的未来价值。这时，唯一荒谬的是管理团队继续做相同的事却期待一个不同的结果。

案例

下面的任务书是负责管理公司资源的团队和被管理团队之间的一个合同。有许多事情可以列入此任务书：

- 对任务的定义。（Black & Decker 公司：“我们从卖出产品而获得的第一个美元起，走在通向一个 1 亿美元的新市场的大路上。”Kodak 公司：“在南美的每一位母亲都会有一张自己孩子的照片。”）
- 背景说明，描述为什么这个对于组织来说是重要的。
- 团队中包括的人员，以及每个人需要多少时间。（例如，5～9 名团队成员，承诺 20%～40%的工作时间。）
- 允许团队（在不需要进一步批准的情况下）自由支出多少。
- 团队何时汇报。（3～5 个月）
- 重要的成功标准——具体而言，从几个不同的视角阐明成功的要素：

— 一个巨大的具有多种未满足需求的市场。

— 可保护的地位或技术专利。

— 在计划期内的可行性。

寻找希望领地，绝对依赖于有进取心且经验丰富的团队，由重点突出又富有远见的章程来驱动。

如果管理团队发现核心业务带来的回报减少了，并决定改变这种现实，那么必须寻找新的领地。而任务书正是管理团队的成果之一，它赋予了跨职能团队相应的权力。

对于产品开发人员来说，在寻找希望领地的时候，针对高质量新产品开发的许多坚定的流程依然完好无损，这无疑是一则好消息。

作为一个组织，如果可以有效地弱化新产品机会，也应该同样擅长识别组织需要解决的全部新的问题，并发现从目前的核心业务向这些新领域过渡的途径。在这些过程中，必须要放弃的东西（客户、技术、长期战略）通常是组织面临的最大的挑战。

寻找希望领地的目的是为未来的开发和研究发现有意义的假说。寻找希望领地除去准备阶段，还有 3 个主要的阶段（见图 2-2），分别是寻找希望领地，即应用来自组织内部的战略方针和来自市场与技术的引导，寻找可能的希望领地；建模，即建立能清晰地阐明组织能够解决的潜在问题的模型；建立路径，即建立从现在的核心业务到能够产生新销售收入的活动和产品的机会之间的路径。本章将系统地介绍每个阶段，给出定义、建议和选择。最后，大家就可以应用了。

阶段	工具和活动	时 间	成 果
准备	建立任务书和项目计划 • 团队形成 • 任务书 • 任务书工作室	4～6 周	用任务书委托一个有经验的团队，任务书的委托有组织的支持，且具有达到目标所需要的进度计划
1. 寻找希望领地	• 发现工具（5 个以上） • 记录日志 • 团队讨论 • 数据管理	3～8 周	200～500 个潜在的机会领域——需求、技术、发展趋势
2. 建模	• 聚类分组 • 分组测试 • 形成未来的构想 • 建立小型任务书	2～3 周	3～5 个需要组织解决的问题
3. 建立路径	• 案例开发 • 组合开发 • 路径开发	4～6 周	3～5 个新的机会，每个机会由 20～50 个高概率的产生新收益的创意支持

图 2-2 寻找希望领地的各个阶段

练习

环视你所在的房间四周，列出一份包含绿色物体的清单，并将它们记录下来。在完成之后，请闭上眼睛说出 5 种蓝色物体。这项“创造力问题解决方案研究所”的感知力练习告诉大家新产品开发人员所面临的问题就是寻找全新的机会，这就是寻找希望领地。你已经在研究的目标是绿色物体，现在要求你识别蓝色物体。你的挑战与团队的感知效果和项目发展的过程一样。正如伏尔泰所说：“真正的发现之旅不在于寻求新的风景，而在于拥有一双新的眼睛。”

2.2　寻找希望领地

寻找希望领地阶段由 4 个部分组成（见表 2-1），分别是发现工具，运用多种方法寻找和识别机会；记录日志，个人数据管理工具；团队讨论，团队成员之间定期地进行沟通；数据管理，给出一种组织数据的工具——希望领地矩阵。这些组成部分相互混合在一起。例如，在结束了一天的现场调研之后，在团队晚餐讨论时，一个团队成员将一些要注意的事记在日志上。在一个压缩的时间段内完成该阶段全部的工作很重要。这使得团队能够将早期积累的经验和后期的实践联系起来。

表 2-1　寻找希望领地阶段

阶　段	工具和活动	时　间	成　果
寻找希望领地	• 发现工具（5 个以上） • 记录日志 • 团队讨论 • 数据管理	3～8 周	200～500 个潜在的机会领域——需求、技术、发展趋势（见图 2-2）

2.2.1　帮助发现的工具

把寻找和识别机会的活动产生的数据记录在日志里，并在定期的团队会议中讨论这些数据，这样有助于加深对数据的理解。最后强化日志中的注意事项，再让数据从日志进入矩阵。这里推荐一些寻找机会的方法。需要注意的是，这里所列的工具不仅仅针对技术或需求。在许多情况下，一个工具会做多方面的数据收集。在 3～8 周内，最少提议 5 种不同的工具。如果你已经频繁地使用一种工具，可以尝试一种别的方法。

表 2-1 所示内容并没有意图包含、也没有限制团队在发掘自己独特的工具方面的创造力。

当大家使用这里介绍的每一种方法时，都要记住寻找 4 种通用的创新资源：

- 系统模式的终止，某种事情正在结束一种传统的模式，例如，将传统的客户转移到在线采购和投标。
- 当价值链中的一个参与者显示出比其他的成员得到的更多时，系统中会出现不均衡的现象。例如，零售商对传统品牌的统治。
- 中介机会，通常因以上原因出现。例如，对客户做一些间接性调查。
- 补偿性的行为，表明在等待市场创新的同时，系统成员正在进行试验。例如，一个用宽胶带固定在操作台上的风扇，或为了做这件事，可以采用宽胶带的任何一种用法。

（1）间接调查。使用已经存在的信息。对以前基于常见假设的研究保持谨慎。在那些将为你提供指导的结论中，有些结论很可能是正确的，更可能是非常普遍的。现在你知道的是其他人已经知道的。间接数据应该是创意或其他市场调查工作的准备阶段的一部分。它包含所有的数据，这些数据不是专门为这项特定的任务而生成的。这些数据应该包括公司的内部数据，如公司记录和过去的调查，还有公司外部的数据，如商贸出版物、人口普查数据等。间接数据将会用于实现几个重要的目标。这些目标是：

- 产生问题并给出答案。
- 为未来的分析提供资料。
- 提供一个良好的现状描述。
- 明确差距。（可能需要以往数据）
- 引向新的创意和其他资源。
- 有助于更清晰地定义问题。
- 用作参考信息库。

（2）查看以前的文档。研究新旧创意报告和项目资料，找到文档的作者以询问一些额外的问题。和他们分享目前工作的性质并咨询他们的观点。无论是否有发现，大家都会得到大量的组织要点。

（3）技术识别头脑风暴或审计。将你的成果通知组织内部或外部的技术团体。要求他们清空固定思维，然后再装入可能性的机会——那些在过去没有很快进行的项目。现在假定每个这样的项目都包含一个观察或对你的团队有价值的方法。大家的工作就是将它们找出来。

（4）运营能力头脑风暴或审计。在能卖的东西中，大家最擅长什么？Safety-

Kleen 公司是在芝加哥皮革公司处理鞣皮液时建立的新公司。大家有处理损失或浪费的产品的新方法吗？在新的希望领地中，请着眼于核心竞争力。

（5）技术识别顾问。如果还没有进行技术识别，那么大家还需要花点儿工夫。或许应该专门针对技术识别设立一个子项目，并提出寻找希望领地的想法。

（6）市场趋势头脑风暴或审计。邀请整个市场部门预测机会和问题。这是一个接触供应商、广告代理商及其他利益团体的好机会。

（7）未来趋势跟踪。收集尽可能多的前沿期刊、订阅 *The Futurist*（世界未来协会出版的杂志）或者 *Technology Review*（MIT 出版的月刊，预测科学和技术的发展）。和许多专业人员一样，在大家开始剥开洋葱皮之前，这看起来很简单，但不要被表面的简单所蒙骗。

（8）人口统计调查。人口统计会为其他的思考打通一条捷径。美国政府出版局的出版物是很好的资源。要谨慎地对待行业数据和企业下属集团的数据。这些数据倾向于依据舆论对术语和市场定义，并且是“公共智慧”。大家不是在寻找人云亦云的东西。

（9）德尔菲访谈——传统的方法。确保十几位或者更多的思想领先者参与。发给他们一系列开放性问题，例如，在制造业中最令人兴奋和最具颠覆意义的趋势是什么？领先者和其他制造商所做的事有什么区别？如果你是一个工厂经理，今天最担忧的是什么？未来 5 年最担忧的是什么？并让他们以书面形式回答，再合并他们的回答，然后将合并的结果和第二轮的问题一起分发下去。通常，对这些思想领先者的回报就是他们能得到报告。

（10）德尔菲访谈——另一种方法。同这些思想领先者进行电话沟通或面谈。安排 60～90 分钟的电话会议，超过 90 分钟需要一次中间休息。安排跟踪回访电话会更好。要有一个领先访谈者。允许整个团队听到并跟踪提问，录下访谈内容及访问之后团队的汇报（在安排访谈时应得到录音的许可）。介绍你是谁然后描述你的意图，说：“我们水平有限，不能提出很好的问题，请帮帮我们。”他们就会帮助你。最后通过询问他们还应该访问谁来结束这次访谈。

（11）双焦点小组（Slingshot Groups）。在一个有组织的讨论会上，邀请非竞争性的新产品开发、市场营销及技术等方面的专业同行参加。这个流程模仿在产品开发和管理协会会议上所看到的过程（见本节下面的第 15 项技术，以及第 10 章领先用户调查和趋势路线图）。

- 召集 3～5 个非竞争性的专业人士，他们也可以是产品的消费者（生产者兼消费者）。
- 召集 4 个创造型消费者。

- 采用某种新设备，使录音过程变得轻松。
- 早晨不要太过深入讨论。
- 午餐。在和消费者、客户、生产者兼消费者一起吃饭时分享想法。
- 安心坐下来听，作为生产者兼消费者的“双焦点代表”，认真听取他们的经验和专业人员的经验。
- 汇报整个经历。

克鲁格和凯西提供了有关怎样设计、准备、实施、分析及报告焦点小组的情况等详尽系统的路线图。他们详尽地讨论了要考虑的问题、关键点及警告，以帮助应对预期的或不能预料的事件。如果是现有的客户构成的双焦点小组，在设计这些双焦点小组时一定要小心。

（12）和我们不一样的人群。找到用不同方法解决问题的群体。Black & Decker 公司在宾夕法尼亚州兰开斯特县的安曼教派社区花费了一些时间。安曼教派回避使用电器，并且使用其他方法完成相应的工作。其他公司也在那些有特殊需要的人们身上花费了时间，这些特殊需要迫使他们练就了专门的“能力”。关于产品类别，身体或视觉障碍者所不知道的是什么？向那些没有双手的人学习不用手的操作。（有关这个论题的更多内容见第 12 章关于通用设计的部分。）

（13）人种学。讨论产品的情境，进行核心客户现场访谈。大家应该做 18～20 次访谈，每次访谈持续两个小时（如果合适，可以用更多的时间）。这个访谈通常包括产品使用和环境指南。在寻找希望领地的过程中，访谈内容应着眼于核心产品、竞争力及可能获得新收入的机会之间的平衡。

（14）深入实际。或许，对客户保持时刻理解的方法就是开发者像人类学家那样，亲自深入到客户的实际环境中。在客户的实际环境中度过 36 个小时或者更长的时间，这被称为“参与观察法”。如果你想改善电脑在教室中的应用，就去做一周时间的助教（吃午饭、值日、备课、讲课）。这种方法意味着开发者只有通过“深入实际”才能真正了解客户。结果就是成为客户并开发出“设身处地”的产品。

（15）领先用户。（完整的方法介绍详见第 10 章）补偿性行为通常可以通过用户分析来识别。根据冯·希普尔的研究，领先用户具有以下两个特征：① 在产品和服务出现数月或数年之前，客户就已经有这样的需要了；② 充分地坚信利益来源于创新。从制造商的角度看，领先用户的参与使大家能够留有时间余地来开发技术、评估原型产品，以及在大多数市场刚刚开始意识到需求并寻求解决方案的时候就已经能够提供第一代产品了。

领先用户还有其他一些特征，使他们成为互补的合作伙伴。

领先用户经常能清楚地说出新的需求。他们可能很早就开始寻求解决方案并且至少已经确定了哪些方法是失败的。此外，领先用户的应用还可以证明新技术所带来的好处。

2.2.2　工具的使用和设计

大家所在的团队应该将事情记录在日志中，并且定期进行团队汇报和讨论，至少需要保持 3～8 周的时间。为了从项目中获得最大收益，应使用至少 5 种不同的方法。在这个早期阶段不要担心冗余，来自不同源头的同一个信息可以有不同的含义。事实上，同样的信息从不同的视角去看也可能有不同的含义。

案例

Black & Decker 公司的团队清楚地理解来自许多不同源头的概念。然而，反复从未来学家（以德尔菲访谈形式）、儿童（以人种学形式）及安曼教派的社区（以深入实际的形式）等途径听到压缩时间的主题时，会让他们深入理解时间问题的本质、复杂性和普遍性。

案例

嘉实多（Castrol）公司的团队正在做一项出色的工作，他们要在一个衰退的市场中获得市场份额。在寻找希望领地的过程中，他们选择：① 内部访谈；② 技术头脑风暴会议；③ 市场趋势头脑风暴会议；④ 双焦点小组；⑤ 深入实际的努力，包括在市场内展示和在市场外展示；⑥ 对有思想的领导者进行德尔菲访谈。

每个团队成员都要负责协调过程的一个方面。这使管理任务的分配稍显公平。成功的关键因素之一是团队成员之间的开放式沟通，团队会议隔几天开一次。在这些会议中，他们识别出 450 个希望领地。

内部的方法既可以作为一项头脑风暴的工作来做，也可以作为一项审计工作来做。经验表明，审计会造成一定的担忧和防御。这可能妨碍大家获得隐藏的机会。头脑风暴如果做得好，会使大家融入团队中，并且用一种非正式的、更加融洽的方式去做审查。

外部的方法需要保密和关注创意的所有权。很明显这是法律团队的合法领地。建议从可怕的极端、多页的法律文件到简单陈述，都要承认所有的交谈内容都来自公开的领域，描述工作对组织的重要性，并且表达讨论要保密一段时间的愿望。

开放是创新的朋友。

2.2.3 处理数据

大家能拥有的最重要的工具或许就是日志。在大多数书店里，大开本无横格的素描册子只需几美元就能买到，而且非常好用。

日志的目的是帮助大家做如下工作：

- 用“新的视角”观察世界。
- 查看细节。（细节通常决定成败）
- 和团队的成员比较观察的结果，比较不同时间点的观察结果。

团队使用日志越多，从整个经历中收获的价值也就越大。做简单记录、增加文章、插入图片，以及随手在本上记一些东西（见图 2-3）。日志是一个智力的积累——大家往里面放的东西越多，翻阅得越多，它对你就越有帮助。记住，创新机会有 4 个主要的过程：系统模式的不连续、系统中的不均衡或缺少平衡、非中介化机会和补偿性行为。

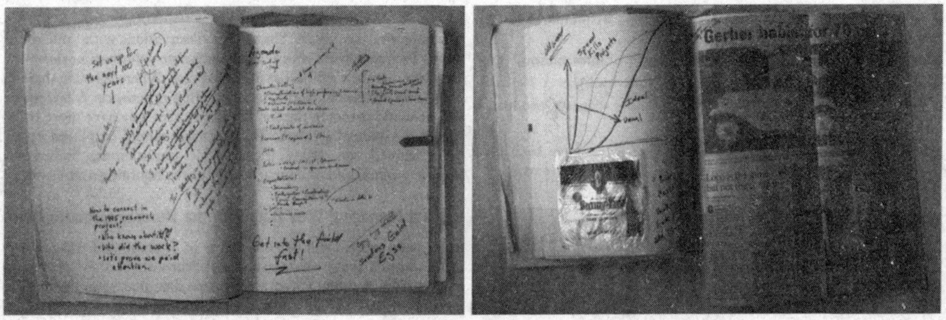

图 2-3　日志是个人数据管理工具

注：日志既可以是结构化的，也可以是非结构化的。然而，所有的团队成员都记日志是非常重要的，允许每个人有不同的风格。日志可以比注释更详细，也可以是图形和物证。

日志不只是一种简单的记录工具，它将大家的大脑、眼睛和耳朵结合起来使用，建立最初的假说——有关事件、行为、技术，以及期望未来的协作。这些观察甚至可以采取产品创意和设计的形式。

2.2.4 团队汇报会

回顾大家所在的位置。与一起记日志的团队同事分享观察结果。为了交流信息需要频繁地召开团队会议。如果可能，这些讨论应该和数据收集联系起来。在现场访谈结束以后花几分钟回顾刚刚做的工作可能比在下一周花上几小时进行审查更有价值。重点应该放在分享、讨论可能的含义、找到数据点之间的联系上，当然还包括加入希望领地矩阵。

2.2.5　用希望领地矩阵组织和管理数据

成功的关键是组织数据，将大量完全不同的数据整理成单一的、可清晰明白地阐述的“值得解决的问题”。组织数据从建立一个希望领地数据管理矩阵开始。每个录入数据、记录或卡片都要反映如下几项信息：

- 已经发现的希望领地的名字。
- 将收集的数据分配到合适的类别。（如趋势、市场、需求、技术）
- 希望领地描述。（信息最有价值的部分）
- 资源。（资源的类型及如何回溯）
- 希望领地显示的特别机会。（产品、服务或风险）

下面是可能采取的一种方式。（请注意，团队用低技术的索引卡和高技术的网络系统都已经取得了成功。）

表 2-2　希望领地数据管理矩阵

希望领地名称	类　别	描　述	资　源	机　会
1. 回归自然	态度和想法	人们想要感受大自然	德尔菲访谈	• 产品全部由天然材料制成 • 产品和服务有助于将自然的感觉带回家
2. 谁在做饭	孩子或年轻人	75%以上的孩子偶尔或者定期自己做饭	报纸上的文章	• 为孩子准备的在线食谱 • 食品创意和容易理解的关于产品包装的指南
3. 大量的原料	材料技术	氧化处理过的看上去像铜的铝	供应商访谈	• 高科技、重量轻、低成本外观

2.3　建模

2.3.1　寻找值得解决的问题

尼古拉 · 特斯拉说过：“一个人用电可以做许多事。我选择做一件最有价值的事。”这个阶段的目标是组织并减少大量的数据，使得团队可以将问题优先排序并找到一个值得解决的问题——一件值得大家努力去做的事。这个阶段分为 4 个步骤（见表 2-3）：①聚类分组，在大量数据中集中寻找明显可识别的数据集合；②分组测试，寻找从问题中提炼价值的方法；③形成未来的构想，构建一个问题被解决了的故事；④建立小型任务书，建立一个子团队和与之相应的任务书，支持团队发掘更进一步的机遇。

表 2-3　建模阶段

阶　段	活　动	时　间	成　果
建模	• 聚类分组　• 分组测试 • 形成未来的构想　• 建立小型任务书	2～3 周	3～5 个需要组织解决的问题

嘉实多确定了 450 个希望领地，Black & Decker 公司确定了 300 多个希望领地，一家制药公司的希望领地的数量超过 400 个。然而，每个希望领地的定义都是不精确的。把希望领地矩阵想象成一片树荫。当大家向上看时，枝叶重叠交错，它们一起撑起了完整的树荫。大家在这个阶段的目标是找到几个牢固、迷人的树枝来构筑未来。

定性聚类分析是一个流程，用于将希望领地从矩阵中抽出来，并将它们精简为一个有用的结构。定性聚类分析发现了“自然发生”群组。不过，该流程总是创造出一些不知是否真实存在的集群。在寻找希望领地的过程中，我们用一种定性的方法来作为数据精简技术来考察变量集合内的相互依赖关系。定性聚类分析的主要目的是基于正在分析的希望领地变量集合将对象分为若干相对同质的组。在组或集群内部的对象是类似的，而集群之间存在着差异。

2.3.2　建模会议

将团队成员召集在一起进行几天激烈的讨论，这对于建立寻找希望领地的流程非常重要。会议前，每位团队成员都应回顾希望领地的整个矩阵，并且选择那些基于自己对任务书的理解认为最吸引人的希望领地。

建模会议第一天的议程可能包括以下活动：

- 设定会议的基调。重新回顾任务书。讨论团队目标和至此大家学到了什么。
- 每位团队成员各自为他们认为最有可能提供可持续机遇的希望领地投票。一个简单的投票可以很快地发现大家意见统一和不统一的领域。
- 讨论投票的结果，提名领先的希望领地。这些领先的希望领地将会成为每个主题的核心。再提议其他的契合这些领先主题或与之有连带关系的希望领地。这些希望领地将一起构成一个初始的集群。

- 分成若干小组，讨论萌生的希望领地集群。确定将集群里的希望领地连接在一起的更高层次的主题。
- 沿着矩阵回来，确定与该集群契合的二级和三级希望领地。大家正在建立从一个核心主题分支出来的希望集群，“一个值得解决的问题”。可以考虑用卡片或拼贴画在 4×8 英尺（1 米≈3.2808 英尺）的泡沫芯板上，做建立集群的练习，如图 2-4 所示。
- 向另一位团队成员展示自己练习的结果，并且在其他潜在的核心领域重复该流程。
- 留出充裕的谈话时间。互相交流非常重要（这时很可能发现另外的机会）。集群间的相互关联很有意义，它表明了未来成长的潜在路径。

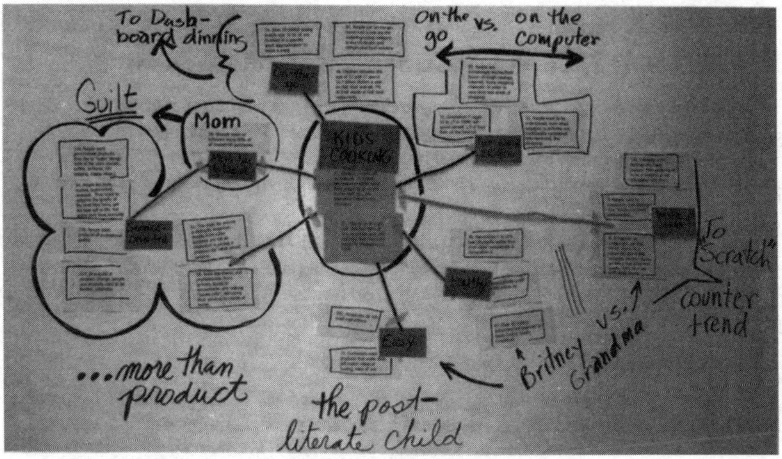

图 2-4　建立集群练习

注：这个集群是相互关联的希望领地的集合，每个希望领地提出了一个主题或“值得研究的问题”。

在图 2-4 中，“儿童烹饪玩具”是中心议题。“儿童烹饪玩具”被趋势和逆趋势包围，它还与其他的在另一块称为“车用餐桌用品”板上的主题（问题）组相联系。

- 选定 3～5 个集群或主题向前推进。最好是留下一块区域，而不是过多的集群。大家的全部工作都要认真地记录下来，以便在以后的时间里能回到过程中的这个点并选择另外的集群。团队希望进一步发掘的集群数量和可用的资源之间必须要有现实的匹配。每个集群代表一个可能的新业务单位。这表明，建立和持续开发这些集群所需的资源将是充足的。

2.3.3 建立小型任务书

随着集群开始稳定和清晰，团队成员们开始显现出各自对集群的偏爱并负责进一步的发掘。如果该集群没有负责人，就放弃此集群。负责人应该为进一步的工作建立小型任务书。建立小型任务书是建模会议第二天的焦点，包括以下活动：

- 通过头脑风暴讨论如何解决已识别的问题。
  - 说明问题的本质。
  - 列出 100～200 个初始的产品或服务创意。回顾日志和希望领地矩阵，那里应该有许多有用的创意。
  - 选出 10～20 个最有兴趣的创意并开发简化的产品概念，如产品名称、创意的内容、怎样工作、核心利益等。
- 用集群和最初的产品概念建立小型任务书。使用与本章前面所述类似的格式，在这里，团队是大家进行短期工作的支持者。小型指的是这项工作持续的时间非常短，不是指任务书文档的长度。标准应该和项目任务书一样。
- 建立适合新任务书的未来虚构情节。这个虚构情节是一个故事，一个创造性的描述，描述用你开发的产品或概念解决了问题后的世界将会是什么样。生活发生了怎样的变化？是变得更好还是更糟糕？好玩和幻想在这项工作的每个阶段都是重要的，但是现在更重要，因为大家快要扩大团队成员的圈子了。

一个好的希望领地的特点

一个好的希望领地描述了不同的趋势和需求的交集。对于 Coleman 公司来说，“Coleman 回家”产品线是从一个名为“将室内带到户外”的希望领地浮现出来的。下一级希望领地包括这些问题：人们想要花更多的时间在户外，没有时间露营，虫子很讨厌，人们已经除去了厨房、餐厅、居室之间的界线并且现在想要除去代表房屋后面的界线，随着年龄的增长，降低了对温度变化的容忍度，安全问题（恐惧）使人们不得不待在室内。

未来虚构情节举例

（摘自一个技术公司团队开发的未来构想）

帕特和特里带着对兴奋的一天的期盼醒来。他们要去欧洲了。帕特跳起来，通过他们的一个 PCD（个人通信仪器）收集信息，并查询外国市场的钻石及任何与钻石市场相关的信息。帕特注意到，有几篇新闻已经被自动地做了标记。帕特的客户使用过的电子目录也同时被更新。

同时，特里想要知道威尼斯（他们欧洲的第一站）的天气。特里正担心威尼斯最近的热浪会引起难闻的气味。特里的带有人工感官知觉的 PCD 让特里感受到了威尼斯的气息。很好，空气是清新并令人愉快的。

（根据 Coleman 团队的希望领地修改）

吉姆在快到晚上 7:00 的时候进入车库。他很累，并且感觉仍然还有许多工作要做。当车库门一开，整个财产安保系统的屏幕又恢复了原来的状态。吉姆想起他必须带着一把房间钥匙，输入密码。他穿过厨房，抓起地上的报纸，放到他的办公桌上。外面比他的房间和车内还要热一些。他知道，温度仍然接近 90 度（华氏），且湿度也很高，但是奇妙的室外季节控制仪让他感受到了一个凉爽的 6 月的夜晚，而不像实际 8 月的芝加哥。

他从冰箱中拿出一瓶啤酒坐在舒服的椅子上。突然，他发现一只翅膀是红色的鸟落在小片沼泽地中的芦苇上。一群燕子在头顶上翻飞。在他的潜意识里，他知道是成千上万的蚊子吸引了这些优美的生灵来到他的庭院，但是他上次被咬距现在已经过去很多年了，这要感谢他的昆虫控制系统。

电话响了，是他的妻子简打来的。她刚下班，正在回家的路上顺便去接孩子，她问他晚上是否愿意做饭。吉姆说：“当然愿意。”然后他拿起遥控器，按下他预先编好程序的“超级爸爸”晚餐按钮。在他读报的时候，烤肉架开始变热，肉饼进入快速解冻的程序。

2.4　建立路径

期望组织从目前的核心业务领域跳跃到一个漫无目的的新业务领域是没有道理的。对新业务领域的支持有多种形式，大体有 3 个层面：

- 一个有实质性收益潜力的计划。
- 调查表明潜在的机会确实存在。
- 早期试验——产品介绍、风险投资及产生收益的收购。

如果不能给团队提供学习的机会和资金，就会毁掉前期的工作，通往新的希望领地的道路上一定要有足够的激励，用来证明团队找到的途径是一条新的成长途径。最好的激励就是客户订单，它是唯一无懈可击的价值证明。

在寻找希望领地阶段，要求宽度。在定性聚类分析阶段，深度才是关键。现在，大家正在寻找石头，铺设在今天的正常道路和大家所希望的公司前进的方向这两者之间的路径上。关键的测量指标是体积——宽度乘深度。一共有 3 步（见表 2-4）：① 案例开发，用现有的知识为机会建立一个案例；② 组合开发，在该步骤生成推荐的新产品机会；③ 路径开发，将产品机会排列起来。每一个希望领地都要分别完成一个步骤。

表 2-4　建立路径阶段

阶　段	活　动	时　间	成　果
建立路径	• 案例开发 • 组合开发 • 路径开发	4～6 周	3～5 个新的机会，每个机会由 20～50 个高概率的产生新收益的创意支持

2.4.1　案例开发

希望领地团队中的每一个团队都要有一个非正式的案例、小型任务书、方案，以及未来的畅想，并且要支持前两个阶段中产生的定性数据。这可以成为向其他人介绍希望领地的一个简要文档。附加的调查现在能够改善项目，只要附加的调查以并行方式进行，它就不会增加项目的工作时间。通常，间接调查就足以得到足够的知识来推动项目前行。也许最关键的信息是谁比你知道更多的相关知识。关于这个领域的知识，谁知道得最多，就将他临时邀请进团队。一个本土向导能够极大地提升项目成功的机会。非正式案例的关键组成部分如下：

- 机会的简要描述。
- 价值链描述和每一环节的细分片段。（如果理解的话）
- 每一细分片段的潜在客户和客户需要。（真实的或假想的）
- 价值主张。（企业怎样做才能增加价值）
- 竞争的调整。（现在如何解决这个问题）
- 战略优势。（怎样才能在市场竞争中获胜）

如果时间和资源允许，场景分析（逆向趋势外推法）就是一个可选择的工具，这一工具能够用来改善案例。在通常情况下，团队成员会变成预测者，开发一个期望的方案，一个最差案例的方案和一个最好案例的方案。开发这些方案有 3 个目的：①它们显示了几种趋势和事件之间的相互作用，以提供一幅描绘未来的完整图画；②它们有助于检查一系列预测（方案设计的基础）的内部一致性；③以普通人也能容易理解的方式来预测未来的情形。为了开发一个场景，团队需要预测个体在某个特定时间点的潜在趋势。然后，团队还要开发一个有关趋势的特定事件或结果的表，如果个体的趋势是真的，这个结果就是真的。该团队给出的具体事件日期可以追溯到现在，然后进行一个描述或情景的叙述。这些通常都比“未来的虚构情节”要具体，都给大家提供了一个重要的、审视希望领地所带来的消极或积极影响的机会。

2.4.2　组合开发

从案例到实体化的产品——产品组合，经历了 3 个步骤：①创意过程，提出大量可能的创意；②概念建立，深度开发重要的创意；③概念筛选，选择那些具有潜在价值的概念。

1．创意过程

这是一个重要的产品概念建立过程，不是模型建立期间的简单测试。在每个希望领地中建立 500～1 500 个创意和 100～150 个产品概念。每个团队都应该有下列 4 种类型的人参与：

创意过程的议程

预订一个房间，将椅子摆成半圆形，房间的前面有 5 个或 6 个活页挂图。确保房间宽敞而明亮，便于做游戏和创造性思考。可以考虑增加玩具、音乐及一些食品和饮料。在客人们到来之前，他们应该已经有机会审阅案例和询问一些问题。他们还应该订立适当的、合法的协议。你必须安排好主持人，由他来管理和控制流程，还要安排好一个任务责任人，由他来为团队讲话。

一天会议的议程

上午：

7:30　欢迎早餐、签发胸牌。

8:00　互相介绍。互相介绍各自姓名、专业及这项任务的重要性。

8:15　讨论头脑风暴和流程的规则。

8:25　任务陈述。

8:30　头脑风暴。每分钟瞄准 2～3 个创意。全部写在挂图上，速记员将所有发言都记录下来。加入一些有联系的情节，以强化创意过程，如与客户讨论一个鱼缸。

10:00　投票和休息。用圆点标记每个创意，突出其中的 10%。

10:15　第一轮概念生成。两人一组，每一组集中产生两个概念。

10:45　第一轮汇报。将所有对概念的评论挂在墙上。

11:00　重新分成几个小组，每组专做一项子任务。为每一组提供便利。概念可以在午餐时写出来。

下午：

1:00　汇报。

1:30　第二轮重新分组、汇报。

3:30　生成概念并汇报。

4:00　对所有概念投票。100 个概念，每人投 10～15 票。

4:15　客人应该写出建议信。

5:00　结束谈话，感谢大家的参与。

- 决策者。团队内部需要决策能力。决策者是指那种有能力对资金、资源产生重大影响的人。
- 实施人员。这些人是指把创意变成现实的人。
- 相关专家。这些人指的是“本土向导”。如果大家的希望领地是在自己目前的专业领域之外，大家可能希望邀请那些更接近相关专业的专家来加入团队。
- 不同的价值链代表。这一群体包括供应商、客户及消费者。客户（那些大家正在设法要满足他们的需求的人）是特别有价值的人，这些人理解要解决的问题，如果加以正确地引导，他们是很好的创意提出者。

尽管许多小组倾向于 12～25 人（包括外部人员），但是也可以根据知识、参与的人事策略和偏好进行调整。（Black & Decker 公司设计了一个流程，半天时间内可以有 160 名内部人员参与。一家为低收入女性提供金融服务的大型公司，不仅涉及那些在创意过程中所寻找的服务对象，而且还把他们放入向管理层展示的所创造的概念里。）大家在用自己的方法提出创意的过程中，要保持自己的创造力。

2. 概念建立

在创意生成过程中，创意必须要发展到概念阶段。产品概念不需要完全开发，然而，应该有一个关于创意说明、预测该创意的作用、创意的价值及尚未解决的问题等的清晰介绍。过多的细节可能阻碍创意的过程。理想的情况是，大家在每个希望领地将一直拥有 100 个或者更多的概念。

3. 概念筛选

任何筛选的过程都要有若干不同的选择阶段，且不能仅依赖一次评审就通过。

一个多阶段的筛选过程最好包括：

（1）创意团队投票。经过这次投票，全部概念中大约有 1/3 的概念将会被筛选出来。还有约 1/3 的概念要被放弃。通常，对于中间部分的概念要给予新的思考，并需要特别的关注。

（2）在经过最初的评审之后，应该产生相应的评价。回头去看任务书，原始任务书应该包括一系列的筛选指标。筛选指标可以帮助大家找出关键的创意。下面是一些粗略筛选指标的例子：

- 满足人们日益增长的实际需要和价值链的提升。
- 与公司地位、战略及内部改善要求相契合。
- 进度可行（“我们认为我们能做到”）。
- 可平台化的，有多种方式使用投资（它不是一个“橱窗饰品”）。
- 提供竞争保护——可用的、可申报专利的、可保护的。

（3）初期组合开发——候选对象提名，这些候选对象将被用于铺设路径。更多地关注解决真正的问题，而不是可行性或当前的需要。

案例

在 20 世纪 80 年代中期，好时（Hershey Foods）公司综合分析了食物的成分、口感、风味、熟悉感等多项需求（所有的需求都与老年消费者相关），确定了一种潜在的“杀手级应用”。这个后来被称为 Hugs 的概念是一种具有白色条纹的“Hershey Kiss”产品。当第一次想象该产品时，这超出了企业的技术能力，消费者也明确地指出不想要这种产品。用当时的标准来测评，该产品的评价排名非常低。但是，用几年后要达到的水平来测评，该产品的得分非常高。从外面看，对 Kiss 产品做的改变看上去是渐进的。然而，一些观察则显示出从 Kiss 到 Hugs 的路径不仅为这个品牌增加了 3 亿美元的价值，而且还创造了“装饰糖果”的新产品类别（见图 2-5）。

给定 3～5 个希望领地，找到 300～500 个概念给予实质性的支持。随后，通过定性聚类分析选择关键点。筛选过程必须交付能够提供直接价值的概念，其他概念可能在第二天提供价值，还有一些可能几年后都不能提供价值。不要被数字迷惑，这些数字出自团队的“直觉”——换句话说，是大家猜测的数字。创意是无限灵活的。大家成功的关键就是要找回那些让人兴奋的概念并重建这些概念。

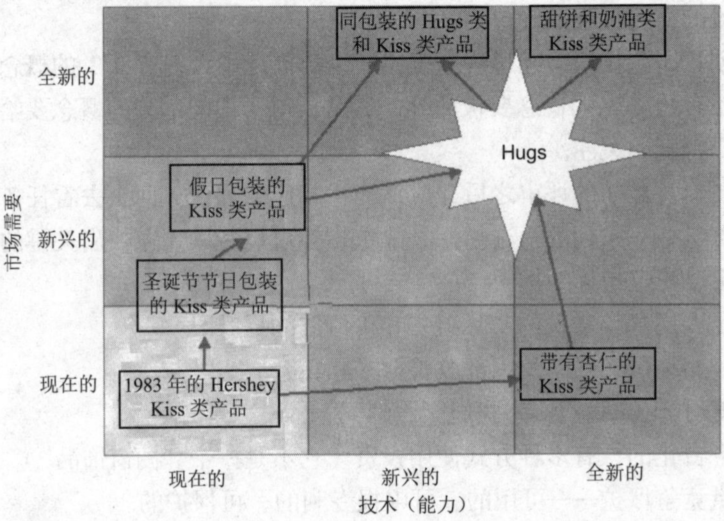

图 2-5　从“杀手级应用”反向到达当前公平和能力的路径

注：Hugs 既是产品概念也是希望领地。Hugs 在当时既不是可行的，也不是理想的。Hugs 的成功依赖于新的必要的创新能力和待挖掘的市场。

2.4.3　路径开发

在希望领地中寻找并得到“杀手级应用”是大家的目标。有趣的是，在请求中交付的能力不如请求中提供的方向重要。如果“杀手级创意”是立即可行的，人们必然会奇怪为什么这个创意没有被实现，或者这个创意有哪类竞争的隔离保护。如果一个希望领地中没有一个“杀手级创意”，这个希望领地就必须要抛弃，或变为另一个希望领地的一部分。那可能是一个很好的机会，但不是当下就能带来收益。

应用那些让人兴奋的创意，无论那些创意有多么超现实，这就像是对未来的一种赌注。在路径开发阶段，大家的目标就是找出怎样从未来的某一点返回到现在的位置。这个过程可以被称为回溯计划。不是从大家现在的位置开始向前走，而是从大家希望所在的位置向回走。

排序第一位的概念或概念聚类就是“杀手级应用”。通常“杀手级应用”似乎是一个相当长远的机会。着眼于次要或排第三的概念，然后描绘出一条回溯到今天的公平和能力的路径（见图 2-6、图 2-7）。

在一面墙或一大张泡沫芯板的最右边写上“杀手级应用”，在最左边放一张卡片，写上“今天的公平和能力”。现在用概念集合来标记一条今天的位置和将要到达的位置之间的路径。为了得到“杀手级应用”，大家还需要建立核心技术和平台。

识别出哪些早期阶段中的概念将要允许大家在关键平台上进行试验，并且一次一步地促进这些概念发展。确定哪些概念将会以一种对大家和新价值链中的客户都有意义的方式把大家介绍给这些客户。

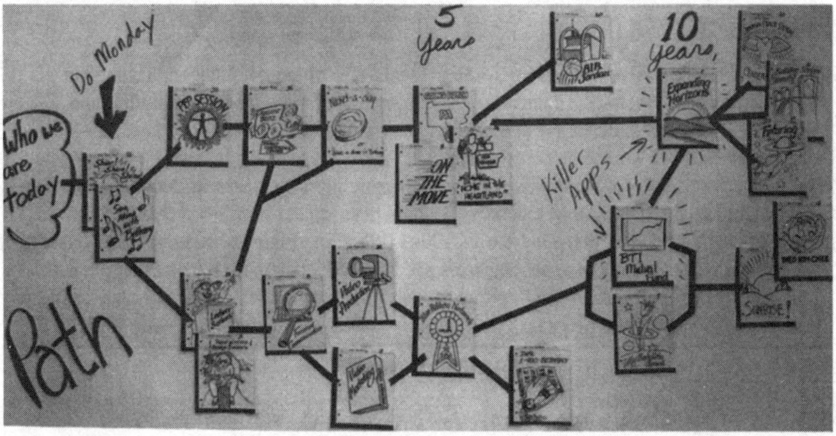

图 2-6　从最令人激动的未来概念到公平和能力的反向路径

注：这个路径示例草图是基于贝瑟尼神学院（Bethany Theological Seminary）在 1991 年的工作而绘出的。每一个图片都表示一个产品或服务的概念。该路径始于那些被认为是十年后才能使用的“杀手级应用”。反向计划沿着路径确定了关键的产品和服务。这个路径包括一个在下一个周一制定的重要变革。最终的聚焦强度使他们能够将 10 年的计划缩短为 3 年。（注意：这些概念被贴在一个 4 英尺×8 英尺的泡沫芯板上，连接线用电子胶带完成。）

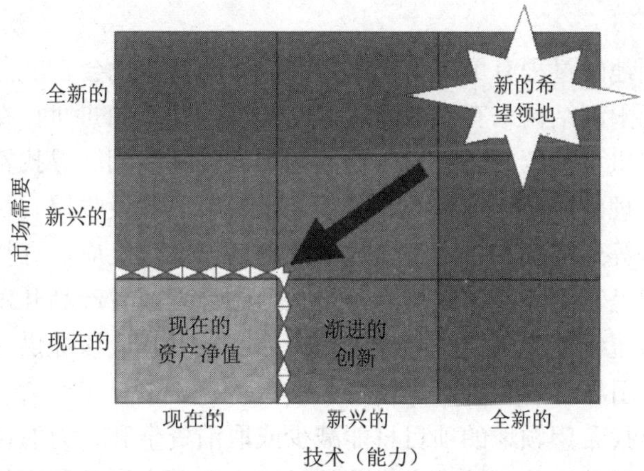

图 2-7　到达希望领地的路径

注：希望领地只能沿着这样的路径到达，当组织从它的传统领地转移到别的领地时，这条路径能在资金和文化上给予支持。从大家最终想要到达的希望领地反向工作是对这条路径的最好的定义。

一条路径的长度和复杂度要满足路径的要求。一些路径看起来只有几年的长度，在其他情况下路径会持续几十年。一些路径可能只有十几个概念，其他路径可能有几十个。一些路径只是初期的产品，其他的路径却是商品、服务、市场策划、联盟及企业收购。最好的路径集成了这些方法，以获得成长。路径上的每一个概念都必须有逻辑地连接到在它之前或之后的概念上。这个逻辑的环节必须隐含着客户的需求和感知、技术的能力及共同的愿望。

通向不同的行为领地的路径可以共享概念、平台和公平。这是一个好消息，意味着大家能够让它们并行一段时间，并且可以延迟最终选择一条特定路径和做出必要承诺的时间。

在计划阶段，或许可以同时调查 3～5 个希望领地。一个组织不应该期待它们都能通过详细的审查。理想的方案是，现在将核心团队分解成若干探索性的业务单元。来自最初的核心中的 2 个人加上 2～5 位具有适当专业知识的新成员就可以开始工作了。在创意工作过程中，应该吸纳一些潜在的候选人放在这些位置上。兴奋感和责任感会极大地提升团队的能力。

对于每一个被选择的希望领地，支持者、团队还有发起者现在都必须建立一个新的任务书，然后开始做他们自己的事。希望领地是大家的行动指南（一条布满 20 几个或更多的可能产生销售收入的创意的路径），指引大家为自己的工作计划提供原始素材。此刻，大家站在了起跑线上。

2.5 小结

寻找希望领地的过程有可能为企业找到全新的商业机会。它能在 FFE 中插入一个积极的时间限制结构来有效地缩短 NPD 流程中前端的时间。在任意一种情况下，目标就是提供可持续的、有竞争优势的利润创新浪潮。寻找希望领地的过程最终以一系列合理的、基于信息的、关于未来机会的假设收尾。目标是预测需要和技术，而不是等到需要和技术都变成事实之后再做出反应。寻找希望领地发现并组织机会，但是它不能代替或排除一个整合的计划或者产品开发流程的任何一个方面。寻找希望领地也不会排除渐进的产品开发。它应该提供一个强有力的、积极的建议，以引导计划和投资（见图 2-8）。

最有效的寻找希望领地的项目将能减少或取消资金和人力的投入。那些已经被察觉到没有发展前途的领域成为排除的目标。资源会被重新调整并沿着一条一致认定的路径加速前进。快速进入一个有增长空间、更强烈需求、更少竞争的领域，将为健康的组织所需的长期投资提供更大的利润空间。

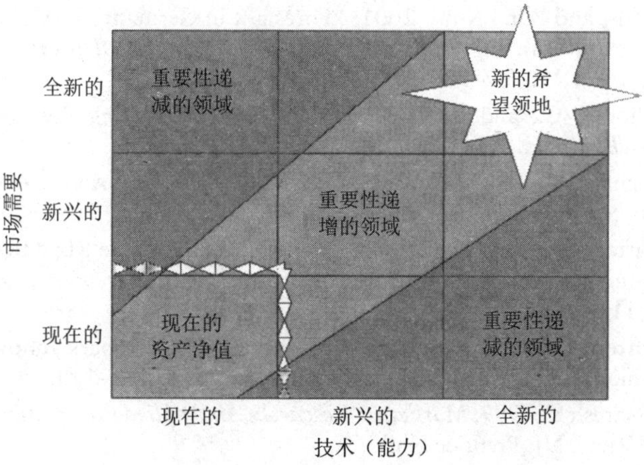

图 2-8　机会将偏离的资源调整到别的方向

注：聚焦这些分布在项目路径上的资源可以使组织更快地实现自己的目标。将资源转移到一个新的希望领地的一个关键问题是形成一个放弃事先考虑到的领域的战略。

渐进地寻求积极进取的组织也能够从提供方向的过程中获益。大家以“当月的味道”为主题来思考。事实上，当月口味的变化与草莓的策略有关，并没有什么问题。渐进主义者们仍然必须从他们的许多备选项目中选择出最令他们兴奋和最合适的项目。如果没有这样的过程，组织将会被专权和仅针对今天客户要求的反复无常的怪念头驱动。和这些同样关键的是，今天的需求服从于未来会冲击客户的强烈变化。大家的任务就是，在满足客户目前的要求的同时，也要确保客户知道组织所表现出的值得信赖的公平正在致力于满足他们未来的需要。

参考文献

[1] Aaker, David A., V. Kumar, and George S. Day. 2000. *Marketing Research,* 7th ed. New York: John Wiley and Sons.

[2] Crawford, C., and C. Anthony DiBenedetto. 2000. *New Products Management*. Homewood, IL: Irwin/McGraw-Hill.

[3] Epstein, Eve. 2000. “The Human Touch.” *InfoWorld* 22: 26–27.

[4] Griffin, Abbie J., and John R. Hauser. 1993. “The Voice of the Customer.” *Marketing Science* 12, 1: 1–27.

[5] Hair, Joseph F., Jr., Rolph E. Anderson, Ronald L. Tatam, and William C. Black. 1998. *Multivariate Data Analysis,* 5th ed. Upper Saddle River, NJ: Prentice Hall.

[6] Katzenbach, J. R., and K. S. Smith. 1993. *The Wisdom of Teams*. Boston: Harvard Business School Press.

[7] Kerstin, Cuhls, and Blind Knut. 2001. "Foresight in Germany: The Example of Delphi '98 or: How Can the Future Be Shaped." *International Journal of Technology Management* 21: 767–780.

[8] Kinnear, Thomas C., and James R. Taylor. 1996. *Marketing Research: An Applied Approach,* 5th ed. New York: McGraw-Hill.

[9] Krueger, Richard A., and Mary Anne Casey. 2000. *Focus Groups: A Practical Guide for Applied Research,* 3rd ed. Thousand Oaks, CA: Sage Publications.

[10] Leonard-Barton, Dorothy. 1992. "Core Capabilities and Core Rigidities: A Paradox in Managing New Product Development." *Strategic Management Journal* 13 (special issue): 111–25.

[11] Leonard-Barton, Dorothy, and Jeffrey F. Rayport. 1997. "Spark Innovation Through Empathic Design." *Harvard Business Review* 75, 6: 102–118.

[12] Malhotra, Naresh K. 1999. *Marketing Research: An Applied Orientation*, 3rd ed. Upper Saddle River, NJ: Prentice Hall.

[13] Matt, D. Dawson, and S. Brucker Penny. 2001. "The Utility of the Delphi Method in MFT Research." *The American Journal of Family Therapy* 29: 125–140.

[14] Miller, Christopher W. 1993. "Informed Intuition: Take One Giant Step In." *Visions* 17, 3: 10–15.

[15] Miller, Christopher W. 1997. *The Focused Innovation Technique: A Creative Problem Solving Process.* Ed. Linda S. Crill. Lancaster, PA: Innovation Focus.

[16] Miller, Christopher W. 1999. *A Workbook for Innovation: Developing New Product Concepts.* Harrisburg, PA: Pennsylvania Chamber of Business and Industry Educational Forum.

[17] Millett, Stephen M., and Edward J. Honton. 1991. *A Manager's Guide to Technology Forecasting and Strategy Analysis Methods.* Columbus, OH: Battelle Press.

[18] Porter, Michael E. 1985. *Competitive Advantage: Creating and Sustaining Superior Performance.* New York: Free Press; London: Collier Macmillan.

[19] Porter, Michael E. 1980. *Competitive Strategy: Techniques for Analyzing Industries and Competitors.* New York: Free Press.

[20] Prahalad, C. K., and G. Hamel. 1990. "The Core Competence of the Corporation." *Harvard Business Review*, 68, 3: 79–92.

[21] Reinertsen, Donald G., and Preston G. Smith. 1991. "The Strategist's Role in Shortening Product Development." *The Journal of Business Strategy* 12, 4: 18–23.

[22] Rowe, Gene, and George Wright. 1999. "The Delphi Technique as a Forecasting Tool: Issues and Analysis." *International Journal of Forecasting* 15: 353–375.

[23] Slaughter, Richard A. 1999. "A New Framework for Environmental Scanning." *Foresight: The Journal of Futures Studies, Strategic Thinking and Policy* 1, 5: 441–51.

[24] Stevens, Greg A., and James Burley. 1997. "3,000 Raw Ideas = 1 Commercial Success!" *Research Technology Management* 40, 3: 16–27.

[25] Stevens, Tim. 1999. "Lights, Camera, Innovation!" *Industry Week* 248: 32–38.

[26] Thomas, Robert J. 1993. *New Product Development: Managing and Forecasting for Strategic Success.* New York: John Wiley and Sons.

[27] von Hippel, Eric. 1982. "Get New Products from Customers." *Harvard Business Review* 60, 2: 117–123.

[28] von Hippel, Eric, Stefan Thomke, and Mary Sonnack. 1999. "Creating Breakthroughs at 3M." *Harvard Business Review* 77, 5: 47–57.

[29] von Hippel, Eric, Stefan Thomke, and Mary Sonnack. 1988. *The Sources of Innovation.* New York: Oxford University Press.

[30] Ward, Kirk, and Christopher Miller. 2000. "Innovating in New Product Development with In-Store Data." Paper presented at Consumer Sciences Conference, Institute for International Research, Boston.

[31] Woodland, Cara L. 2001. "Researching Your Customers: Tools from Anthropology and Ethnography Applied in New Product Development." Paper presented at the conference Ethnographic/Observational Market Research, Institute for International Research, New York.

第3章

通过电话访谈说明自己的价值主张

乔治·卡斯泰利昂（George Castellion）

3.1 引言

- 客户为什么要购买你提供的新产品？
- 如何确保预期的客户会按照产品构思预期的速度接受该产品？
- 能够通过产品的营销来获得利润吗？

一个鲜明的价值主张能够为回答这些市场营销问题提供坚实的基础，它是关于产品概念是什么，从哪些维度为预期的客户带来价值的简洁陈述。这一主张服务于两类重要的群体——预期的客户和产品开发者。

> **定义**
>
> **模糊前端**：新产品流程的前 3 个阶段（战略规划、概念生成及技术预评估）构成了大家通常所说的新产品流程的模糊前端。这并不是指大家的思想是模糊的，而是指产品概念是模糊的。

在本章中，我们将介绍一个工具，它能够在模糊前端快速并经济地帮助大家建立鲜明的关于新产品创意的价值主张。具体地说，这个工具就是定性电话访谈工具，它用于收集来自产品潜在市场的关键个体的信息、知识和看法。收集到的信息能够重新融入价值主张。

使用电话访谈工具来建立价值主张已经有 30 多年了。我们第一次使用这个工具时，是在担任研发小组的发明家和管理者的角色。在这里，我们需要了解在某种显而易见的技术特性之外，产品中包含的哪些特定的概念可以激发起潜在客户的购买欲望。当我们的工作转移到市场营销阶段之后，就可以利用电话访谈工具收集有关客户为什么会购买产品的信息。我们还将这个工具拓展到收集有关市场接受新产品的速度和盈利能力的信息上。最后，作为向北美和欧洲的公司提供了 16 年服务的组织，此时引入电话访谈工具可以解决有关市场营销的问题。

组织还培训了一些个人和团队使用电话访谈工具。在这些培训中，我们已经看到了一些缺乏经验的访谈者所面临的共同困惑。这些困惑影响了电话访谈的整体效果。

3.2　电话访谈的流程

本章的目的是通过介绍这种有深度的、定性的电话访谈工具，让所有的人在面对模糊的产品概念时可以有效地使用该工具建立鲜明的价值主张。为达到此目的，我们依次讨论以下几个方面。

3.2.1　鲜明的价值主张的特征

将一个新产品的创意转化为可盈利的产品的核心，就是要发现该产品构思在潜在客户心中占据的位置。在开发工作的初期，开发者应确定这个产品所面向的客户，以及该产品对这些客户而言所具有的至关重要的产品特征、用途和益处。潜在客户应该需要并能够购买该产品。一个公司的战略必须能够传递一种价值主张，或产品具有不同于其他竞争对手的产品的一系列益处。价值主张并非针对所有的客户。价值主张定义了一种竞争的方式：向特定用途或特定客户传递独特价值（波特，2001）。

没有任何一位开发人员能够将产品创意定位在潜在客户的心中。客户只有在接受所了解到的概念特性后，才能将产品创意定位在心中。开发人员所能做的就是发现对潜在客户最为重要的产品特征、用途和益处是什么。然后，开发人员就能够将客户群划入细分的业务领域——可防御的竞争领域，其中市场领导地位是有价值的。下一步，开发人员应瞄准某个领域，在这里，产品的概念属性是潜在客户需要的且认为有价值的。最后，通过鲜明的价值主张，开发人员将开发工作的焦点集中在向潜在客户提交产品的关键属性上。

定义

产品属性：用于识别产品和区别于其他产品的属性，通常由特征、用途（功能）和益处构成。

鲜明的价值主张必须是简短、清晰而明了的。由于是一个新的概念，其特征、用途和益处必须能够被潜在客户快速理解。在最初的几秒钟内，该主张应该给客户提供足够的信息，使客户开始在头脑中想象出新产品，并与竞争性产品比较。潜在客户往往是工作紧张的人群，他们希望尽快地了解：如果购买了新产品，他们能获得哪些好处；如果没有购买会有哪些损失。这意味着包含在产品的价值主张中的产品属性应该不超过 4 个，而且这些属性必须是关键性的。关键性是对客户而言的，而不是对开发人员而言的。

厄本和豪泽给出了下列关于价值主张的例子。美国运通公司的旅行支票（American Express Travelers Cheques）：在所有地方都接受，快速替换，丢失后获得完全保护及良好的声誉。惠普公司的拉塞喷射机（Hewlett-Packard LaserJet）：用完美的打印质量，在不同的介质上，以不同的字体快速地打印文件。

正在寻求风险资本开发新产品的企业家们已经知道，简短、清晰和明了的价值主张应该能够通过“电梯测试”。在这种理论测试中，企业家在楼房的第 20 层进入电梯。令人意想不到的是，一个风险投资者也进入了这部电梯，并按了下行的按钮。企业家必须在电梯降落至一层前说服这位风险投资者对自己的新产品概念进行投资。企业家应对这位风险投资者说什么呢？企业家应清晰、明确地描述产品概念的鲜明的价值主张。

在微软公司，营销人员都要做这个“电梯测试”——在 30 秒内向一个潜在客户说明自己的产品能够为客户带来的好处。如果他们通过了考核，就说明他们具有“将产品特性浓缩到最鲜明的本质上”的能力。AnyStream 公司[①]的董事长杰夫·艾伦曾经通过了一个两层楼的“电梯测试”，在该测试中他回答了 Washtech.com 网站的专栏记者加里·阿兰提出的一个问题。在电梯门关闭的瞬间，加里·阿兰向杰夫·艾伦说道：“电梯门在下一个楼层开启前请解释一下你是做什么的。”艾伦的回答是：“AnyStream 公司能以任何速度传输流媒体文件。”

请注意，杰夫·艾伦为 AnyStream 公司做的价值主张的定义只有 16 个字（这也有助于解释艾伦公司的名称所描述的服务内容）。我们的经验是，成功的产品概念的价值主张应该控制在 25 个字以内。将价值主张凝练到最令人信服的程度（25

① AnyStream 公司是全球数字媒体产品和工作流解决方案的提供商。——译者

个字以内）是非常重要的。开发人员需要使目标业务的潜在客户了解：自己描述产品概念的关键属性所用的字数越少，客户就越容易想象产品构思，确定其在大脑中占据的地位。随着产品概念走出模糊前端，产品开发人员在权衡决策中需要平衡的关键属性变得越来越少，在后续的开发工作的步骤中产品概念就前进得越来越快。

将价值主张控制在 25 个字以内是一项困难的工作。库珀在 1999 年引用的成功的新产品开发项目的前 4 个共同特征告诉大家：在离开模糊前端之前，产品开发工作需要在一个产品概念中消除模糊。这 4 个共同特征是：

- 做好预备工作。
- 充分考虑客户意见。
- 寻求差异化、超值的产品。
- 在模糊前端阶段要求有清晰准确、稳定和早期的产品定义。

对建立鲜明的价值主张的另一个有效的指导是询问价值主张不包括哪些内容。如果没有潜在客户、没有可能的应用及没有特性，价值主张就没有信息内容。在一个开发项目中，一位敏锐的工程副总裁提到，定义非潜在客户的人群可能更为容易。一位开发人员必须做出选择，将焦点集中到不超过 4 个对潜在客户的购买决策最为重要的属性上。

3.2.2　深度定性访谈

炖兔肉菜谱的第一句话——“首先，捕捉一只兔子”，这句话包含了对产品开发者编写鲜明的价值主张的有意义的提醒。通常，一次行动的需求（推进产品概念进入技术开发阶段）是很好的，以至于用于决定产品关键属性的信息被草率地凑在一起，并以为可以被接受。然而，这些信息往往是过时的或错误的——这就和开发者们在做炖兔肉这道菜时没有事先捕捉兔子的道理是一样的。研究表明，有了扎实的前期准备工作，才会获得开发新产品的成功。获取及时而精确的关于产品概念关键属性的信息是前期准备工作的关键所在。对潜在客户的深度定性访谈将提供这样的及时信息。

> **定义**
>
> **定性市场研究：**通过访谈获得访谈对象的信仰、动机、感知和意见等信息的市场调查技术。定性访谈用于说明为什么人们会购买某一种产品，而定性市场研究要揭示有多少人会购买该产品。

访谈是一方通过提问的方式努力获取另一方的意见或经验的工作。一次访谈至少需要两个不同的角色参与。访谈者提出问题，访谈对象给出相应的回答。大家差不多都做过访谈对象。访谈者通过访谈了解访谈对象所需要的东西。或许，有一个访谈者，如一位医生，正在试图缩小诊断的可能范围，并做出最好的用药选择来治疗病人所表现出来的症状。或许，一位记者通过做访谈，激发出访谈对象的专业知识和观点，为他正在准备要广播或发表的文章提供可信性。或许，访谈者是一位正在寻找犯罪信息的侦探，访谈对象可能目睹了或掌握着有关这次犯罪的情况。

上文中的医生、记者和侦探都是使用深度定性访谈以从访谈对象那里获取信息、知识和观点的。他们都是有经验的，并且通常都受过专业培训。定性访谈的一个关键技能是询问，将对话保持在双方对互相的假设可坦率地分享观点并增进知识的状态中。在一个电视连续剧中虚构的侦探人物可伦坡经常提出这样的询问："先生，你能让我了解一下你现在的想法吗？"定性访谈的另外一个关键技能是平衡询问和辩护陈述。可伦坡也平衡了询问和辩护陈述："这就是我所想的，先生，而这也是我为什么这样想的原因。"

有经验的访谈者在定性访谈中会用灵活的方式询问问题和陈述，并从对方的反应中抽取信息。在后面有关电话访谈的内容中，我们介绍了一种有效的信息诱导技术——"推出一位教授"。在使用"推出一位教授"这种技术时，获取信息的要点之一是访谈者要永远保持在一个没有威胁性的"聪明的小学生"的角色上。

潜在客户在访谈者的头脑中有一个与产品概念契合的定位（一个心理模型）。这个心理模型决定了产品概念的关键属性，并确定了客户是否可能购买这款产品。大家可以通过在目标细分市场中对产品概念的特定客户链中的至少 25 位访谈对象进行深度定性访谈，以发现这些关键属性。

定义

用户与客户链：构建客户链的主要目的是在每个关键部分辨别出谁处在目标细分市场中，识别出每个部分的需求，以及突显出用户如何做出购买决策。

有经验的深度定性访谈者已经懂得，在得出结论前至少要做 25 次访谈。"学习曲线问题"（语言学、具有访谈手稿带来的帮助程度，将全部问题回答者组建成一个网络以获得最好来源的需求）要求最少达到 25 次访谈的数量。每次当我们由于时间限制，或者由于预算的限制而在流程上走捷径时，就会对结果有所失望。拉克斯将上述观点称为“25 次访谈定律”。一项在美国麻省理工学院由格里芬和豪泽进行的研究提供了一些原因，解释了为什么需要 25 次以上的访谈。格里芬和豪泽解释说，对潜在的 20～30 个客户的定性访谈能够得出新产品概念中所有属性的 90%～95%。如果仅 5 次访谈，就只能识别出产品概念中不到 50%的属性。

定义

25 次访谈定律：有经验的深度定性访谈者已经学会在得出结论前至少做 25 次访谈。

3.2.3　利用电话进行深度定性访谈

1．优点

（1）快速而节约成本。与面对面访谈方式相比，电话访谈更为快速而且成本低。面对面访谈需要访谈者与访谈对象事先约定会面时间。大多数的产品构思面向地域分布广泛（通常是世界范围）的目标业务市场。如果访谈者从一个访谈约定地点到另一个访谈约定地点进行面对面访谈，直接的差旅成本很高且很费时间。

（2）接近目标访谈对象。电话访谈的另一个好处就是访谈者直接访谈目标对象。当电话访谈者的开场白抓住了访谈对象的注意力时，该访谈对象就将进入一个“教授”的角色参与这次访谈，这样的访谈有时会持续一个多小时。如果当时访谈对象谈话不方便，在绝大多数情况下他们会让访谈者在另外的时间把电话打过去，以继续进行详细的访谈。

（3）推荐潜在访谈对象。在对话即将结束时，访谈对象通常都会向访谈者提及新的潜在访谈对象。如果在访谈中发现了一个关键的观点，这种情况就会发生。此时电话访谈者就可以改变已决定的接下来的 3～5 个电话访谈的顺序，优先访谈这个新的潜在访谈对象，以证实或否定这个新的关键观点。

（4）提炼独特的信息更有效。电话访谈比面对面访谈在提炼独特的关键信息、知识和观点方面更有效。在电话访谈中，由于访谈对象见不到访谈者，他们往往会因此更愿意开放地谈论并透露信息和观点。由于访谈对象变得健谈而放松，访谈者可以更深入地探求所需的信息。麦克卢汉将电话定义为一个“冷”媒介，这个定义解释了为什么电话访谈如此有效。“冷”媒介传递的信息少于大脑接收完整信息所要求的信息。由于访谈对象不满于不完整的信息，因此访谈对象会以一个“教授”的角色使访谈者完善那些消息，这样就会填补缺失的信息。之前，许多这类信息并未被记录。只有那些有见识的访谈对象才知道这类信息，那些访谈对象要么创造了这些信息，要么见证了这些信息被创造。这些人大部分是产品概念客户链中的潜在客户。

2．缺点

（1）不在现场。电话访谈使访谈者无法如面对面访谈那样接触到访谈对象，这会导致访谈时间缩短。韦斯发现通过电话进行定性访谈大概持续 45 分钟或更短时间，而面对面访谈往往可以持续一个半小时或更长时间。韦斯对此评论道："一个已经做过大量的电话访谈的团队将其描述为'仅次于抵达现场的最好方法'。"

（2）拨打陌生电话。一位拥有杰出潜质而未经深度定性电话访谈培训的访谈者往往会回避使用这个工具，但是几乎所有有效的访谈都始于陌生电话。这些访谈者不乐意使用该工具也许是由于他们有过被陌生电话打扰的经历，如一个经纪人吹捧最新热门股票的电话。访谈者知道这就像一个陌生人向工作繁忙的人索取时间一样。这些回避使用电话访谈工具的访谈者也很在意被电话另一头的人拒绝。他们可能更熟悉获得访谈对象同意的电话访谈，而不是经过请求得到的访谈。

> **定义**
>
> **陌生电话：**访谈者向一个（当时）不认识的人打电话，在电话中试图使这位陌生人成为访谈对象。

实践是帮助一位访谈新手克服不乐意拨打陌生电话的最好方法。由于访谈新手并不认识将要接听电话的访谈对象，访谈新手不可能知道彼此将要说些什么。这使得访谈新手在精神上保持着对访谈对象提出的有关产品概念和不同的产品属性的警觉。一旦访谈新手熟悉了拨打陌生电话，他会随着访谈次数增加到 25 次以上而变得享受电话访谈的乐趣。

3.2.4 访谈时使被拒概率最小化的 7 个步骤

1．研究间接资料

直到前几年，访谈者还需要在一个好的商业图书馆花费 1 天或 2 天的时间才能确定一个暂时的业务细分市场和潜在访谈对象。访谈者在图书馆内是通过浏览已出版的间接资料的复制版本来完成这项任务的。现在，访谈者可以方便地通过因特网在线查找并阅览这些已出版的文档资料。这些文档资料中有许多都包含最新的、有助于确定暂时业务细分市场及它的用户与客户链的信息。在这类资料中，许多都是目标业务细分市场中的公司网页、协会（贸易、技术及市场营销协会）网页和各类有关重要会议的网页。

随着因特网和高效搜索引擎的出现，访谈者可以搜索相关的信息。例如，Google 依靠其先进的软件与硬件技术，能够快速搜寻超过 10 亿个网页，它能在 1 分钟内根据访谈者的查询和 Google 自身的 PageRank①算法将相关的网页显示出来。另一个有价值的搜索引擎，能够同时在网络和 Northern Light 特别收集的 7 000 多个全文出版物（这些出版物是其他搜索引擎搜不到的）中进行搜索。我们的经验是，通过同时使用 Google 和 Northern Light 搜索引擎搜索网页是从间接资料中收集相关信息的有效途径。

2. 试探性地在目标业务市场中识别潜在访谈对象

罗杰斯对创新是如何被接纳的这一问题进行了 40 多年的研究。他根据 5 种不同类型接受者的特性对创新产品的接纳予以分类。罗杰斯发现，一个创新产品的接受者的累计数量自产品投放市场开始随时间变化呈 S 形曲线分布（见图 3-1）。他还发现，每年接受者的平均人数从产品投放市场开始随时间变化呈“钟”（Bell）形曲线分布，这个“钟”形曲线可以分成 5 种接受者类型（见图 3-2）。该曲线是根据自产品投放市场开始，每个类型中的接受者开始使用这个产品时，每年卖出的数量随时间的变化分布而形成的。

在每个接受者类型中的个体都有着明显的特性。罗杰斯将那些最先接纳产品的个体称为创新者，他们在产品累计接受者人数中占 2.5%。创新者在创新产品投放市场中扮演“看门人”的角色，他们有能力应对自产品开发以来出现的高度不确定性。一般而言，这些创新者处在他们参与的业务内部网络的边缘。早期接受者（占产品累计接受者人数的 13.5%）比创新者在业务网络中的分布更集中，在产品开发后，他们很快就会确定该产品将提升他们管理的业务。早期接受大众（占产品累计接受者人数的 34%）经过深思熟虑后提前接受创新产品，他们对于新产品的成功很重要，因为他们在创新产品的全部累计接受者人数中占了 1/3 的比例，并在产品生命周期的早期就接受了新产品。

① PageRank 的中文名称为“网页排名”或“佩奇排名”，是一种由搜索引擎根据网页之间相互的超级链接计算的网页排名技术，以 Google 公司创办人之一拉里 · 佩奇（Larry Page）的姓命名。——译者

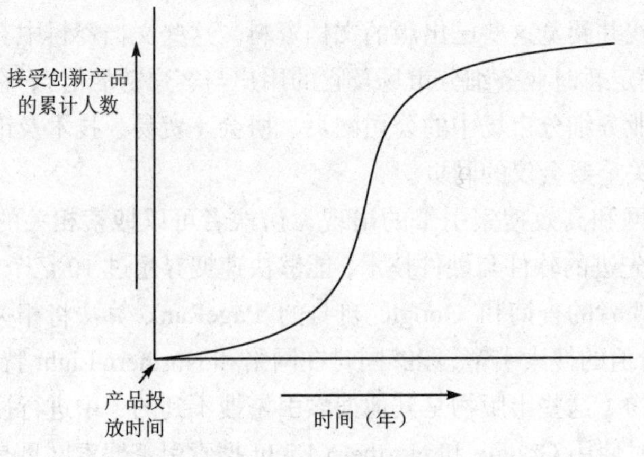

图 3-1　自产品投放市场开始采用创新产品的累计人数

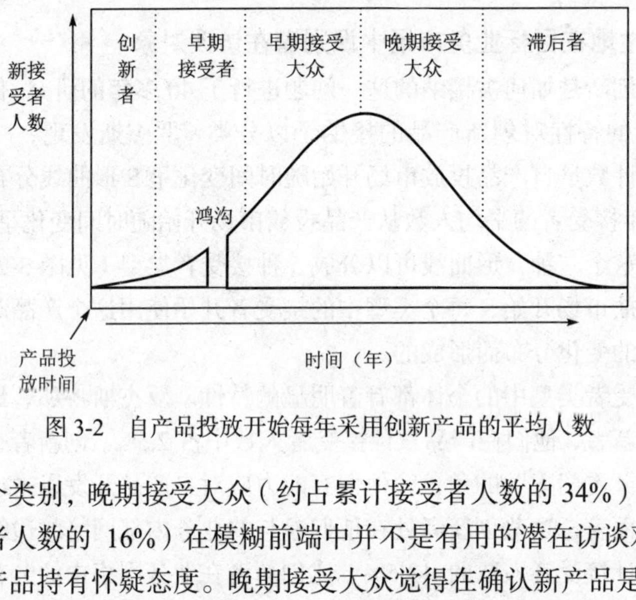

图 3-2　自产品投放开始每年采用创新产品的平均人数

最后两个类别，晚期接受大众（约占累计接受者人数的 34%）和滞后者（约占累计接受者人数的 16%）在模糊前端中并不是有用的潜在访谈对象。晚期接受大众对新产品持有怀疑态度。晚期接受大众觉得在确认新产品是安全的之前，必须消除所有有关新产品使用的疑虑。滞后者总是在一项业务的最后阶段接受产品。他们做出接受新产品的决策需要很长时间，并且直到最后才了解产品的关键属性。

莫尔在与客户们一起开发基于技术的、具有较短生命周期的产品时指出，早期接受者与早期接受大众之间的鸿沟的出现是由于他们对关键产品属性的观点存在分歧。早期接受者期望产品属性能够帮助他们超越竞争对手，无论是通过降低成本、加快面市时间、更好的服务特性，还是其他业务优势。早期接受者愿意解决在经营中引进新产品时总是出现的组织方面的问题。然而，与早期接受者相反，在早期接受大众的心目中，占有重要地位的是新产品的关键属性，这些产品属性将增加他们的业务价值，而不是引发一些问题。如果新产品投放市场时的属性，这些产品属性无法引起早期接受大众对将该产品集成到他们的业务中去的关注，累计接受人数就会迅速下降。在早期接受者和早期接受大众之间有一个虚拟鸿沟。早期接受者和创新者对于一个刚刚离开模糊前端的基于产品概念的新产品投放是必不可少的。然而，如果价值主张仅根据与创新者和早期接受者的访谈而得出的关键属性来建立，早期接受大众接受该产品的概率就会降低。（我们发现的一个有用的基本法则是：从早期接受大众中抽出所有访谈对象人数的 50%～60%，从早期接受者中抽出所有访谈对象人数的 30%，其他的访谈对象从创新者中抽出。）

3. 列出第一份包括 50 个以上的计划电话访谈的对象名单

在根据间接资源的调查得到包括 50 个以上潜在访谈对象的列表之前，不要开始进行电话访谈。一旦拨通电话，就要保证通话是有效率的。在访谈的开始阶段，拨打 20～30 个电话而没有得到一个访谈的情况是很普遍的。但是，访谈者将得到提名推荐，在语音邮件上留言或通过助手留言，了解到潜在访谈对象在办公室的时间，以及收集到访谈对象的其他电话号码以便在工作时间之外联系他们。

曾经用过的一个高效率拨打电话的方法是将潜在访谈对象的姓名、电话号码及组织名称放入一个数据库进行记录。然后，将这些潜在访谈对象的记录根据一个字段升序或降序排列并打印（因为我们使用的是 FileMaker 软件的版面，所以打印出来的每一页包括 8 个潜在访谈对象的联系信息）。

我们从第一页的顶端开始，按顺序联系该页的所有潜在访谈对象（假设他们在适当的时区），之后再转到下一页。当我们将第一页的全部电话拨打之后，再给那些接受访谈的访谈对象进行记录编码，这样他们的记录就不用再排序和打印了。然后，我们将通过电话联系得到的推荐提名和在网络上新搜索到的再访谈对象加到名单列表中。最后，我们再排序和打印那些扩展的名单，并开始再次拨打电话。（我们发现，在完成了 25 个电话访谈之后，这个名单列表上会有 150 个以上的记录。）

陷阱：第一份电话访谈名单上的潜在访谈对象不足 50 个。

第一份电话访谈名单上的潜在访谈对象如果不足 50 个，可能诱使访谈者集中精力于那些访谈对象，并且，访谈者会觉得那些访谈对象拥有最有价值的信息。当连续不断地拨打电话总是得不到一次访谈时，访谈者会变得气馁和失望，觉得做 25 次访谈看起来是一项不可能完成的任务。（无论产品构思多么创新，都需要对 50 个以上的可联系到的个人进行电话访谈，那些人拥有关于产品的关键特征、用途和益处等有价值的信息。）

技巧：访谈者不可能在访谈之前就知道潜在访谈对象拥有哪些有价值的信息。

即使有一份包括 50 个以上的潜在访谈对象的名单，访谈者也要警惕可能由于自己的原因而产生对潜在访谈对象的偏见，这些偏见会影响对下一个潜在访谈对象的访谈。

4. 准备好开场白

我们建议访谈者将所有潜在访谈对象都会听到的开场白写出来，并用该开场白面对访谈对象。不要试图依靠记忆来做这件事。当一个潜在访谈对象为回应语音留言，意外地打来电话时，访谈者要能够使用同样的方式进行规范介绍和陈述。

同样的方式包括相同的语调和语气。否则，访谈者可能对从访谈对象那里得到的信息表现出不自觉的偏见。但是，这并不意味着访谈者要像机器人那样传递开场白。整个访谈的完成应该让访谈对象产生这样的感觉，即他们是在和一个思维敏捷的、有趣的、自己赏识的人进行满意的谈话。

接下来是一个通用的开场白草稿，括号中的内容是有关基本惯用语的注释，以及为什么应该将这些基本惯用语包括在内。这种一般化的开场白的定制版本在养鸡场、高速光纤开关、牙膏等业务领域的访谈对象的应用中都很有用。

通用的开场白草稿

“早上好（或下午好，或晚上好——取决于潜在访谈对象所在的时区）。我是（姓名），来自（访谈者的组织的名称）。”

（“我的名字是……来自……”的惯用语来自多年前的一个项目，当时，由三个人组成的访谈者小组与潜在客户和竞争对手进行一系列深奥而密集的深度定性电话访谈。虽然有同样的开场白草稿，但是其中的一个人将第二个句子稍稍地调整为“我的名字是……来自……”这个惯用语。他比其他两个人得到了更多的访谈机会。当其他两个人像他那样调整了开场白草稿后，其得到的访谈机会的比例也达到了他的水平。）

如果助手接了电话：

“我现在方便和你（潜在访谈对象）讲话吗？”如果不能，“能不能建议一个较好的时间？”

如果潜在访谈对象接了电话：

“现在方便讲话吗？”或者“什么时间更好？”

（访谈者应该总是询问现在讲话是否方便。潜在访谈对象很少听到这种礼貌用语，因此许多忙碌的潜在访谈对象都会在下一次休息时给访谈者一个更方便的时间——下班后可以拨打他们的其他电话，甚至是手机号码。）

陷阱：访谈中在电脑上做笔记。

技巧：访谈者应该学会速记，这将使他们能够捕捉到访谈对象言语的本质，而不会对谈话本质产生偏见。

背景中传出的敲击键盘的声音使许多访谈对象退出“教授”的角色。另外，很少有访谈者能够在不退出“聪明的小学生”角色的同时进行访谈和操作电脑。

陷阱：不顾访谈对象是否允许就对访谈过程录音。

技巧：在很多地方，没有得到访谈对象的允许就对访谈录音是违法的，未经允许就录音永远是不道德的行为。

即使访谈者得到了允许，当访谈对象处在“教授”角色中时，对过程录音也会使访谈对象回避提供最深入的和最丰富的信息。

接下来，访谈者要诚实地解释他们在做什么，以及打电话的原因。

（就我的电话而言，下列开场白是合适的。访谈者需要适当地调整自己的开场白。）

“我是一位与客户一起工作的咨询师，我的客户正处于新产品开发的模糊前端。我现在是根据客户的安排在工作，我的客户正在进行创新工作（用 5 个词构思产品描述）。在一个小规模范围内，他们已经（能够用 1 个或 2 个词描述概念）论证了这个新产品，这个概念（解释了小规模范围的工作已经证明的内容）。我想问你一些问题，这些问题是基于我正在开始建立的有关（在目标市场中的产品构思）应用的理解。”

“我的客户是一个（美国的、欧洲的、远东的）公司。它具有很好的即将进入产品概念的有关（技术和服务特征）的基础知识，但是，它对这些知识在（目标市场）中的应用知道得很少。”

“我现在正处在非常艰难的时刻，想要理解……”

（在这一点上，如果访谈者已经遵循了开场白，他们将会发现潜在访谈对象将进入“教授”角色。接下来是一系列关于产品属性的咨询和陈述。访谈者要将这些写出来，并将其放在自己总能看到的地方。重要的是，访谈者对每一个访谈对象的每一次咨询和陈述都应该使用同样的措辞。提问的顺序取决于“教授”思路。在整个访谈过程中，访谈者都应该保持“聪明的小学生”的角色。

当电话交谈超过了 12 分钟，且访谈对象仍保持其“教授”角色时，就可以将其算作 25 个以上的访谈对象中的一个。对于较短的交谈，可以用速记来捕捉电话交谈中提供的信息，但是不能将这个对话算作访谈。）

5. 将访谈对象置于“教授”角色

这里的“教授”是对那些喜欢与别人讨论擅长的话题的人的称呼，讨论对象是大家能够相信的人，并且这些人是真正对话题感兴趣的人。为了鼓励访谈对象继续保持这种角色，访谈者应该总是保持其“聪明的小学生”的角色。在“教授”的角色里，知识丰富的个体与“聪明的小学生”讨论关键的产品属性信息，这些信息通常被认为很难或不可能得到。这对“聪明的小学生”来说很有价值，不是因为它是秘密信息（其实不是秘密），而是因为它是访谈对象所在的目标业务领域当下存在却未写明的需求信息。

陷阱：预测“教授”准备说什么并根据访谈的议程转向另一个问题。

技巧：不要预测，要参与。

访谈者必须保持“聪明的小学生”的角色，并且不要预测访谈对象接下来要说什么。这对于那些已经完成了 20 次访谈、收集了 100 多条产品属性信息，并且相信自己能够理解关键的 2 个或 3 个产品属性的访谈者而言是一件困难的事。首先，如果访谈者预测，他们就会脱离“聪明的小学生”的角色，访谈对象也会脱离“教授”角色。其次，更重要的是在访谈中“教授”（访谈对象）在填补遗漏的信息时，会提到一种访谈对象自己以往没有清楚地具体化的属性。如果“聪明的小学生”（访谈者）问道：“我不理解，为什么这个属性如此重要？”得到的回答通常会揭示出一个成功的、有盈利能力的产品构思的关键和具体化属性。

“聪明的小学生”专心地听每一个词。他们可能是访谈对象遇到过的最好的听众。反过来，“聪明的小学生”也用某种价值去交换他们想要收集的东西，如他们已经注意到在前面的访谈中出现的趋势（见图 3-3）。

"教授"将访谈内容限定在这些信息和知识内：
- 当前具有时效性的。
- 通常认为是难以得到的（几乎无法从间接资料中获得）。

图 3-3　"教授"角色

注：引自 Microsoft Word Clip Art。

使用深度定性电话访谈进行交流是一种理想的方式。在电话访谈中，访谈者不必露面，而在面对面访谈时访谈者必须露面。面对面访谈通常会使"教授"在评论问题时产生不自觉的偏见。

6．拨打电话要始终一致和坚定不动摇

一个对许多访谈者都有效的简单方法是保存日志，日志中含有访谈者对下列内容连续不断的记录。

- 在给定的时间段内拨打电话的数量。
- 形成访谈的数量。
- 留在潜在访谈对象语音邮箱中的留言数量。
- 被潜在访谈对象的助手拦截的电话数量。
- 遇到忙音的电话数量。
- 接电话的人向访谈者推荐的潜在访谈对象姓名的数量。

长期记录和跟踪上述结果可以消除急转突变的情况导致的摇摆，这些摇摆表现了短期的特色。例如，无论潜在访谈对象所处的行业和工作角色是怎样的，我们得到的结果都是一致的。我们每拨打 4～6 个电话，都将得到一次对具有丰富知识的访谈对象进行访谈的机会。日志有助于访谈者保持在正常轨道上，特别是在大多数访谈项目开始时，以及拨打了几个电话而没得到一次访谈机会时。

（我们仅给一个潜在访谈对象拨打了两次电话。在第二次拨打电话时，我们给对方的助手或语音邮箱留下请求回电的留言。超过 85%的访谈对象肯定会回电话，且日志表明大部分的回拨电话促成了访谈。当访谈对象在机场时，这些语音邮件得到的回复率会增加。在通常情况下，他们都利用了自己精英人物的地位，利用登机前的时间回复电话。他们会打开手机，接收语音邮件和助手留言，并在飞机关上舱门之前的大约半小时内回复电话。一个访谈者

甚至可能比访谈对象的下属能得到更多的连续时间对这位访谈对象进行访谈。且访谈者不会给访谈对象带来难题。访谈者询问访谈对象很擅长回答的问题，很少有其他人会对这些问题感兴趣。联系潜在访谈对象的助手在得到回复方面和语音邮件一样有效。通过和助手交谈，访谈者也可能发现潜在访谈对象不适合进行访谈，这时，该助手可能推荐一个或两个更合适的潜在访谈对象。）

7．开始揭示符合条件的可盈利的目标业务

每一个目标业务都可以用多种方式来划分，没有一种完全“正确”的细分市场的方法。随着访谈者访谈次数的积累，他们将发现这种划分比访谈初期的划分要丰富得多。这种丰富是因为多次的访谈触发了那些有关未被发现的细分市场的见解，使新的业务得到了补充，而且潜在客户愿意为这些属性“买单”。

为了揭示符合条件的可盈利业务的补充，访谈需要在用户与客户链中有紧密关联的、知识丰富的对象中扩展开。确定哪些是用户与客户链中紧密相关的对象的方法之一是在拨打几次电话之后再做判断。通常会存在一些不明显但是有用的客户链，如业务运营设施的设备或服务供应商。在这些客户链中的访谈对象通常具有良好的知识，这些知识是早期接受大众（如运营经理）需要的知识，如关键的产品特征、用途及益处，还有他们为何未能在竞争性产品中得到这些知识。

3.2.5　将访谈素材整理成书面报告

访谈者，尤其是服务供应商，并不是建立产品构思价值主张的合适人选。参与建立令人信服的产品构思价值主张的合适人选应该属于开发团队，他们会走出模糊前端，提出一个焦点集中的、不再模糊的产品概念，并将其转变为新产品。访谈者的任务是将访谈的素材整理成一份清晰的、简明的书面报告，这样，开发者就可以容易而快速地抓住实质，并用它们来构成价值主张。这种素材不仅包括从访谈对象那里得到的关于信息、知识和见解的所有速记笔记，还包括访谈者从间接资料那里学到的所有信息，以及访谈者在访谈结束之后发现的关于产品特征、用途及益处的见解。

将素材重组为一份完整的报告是一项需要逐步完成且单调乏味的工作。访谈者需要一次又一次地回顾素材并寻找这些素材可能意味的模式，并真实地表达这些意思。通常情况下，访谈者所使用的假设和理论需要进行更多的访谈来进行考察。基于这种情况，一个迄今未被认识到的业务中的可盈利机会可能被具体化，同时还必须进行更多的访谈来丰富需要的属性。在几次考察和再考察的访谈之后，

如果访谈对象仍然不能在关键属性上达成一致，必须判断哪些访谈答复可以信任或忽略。即使访谈者是建立价值主张的唯一人员，将素材转化为清楚的、精确的书面报告也会有助于选择正确的用词。

3.3 使用电话访谈工具的三个案例

3.3.1 市场营销和流程改善

一家欧洲公司曾经为用于造纸企业的一种成型的特殊产品（代号为 TUFF）努力多年，试图增加北美市场份额。不过，一家拥有类似产品的美国竞争对手占有了主要的份额，该竞争对手在欧洲公司的本土市场已经取得了一定的成功。这家欧洲公司已经拥有了一种新配方 TUFF+的概念，这种新型产品具有经过改进的技术特性。因此，这家欧洲公司希望为 TUFF+建立一个鲜明的价值主张，来满足北美客户的需求。

在与这家公司合作时，工作人员对通用的开场白做了定制化修改，以提供一个有关 TUFF+属性的开放性问题的框架。工作人员在图书馆花了一天的时间，形成了一份包括 50 多位潜在访谈对象的电话访谈名单。图书馆的资料是公开出版物，列出了北美的每一家造纸企业的地址和电话号码，以及每一家造纸企业的造纸能力、使用的设备和关键人物。

在大约经过 15 次访谈之后，两个事实浮现出来。访谈对象对 TUFF+产品概念的改进技术略有兴趣。但是，他们也不清楚为什么用现在的产品——TUFF，不管是来自该欧洲公司还是它的竞争对手。根据某些访谈对象的回答可知，TUFF 比其他种类的成型产品（代号为 RUFF）价格更高，而且 RUFF 和 TUFF 的作用相同。访谈者早已经发现：只有少数造纸企业一直使用 TUFF；一些造纸企业大部分时间使用 TUFF，其他时间使用 RUFF；而更多的造纸企业一直使用 RUFF。

从那以后，访谈者集中精力识别那些负责运营几百万美元的高速造纸机器的潜在访谈对象（他们是早期接受大众），并对他们进行访谈。缅因州的一个造纸企业的轮班主管在一次 20 分钟的访谈中曾提及，在使用 TUFF 时，机器的计划外维修次数较少。他的经验表明，当生产某种等级的纸张时，TUFF 可以防止机器出现不可控的振动。虽然他不知道原因，但是他凭借 20 多年的经验判断，在防止振动发生上，TUFF 比 RUFF 要好得多。（当高速造纸机器因为计划外维修停机时，在停机期间，纸张产量的损失造成了数千美元销售收入的减少。）

这位轮班主管将访谈者介绍给造纸机器制造商的一位科学家，并认为这位科学家可能对他的观测感兴趣。访谈者在 1 小时内和科学家取得了联系。在访谈中，科学家揭开了意外振动的秘密，这是世界范围内的造纸企业面临的一个昂贵的难题。科学家表示轮班主管的观测是有根据的，他也给出了北美的造纸企业里潜在的访谈对象的姓名，这些人可能帮助访谈者了解更多关于这个问题的知识。

后来，与这些造纸企业的轮班主管的访谈表明，那些由于低价格而使用 RUFF 的企业的确比那些使用 TUFF 的企业经历了更多的计划外维护停机。在这些访谈中，那些使用 TUFF 的访谈对象并没有提到 TUFF 在意外振动发生时引起的停机比例方面的益处，而仅仅提到它较高的成本。然后，在对一位造纸企业的轮班主管进行访谈时，访谈者了解到的不只是这个造纸企业正在使用 TUFF，而且还了解到他们是 TUFF 的竞争对手 RUFF、TUFF++的新版本的试验基地。该轮班主管说，这种新版本 TUFF++的价格将比现在的 TUFF 和 RUFF 的价格低很多。对于访谈者和欧洲公司来说，这是第一个信号——这种产品确实存在。

经过几次访谈，访谈者发现了竞争对手生产 TUFF++的地点。后来，在对这个工厂附近的政府环境影响办公室的一位访谈对象进行访谈时发现，这家生产 TUFF++的工厂曾有过环境影响声明的公共报告。报告中包括生产流程的说明和一份工厂的图解。访谈者从环境影响办公室那里得到了这份报告的复印件，发现 TUFF++在物理和化学性能方面与 TUFF 是一样的。然而，在 TUFF++的生产过程中去掉了 TUFF 生产流程中两个昂贵的环节，从而节省了成本。访谈者通过与更多的访谈对象的电话访谈，证实了这些结论。

在一份简短的书面报告和一份在企业办公室的全天的口头汇报中，访谈者重点讲述了有关 TUFF++的发现，为开发团队提供了具有可操作性的决策并使其建立了鲜明的价值主张。在汇报之后的两个月内，这家欧洲公司也能够去掉生产流程中的几个环节，以低得多的成本来生产 TUFF。该公司还建立了一个简短的价值主张，强调了 TUFF 的低价格和它具有减少计划外维修停机的能力。利用新的价值主张，该公司削弱了竞争对手在该企业本土市场上的份额，并增加了在北美的 TUFF 市场份额。

3.3.2 一次市场营销的改善和一种改变的产品

一家美国公司供应一种有广泛用途的特殊产品，以在一个广泛的行业中完成一项关键的任务。完成这项任务需要 3 种不同类型的产品。A 类产品和 B 类产品是该公司的高产量和高利润产品。C 类产品是该公司的低产量、低利润产品。公司的销售人员要负责同时向客户销售这 3 种类型的产品，但是他们将更多的时间用来销售 A 类产品和 B 类产品，只将很少的时间用于销售 C 类产品。数年后，销售人员向公司的研发小组反馈有关技术特性的信息，这些信息包括客户说过的他们需要引入的技术特性，试图以此来改善C类产品。然而，当企业开发了具有这些特性的C类产品并投入市场的时候，它的累计销售额并不高，且主要卖给那些创新者客户。早期接受大众认为这种改进的C类产品增加了许多成本，但是并不能保证采用了这种新产品后能带来足够多的益处。

由于这家公司的技术处于领先地位，以及作为A类产品和B类产品的供应商，它在潜在客户的心目中占有重要的地位。这家公司还希望C类产品也能够在客户心目中占一席之地。公司的研发小组再次提出了包含新的技术特性的C类产品创意。与该公司具有的所有创意一样，当概念从模糊前端转移进入开发阶段，这个新产品的毛利必须高于最低预期。

对于公司来说，访谈者在一个项目中的目标是要找到下列问题的答案：在一个改进的产品创意中，C类产品的客户想要的是什么？他们要买什么？公司在C类产品潜在客户心目中的地位怎样？开场白仅描述了产品概念的新技术特性。第一份电话名单主要列出了在网络上撒网拼凑的C类产品贸易协会中的潜在访谈对象，以及C类产品潜在客户的企业。

在完成了20次的访谈之后，访谈者得到了3个重要的模式，其中有两个是公司所预期的，一个是在公司预期之外的。第一个预期的模式是潜在客户觉得C类产品新的技术特性能够改善操作。第二个预期的模式是潜在客户愿意为C类产品支付额外的不超过5%的费用。（并不是潜在的早期接受大众不了解改进产品的价值，而是使用了C类产品之后，潜在客户要仔细思考是否要以更高的成本接纳某种新的C类产品。）第三个预期的模式（预期之外的）是，当潜在客户对C类产品的前几个竞争对手按他们在客户心目中的偏爱地位排序时，该公司排在第二位。而在访谈进行之前，该公司一直认为自己的排名不会高于第六位。这表明该公司A类产品和B类产品的良好声誉已经"渗透到"C类产品的潜在客户的心目中。20多次访谈证明了这些模式。C类产品的潜在客户对该公司有很好的印象。许多访谈对象也表示了他们的担心，担心该公司不是这个产品市场的主要参与者。但是，因为该公司的最少毛利润的约束，公司刚好没有能满足这个市场价格要求的新产品。

将所有这些信息整理成一个书面报告后，访谈者全天进行口头报告。访谈者总结了3个关键点：①公司在目标市场的潜在客户心目中占有重要的地位。②该市场的关键决策者是早期接受大众。这些客户会针对新产品在他们操作中的成败在行业协会的会议上进行交流，这些客户往往是这类协会的理事或标准委员会成员。公司中有一位非常了解C类产品的资深员工，他凭借自己的工作经验，在早期主要客户中获得了很好的声誉。该公司得到的排名得益于一位与它的 C 类产品相关的“老会员”（一位女性，因为她在加盟这个公司之前在这个市场中的经历，被早期接受大众中的访谈对象给予很高的评价）。在最终报告中该公司委派这位“老会员”代表公司加入行业协会的理事会和标准委员会。③公司内部毛利润限制与潜在客户不愿意为一种改善的产品多支付明显的额外费用的问题必须在鲜明的价值主张建立前解决。在最终口头报告讲到这一点时，公司总经理打断了报告。原来，他的一个工厂在生产产品过程中有一种添加剂从未用于 C 类产品，而是用于 B 类产品，这种添加剂会使产品具有很高的毛利润。在产品的成分中加入这种添加剂可以突破企业毛利润的限制，同时还能满足潜在客户的成本要求。

10 个月之后，该公司开发出了一个增加了一种新添加剂的产品概念并植入产品，然后用一个专门销售 C 类产品的销售队伍将产品投放到北美市场。（培训一个专门的销售队伍来销售 C 类产品比重新培训原来销售 A 类产品或 B 类产品的销售队伍来销售 C 类产品更有效率。）这位“老会员”被指定代表公司加入重要的行业协会的理事会和标准委员会。这种新产品综合了早期接受大众对公司技术和技能的高度信任，同时，改善后的产品也继续包含了这些客户在操作过程中的一些偏好的因素。该产品投放北美市场获得成功。两年后，该公司将产品在全球市场投放，通过这个途径，该公司使其市场份额和其在 C 类产品的客户心目中的良好地位相匹配。

3.3.3 困难的抉择

这是一个有关产品创意的例子，通过进行与这个产品创意相关的访谈发现，没有潜在客户认可该概念属性的价值。在这个项目中，一个光纤通信行业中的公司要求访谈者帮助他们评估某种光纤技术在非通信市场的接受程度，公司作为一个可能的投资人基本已经掌握了这种光纤技术。一个和该公司有着密切关系的风险投资集团向该公司提供了投资的机会。

上述技术已经被整合到所开发的产品概念中，并被风险投资集团的委托人简化为一个粗糙的原型样品。该概念是用光纤传感器来探测被污染的土壤中的汽油。光纤传感器能够以比现在的传感器更敏感地探测到汽油。在完成了对 50 个潜在客户（包括美国的各级政府的环境法规管制人员、环境激进主义组织的技术官员，还有服务站设备制造商等）的访谈后，一个最终的书面报告将这些访谈的内容整合在了一起。访谈者在公司办公室做了一个全天的口头报告。在报告完成之后，公司做出了重要的决定——不投资这项技术。

公司选择不投资开发该技术的原因是访谈者发现要开发的产品没有潜在客户，

甚至连环境法规管制人员都不想拥有一个上述概念所描述的更敏感的传感器。有两个原因导致了这种结果。首先，这个产品的重点一直放在防止汽油泄漏污染周围的土壤上。(尽管从加油站油泵软管的加油枪滴出的几滴油接触到土壤的表面后扩散很快，但是几年后仍然可以在服务中心的仪表上被检测到。因为这样，从 20 世纪 20 年代以来建立的服务站有一半都已经被禁止使用了。) 其次，该公司已经投入了大量的资金在现代储油罐及储油罐油气泄漏传感设备上。目前的双壳储油罐中的传感设备能够探测罐内液体容量的变化，或罐内液体是否泄漏到两层之间。监测容量的变化为服务站的操作者带来了另一个有价值的益处。根据从服务站到配送仓储中心对容量变化的遥测信息，油罐车对服务站的汽油配送计划可以做得更有效。

在接到最终报告两个月后，公司要求访谈者向风险投资的主要委托人做同样的报告。访谈者忐忑不安地来到风险投资公司。很明显，委托人是这个概念的倡导者。对于指导产品概念跨过模糊前端阶段的鸿沟，倡导者的作用通常都很重要。然而，某些倡导者并不会不满于被告知他们的构思从潜在客户的视角看并不具备令人信服的价值主张。因此，访谈者不必为此担心。在风险投资公司楼内的大堂见到公司代表之后，访谈者被带到一个会议室，倡导者和另一位资深合伙人正在等候。他们听了与两个月前在公司内部做的相同的报告，并阅读了相同的书面报告。最后，倡导者说："谢谢你做的这个很好的报告。它强化了我的认知。为了该产品在市场上的定位，我们必须做更多的工作，以使客户认可我们的传感器的创新特性和使用方法。" 8 年后，伴随着对潜在客户的持续挖掘，这项产品的构思在风险投资公司也"始终在积极开发"。

3.3.4 将电话访谈工具应用到自身实践

你的公司是一个生产牙膏的公司，你负责评估本公司新产品投放市场的机会。公司的高管之一看到了一则新闻，该新闻提到德国奥格斯堡大学的研究者获得了一项研究成果，这些学者正在致力于高温超导体线缆的商业化应用。这位高管发现，奥格斯堡大学的学者们使用了钙基材料来改变超导体，以达到电流密度的突破性，这种合成物的成分与你的公司拥有专利的钙基材料的成分接近，这种材料被使用在公司的领先品牌的牙膏中。你的公司拥有这项专利，并且该专利已经运营了多年。

你和公司里的关键开发决策者拟定了一份开场白草稿。你的目标是运用电话访谈工具建立一个鲜明的价值主张，并以此来指导公司的决策——使专利在超导体市场的价值实现最大化。通过电话访谈，你需要找到一个可以接受奥格斯堡大学学者的发现的市场。同时，你还要确定一个实验室，该实验室能够快速和客观地决定该专利在超导体市场中的价值。最后，你需要找到并评估那些可能购买技术许可证并应用于超导体领域的企业。

在不到半天的时间内，你通过网络进行搜索，列出了包括 50 多位潜在访谈对象的名单。利用 Google 来搜索“高温超导体”这个关键词，可以找到 30 000 多个包含上述关键词的网页。在这些网页的前 100 个网页中，根据相关性列表，有一些链接到制造高温超导体的公司，还有的链接到一些项目和有关高温超导体商业化的会议、会刊。点击这些链接，你可以找到 40 多个相关企业管理者的名字，他们可以作为潜在访谈对象。在 Northern Light 上搜索关键词“奥格斯堡高温超导体”，你会得到 300 多个网页，其中的许多网页可链接到奥格斯堡高温超导体研究小组的竞争对手和合作者的全文文献。通过这些资料，你挑选 20 个名字，将他们加入第一份潜在访谈对象的名单。

在你的数据库规划中，根据时区、组织名称对潜在访谈对象进行分类，并将名单打印出来。你开始拨打电话，在早上打给那些所在时区早于你的潜在访谈对象，按照清单的顺序一个接一个地拨打电话，直到晚上，打给那些所在时区晚于你的潜在访谈对象。

经过 5 天的电话访谈，你完成了 40～50 个深度定性电话访谈。根据访谈速记笔记，你写了一份最终书面报告的初稿。你又向那些新的访谈对象做了证实性访谈，以确定为行动决策所做的关键选择不存在偏见。在调整了报告草稿之后，你将该草稿搁置一天左右的时间再将其写成最终的成稿。最后，你将站在同事面前逐页演讲你的报告，这些同事都有你要演讲的报告的复印件。最终，你和你的团队经过充分准备，为公司拥有知识产权的钙基材料在高温超导体领域的应用，建立了一个鲜明的价值主张。

3.4 小结

上述例子都是运用工具来收集准确和有时效性的信息、知识和洞见以形成鲜明的价值主张。在第一个例子“市场营销和流程改善”中，只有两个产品属性是关键的——减少计划外维修停机和最低的成本。第二个例子的主张有 3 个关键属性——添加剂、可接受的价格，以及产品来自一个可信赖的公司的事实。在第三个例子“困难的抉择”中，产品概念在潜在客户眼中没有鲜明的价值主张。这样的结论对于一个产品概念的提出者来说很难接受。根据我们的经验，在不知道潜在客户是否需要并愿意购买该产品的情况下，进入后续的开发阶段将会更加艰难。

参考文献

[1] Arlen, G. 2001. "Elevator Speech in a Two-Story Building" (www.washtech.com, accessed May 21, 2001).

[2] Beckwith, H. 1997. *Selling the Invisible: A Field Guide to Modern Marketing*. New York: Warner Books.

[3] Brown, H. 1986. "Tricks of the Information Trade." *Planning Review*, March 22–27, 40–41.

[4] Cooper, R. G. 1999. "From Experience: The Invisible Success Factors in Product Innovation." *Journal of Product Innovation Management* 16: 115–33.

[5] Crawford, C. M. 1997. *New Products Management*, 5th ed. Chicago: Irwin.

[6] *Dictionary of Business*, 2nd ed. 1996. Oxford: Oxford University Press.

[7] Griffin, A., and J. Hauser. 1993. "Voice of the Customer." *Marketing Science* 12: 1–27.

[8] Koch, R. 1994. *The Financial Times Guide to Management and Finance: An A-Z of Tools, Terms and Techniques*. London: Pitman Publishing.

[9] Lax, J. R. 1992. "Correcting for Disaster: Preventing Competitive Intelligence Mistakes." *Journal of AGSI (Association of Global Strategic Intelligence)*, November, 127–33.

[10] Moore, G. A. 1991. *Crossing the Chasm: Marketing and Selling Technology Products to Mainstream Customers*. New York: HarperBusiness.

[11] McLuhan, M. 1994. *Understanding Media*. Cambridge, MA: MIT Press (reprint).

[12] Porter, M. E. 2001. "Strategy and the Internet." *Harvard Business Review*, March, 71.

[13] Reinertsen, D. G. 1997. *Managing the Design Factory: A Product Developer's Toolkit*. New York: The Free Press.

[14] Rogers, E. M. 1995. *Diffusion of Innovations*, 4th ed. New York: The Free Press.

[15] Ross, R., and C. Roberts. 1994. "Balancing Inquiry and Advocacy." In P. M. Senge et al., eds., *The Fifth Discipline Fieldbook*, 253–59. New York: Doubleday.

[16] Senge, P. M., C. Roberts, R. B. Ross, B. J. Smith, and A. Kleiner, eds. 1994. *The Fifth Discipline Fieldbook*. New York: Doubleday.

[17] Strauss, S. 2001. "Small Business Center: Ask an Expert," *USA Today*, January 19.

[18] Urban, G. L., and J. R. Hauser. 1993. *Design and Marketing of New Products*, 2nd ed. Englewood Cliffs, NJ: Prentice Hall.

[19] Weiss, R. S. 1994. *Learning From Strangers: The Art and Method of Qualitative Interview Studies*. New York: The Free Press.

[20] Wilson, E. 1996. "Market Analysis and Segmentation Issues for New Business-to-Business Products." In M. Rosenau, A. Griffin, G. Castellion, and N. Anschuetz, eds., *The PDMA Handbook of New Product Development*. New York: John Wiley and Sons.

第4章

将NPD研究的焦点集中于CPV

查尔斯·米勒（Charles Miller），戴维·C.斯沃丁（David C. Swaddling）

4.1 引言

案例

乐泰公司（Loctite Corporation）推出了一种名为RC-601的新产品，这是一种糊状物质，用来修补磨损和毁坏的金属机械零件。作为一种胶水，该物质能够被塑造成需要的形状，然后再固化达到铁一样的硬度。这对机械维修来说是一个全新的概念。为了鼓励试用，该产品每管售价仅为10美元。为了打消产品工程师可能产生的怀疑和顾虑，乐泰公司准备了带有详细的技术规格的营销材料。尽管采取了这些措施，该产品的销量仍然少得可怜。

在投入市场后不到1年，RC-601就退出了销售市场。乐泰公司不得不为经销商没有卖出去的存货给予赔偿。尽管不清楚偿还费用是多少，但能够估计这次失败的新产品投放所导致的潜在损失：若退回50万管产品，按照每管5美元的制造费用，则需退还约250万美元。

产品召回之后，该公司进行了适当的客户调查，以确定哪里出了问题。结果发现他们定义了错误的目标市场。产品工程师们抵制新的、未被证明的东西。另外，RC-601的低价会增加产品工程师对产品质量的担心。此后，乐泰公司决定以维修工人为目标来销售RC-601，并且将产品重新命名为Quick Metal。乐泰公司简化了该产品的使用说明，并将价格提高到每管近20美元。这个价格仍然在维修工人的预算范围内，并且很好地传递了产品的价值。这种新推出的产品到目前为止仍然是一项巨大的成功。

虽然大部分的 NPD 专业人士都认可在 NPD 流程中考虑到客户意见很重要，但目前 NPD 实践的状态告诉我们一个不同的情况。罗伯特·库珀观察到："最新的研究显示，产品开发的技巧并没有改变那么多，也就是说客户心声仍然被忽视，仍然没有做充分的前期准备工作，许多产品在进入开发阶段时仍然缺乏清晰的定义等。"这些缺点中的每一项；都直接或间接地与客户调查（或根本没有做客户调查）相关，这些客户调查是与新产品开发联合进行的。

从实践的角度看，客户调查在 NPD 流程中没有发挥更突出的作用的原因如下。第一，客户调查很费时间，并且实际上所有的行业都面临着要显著地缩短其 NPD 周期的挑战。这里缺乏增加步骤的动机，是因为这些步骤看起来是延长而不是缩短 NPD 的周期。第二，客户调查需要额外的资源投资。NPD 专业人员经常需要面临有效地分配现有资源的挑战，并且要用一段艰难的时期来证明在某件没有做的事上追加工作和花费是正当的。第三，NPD 的真正特征不适合客户的要求。在通常情况下，技术专家负有开发产品的责任，营销人员要努力出售这些产品，然而这两个团队之间几乎没有配合。

鉴于这些实际情况，怎样证明客户调查是正当的呢？答案很简单。客户调查能够将与 NPD 有关的固有风险降低到一定的程度，使其达到的指数超过直接或间接成本的程度。本章开头的小短文就是此类例子。后续要介绍的其他案例都将清楚地表明，在 NPD 流程中有效地使用客户调查是意义非凡的。

本章介绍了一种方法，通过将调查集中于 NPD 成功的关键点（客户感知价值，CPV），系统地改善 NPD 中客户调查的效率。了解哪些是客户愿意和不愿意付款购买的东西，这是新产品能否被接受的核心。本章介绍的方法使产品开发人员通过了解客户对新产品的相对价值感知，来做出提高产品成功概率的决策，该方法可以有效地应用在消费者市场和企业点对点市场。

集中 NPD 流程中客户调查的焦点于 CPV 将促进产品开发人员真正了解究竟是什么推动了客户接受或拒绝新产品。做到这一点的办法包括以下几项内容。

- 在 NPD 早期过程中识别客户的需求和需要。
- 识别影响客户对一种产品的价值评判的因素或属性。
- 确定这些因素或属性的相对重要性。
- 相对于客户的其他选择，确定客户是如何评价这些属性中的每一个属性的。

如图 4-1 所示，这项调查的各个组成部分均包含在整个 NPD 流程中，从模糊前端开始，一直到产品的市场投放，以及之后的阶段。本章描述了在整个 NPD 流程中，聚焦于 CPV 的调查是如何集成到整个 NPD 流程中的，以及如何将调查结果应用于指导向客户提供价值优越的产品。

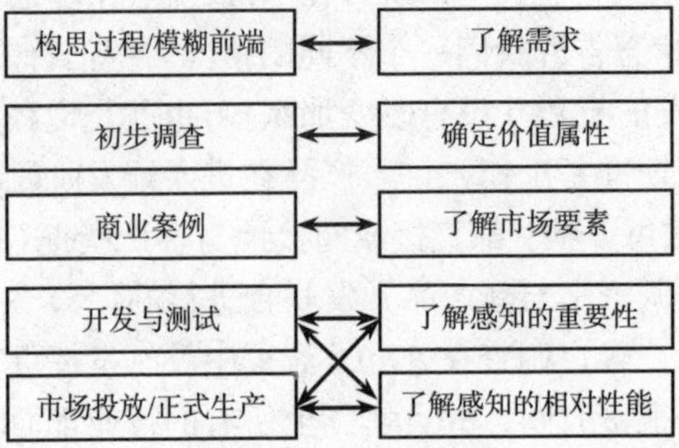

图 4-1 NPD 和 CPV 研究

4.2 聚焦 CPV

大多数公司在做业务的过程中，从一个根本性转变的中间位置寻找它们自己。互联网时代使客户有能力比以往任何时候都知道更多的潜在供应商和他们所提供的产品。客户在这方面的能力引发了在买卖关系中根本性的力量转变，市场从卖方市场转变为买方市场。

客户从供应商那里争取降价的结果是什么呢？这意味着那些想获得成功的竞争对手必须用不同的方式做事。当公司不能在产品和服务质量上将自己区别于他人时，有什么能作为竞争的基础呢？“聚焦客户”是很好的术语，但是它不足以明确、完整或健全地说明新的竞争领域。斯沃丁和米勒认为，当今的竞争基础是 CPV，其定义如下。

定义

CPV：是指将客户对一件产品的所有利益和所有成本的评价结果比喻为该客户感知的选择。这是客户决定是否购买产品的依据。

我们可以很方便地想象用老式的天平来描述 CPV（见图 4-2）。在天平的一端，客户将对某一特定产品的所有能够感知到的利益加起来。这些利益将是有形的或无形的、与产品有关的、与服务有关的、面向外部的（产品）和内部的（流程）等。事实上，并没有什么规则来决定什么才能放在天平上，它可以是客户想要的任何东西。

图 4-2　用天平来描述 CPV

在天平的另一端，客户将与供应商和产品相关的所有成本加起来。价格当然是这些成本中的要素，但并非唯一的要素。培训、流程变化或新供应商的不确定性等，很可能和购买价格一起放在天平的成本的一端。还有，这里没有一个定位标准（客户用来判断什么应该放在天平这一端的标准）。

客户对每一个考虑中的产品或其他选择都会建立一个这样的天平。向利益的一端倾斜最多的那个产品就是客户的选择。得到客户选择的生产企业才能得到市场。这就是新产品开发者使用这种模型以 CPV 为基础来管理产品开发的原因。

在很多时候，产品开发人员并不关心客户会如何评价利益和成本，以及他们是如何倾向于天平的一端的。所以，产品开发人员应知道潜在客户如何看待产品的利益和成本，以及如何在 CPV 天平上称量它们，这是非常重要的。因为这些信息只存在于客户的头脑中，要获得这些信息就需要进行很好的调查。如果没有和客户交谈或仅仅观察客户，产品开发人员就无法得到这种理解。一旦获得了关于客户感知的信息，聪明的产品开发人员就会设计其产品来强调那些被客户感知的最重要的利益，并且降低感知的成本。这使得购买决定有利于供应商，毕竟这就是新产品开发的终极目标。

CPV 的 4 个需要考虑的特性如下所述。

- 客户感知价值是能被市场感知的。
- 客户感知价值是复杂的。
- 客户感知价值是相对的。
- 客户感知价值是动态的。

CPV 的第一个也是最重要的规则是客户对价值的看法。这也是客户感知价值能被市场感知的原因。太多的公司已经通过一种艰难的方式认识到，如果客户不这么认为，那么他们是否拥有自个人电脑出现以来最好的新产品根本不重要。如果客户认为担保服务非常重要，但是一家公司认为不值得担心那些要在销售很久之后才会发生的事情，这可能就是一个问题。

评估 CPV 定义中所有的利益和成本的参考信息涉及的方面很多。通过使用天平类比，我们可以明显地看到，有许多信息可用于客户对企业交付的产品的价值的评估——可能远远超过眼前看到的。处理这种信息的复杂性意味着我们不能仅仅简单地理解客户的天平。事实上，我们必须要对客户将什么东西放在天平上有所了解。这要通过设计产品来完成，设计之前要先分析客户想要的哪些东西将会使客户的天平向有利于供应商的偏好倾斜。这就是客户调查在任何一个合理的产品开发流程中都是如此重要的部分原因。在将一种巨大的优势从研发团队带入市场以前，我们应该知晓潜在客户将如何使用他们的天平来评价产品。或许，没有成本的装饰将会引发市场上的高额成本。更重要的是，供应商能确保客户适当地评价那些昂贵的特性吗？请记住，企业如何看待自己的产品并不重要，重要的是客户如何评价和判断它，并且这是一个复杂的过程。

“客户感知价值是相对的”的事实反映在和“其他产品”相比给出的 CPV 定义中。每当客户在做出购买决策之前，他们都会把这个产品和其他产品进行比较。显然，那些“其他产品”中包括竞争对手的产品，但是可能也包括客户可得到的、无须从任何人那里购买就能解决他们当下问题（如通过重新配置可用的资源，或者什么都不做，仅仅是任凭问题存在）的选择。所有的其他选择都是相关的，并且需要企业在试图了解 CPV 的努力中考虑到这些备用选择。

更糟的是，客户不停地改变他们的想法，因为他们放在天平上的事物不停地在变化。因此，客户感知价值呈现出动态变化的特征。也许客户自身的环境发生了变化，因此过去曾经是有价值的利益到现在变得不再重要。竞争对手的产品也在变，而且这种变化改变了其他产品在比较中的地位。我们要记住的要点是，客户对价值的感知在变化。因此，如果企业假设拥有已经计算出来的客户的价值方程，那么这种假设对企业来说就是不安全的。世界级的竞争对手正在学习一致和连续地监测市场，并积极地追踪 CPV 的变化。

因此，对于产品开发和管理部门而言，CPV 就是关键点。关注增加销售收入、增加市场份额及提升盈利能力的产品经理，将会把重心集中在向客户交付更大的 CPV 上。因为 CPV 是客户做出购买决策的依据，所以当客户做出购买决策时，理解 CPV 是提升交易成功率最直接的途径。

4.3 用来理解 CPV 的工具

如上文所述，向客户交付 CPV 的承诺必须建立在对优质客户进行调查的基础上。虽然公司可能有一些内部信息来源，那些信息能够用于帮助监控和管理 CPV 的交付（如交易记录、销售信息等），但是，我们无法回避这样一个事实，即有效的措施必须涉及真正的价值判断者——客户。用于衡量客户感知价值的 3 种工具分别是：探索性调查、次级市场调查和证实性调查。

4.3.1　探索性调查

处理特殊 CPV 问题的起点需要采取探索性调查的方式。探索性调查的目的是进一步熟悉问题，得到新的认识，以及帮助形成更有指向性的调查问题或假设。这类调查在本质上通常是定性的，并聚焦于收集对开放性问题的回答。收集的数据在本质上几乎没有限制。客户可以自由地表达和解释他们的感知。探索性调查在 NPD 流程的初期（从 FFE 到初步调查阶段）是一项重要的工作。

探索性调查通常是定性调查，它提供了一种必要的、能够有效地了解驱动客户行为的感觉和情绪的工具。了解客户购买或不购买该产品的原因是提供精准 CPV 和成功 NPD 的关键所在。定性调查可以作为必要的定量调查的先决条件，该调查是为了新产品或服务改进的进一步细化而做的。

定性调查确实存在一些值得注意的缺点。仅根据定性调查的结果预测高度精确的客户团体利益是有风险的。许多管理者将非统计的数据视为软性数据。管理者对在开发产品中能做的事情和做这些事情会对客户的想法产生什么影响之间的关系经常是不明确的。定性调查还存在一个问题，那就是，它看起来很容易做——只是问一些问题，这个认知几乎使任何人都声称他们可以做定性调查。实际上，能够提问题并不足以成为一个定性调查人员，就像会操作微波炉但并不足以成为厨师一样。

4.3.2　次级市场调查

次级市场调查是依靠现有的信息来源而进行的调查，不是一开始就收集数据，而是使用已经被另一个团体捕获的信息来回答调查提问。这些信息可以通过不同形式的商业信息资源、特定公司和行业的信息资源、新闻来源、政府统计数据及以前的调查结果来获得。

在 NPD 流程中使用次级市场调查方法有许多优点。次级市场调查提供了一种使概念更清晰明确的方法，并以此作为探索性调查过程的一部分。在没有证实性调查所需要的投资和精力的情况下，次级市场调查也有能力回答某些调查提问；在证实性调查不切实际（如在短期内和预算有限时）的情况下，次级市场调查也可以提供一种可接受的方法来确保得到所需要的信息。次级市场调查还可以提供必要的有关市场的背景信息，以增强对从其他来源得到的信息的解释，它还可以提醒调查人员注意一些可能在新产品开发过程中遇到的潜在问题。

NPD 专业人员会发现次级市场调查在新产品开发的商业案例开发阶段特别有用。这类调查使产品开发人员能够调查影响购买决策的相关因素，这些因素显然也可以影响 CPV。

4.3.3 证实性调查

如上文所述，探索性调查和次级市场调查为证实性调查打下了基础。证实性调查提供了准确的和可概括的结果，这些结果对于以更大的对成功的信心来提高产品开发的效率来说是必要的。证实性调查用已知的精确信息回答了谁、什么、何时、何地、如何等问题。证实性调查也被用来描述各种因素之间的相互作用及相互关系。最终，证实性调查可以说明或预测客户是如何感知价值的。它本质上是定量的调查,并且通常既涉及描述性的概括调查,又涉及实验性调查。证实性调查在 NPD 流程的后期阶段（从开发与测试直到市场投放）是一项最有价值的工作。

一旦通过定性调查确定了 CPV 的方式,确定了价值属性的重要性和潜在产品在提供价值方面的表现，就能以合理的准确程度来完成。这就是为什么我们认为初步的定量调查是必要的。初步的定量调查被描述为最好的、以统计为基础的调查，这种调查直接从客户那里收集数据，并生成定量的结果。

定量的结果有很高的准确性,可以降低管理者依据这些结果制定决策的风险。如果仅考虑定性的结果，就不会是这样。定量调查的另一个关键的优点是它可以准确地描述一种情况或确定因果关系。站在实践的立场上，这是对管理者非常宝贵的信息,因为它可使 NPD 专业人员所采取的行动与这些行动对客户感知的影响之间的关系变得更加清晰。

虽然定量调查有非常理想的优点，但是其弱点也不应该被忽视。人们通常假设定量的结果是有代表性的、有效的和可靠的结果。遗憾的是，为确保定量的结果的质量而必须遵循的规则往往容易被忽视。例如，许多调研人员在实践中通常的做法是,样本提供结果的精确度根据样本的大小为-3%～3%。但是，样本可能不具有代表性，因为被调查者不是随机抽取的，或者非受访者是被忽略的。如果样本不具有代表性,那么任何一个精确的指标都是没有意义的。既然我们认为调查中 8%的反应率更能代表一个群体的看法，为什么一个月度损益表的表现就代表不了全年的财务状况呢?

接受定量调查的成果必须依据证据，这些证据就是调查人员尽一切努力提供的有效的、可靠的并且有代表性的数据。同样，那些对数据进行的适当的分析和解释也应该是可见的。

考虑到 CPV 的本质特点和 NPD 专业人员可用的 3 类调查工具，我们可以聚焦于特定的 CPV 调查工具及其在 NPD 流程中的应用。探索性调查、次级市场调查和证实性调查的适当组合将有助于 NPD 专业人员解决他们可能遇到的任何有关 CPV 的问题。

4.4　了解客户需求

对买方行为的研究本身就是一门科学。许多研究者已经研究和写出了关于驱动购买者行为心理动机的著作。我们将从这些著作中了解买家行为的实际情况，并将这些方面与 CPV 模型联系起来。从 CPV 的角度来了解客户的需求，以解决一系列的问题。这些问题，从最抽象的到最具体的，包括以下几个方面。

- 个人需求。
- 购买需求。
- 利益。
- 特点。
- 调查需求和利益。

4.4.1　个人需求

引导人类所有的行为（包括以必要的行动来购买特定的产品或提供的服务）的是动机。为什么人们做他们想做的事？从根本上说，是因为有他们想要的东西，他们从行动中获得了某种需要的满足。

亚伯拉罕・马斯洛的需求层次理论告诉我们，个人需求的不同类型建立在一定的顺序中。首先，基本需求如食物、衣服和安身之处必须得到满足。当这些基本需求被满足之后，人们便转向更高层次的需求，如社会化、自尊及自我实现。潜在客户可能正试图满足自己几乎所有层次的需求。准确地定位心理需求期望的等级是非常困难的。不过没关系，通常没有必要那样做。

4.4.2　购买需求

一般而言，个人需求驱动购买需求。“购买需求”的概念使我们更接近 NPD 专业人员必须了解的东西，这就是要知道如何通过产品向客户交付 CPV 所必须了解的东西。例如，一个潜在客户的孩子准备上学费昂贵的大学，同时这位潜在客户又不希望失去他目前的工作。这种要保留工作的个人需求将潜在客户置于要实现他所在企业的预算利润目标的巨大压力之下。因此，潜在客户的拟增加盈利能力的购买需求事实上在很大程度上是由潜在客户要保留他的工作的个人需求而驱动的。

如同个人需求，购买需求也存在不同的层次。事实上，它们形成了从一般到具体的一个系列。如果潜在客户根本的购买需求是要提高盈利能力，他们可能有更具体的要降低成本的需求。除此之外，潜在客户可能还有一个更具体的要降低人工成本的需求。这类信息更加接近 NPD 专业人员可以使用并付诸行动的信息。

4.4.3 利益

一般而言，潜在客户上街购物是为了得到利益，以填补他们的需求。利益是客户从使用一个产品或接受一项服务中得到的结果。借用麦克纳的著名论述："人们不是去买钻头，他们是买打孔的能力。"打孔是制造商正在出售的"利益"。

利益与某种特定产品是相关的。例如，潜在客户可能感知到，一种改进的计算机系统会使一个制造加工流程更加有效，因此该系统将有助于削减人工成本。在这种情况下，潜在客户感知到的利益将是节省工人工作的时间。然而，部分或全部制造过程外包可能向相同的潜在客户提供另一种通过降低雇用和管理员工的成本来降低人工成本的方法。在这种情况下，该方法的利益是降低管理费。这两种满足潜在客户需求的方案都可以减少人工成本，但提出了两种截然不同的用于满足需求感知的利益。

4.4.4 特点

特点是产品能够带来好处的方方面面，它们通常是 NPD 的焦点。钻头的特点是它有非常尖锐的切削边缘，这些边缘能带来让打孔更好、更快、更便宜的利益。

继续介绍上文中的例子，经过改进的用于制造加工过程的计算机系统的特点，可能包括直观的用户界面和广泛使用的自动化流程监控与设备校准。这些特点都将产生有助于节省工人工作时间的利益。计算机程序的其他特点可能是生成一个产出日志，并将该信息输入一个更大的企业资源计划系统。这些特点可能具有吸引力，但不直接带来节省工人工作时间的利益。

产品的特点和潜在客户感知的利益之间的差异很重要。了解这种差异是从以产品为中心的组织向以客户为中心的组织过渡的关键。公司生产的产品和服务具有特点，但潜在客户购买的是产品和服务所带来的利益。因此，了解客户需求的利益是确保通过 NPD 流程向客户提供 CPV 的先决条件。换言之，应该在 NPD 流程的早期阶段就聚焦客户需求的利益。一旦完成此项工作，在 NPD 流程的后续阶段再聚焦于产品的特点就有意义了。

4.4.5　调查需求和利益

正如图 4-1 所示，理论上，了解客户的需求及感知的利益是 NPD 的构思过程和 FFE 的组成部分。许多著名的发明家和企业家在直观理解需求和利益方面已经获得了成功。不过，这似乎是例外，而非常规。图 4-3 列出了特定的调查工具，这些调查工具提供了一个替代完全依赖直觉的观察客户的方法。应用这些调查工具能够对客户的需求和潜在利益进行系统的调查研究。

调查方法	在理解 CPV 需求方面的应用
通过电话和网络进行一对一访谈（深度访谈）	用于确定小的或重要的潜在客户群体
焦点小组访谈，小群体访谈	用于讨论和确定更广泛的人群（细分市场）。可以使用传统方法，也可以使用网络方法
正常群体的会议	一小群客户独立地生成关于一个主题的构思，然后像大组那样讨论这些构思。用于生成以个性化需求为基础的构思
领先用户访谈	与有选择的、已经展示出很好的产品使用能力和倾向的用户对话。采纳产品的原因能够揭示需求
客户指导小组	结构化客户互动，定期地直接从一大组客户中收集反馈。可用于讨论潜在需求
在网络上的互动	提供分享的信息，确定主要问题机会
及相关问题的咨询	目标市场代表在正常情况下的系统观察，可以使调查人员能够确定潜在客户可能认识到也可能认识不到的需求
扮演客户的角色，跟踪客户（神秘购物）	对客户经验（包括某种产品或服务）的系统评价。向调查人员提供了一个确定潜在客户可能认识到也可能认识不到的需求的机会
客户的活动	非正式的客户信息收集，聚焦于某特定产品的所有权和使用权，使调查人员能够了解、选择和使用与产品有关的潜在需求
萨尔特曼隐喻诱引技术①（ZMET）	客户创造他们关于产品的经验和感受的拼贴图。然后，他们向调查人员解释他们选择的图像和他们由该公司和其产品而产生的经验之间的联系，使调查人员能够调查出浅层的包括需求的感知
句子和故事填空	研究客户对形势反应的技术，使调查人员能够调查出驱动特定反应的动机或需求

图 4-3　调查客户需求的方法

① 萨尔特曼隐喻诱引技术（ZMET）是一种结合非文字语言（图片）与文字语言（深入访谈）的消费者研究方法，是哈佛商学院的萨尔特曼教授于 20 世纪 90 年代提出的一项专利研究技术。这项技术被认为是全球范围内最有效的探究消费者认知和动机的研究方法。——译者

正如图 4-3 所示，一些定性技术可以整合到 NPD 的早期阶段。最常用的技术是客户访谈方法，其中包括一对一访谈和焦点小组访谈。然而，定性调查当然不会只限于进行访谈。有些技术涉及非传统的方法，包括通过在客户的“自然栖息地”（人类学）观察他们，并收集完全超出“公约”范围之外的看法来提供产品和（或）服务（投影技术）。

举例来说，S.C.Johnson Wax—— 一家多品种家用产品制造商，总是通过在全国范围内派出调查人员前去各个家庭访问家庭主妇来构思产品的生成过程。这些调查者用一整天的时间与这些消费者待在一起，只是简单地在她们房子的周围跟随她们并观察她们完成家务杂事。在这样的研究中，调查者认识到，当消费者试图清洗二楼窗户的外面时，要用到梯子、提桶和输水管。于是，一个免冲洗、不留痕迹、喷射式的窗户清洗器的构思便由此诞生了，并且客户的另一个需求也最终得到了满足。

卫生保健巨人 Kaiser Permanente 公司提供了一种模型，该模型用网络交互式方法来调查客户需求。在 www.kponline.org 网站上，向会员提供一些来参加适度的讨论的机会，讨论各种特定的医学话题。Kaiser 公司的医生和心理学家阅读每一个记录，并有权提供建议或更正错误信息。这些论坛不仅为会员提供读写信息的便利，还向 Kaiser 公司提供了丰富的有关它的会员的信息，包括它所关心的潜在的医学挑战，该挑战可能意味着新的服务。

其他成功的主动地调查客户需求的例子也大量存在。上面介绍的那些例子展示了调查客户需求的各个步骤，NPD 专业人员在 NPD 流程的早期阶段可使用这些步骤来收集宝贵的客户信息。

4.5 确定客户判断产品价值的标准

一旦为了推动某个新产品的构思进入初步研究阶段而确定了客户需求，CPV 的难题中下一个要应对的部分就是要清楚地了解客户在评价产品时会将哪些东西放在天平上。这些判断标准被称为利益和成本属性。

4.5.1 属性

CPV 模型的基本成分就是属性。属性的定义如下所述。

> **定义**
>
> **属性**：是指客户感知到的特定产品或服务所提供的利益和成本。

如图 4-2 所示，客户感知的利益放在 CPV 天平的左端，客户感知的成本放在 CPV 天平的右端。

4.5.2　利益

CPV 的利益属性与上文中在理解客户需求的情景中讨论的利益是相同的。利益通常是在客户需求的连续范围内确定的最优一点，与客户的交谈应聚焦于该点，因为它代表了客户导向的感知。但是，该点仍然与供应商导向的特征足够接近而允许由产品开发人员来建立这种关联。

AirNet 系统管理着由 100 多架飞机组成的舰队，该舰队由小型商业喷气机和双引擎推进器驱动的飞机组成，主要用于银行业，在一夜之间将文件从一个机构运到另一个机构。该公司服务的特性包括深夜起程、凌晨交付时刻表、6 小时内到达美国所有的主要金融市场，并且有一个与航班协调的地上投递网络。银行的购买需求是要将那些由数百万付讫支票代替的现金清算后使其尽快地进入他们自己的账户。特性和需求之间的联系就是客户感知的利益。在 AirNet 的业务中，这些利益包括航班与银行票据处理过程的匹配度、最后投递的速度，以及服务的可靠性。这些利益将会出现在银行的 CPV 天平上。

人们有可能简单地询问客户从潜在的产品上感知到什么好处，并得到一个相当长的、精确的产品属性列表。事实上，这通常是用来构造 CPV 象征性天平的真正方法。然而，需要特别注意的是，我们必须确保得到的是一个完整的产品属性列表，因为某些利益属性在访谈时可能不是潜在客户心目中最重要的利益。有时，有些“预备工作”（对潜在客户的优先观察或提前调查）对部分调查者来说是必需的，这是为了能够熟练而无偏见地提炼出一个完整的利益列表，这些利益可能在潜在客户的考虑范围之内。

4.5.3　成本

当然，也有一些属性是在 CPV 天平的右端——潜在客户感知的与产品相关的所有成本。这些成本中最明显的是产品购买价格，但并非全部都是这样的。

当天然气行业解除管制时，要求现有的经销公司通知它们的客户，他们现在可以选择向谁购买天然气。该行业的新进入者到处可见，并且发动大规模促销活动来吸引生意。对于消费者来说，价格优势是明显的——对同样的产品，新公司的收费要低。但是，几年以后，大部分的消费者仍然从解除管制前的经销公司购买天然气。为什么？因为转换一个新的供应商会使消费者陷入一些麻烦。例如，消费者要填写一些表格，并且他们不知道该选择哪家新公司。这些消费者将另一项成本，通常被称为“转换成本”放在了他们 CPV 天平的右端。在很多情况下，它抵消了现任销售者的较高价格和新进入公司可能提出的任何其他好处的分量。

一些专家将价格排除在产品属性之外，用所有的利益和其他成本来定义产品的质量（性能），然后将质量（性能）与价格相比，得出所谓的“性价比”。尽管性价比是一个非常重要的属性，但是其他人仍然认为价格是消费者可能放在 CPV 天平上的几个成本属性中的唯一属性。这种逻辑使管理者将价格作为若干产品属性中的一项来管理，而不是错误地认为它是潜在客户主要的关注焦点。

4.5.4 确定客户能感知的价值属性

图 4-4 列出了确定 CPV 属性的调查方法。大部分的调查方法和图 4-3 列出的用来了解客户需求的方法是完全吻合的，不同点是调查关注的焦点。随着产品开发进入初级研究阶段，产品概念就开始存在了，那将使潜在客户对理论的产品做出反应。这种情况使潜在客户相对于他们的需求来说，更能考虑推荐产品的正反两方面因素。这些因素可理解为利益和成本属性。

调查方法	在确定 CPV 属性中的应用
通过电话和网络进行一对一访谈（深度访谈）	用于确定小而重要的潜在客户群的 CPV 属性
焦点小组访谈，小群体访谈	用于确定较大的人群（细分市场）的 CPV 属性。可以使用传统的方法，也可以使用网络方法
正常群体的会议	一小群客户独立地生成关于一个主题的构思，然后像大组那样讨论这些构思。在大组讨论中确定的利弊揭示了产品属性
领先用户访谈	与有选择的、已经展示出很好的产品使用能力和倾向的用户对话，采纳产品的原因能够揭示需求
客户指导小组	结构化客户互动，定期地直接从一人组客户中收集反馈。可用于讨论客户判断产品价值的属性
萨尔特曼隐喻诱引技术（ZMET）	客户创造他们关于产品经验和感受的拼贴图。然后，他们向调查人员解释他们选择的图像和他们由该公司和其产品而产生的经验之间的联系，使调查人员能够调查出浅层的包括价值属性的感知
句子和故事填空	研究客户对形势反应的技术，使调查人员能够调查出驱动特定反应的价值属性

图 4-4 确定 CPV 属性的调查方法

4.6 了解潜在市场

确定了客户判断产品价值的标准之后，接下来重要的是要在更广泛的背景下考虑这些标准能否影响客户的判断。购买决策是在现实世界而不是在真空中做出的。那些与 NPD 有关的人员有义务了解在他们控制范围之外的因素是怎样影响一件产品的感知价值的。

了解市场环境是在 NPD 商业开发阶段所做的一项具体工作。但是，CPV 要求新产品商业案例能够对市场有一个完整的了解，该市场将会对 CPV 做出判断。为了从 CPV 的角度了解市场，我们必须回答以下 3 个问题。

- 客户如何判断 CPV 属性。
- 潜在产品有哪些替代选择产品。
- 竞争对手可能提供什么样的产品来试图影响客户的 CPV 天平。

4.6.1　客户如何判断 CPV 属性

在上文中我们注意到，在 NPD 的初步研究阶段确保得到一份完整的产品属性列表是非常重要的。在将大量的属性减少到少数看起来是极其重要的属性的过程中，大家应该保持警惕。简单地说，我们不能假设任何个别的 CPV 属性对客户只有很少或是没有重要性。这是因为属性的进展变化贯穿于整个 CPV 属性生命周期，这将影响到客户在市场中如何判断这些属性（见图 4-5）。

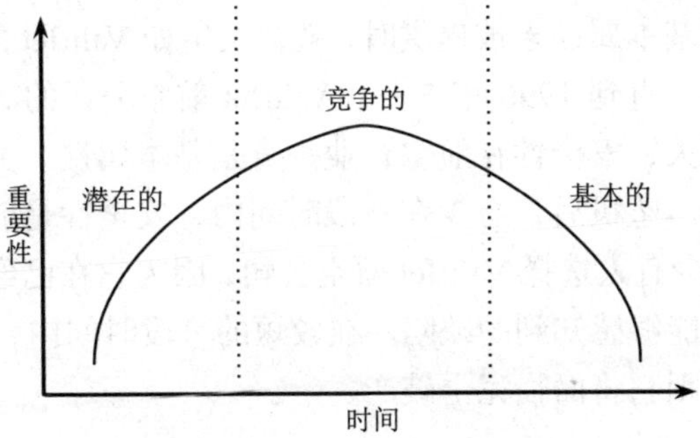

图 4-5　CPV 属性生命周期

潜在属性是一种没有哪家供应商现在能够或愿意提供的属性。这些属性存在于"我希望有人能给我提供这个好处"的类别中。（例如，SUV 车主可能愿意接受半紧凑型轿车的节约燃料的性能而又不愿意牺牲车辆的尺寸、效用和动力。）这些属性可能出现在潜在客户的 CPV 天平上，但是实际上不会在供应商的决策中起作用，因为这些属性是难以实现的。

理论上，潜在属性可能是那些未被潜在客户阐明和认知的好处，所以这些属性没有出现在 CPV 天平上。但是，如果一个有雄心的新产品开发者找到一种能提供这些属性的方式，那么这些属性将出现在 CPV 天平上。于是，潜在属性就是创新的基础。

经由提供的产品或服务引入的，并被市场中的潜在客户接受的属性，就是竞争属性。对于潜在客户来说，这些是最明显的属性，且是现在做出购买决策的依据。

随着时间的推移，竞争对手会不断地改进它们的产品和交付越来越好（及更加相似）的属性，竞争属性发展成为基本属性。这些属性是一件产品或一项服务的利益和成本，在潜在客户的所有选择中都是相同的。

例如，商业航空行业的一个基本属性是每一条航线在运载旅客时的安全性。因为这是由联邦航空管理局管制的事情，大部分航空公司在维护安全方面的实践都是一样的，飞行员感觉到的通常是一个商业航空公司和另一个商业航空公司一样安全。

基本属性可能出现在 CPV 天平上，因为它们对于潜在客户来说始终是重要的属性。但是，它们通常不是做出购买决策的关键基础，因为所有供应商都提供给潜在客户与这种属性相关的东西。遗憾的是，客户已经将这些属性作为理所当然的属性来期待和接受，它们不再被认为是非常重要的属性了。然而，当基本属性不被提供时，这种感知就会明显改变。

当客户感知到基本属性未被提供时，就会发生如 ValuJet 航空公司的悲剧，这是一个不幸的例子。直到 1996 年 5 月，ValuJet 航空公司的 592 航班坠落到沼泽地的灾难发生的那天，安全性在航空行业一直是基本属性。突然间，安全性变成了重要的性能属性。坠机后，至少在一段时间内，安全性是航班服务的购买者首要考虑的因素。很少有人选择 ValuJet 航空公司，因为它在已经成为关键的安全性能属性中存在旅客能够感知到的缺陷。在较短的一段时间内，ValuJet 航空公司被迫改组和改名，否则它将面临完全破产。

4.6.2 潜在产品的替代选择产品

当研究潜在市场时，第二个必须回答的关键问题是“潜在产品有哪些替代选择产品”。虽然通常大家都会考虑竞争对手的相似产品，但是 CPV 判断并不总是限于明显的替代选择产品。客户可能在那些明显存在于直接竞争产品之列的产品中选择，找到一个完全不同的解决方法来满足自己的需求，或者选择什么都不买。

继续以航空旅行为例，旅客的基本需求是从 A 地到 B 地。任何航空公司都会提供明显的替代选择服务，那就是它们有航班从 A 地出发，抵达 B 地。但是，其他选择可能包括驾车、公共汽车或火车。对商人来说，如果能够安排电话会议或视频会议，那就根本没有出行的必要。所以，在商业开发的过程中，对于一个潜在产品来说，明显的和不明显的替代选择产品都应该在精确地考虑到客户感知的商业案例中加以研究。

4.6.3　竞争对手的行动

在调查潜在市场时，第三个需要回答的问题是"竞争对手可能提供什么样的产品来试图影响客户的 CPV 天平"。

通常，市场研究包括竞争对手识别和根据 SWOT [优势（Strengths）、劣势（Weaknesses）、机会（Opportunities）和威胁（Threats）] 对市场的总体分析。这些研究虽然提供了有价值的信息，但是通常缺乏了解竞争对手会如何影响 CPV 的必要深入的知识。例如，知道哪些是市场上最大的竞争对手，以及知道这些对手的优势和劣势是一回事，要了解它们在提供的产品中可能采用什么计策来提供上乘的 CPV 却是另一回事。那些企业的品牌是不是强大到促使客户将产品品牌与上乘的价值联系起来？竞争对手是否会使用降低定价的策略来提供比你的新产品更高的价值？他们是不是试图通过延长产品保质期，或是降低服务成本，或是免费服务来倾斜客户的 CPV 天平呢？针对这些问题，应该根据竞争对手过去的行为，在某种确定的程度上进行考虑和回答。

4.6.4　研究潜在市场

除了上述三个问题，我们还应该研究潜在市场。

通过次级市场调查，大部分的问题可以从实际中提出来，这些问题将引发关于市场影响 CPV 方式的研究。回答这些问题所需要的许多数据可以通过他人已经做过并记录的观察或已经收集的数据获得。秘诀就是确定这些数据信息的来源。

图 4-6 列出了 NPD 专业人员可用的辅助调查信息资源。其中包括一些传统资源，如印刷媒体和行业特定的资源，以及正在得到普遍应用的网络资源。这些资源能够提供影响市场的因素，以及增强对有关市场参与者的特定信息的广泛认识。

类型	值得注意的来源
印刷媒体	• 商业报纸和期刊（《华尔街日报》《哈佛商业评论》《财富》，以及其他商业期刊索引） •《商业信息资源百科全书》 •《商业信息来源》
商业在线服务	• Lexis-Nexis • Dow Jones • Dialog
因特网	• 搜索引擎（如 Northern Light, Google, Look Smart） • www. ceoexpress. com

图 4-6　辅助调查信息资源

类型	值得注意的来源
公司特定的资源	• *Million Dollar Directory* • *Directory of Corporate Affiliations* • *Standard & Poor's Register of Corporations, Directors & Executives* • *Ward's Business Directory* • EDGAR（www.sec.gov） • 公共登记的年度报告服务（www.prars.com） • *Thomas Register of American Manufacturers* • Hoover's（www.hoovers.com）
行业特定的资源	•《商业信息来源》 •《美国工业和贸易概况》 • Hoover's（www.hoovers.com） • *Directory of Business Periodicals Special Issues*
新闻资源	• 新闻集团 • 最新资料快报（如 www.scoop.com, www.onesource.com）
国际资源	•《国际商业》(Pagel and Haperin, 1998） • Kompass（www.kompass.com） • Principal International Business（Dun and Bradstreet）
政府资源	• 联邦网络定位（www.infoctr.edu/fwl） • STAT-USA（www.stat-usa.gov） • 美国国会官方网站（thomas.loc.gov）
专利资源	• 美国专利和商标局（www.uspto.gov） • 知识产权网（www.patents.ibm.com） • 世界专利索引（www.cas.org） • 欧洲专利局（www.european-patent-office.org）

图 4-6 辅助调查信息资源（续）

与其他调查工作一样，明确调查问题能更好地引导次级市场调查结果的数据收集和分析。"僵化"地采用上面给出的各种工具会造成效率低下，并且似乎不会生成非常有意义的结果。所以，调查的关键是不仅要知道每一个来源能够提供哪类信息，而且还要在开始时就明确地知道需要哪类信息来回答特定的问题。

4.7 掌握 CPV 属性的重要性

到目前为止，本章已经讨论了 NPD 专业人员如何才能清楚地辨别客户在评价新产品时会放在 CPV 天平上的属性。接下来，关注点应该转移到学会如何才能使新产品的设计让天平向有利的方向倾斜。为了做到这一点，首先应理解客户放在 CPV 天平上的属性的相对重要性，这是非常重要的。在 NPD 流程的开发阶段，可以完成这项任务。

对潜在客户可能在一个产品中感知到的所有可能的利益和成本进行深入调查，通常会形成一个冗长的属性列表——三十个，四十个，甚至更多，这取决于产品。

即使是相对较小的购买也包括购买者可能考虑的许多属性。

对某公司为远程办公地点购买小型电话系统的观察阐明了这一点。所有考虑中的系统价格都明显低于 10 000 美元。购买者仍然确定了 31 个不同的属性用来比较，其中有些具有大量的、复杂的特征。考虑的属性中除了产品功能，如可编程键、LED（发光二极管）显示器、快速拨号的数量、独立音量调节、语音邮箱端口、消息存储容量等，还包括如价格、随后的升级价格、服务价格、可扩展性、培训的实用性，以及支付条件等条款。这并不是一个复杂的购买决策——在价格范围内考虑的所有电话系统都非常接近。尽管如此，购买者放在 CPV 天平上的属性的数量仍然很多。

大量的变量通常超过大部分人可接受的处理能力的范围，这已经是共识。因此，大多数潜在客户可能仅仅将那些他们认为极其重要的属性放在 CPV 天平上。识别客户认为的极其重要的属性和确定客户看待这些属性的方式，这样不仅可以更好地描述客户在做出购买决策的过程中是如何思考的，而且也有助于产品开发者在决策流程中考虑问题。

图 4-7 给出了确定 CPV 属性的重要性的调查方法。从实践的观点看，调查方法的选择通常取决于 NPD 调查研究的资源。希望得到的结果越详细和可信度越高，需要投入的资源就越多。这将能够解释对拥有有限资源的新产品开发商来说，为什么总体调查比建立选择模型或进行市场实验更普遍。

在 NPD 流程的最后阶段使用的证实性调查的类型一般是问卷调查。同其他调查方法相比，问卷调查的灵活性、低成本使其成为一种首选的调查工具。在 NPD 流程中使用的适当类型在很大程度上取决于所针对的客户和客户联系人的类型。例如，虽然商场“拦截调查”对服装设计师来说可能是非常合适的，但很难想象工业设备制造商使用这种方法的情况。

虽然总体调查在大多数 NPD 工作中可以起到重要的作用，但图 4-7 说明，它不是唯一可用的证实性调查方法。实验性调查也是一种选择，它超越了总体调查提供的关于客户感知的基本描述。实验性调查提供了一种可以清晰地测量属性对客户的相对重要性和价值的方法。在 CPV 属性已经被清楚地定义和证实的前提下，在设计新产品和（或）提供服务时，它将成为非常合适的调查方法。当然，如果遵循本章所述的做法，情况就是如此。

在包括联合分析在内的建立选择模型的方法中，客户在价值属性组合中指出他们对这些不同水平的属性的相对偏好。这种方法是用来了解 CPV 强大调查工具的一个例子。这种方法之所以没有得到更广泛的使用，是因为与数据收集有关的实际挑战和成本。随着被考虑的价值属性的级别数增加，客户用来评价和对可用选择的反应的时间也呈指数增长。这使实验性调查的执行成本比总体调查的执行成本更高。然而，值得注意的是，额外的投资会使调查结果格外准确。

调查方法	在确定 CPV 属性的重要性上的应用
普查 • 邮件 • 电话 • 购物中心随机采访 • 客户直接操作电脑（用在购物中心环境中） • 服务网点触摸屏 • 自我管理（建议卡、捕捉听众意见） • 交互语音答复（IVR） • 传真 • 电子邮件 • 因特网相关	一种从目标市场的个体代表那里收集数据的方法（本质上是定量的方法）。提供了一种相对便宜的工具，用来从潜在客户样本那里收集客户对重要性的感知
选择模型	向目标市场的代表介绍经过设计的选择。当客户在选项中选择时，根据客户选择的喜好，用统计分析方法来确定属性的相对重要性
市场实验	在 CPV 属性层次上，向潜在客户介绍提供的属性和备选属性。控制所有的其他外生变量。确定得到的结果是否会显著影响客户感知的属性

图 4-7　确定 CPV 属性的重要性的调查方法

无论使用什么样的调查方法，结果都是根据客户感知的重要性的权重将客户感知的属性放在 CPV 天平上。这为产品开发专业人员提供了面向客户的关于产品价值主张的陈述。也就是说，这是和该产品有关的利益和成本，它们都根据各自对客户的重要性来加权。

4.8　了解 CPV 的相对价值

即便是一个完整的 CPV 天平（具有很好定义的利益和成本属性，对重要性做了加权，并将它们累加放在了天平两边），其作用也是有限的。如果客户除什么都不买之外别无选择，那么天平所描述的就是潜在客户很可能采取的行动。在这种情况下，如果天平向左端倾斜，接下来客户就很可能购买。天平对产品开发人员来说也是有用的，产品开发人员可以用它在第一时间理解一件产品的价值主张。

但是，在大多数情况下，潜在客户会在几个不同的产品之间进行选择。在这样的情况下，只有当 CPV 天平被放在一个用来进行对比的 CPV 天平旁边，并用于 NPD 专业人员对竞争性产品进行分析时，新产品的 CPV 天平对 NPD 专业人员来说才有意义。对于潜在客户来说，正在开发的产品对他们多么有吸引力并不重要。在预测购买行为时，产品比潜在客户的其他备选产品更具有吸引力才最重要。

我们最好在 NPD 流程的后期阶段来理解客户对一件产品相对于其他备选产品的感知价值。然而，这种对提供的产品的价值评价可以一直持续到产品投放市场阶段，甚至贯穿整个产品生命周期。用来判断价值的环境不是一成不变的，记住这一点很重要。客户面临种种因素，这些因素既能够影响价值属性的重要程度，又能够影响客户对产品相对于其他备选产品的相对价值进行评判。每次对产品进行此项确定时，它都只是时间上的"快照"。因此，持续监测产品所提供的相对价值是可取的。

4.8.1　评估感知的相对性能

图 4-8 介绍了一些调查方法，这些方法可用来收集有关产品相对性能方面的数据。许多方法与确定重要性的方法相同，只是将焦点、应用方法，以及技术分析转移到了性能评估。所有这些都是能产生定量结果的初级调查方法。在 NPD 流程的这个阶段，这些方法用于制定最终决策和规避可能的市场投放失败风险。

调查方法	在确定 CPV 属性的重要性上的应用
普查 • 邮件 • 电话 • 购物中心随机采访 • 客户直接操作电脑（用在购物中心环境中） • 服务网点触摸屏 • 自我管理（建议卡、捕捉听众意见） • 交互语音答复（IVR） • 传真 • 电子邮件 • 因特网相关	一种从目标市场的个体代表那里收集数据的方法（本质上是定量的方法）。提供了一种相对便宜的工具，用来从潜在客户样本那里收集客户对重要性的感知
选择模型	向目标市场的代表介绍特定的选择。当潜在客户在实际选项中（新增加的和实际备选的属性）进行选择时，根据潜在客户选择的喜好，用统计分析方法来确定属性的相对性能
市场实验	向潜在客户介绍提供的属性和备选属性。控制所有的其他外生变量。结果能够确定客户感知的性能是否存在
使用测试	在预先控制的设定下，对目标市场代表使用提供的产品属性加以观察。持续这种观察使大家有机会收集客户对产品属性相对于备选属性的感知性能的数据

图 4-8　评估 CPV 属性的相对性能的调查方法

调查方法	在确定 CPV 属性的重要性上的应用
数据测试	目标市场代表在其自己的环境中使用提供的产品属性。在数据测试过程中的定期评价使大家有机会收集客户对产品属性相对于备选属性的感知性能的数据
试销	引导或有控制地将产品引入市场。潜在客户对引入产品的反应可作为评估相对性能的辅助指示

图 4-8　评估 CPV 属性的相对性能的调查方法（续）

大家要注意到，在任何 CPV 性能评估中，客户对其他备选产品的评价（不仅仅是对产品本身的评价）也是必需的。不了解潜在客户对待相对于新产品的其他备选产品的态度，大家所做的唯一的评估可能只是针对新产品的满意度，而不是 CPV。因此，如果大家在所做的关于潜在客户对新产品属性的喜欢程度的调查中，没有发现潜在客户对其他备选产品的感知，那么这样的调查就只能向产品开发者提供很少的具有真实价值的信息。

4.8.2　分析 CPV 的价值

通过聚焦 CPV 的证实性调查，NPD 专业人员可以采用很多方法来收集信息，并将其应用于特定产品的开发，至少应该采用几种不同的方法来分析这些信息。

评估相对性能的出发点是一个重叠条形图，用来表示每一个竞争产品的 CPV 属性的得分。图 4-9 给出了这类图形的样图。

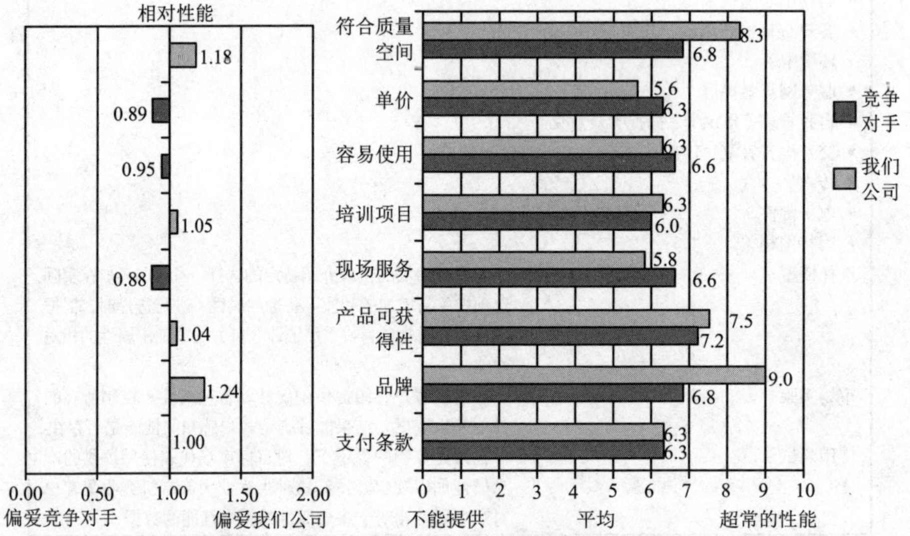

图 4-9　CPV 相对性能得分样图

图 4-9 中右边的条形图反映了潜在产品的每一个 CPV 属性的实际得分（这里取 0～10 分），以及潜在客户对“另一个最好的备选替代产品”的打分。我们给出这些判断打分是因为对某些目的来说它比较重要，这些目的包括 NPD 专业人员要知道他们的产品和竞争对手的产品究竟在多大程度上满足了客户的期望。这种关于客户满意度的数据只是这个图形的一部分，并不是全部。这就是我们将其放置在右边，并在左边放置相对性能的得分的原因。

将右边的绝对得分转换成左边的相对得分并不困难，只需进行简单的计算就可将绝对得分转换成相对得分，这样做能够得到一个容易理解的图表。延伸到垂直轴右边的数据条表示客户对管理者的产品在那个属性上感知到的性能超过了竞争对手的性能。延伸到垂直轴左边的数据条表示客户对管理者的产品在那个属性上感知到的性能不如竞争对手的性能。没有数据条指示的地方则表示客户对备选产品该属性的性能感知无差别。

CPV 矩阵是一个图表，它提供了一种辅助的、更有力的研究 CPV 结果的方法。图 4-10 给出了该类图表的一个例子。CPV 矩阵将每一个属性的重要性权重与性能得分合并，以帮助产品开发者做出有关如何调整产品整体 CPV 优先次序的决策。

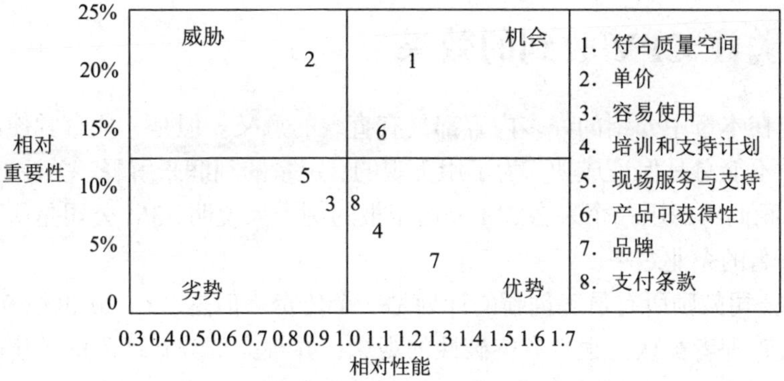

图 4-10　CPV 矩阵的举例

在图 4-10 中，垂直轴表示客户对每一个属性的相对重要性给出的权重。因此，大家将会发现比较重要的属性趋向于矩阵的顶端。水平轴表示相对性能的得分，直接来自图 4-9。能够感知到的在性能上优于竞争对手的属性显示在右边，那些比竞争对手产品差的属性显示在左边。

麦克丹尼尔和盖茨建议将此图分成 4 个象限。位于左上角象限的属性被命名为“威胁”。这些属性对客户更重要，但是客户感知到的这些产品的性能不如竞争对手的好。这些属性需要被改进，以增加竞争优势。

左下角象限也包含了客户感知到的与竞争对手相比性能较差的属性，但是它们对客户来说并不重要，因此产品开发者或许较少关心它们。位于这个象限的属性被命名为“劣势”。

图右边包括客户感知到的性能水平高于竞争对手产品的属性。右下角象限包括对客户不重要的属性，所以落入这个象限的属性被称作“优势”。这些属性或许应该保持，但是与出现在右上角象限的属性相比，它们对 CPV 的影响要小。

最后，右上角象限包括被感知产品的优势，对潜在客户来说这也是更重要的属性。位于这个象限的属性被称作“机会”，因为这些是能提供竞争优势的属性。如果我们的战略用优势导向，那么，这些属性就是战略依靠的基础。

图 4-9 和图 4-10 只是帮助大家如何描述 CPV 的开始。重要的是，CPV 是一个非常复杂的、无形的和短暂的概念，然而，CPV 能够用一种非常简单的、有形的和有用的方式来描述，以便帮助管理者制定复杂的产品开发决策。不能轻视用来简化和制造如此复杂事物的有形化的过程。它需要谨慎的态度、专业的知识及敏锐的判断力。但是，如果做好了，它可以为管理者提供具有不可估量的价值的工具。

4.9 关注 CPV 收到的效果

我们在本章中介绍的许多内容都具有直观的意义。但是，凭直觉使用一种管理方法并不能总是保证成功。为了用美观的、定量的利润来解释、关注 CPV 收到的效果，我们考虑用一个来自 3M 公司年报的例子来说明，3M 公司是所有产品创新者中著名的企业之一。

3M 公司鼓励所有员工创新的计划是一个传奇。但是，在 20 世纪 90 年代中期，高层管理者被认为很少有突破性的观念，并且大部分新产品的销售收入来自那些对现有产品不太有回报的变革。在所采取的其他行动中，高层管理者设立了一个组织目标，那就是 30%的销售额应来自近 4 年创造的产品。这种挑战鞭策着 3M 公司的许多员工小组去寻找新的方法以提出新的、具有突破性的构思。

其中一个小组接受委托要在手术消毒用的遮盖布领域找到突破口。手术消毒用的遮盖布是用来遮盖手术地点周围区域的材料，目的是阻止感染的传播。3M 公司是该高科技领域的主要供应商，但是其销售额开始停滞不前。在外科手术领域，许多变化在持续发生（如在导管或试管的应用领域），但是在手术消毒用的遮盖布领域的变化很少。如果找不到某种突破来重新获得销售增长，3M 公司就会卖掉该产品线。为此，3M 公司成立了特别工作组来处理这个难题。

在这种情况下，团队开发了一个用来满足领先用户的积极性的项目来探索产品创新的构思。这个跨职能团队由 6 个成员组成，他们为该项目投入了一半的工作时间。在 6 个月的时间里，他们以一种网络化的方式和世界上领先的权威方讨论有关外科手术的程序和细菌与病毒感染等问题。结果，该团队向 3M 公司推荐了 4 种新产品的突破方式，所有这些方式都被高管接受并均在产品开发过程中实现。这些创新是和客户交谈的直接结果，这些结果非常重要。

这个项目耗费了多少成本呢？经过计算，该项目团队的花费在项目工作中的工资成本总计约为 15 万美元，再加上同样数量的差旅费和支持费用，在客户调查中的总投入大约为 30 万美元。接下来，将上述投资与开发和引入 4 种新产品的总成本相比较。以 100 万美元为单位，产品开发成本总计为 400 万美元，这是企业在引入 4 种新产品时进行的风险投资。如果客户调查只增加 10%，那么这 4 种产品都会成功，这使得产品引入研究投资的期望值增加了 40 万美元。3M 已经领先了！

在新产品的成功概率中，10%的改善是一个合理的数字吗？它可能太过保守了。调查表明，大约 80%的新产品在一年内未能满足商品化标准。专家指出，新产品失败的主要原因是在开发流程中缺乏来自意向市场的信息。所以，好的客户调查在仅提高 10%的成功概率方面没有困难。

上述计算甚至没有考虑从新产品创新中获得利润的寿命期，这些利益除了通过良好的客户调查，根本不可能被设想出来。这进一步证明，在产品创新过程中进行客户调查，会获得意想不到的高回报。

4.10 小结

本章给出了通过关注 CPV 将调查整合到 NPD 流程中的方法。这里介绍的大多数调查方法都为 NPD 专业人员所熟悉。正是调查的焦点和在 NPD 流程中适当的时间点进行的调查优化了 NPD 共同调查的价值。

从在 NPD 流程早期阶段的探索性调查和次级市场调查开始，到产品开发后期阶段的证实性调查方法的使用，本章建议在 NPD 流程的特定点使用特定的调查方法。很显然，并没有清晰的分界线来决定什么时候一种类型的调查应该停止，另一种类型的调查应该开始。例如，很有可能在 NPD 流程的初步研究阶段进行次级市场调查，除此之外还用于商业案例。关键是 NPD 流程中的调查成分呈现出互补的关系，即每项工作都建立在早期的调查发现的基础之上。采用偶然的方法将调查作为组成部分整合到 NPD 流程中，实质上一定不会让所做的任何调查实现价值最大化。

最有效的 NPD 调查将以对潜在客户感知到的利益和成本进行平衡为基础，来向客户交付价值。采用这种调查方法降低了与 NPD 流程相关的内在风险的发生概率，并生成了调查投资的巨大可量化回报。这里描述的调查方法将焦点转移到决定 NPD 是否成功的最终仲裁者——产品的潜在客户身上。

参考文献

[1] Assael, Henry. 1987. *Consumer Behavior and Marketing Action*. Boston: Kent.

[2] Best, Roger J. 1997. *Market-Based Management: Strategies for Growing Customer Value and Profitability*. Upper Saddle River, NJ: Prentice-Hall.

[3] Butscher, Stephan A., and Michael Laker. 2000. "Market-Driven Product Development." *Marketing Management*, summer, 49.

[4] Cooper, Robert G. 1999. "The Invisible Success Factors in Product Innovation." *Journal of Product Innovation Management*, March, 115–33.

[5] Engel, James E., Roger D. Blackwell, and Paul W. Miniard. 1994. *Consumer Behavior*. Fort Worth: Dryden.

[6] Gale, Bradley T. 1994. *Managing Customer Value: Creating Quality and Service That Customers Can See*. New York: The Free Press.

[7] Hawkins, Delbert, Roger Best, and Kenneth Coney. 1995. *Consumer Behavior: Implications for Marketing Strategy*, 6th ed. New York: Irwin, 1995.

[8] Howard, John A., and Jagdish N. Sheth. 1994. *The Theory of Buyer Behavior*. New York: John Wiley and Sons.

[9] Kassler, Helene. 2000. "Information Resources for Intelligence." In Jerry P. Miller, ed., *Millennium Intelligence*, 97–120. Medford, NJ: CyberAge Books.

[10] McDaniel, Carl, and Roger Gates. 1999. *Contemporary Marketing Research*, 4th ed. Cincinnati: South-Western College Publishing.

[11] Stewart, Thomas. 1999. "Customer Learning Is a Two-Way Street: E-Commerce at Dow, GE, Kaiser, and Xerox." *Fortune*, May 10, 158.

[12] Swaddling, David C., and Charles Miller. 2001. *Customer Power: How to Grow Sales and Profits in a Customer-Driven Marketplace*. Dublin, OH: Wellington Press.

[13] von Hippel, Eric, Stefan Thomke, and Mary Sonnack. 1999. "Creating Breakthroughs at 3M." *Harvard Business Review*, September-October, 47–57.

第 2 部分

整个项目都可使用的工具

项目领导者将会发现第 2 部分的工具在整个项目生命周期中都很有用，并且尽早使用收益更大，所有工具都可以用于项目的任何时刻。在此基础上，这一部分主要处理与人有关的案例。每一章都展现一种不同的方法使人们在项目中能更有效地工作，同时增加项目成功的可能性。

第 5 章指出以人为本可以提高其产品开发的成功率。公司拥有创造技术革新的组织和资源，也有为新产品开发和商品化而设置的不同组织和资源。很多企业不知道如何从技术革新转换到商品化。产品倡导者提供了一种转换的机制。本章介绍了产品倡导者应具有的 9 种有效的活动。应用这些方法可以使新产品和目前的升级产品都获益。

第 6 章指出有效地管理 NPD 团队，继续延用以人为本的方法。本章提供了一系列分析团队绩效的方法，团队领导者能诊断出其团队工作得如何。同时提供了团队的组织设计和管理方式等，使团队领导者能在短期内提高团队绩效。本章末尾提供了针对团队长期行为的技术，一个组织可以使用这些技术去创造一个平台，从而可以帮助团队更好地发挥功能。本章内容对于管理那些大而复杂的多功能团队非常重要。好的产品开发决策是适时、完整、恰当、高质量、可行和迅速的。但是由于 NPD 项目的领导者通常带有强烈的个人情绪，因而使决策经常受情绪影响而存在缺陷。

第 7 章详细说明了每一个决策的特性，同时提供技术建立真正的新产品开发阶段的决策。本章提供了一个自我评价技术并用于衡量组织决策的有效性，推荐了一个帮助评审会议取得成功的结构化日程，而且详细描述了很多组织行为，从而可以落实决策。由于很多相同的原因，制定项目决策是困难的，一个存在风险的特殊项目同样面临着很多困难。

第 8 章基于团队的风险管理方法，展现了在新产品开发项目中管理风险的 10

个步骤。本章详细地描述了怎样完成这个过程中的每一步，从开始准备做项目风险分析，通过执行行动计划可以减少风险，到最后从风险管理活动中得到学习的机会。项目经理通常为管理风险准备了一个初始方案，团队的其他成员被分配相应的任务。应用团队管理风险可以增强集体的所有权，同时每位团队成员在开发期间都要采取必要的行动来规避风险。这个过程可以被团队应用于项目的任何时刻，如果用在开发之初，它将带来最大的利益，在接下来的阶段中进行回顾，从而确保风险得到恰当的管理。

第5章

产品倡导者：穿越死亡之谷

斯蒂芬·K.马卡姆（Stephen K. Markham）

5.1 引言

没有人一大早起来说："今天我将会是产品倡导者。"大学里不会颁发学位给倡导者。公司通常也不会雇用一个人作为倡导者，同样公司也不会设置一个被称作倡导者的职位。尽管倡导者的角色在NPD中人人知晓，但是倡导者的真正贡献通常被置于正式产品开发过程的外部。一些研究者甚至认为，没有倡导者的贡献，项目将不会成功。

倡导者是那些非正式的领导者，他们在一些不稳定的形势下出现。成为倡导者是以主动、自愿的个人行为去推动某个特定的项目。在成为倡导者的过程中，这些个人很少认为自己是倡导者，相反他们认为自己是在尝试着为公司做正确的事情。倡导者很少单个决定去支持某个项目，相反他们开始用简单的方式对某个项目怀有持续增长的热情。最终使其他成员深信这个项目是整个组织中最重要、最正确的事情。倡导者通过在组织中传播积极的信息，影响了其他成员对该项目的看法。没有官方的权力和责任，倡导者通过推动项目的进展为NPD做贡献。因此，倡导者是非正式的领导者，他们把项目看作是自己的，通过了解项目中的人们在各自的岗位上期望得到什么，以得到其他人对该项目的支持来推进项目，分担项目的风险。

倡导者应具备的技能除了热情和远见，还有很多。一位倡导者必须拥有必要的技能去穿越正在开发中的产品的死亡之谷。这个峡谷是什么，以及怎样成为一个倡导者？更为重要的是，倡导者应该怎样去穿越它？

5.2 死亡之谷：倡导者的入口

大家有多少次听见了好的创意（尤其是特别好的创意），却没有被批准，反而采用了那些差一点儿的创意？好的创意在产品开发的死亡之谷消失了。死亡之谷位于理想的技术革新或市场认识和对其商业化进行努力之间的裂口处（见图 5-1）。很多公司拥有技术开发的架构、人员等资源。这些组件出现在图 5-1 所示的峡谷的左边。相似地，很多公司拥有商业化活动的资源，如市场营销、销售、宣传、产品和分销。这些出现在图 5-1 所示的峡谷的右边。裂口表示缺少架构、资源和专家。位于技术开发和商业活动之间缺少资源和专家的部分就是死亡之谷。倡导者这个角色的作用就是驱动项目穿越死亡之谷。

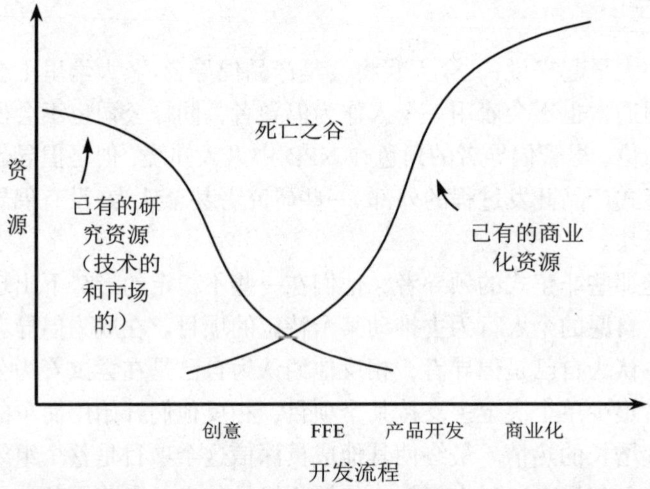

图 5-1 死亡之谷

很多问题因死亡之谷而存在。技术方面的人员（左边）经常不能理解销售人员（右边）的关切，反之亦然。这些人之间的文化差异显示出项目本身在最后阶段会被一边的人赞扬而被另一边的人贬低。人际网络与沟通管理可能被销售人员认为是重要的，但被技术人员认为是片面和自夸的。同样，两边的人通常有不同的目标和奖赏方式。技术人员认为发现知识和将知识推向边界是有价值的；而销售人员则需要一种能在市场上销售的产品，他们认为发现知识的价值是纸上谈兵，是无用的。技术人员和销售人员都需要帮助将研究的结果转换为更高级的关于产品的有效信息。

穿越死亡之谷需要倡导者、关键资源和正式的开发流程。图 5-2 表明这个活动发生在死亡之谷中。通常倡导者的角色和关键资源的需求量是不清楚的，并且以特定的方式相互影响。倡导者接触关键资源拥有者的典型方式是向他们展现机会的愿景，并且非正式地寻求帮助。例如，新的诊断II型糖尿病的方法可能需要一种特殊的化学反应，从而表明任何人都会很认真地对待这个项目。倡导者会安排必要的实验时间、化学物和人员去展示这个化学反应。倡导者接着用这些资源去展示这个想法的潜在优势。如果这个展示是成功的，倡导者就将找机会把这个项目纳入正式的开发流程。

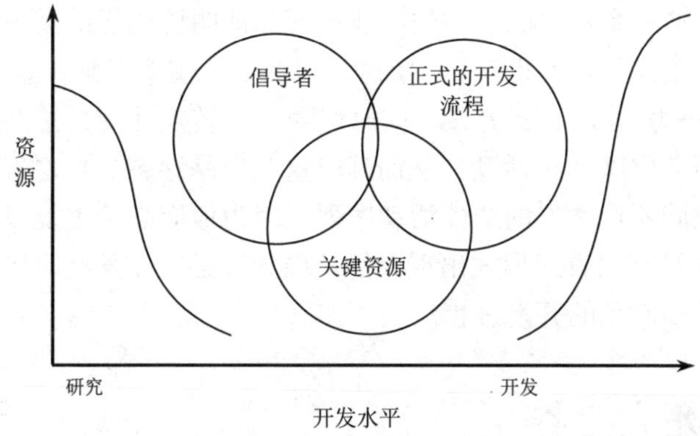

图 5-2 死亡之谷中的要素

倡导者通常要从多方面阐明机会的潜力，如技术和市场的潜力。如上例所说，不仅诊断测试要表明这个化学反应，而且倡导者需要资源去表明测试能够被医学需要，从而能被大量地订购。这种非正式地展现一种愿景和寻求需要的资源的过程不断地重复，直到倡导者接受失败或者公司正式地接受这个项目并在将来进一步商业化。

对于单个项目，倡导者可能需要重复呈现愿景以获取资源。倡导者必须跟随必要的活动进展（见图 5-3），即使任何提供的项目很可能一次或多次地重复以前的步骤，但图 5-3 所示的是死亡之谷一般的活动流程，该图表明倡导者首先连接了研究和发现的资源，从而去展示一个产品概念上的潜在优势。他通过开发极具吸引力的商业论证来完成这个连接。商业论证通过展示作为产品特色的技术能力和充满利益的商业需求来体现倡导者的愿景。

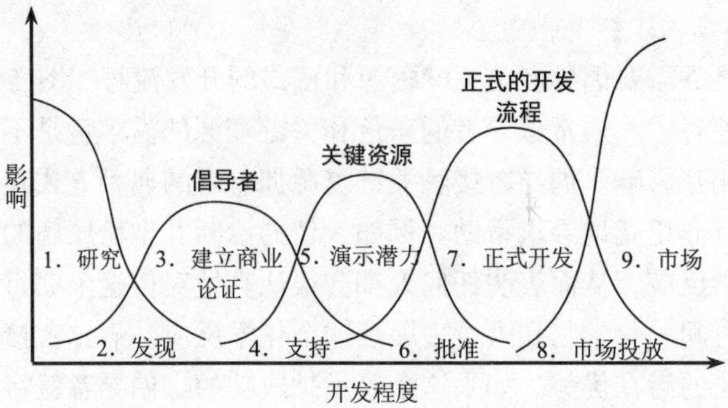

图 5-3　通过死亡之谷连接调查与市场

在倡导者创造一个极具吸引力的商业论证和证明该创意的潜力后，他必须把项目转换成一个正式开发的提议。这个过程包括 3 个主要步骤：① 建立一个商业论证；② 演示潜力；③ 正式开发。同时伴随 6 个转换活动，总共描绘了 9 个活动。倡导者必须完成这 9 个活动，从而驾驭这个产品穿越死亡之谷。但是，大多数倡导者并不认同死亡之谷的线性活动序列，因为他们必须重复或修改步骤。尽管这 9 个活动并没有以直线形式出现，但是倡导者必须在某些时候完成某一步，从而更有效地推动产品的开发进程。

5.3　穿越死亡之谷

为了穿越死亡之谷，倡导者及记录在册的员工必须不分先后地完成 9 项活动（见表 5-1）。这些活动旨在集中精力开发可销售的产品。

表 5-1　死亡之谷的 9 项活动

1．发现具有商业价值的研究成果
2．作为一项产品来证实发现
3．通过有说服力的案例传递潜在可能性
4．寻找资源以建立潜在可能性
5．利用资源减少风险
6．为项目正式开发寻求批准
7．将项目转变为用于争取批复的准则
8．决定批准或不批准该项目（不是由支持者决定）
9．开发和投放该产品（不是单独由支持者完成）

5.3.1 发现具有商业价值的研究成果

倡导者必须做的第一件事情就是要发现一定的技术或市场含有的商业潜力，这种能力有时被称为企业家的闪光点或技术市场洞察力。如果从这些案例之外来看，倡导者发现的那些看起来非凡的见解实际上都是大量工作的结果，通常还需要职业化的理解。

认识到一种技术能力，这种技术能力可以满足客户需求并且能够通过一种产品表达出来，这样的认识力是一种具有挑战的能力。在通常情况下，倡导者能够看到在技术和市场之间的某种联系，并且推动想法的落地。管理者经常会拒绝通过“技术驱动”方式呈现的想法。

技术拥有多种能力。想出能够清楚地体现产品优势的生产观念是倡导者的目标。倡导者必须经常研究大量的利用不同技术能力开发的产品和市场组合。图 5-4 反映了这个组合过程。产品倡导者要把技术—产品—市场之间的逻辑关系清晰地展现给拥有资源的人。例如，II 型糖尿病必需的化学反应涉及一系列产品，如室内实验、医生办公室实验或者大型临床实验室主导的高容量试验。倡导者发现一种技术可以产生一系列的产品并不少见，除非倡导者将其中一种或多种技术用来满足市场需求。II 型糖尿病市场可以通过多种途径来引起患者、医生和健康护理者的兴趣。这个案例提供了一项技术、三种产品和三个细分市场。每个细分市场代表的是每一个产品创意的不同的价值主张。因此，能够认识到技术—产品—市场之间具有切实的商业关联，是建立愿景的本质；而能够把这种关联以恰当的方式表达出来，则是沟通这种愿景的本质。

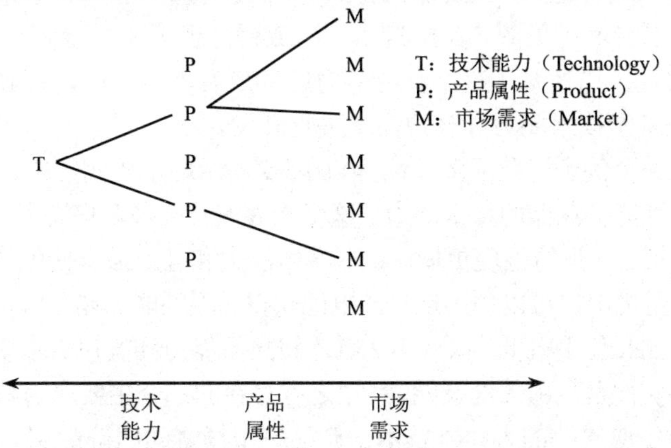

图 5-4 技术—产品—市场之间的逻辑关系（TPM）

关于从商业角度认识切实可行技术的提示

- 具有下列因素的探索技术：
  - — 技术优势，如增加速度、更低的成本、新的所需要的功能。
  - — 被专利、商标、版权或商业秘密保护的能力。
  - — 可接受的开发时间——越短越好。
  - — 高利润的承诺。
  - — 支持商业化的发明家。
- 认识到这些技术可能会在你的组织内启用，因为你的组织具有：
  - — 年轻、有天赋、有雄心的研究人员。
  - — 年长、有经验的研究人员。
  - — 实践或研究小组团体。
  - — 正规或非正规的项目。
- 通过找到拥有成功的创新和商业化记录的人来降低风险。

5.3.2 作为一项产品来证实发现

与其仅仅依靠直觉和灵感的闪现，不如学会如何详细说明技术—产品—市场之间的联系，倡导者应以严格的流程进行市场细分，然后对大量的产品创意与细分市场进行匹配，从而为技术能力找到最佳的商业用途。倡导者还应该认识到一种逻辑需求，通过产品属性来建立技术能力和永久客户需求之间的联系。产品属性将技术和市场结合起来。为了保证技术和市场之间的逻辑联系，倡导者可以利用产品属性工作流程（见图 5-5），这个工作流程体现了 3 个步骤：① 识别一项技术的独特能力；② 描述基于这个独特能力的客户需求；③ 确定精确的产品属性，这些属性能够基于技术能力和客户需求进行开发。

引用另外一个例子以验证多样性。在图 5-5 所示的手机例子中，“更低的导通电阻”是新的高性能整流器的技术能力。这个能力涉及两种客户需求：第一，手机电池寿命更长；第二，运行温度更低。这些技术能力和客户需求使倡导者产生了一种愿景，这就是手机用户可以利用现有的电池获得的通话时间是原来的 3 倍，并且手机的运行温度比其他手机低，保持为 25℃。将技术能力和客户需求联系在一起而创造一系列产品属性是一项关键技能。死亡之谷存在的一个主要原因就是很少有人向那些正在努力争取支持的人建立技术—产品—市场之间明确的逻辑联系。

回到Ⅱ型糖尿病测试的例子，Ⅱ型糖尿病测试涉及的化学方法速度更快、成本更低，而且比传统方法要更准确。但是它可能给出很多错误的积极性信息。倡导者必须让这些能力和限制与客户的需求相匹配。例如，大型实验室必须从商业角度去检验大批量测试的速度与成本可承受的能力：测试速度必须达到多少，成本必须低到多少，那些大型实验室才会采用。这些能力将能帮助定义产品的价格与性能特性。

这个工作流程将技术能力转换为特定的产品属性。与产品的其他元素（客户、市场、商业化、价值链等）组合，这个工作流程有助于开发产品创意

使用说明

步骤 1：识别一项技术的独特能力

步骤 2：描述基于这个独特能力的客户需求

步骤 3：确定精确的产品属性

一个创意可能在任意一栏开始，然后被引申到其他栏中。如果这个创意不能被引申到其他栏，这项技术也许就不可能支持一个市场展示，或者说这项技术将不可能满足客户的需求

技术：高性能整流器

产品创意：用于手机电源管理的功率半导体芯片

技术能力	客户需求	产品属性
更低的导通电阻	更长的电池寿命	具有原来 3 倍的通话时间的手机
更低的导通电阻	更低温度下运行	更低的温度（25℃）
更小冲模尺寸	更低的成本	设备价格降低 30%
更低的缺陷率	更低的成本	设备价格降低 30%

图 5-5　产品属性工作流程

将卓越的技术转为卓越的产品的提示

- 要知道技术的最大优势在哪里。
- 要知道技术的缺点与局限性。
- 描述潜在客户怎样从这项技术中受益。
- 描述一个客户如何实际使用该产品。
- 确信获得市场承认的技术优势可以在重大时机或针对重要问题提供解决方案。
- 澄清技术能力、客户需求和产品属性之间的不同（见图 5-5）。
- 开发一系列可供选择的产品创意。
- 请行业专家检查初始产品创意。
- 请知识渊博的人检查、修改产品创意。

5.3.3　通过有说服力的案例传递潜在可能性

当倡导者讲述一个关于公司如何从极具吸引力的计划中受益的故事时，一个

建议的计划就会变成商业论证。这个计划必须给出足够多的承诺使倡导者能够从主要人员那里获得额外资源。这个建议的计划并不是最终的商业计划——它只是发展到能获得其他人对其下一步计划提供支持的地步。

倡导者必须做的基本的事情是鼓励其他人看见创意的价值。通过商业论证沟通创意的价值来完成这项工作。写出一个极具吸引力的商业论证是很困难的，它需要包括技术、市场营销、运营、财务、法律和公司结构等内容。写出商业论证是极其复杂的倡导者行为，因为它包含了很多成分。

1．商业论证纲要

商业论证纲要（见图 5-6）有助于倡导者开展极具吸引力的商业论证。按照纲要，倡导者能够回答支持者可能问到的绝大多数问题。即使倡导者从未做过任何正式的报告或书面计划，但是开发个人使用的商业案例可以使倡导者更为有效地向其他人介绍自己的愿景。

商业论证的篇幅一般为 5～10 页，包括一些基本的商业问题。这些问题包括核心资产分析和按以下所示类似的顺序出现的战略因素。商业论证开发是一个需要多次迭代的提炼过程。在早期应先写出一份草稿，然后交给周围的人来看，因为该案例的质量取决于修订的次数	
1．标题页：	定义项目的名称和联系方式
2．执行概述：	包括一份要点概述、涉及资金数目的底线和一个关于投资要素的清晰描述
3．问题和解决方案：	描述问题并解释核心创意是如何解决这些问题的，阐述核心创意的优点所在。包括要解决的问题的大小和严重程度，用量化方法来描述
4．技术描述：	描述这种技术能做什么，而不是描述这种技术背后的科学。根据产品属性来描述这种产品
5．市场分析：	描述目前在缺少产品的情况下的市场状况
6．营销计划：	阐述如何进入市场分析中所描述的市场。包括销售计划、销售的产品数量和定价的要点
7．运营：	一般情况下，描述交付机制的有效性、交付成本、期望产能和产品质量，还要指出开始运营所需要的时间
8．管理结构：	确定谁将参与这个项目和他有什么能力。描述试图构建的启动团队的类型。介绍吸引必要的人才加盟该项目的计划
9．财务：	包括一份 5 年的收入陈述和盈亏平衡分析
10．风险分析：	描述主要的风险成分，以及何时和如何应对这些风险
11．附录：	包括文章、论文、专利描述、专利信息和其他重要信息

图 5-6　商业论证纲要

商业论证的本质是盈利。倡导者必须能够清楚地陈述公司将如何获得足够多的利润，以证明采用该计划所承担的风险是值得的。因此，这个商业论证必须展现风险和潜在的回报这两个方面。很多倡导者没有展现出足够的风险（在第 8 章中同样可见），展现出的仅仅是一些空想的、渺茫的幸福。最后，如果做过风险审查，管理者会做出决策——采纳倡导者的计划。只有当一份合理的风险评估做出来时，组织通常才能承受高水平的风险。

例如，评估Ⅱ型糖尿病测试潜力的同时，还会测试新的设备需求、FDA 许可和全球实验室的分发。这个计划将会涉及很多潜在风险。由于不能将这些因素加入评估，这个倡导者的商业论证在提供一个关于这个新测试真实价值的有力主张方面缺乏可信度。

准备一份极具吸引力的商业论证的关键在于用讲故事的方式来描述，而不是陈述工艺技术和摆出一大堆市场数据。很多时候，一个技术人员尝试去写的商业论证确实像一份技术说明。解决这个问题的方法是写一份可理解的技术说明，然后以附件的形式贴到文章附录处，这样做有两个好处：① 帮助倡导者保持技术和商业部分的分离；② 完整的技术描述有助于申请专利。

准备商业论证的提示

- 一份 2～3 页的执行概述。
- 控制全文的篇幅（5～10 页）。
- 讲一个极具吸引力的故事来沟通商业潜力。记住，商业论证不是一个运营计划。
- 生动一些，但不要过于戏剧化。
- 根据心目中的目标市场来写案例。
- 在第一份草稿中，可以把所有已知细节都写上。在第二份稿中再详细编辑。
- 重写该案例直到它足够吸引人和简明扼要。这份案例的质量同修改的次数相关。
- 请其他人来评审这份商业论证。

2. 产品市场矩阵

证实收益数据是商业论证主要和困难的成分之一。从整体市场的百分比中抽取一个百分数从来都不是令人信服的建立市场潜在收益的方法。事实上，管理人员通常把这种方法叫作“电子数据表滥用”。最简单的“电子数据表滥用”的形式是“市场是很大的，所以如果我们只占其中的一小部分那也是很不错的”。大的市场在本质上不将特殊权力交给任何一部分。一种不那么明显的滥用形式是指，给出市场大小和渗透率的范围，选择市场预测的中间值（如比 1/3 更低），然后称这是保守估计。这种方法是荒唐的，肯定会失败。一个令人非常信服的方法是自下而上收益预测法，这种方法依靠市场细分，逐一地计算客户的需求量，从而使预测更加精确。如果大家能亲自写出前 100 个客户的名字，那么就走上了商业论证的正轨。

要记住这一点，产品的属性来自对特定技术能力满足特定客户需求的认识。能力与需求之间的连接线就是产品的属性（见图 5-5）。产品属性和市场部分的连接线是建立产品市场矩阵。填写产品市场矩阵最有效的方法是，电话访谈来自每个市场的 20 人，询问他们每种产品属性的重要性。通过让访谈对象用 1～5 分的评分标准对每个属性的重要程度进行评判，倡导者便能够确定产品的全部属性。

为了完成这个产品市场矩阵，应将产品的属性放在一个维度上，将市场部分放在另一个维度上。在创建的单元里，评估每个细分市场对每个属性的接受程度。例如，如图 5-7 所示，Ⅱ型糖尿病测试有 3 个细分市场［病人、医生、卫生保健支付者（付款人）］和 3 个产品属性（速度、成本、精确度）。在产品市场矩阵中的一个轴上列出市场细分，另一个轴上列出属性，这样就构成了一个 3×3 矩阵。9 个单元中的每个部分都反映了产品属性对细分市场的重要性的评估结果。

通过检验图 5-7 中的各列，你可以发现客户部分对新实验反应明显，或许这种分析就是引导制药公司和其他医学技术公司以客户为市场导向的原因。评估结果同时也表明，从总体上来说精确度是销售和市场供应的最好属性。

说明

步骤 1：在矩阵的一个轴上列出所有由技术引出的产品属性

步骤 2：在矩阵的另一个轴上列出所有属性的所有可能的市场和细分市场

步骤 3：基于明显的标准（如价格、竞争对手、上市时间及过低的细分市场愿望）删除一些单元格、行或列

步骤 4：在一个对主要的产品属性具有高需求的细分市场中，确定这些属性都落在了高潜力的单元格中

步骤 5：根据市场机遇建立一个产品属性的优先次序列表

	市场和细分市场							
产品属性	市场 A			市场 B			市场 C	
	病人	医生	付款人	细分 X	细分 Y	细分 Z	细分 X	细分 Y
快速	5	3	1					
低成本	4	2	5					
高精确度	5	5	4					
产品属性 4								
产品属性 5								
产品属性 6								
产品属性 7								
产品属性 8								

说明：对每个细分市场的每个产品属性从 1（不重要）到 5（非常重要）打分。打分结果来自客户访谈的回复

图 5-7　产品市场矩阵

3. 市场机遇表

除了需要区分有前景的细分市场，倡导者还要对这些机遇的预期收益进行量化。市场机遇表（见图 5-8）帮助倡导者对产品创意的收益预期进行量化，以证实其合理性。为了得到一个合理的收入数字，市场机遇表在产品属性和产品市场矩阵的基础上，给出了细分市场会采纳产品创意的客户及驱动者的数量。

市场机遇表反映了商业论证中的关键部分，如果收益数据不切实际，倡导者将失去可信性并且将由于缺少支持而遭受挫折。

1．描述期望的细分市场并显示客户数量

	细分市场描述	**客户数量**
细分市场 1		
细分市场 2		
细分市场 3		

2．描述每个细分市场中的客户、用户和买手

细分市场 1

细分市场 2

细分市场 3

3．解释为什么每个细分市场的客户将会采用这种产品

细分市场 1

细分市场 2

细分市场 3

4．描述每个细分市场的客户将如何使用这个产品

细分市场 1

细分市场 2

细分市场 3

5．每个细分市场的规模有多大

	可能销售的总量	**单位价格**	**销售收入**
细分市场 1			
细分市场 2			
细分市场 3			
合计			

利用客户愿意使用这个产品的描述和理由，估计并证明每个细分市场每年销售的产品数量

销售产品数量：	**第 1 年**	**第 2 年**	**第 3 年**	**第 4 年**	**第 5 年**
细分市场 1					
细分市场 2					
细分市场 3					

图 5-8 市场机遇表

开始时，收入数据不必是准确的。然而，需要思考两个问题：①为什么期望中的客户会购买该产品；②有多少客户存在。

以我们的商业论证为例，倡导者必须知道有多少人或许会用Ⅱ型糖尿病的测

试。权威估计表明超过 1 500 万人患有Ⅱ型糖尿病，一份糖尿病专家的报告估计 7 000 万～8 000 万的美国人存在胰岛素抗性的风险，这是Ⅱ型糖尿病的前兆。我们同时也知道年龄、体重、家族病史在影响着患病的概率。因此，潜在的需要测试的人数远远大于患病人数。既然这种病有如此重要的健康意义，那么我们就可以试验性地估计客户使用该测试拥有强有力的动因，并且潜在客户的数量很可观（当然，倡导者不会使用“试验性地估计”或者“潜在的”这些说法）。

虽然估计可能代表一些大型的理论市场，但是倡导者必须决定市场份额。对于这个决定，倡导者必须明白为什么客户会使用这个测试，然后利用这些理由证明早期和晚期接受者的数量。在案例中，倡导者也许发现那些有家族糖尿病史并且每天需要注射胰岛素的人比那些只是有些超重的人更有动力去防范Ⅱ型糖尿病。他们可以使用每个细分市场（30 个样本）的小样本建立整个群体的接受比例。

评估市场机会的提示

- 寻找外部的数据去支持市场规模。
- 产品创意使用真实的数据，识别更可能采用这种产品的细分市场。
- 在使用例子之前，请专家审查细分市场并向专家请教问题。这一步可确保所使用的是最可靠的信息，从而避免错误并能借用先前存在的知识。
- 访谈大众，弄清他们为什么愿意使用该产品。
- 访谈大众，弄清使用该产品的可能性有多大。
- 不要做大型的市场研究。在产品开发这个阶段做市场研究是不恰当的。

4．财务

倡导者必须为每个项目准备收入和支出报告及盈亏平衡分析。在完成对预期收益的量化分析并证实其合理性后，倡导者差不多已准备好展示具有说服力的财务报告了。现在就差支出数据了，大家可以利用公司的行政、营销、研发支出所占销售收入的比重来进行分析，这些数据可以在公司最新的季度报表里找到。许多公司都设计了财务表格来评估一个项目的收入和支出，以及分析它的盈亏平衡。

5．战略

通过商业论证，倡导者必须提供清晰的愿景来说明产品怎样进入市场并扩大市场。清晰地将新产品和公司目标联系起来是一个有益的办法。另外，倡导者必须澄清需要多少资源可以使一个产品创意变成一个成功的产品。达成指定目标的战术必须是清晰和具有说服力的。

5.3.4　寻找资源以建立潜在可能性

在建立商业论证的同时，倡导者经常意识到，一个或更多计划的部分需要更多的工作来增加它的说服力。例如，市场机遇或许需要一个更详细的说明，或者技术也许无法支持市场确实需要的产品属性。这种认识事实上促使倡导者集中精力在这些缺点上。通常这些缺点在倡导者过早地批准产品创意进入正式开发阶段时变得较为明显。当一个缺点变得明显时，倡导者必须寻求帮助来推动并且证明项目在被批评的方面可以施行。

缺点本身的属性决定了所需要的支持资源。通常每个项目对应的资源是不同的，并且相同项目在不同时间对应的资源也可能是不同的。例如，倡导者或许需要证明一个项目技术的可行性（从一个产品原型发展成量产型的能力）。类似地，从市场角度，倡导者或许需要去说明生产成本、相对于竞争者的市场适应能力，或者会被大量客户采用并带来收入的驱动因素。在死亡之谷这一阶段，赞助人（提供资源的人）可以帮助倡导者从公司的其他人群获得额外的支持。

对于倡导者来说，寻求支持这个阶段可能是一段孤独的时光，因为他们必须经常坚强地面对即将到来的拒绝。公司没有义务为了让倡导者高兴而采用他的项目。倡导者必须说服其他人相信此方案的可行性，并且在组织的反对派和中立者之间推销它。倡导者通常不会寻求来自组织的其他人关于获取项目支持的困难的慰藉。他们觉得寻求安慰可能让别人感觉自己缺乏自信。寻求支持的阶段是一个孤独和困难的过程，但是倡导者完全相信这只是在支持来临之前的"时间问题"。

确保获得支持的准则是找到在那个时间段能够提供所需要的支持的人（从做简单化学分析的技术员，到能够授权大量人员进行广泛开发的高层经理）。其他的准则包括，通过对项目计时来保持与个人控制稀少资源的一致性，并且发现对项目持同情心的个人。在Ⅱ型糖尿病测试的案例中，倡导者必须发现一个或更多能够为化学实验提供设施的人或者供应商。倡导者必须找到一个能控制所需要的设备和要么相信倡导者拥有好点子、要么拥有其他理由来相信计划可以运行的人。

既然倡导者拥有了一个极具吸引力的商业论证，那么他又怎样来争取其他人来支持该项目呢？倡导者能否获取支持并不是主要取决于优美的展示技巧、讨价还价技术、政治家行为、坚定的要求、对高层的吸引力、暗中的活动、胁迫或者理智的争论，而是取决于倡导者和他人的人际关系。

倡导者拥有越多的信誉，他就越容易获得资源。信誉从两个方面获得：第一个是倡导者以往的记录，过去的成功通常是获得支持的一个关键因素；第二个是计划的质量，计划的质量包括使观点成立的科学、市场信息的质量及商业论证的质量。商业论证必须清晰地说明公司怎样从构思中获取利润。

新的倡导者应该致力于提出高质量的商业论证，这是发展关系的基点。发展关系包括告诉其他人他想要的东西和通过完全开放的渴望关注来增加其他人对他的信任，并且不断修改计划直到人们对该计划感到满意。建立这种关系需要坚持不懈。最后，有人将冒着一定的风险来提供倡导者想要的东西。这个人将可能成为一个提供持久支持的来源。

5.3.5 利用资源减少风险

倡导者必须在商业论证方面关注其资源需求，如果显示可行，则会给公司带来很大的优势。倡导者必须决定怎样去减少公司的风险。在得到资源后，倡导者必须用一种能证明其项目愿景的方法去使用这些资源。对目标没有清晰的主张就获得了资源将会导致使用资源时不能付出所需要的努力，从而最终阻碍项目的进行。

例如，如果必要的化学反应成功地显示了技术的可行性，倡导者将可能获得更多的支持。如果倡导者继续把这些资源用于技术开发，而不去用于验证市场规模和驱动因素，这时尽管技术仍可行，但倡导者将不可能在下一轮中获得支持。因为部门并没有计划去提供资源来支持倡导者的项目。倡导者做出特别的努力表明他需要这些资源去显示该项目概念的价值。资源提供商通常在提供资源时表现为这是例外而不是原来的意图。每个项目需要的资源根据需要证实的关键维度的不同而不同。

这些资源的可获得性与商业机会的大小相匹配。因此，倡导者将客户的数量、客户的身份、客户采用新产品或服务的驱动因素、销售数量及价格一一列出是非常有帮助的。给出产品或服务预期的目标后，倡导者必须保证所需要的资源能够实现这个计划。

倡导者通过寻找和接受一些支持实现了一些特定的目标之后，他开始放弃一些项目的控制权，开始对项目发起人负责。与项目发起人的关系对倡导者来说是关键的。没有留住一个项目发起人经常意味着在寻找另外一些资源时就失去了直接的支持和帮助。事实上，一个项目发起人的负面体验也将会成为其他项目发起人决定是否要对倡导者提供帮助的反面参考。

5.3.6 为项目正式开发寻求批准

倡导者在完成以上步骤后，就可以正式地申请获批了。有时只要有一个好的点子就能够获得足够的支持。然而大多数时候，要想获得支持，需要做好充分的准备。天真的倡导者跳过了计划和开发工作而直接去寻求正式批准。在寻求正式批准时，倡导者必须保证直到所有决策者都拥护这个项目后才能开会决定这个项目的命运。在会议开始前没有非正式的批准，一个项目要承受反复无常的会议进程，其中包括缺少时间、人与人之间的冲突和情感上的吸引。

例如，Ⅱ型糖尿病测试的决策者不希望在正式批准的会议上发现销售人员和市场人员还从未听说过这个测试，同时也不希望还要经过很长时间才能把这个测试加入他们已经做好的申请表中。同样地，开发人员可以询问有关开发方面的问题，尽管倡导者并没有答案。在公共的会议上，不回答这些问题将有损倡导者的信誉。通常一个正式的否定在短期内很少有机会更改。

聪明的倡导者在正式的会议开始前就让自己的项目得到非正式的批准，在对项目做出决策的正式会议上才第一次直面那些决策者同样也是错误的。当倡导者发现决策者的身份和他们很可能要做的决定时，就会花大量的准备时间来预测可能的反对意见。当倡导者准备好如何应对这些反对意见后，他就会去见每个决策者，从而了解流程并获取批准。如果决策者对该项目有很多方面的不满，倡导者就会找机会对每个不满进行解决。倡导者直到解决了所有决策者对项目的不满后，才会去寻求最后的批准。

5.3.7　将项目转变为用于争取批复的准则

在处置完最大的危险因素后，倡导者和项目发起人准备让项目进入正式的开发流程，正式的开发流程包含决策标准和准则，这些标准和准则为那些依旧可靠或可接受的候选项目提供了流程上的关口入场券，即使一个公司没有一个正式的开发流程，倡导者和项目发起人也很可能做出关于利用主要资源来推动项目的非正式的决策。在正式或非正式的项目中，倡导者和项目发起人必须将项目转化为决策者的语言、目的、目标、流程、时间计划和期望。

通常，一个高潜力的项目没有受到足够的注意，只是因为倡导者并没有正确地将它从一个非正式的项目转化为一个正式的项目。倡导者放弃了对项目的更多的控制，并且管理者可以将责任拆分给更多的个体来同时完成许多任务。倡导者必须开始就让其他人做出关于项目的一些决策，分享对该项目的控制，这样他们就不会为项目批准设置障碍。

5.3.8　决定批准或不批准该项目

对于倡导者来说，批准阶段通常是最令人沮丧的阶段，因为在这个阶段，倡导者相对于在其他任何时间段对项目拥有更少的控制权，在所有工作完成之后，倡导者必须依赖其他人来推动项目前进。他们通常试图直接影响决策者，如反复论述观点、回答问题、提供附加信息和持续支持项目。

倡导者应该努力去影响可以决定项目结果的流程与决策者，但并不是所有流程或决策者对这种努力都是顺从的，倡导者必须更加谨慎地预测可能的挑战和了解决策者的想法、偏好。例如，许多决策是非决定性的结果，决策者或许会寻求更多信息或想在他们为项目拨款前看见更多的信息。同时，许多决策者很不情愿去拒绝那些想法，因为拒绝可能会打击人们贡献其他想法，所以倡导者必须在再次获得认可前迅速地做出反应。

如果被拒绝，倡导者应该在没有防御或对抗的情况下，要求得到一个解释。在此过程中，倡导者将更加了解决策过程，更清楚如何适应这种流程设定。最后，建议和反对的内容需要被完全理解以更好地应对下一轮挑战。

5.3.9 开发和投放该产品

当项目进入正式开发阶段时，倡导者的角色就会改变，此时倡导者不再直接控制项目的进程。在正式开发阶段，资源来自做好的预算，管理者建立了时间表和项目评价方法。虽然倡导者不再拥有更多对项目的直接控制权，但其角色并没有结束。维护资源，表达热情，在困难阶段工作和持续详述愿景都是关键性的工作。一个项目在正式开发阶段运行时，它就远离了死亡之谷，成为公司定期提供资金支持的商业活动的一部分。

许多倡导者在正式开发阶段继续使用非正式的影响来推动他们的项目。倡导者在这个阶段可见或不可见。即使一个项目被正式地认可，它仍然会面临许多挑战，包括是否持续地获取拨款和所需资源来推动计划前进。因为一个倡导者有很强的理解力和承诺，其经常通过持续影响他人来支持该项目，所以倡导者必须时常通过重申项目愿景来振作和鼓励其他人。最后，当公司在生产、分销、营销和利润等方面将产品引向市场时，倡导者就成功地穿越了死亡之谷。

5.4 倡导者应掌握的技巧

穿越死亡之谷需要倡导者成功地越过所有的障碍，虽然通常没有成功之后的奖励和鼓励，但倡导者必须拥有对项目的激情和为项目做额外工作的意愿。除激情和意愿之外，倡导者还需要具备推动项目前进的知识和技巧。在一些人缺乏对项目的认可和实施的热情时，拥有训练有素的技能、强有力的追踪记录和多次实施项目的经验的倡导者往往更容易成功。

倡导者必须对提升自己的技术能力给予特殊的重视。倡导技能并不是技术性的或有一定内容根据的，它们也不仅仅是简单的项目管理技巧。倡导项目需要在重要决策上对管理层和同事产生影响。绝大多数公司并不鼓励员工从直接管理线之外去寻求资源或影响决策。事实上，一些公司认为这些行为是不顺从的并且是无法接受的。寻求项目支持是棘手的过程，并且需要一些独特的技巧。这一系列的技巧包括征求项目许可的能力及帮助区分倡导者和项目领导人的能力。倡导者的技巧包括影响战术、人际关系的建立、商业论证写作和项目管理技巧。

5.4.1　影响战术

研究结果并没有显示那些众所周知的影响战术的使用（演示技巧、讨价还价技能、政治行为、坚定要求、吸引管理层人员、暗中活动、强迫行为和理性争论）对倡导者非常有效。总之，这些战术的使用，将导致一连串对倡导者领导的项目的支持意愿减少。其中一些战术对倡导者提出的理由有损害性，如强迫行为和向上级申诉。

5.4.2　人际关系的建立

尽管影响战术的直接性尝试将导致消极的结果，但人际关系建立的有效性是非常明显的。一条长长的联系清单和一群朋友是一项长远而明智的投资。一个人可以在这种事业中发展工作关系。尽管对一些市场员工来说这非常普通，但是对技术人员来说这个技巧往往更具挑战性。因此，倡导者保障必需资源的最有效的方法就是利用他们的人际关系。工程师可能由于个人的个性及缺乏在公司其他部门的展示而没有广泛的工作网络。建立工作网络和沟通管理是一个有潜力的倡导者能够在培训课程中学到的技巧。尽管一个人不能迅速地改变性格，但是知道如何在聚会中交往及如何同向自己表达兴趣的人保持联系是一个利用管理工具的问题。

许多人并非天生拥有销售技能。但是，对自己正在做的事情拥有愿景的人可以轻易表达他的想法而不需要太多的鼓励。项目发起人和想要改善倡导活动的其他人应该为倡导者解决建立人际网络和人际关系所需技能的问题，帮助倡导者扩大他们的联系范围和工作关系，这对项目发起人来说是一项关键责任。

5.4.3　商业论证写作

倡导行为是围绕写出极具吸引力的商业论证而展开的。尽管商务论证写作对于许多技术员工来说似乎是很陌生的，但事实上正如人际关系的建立一样，它也是一种可以通过学习而获得的技巧。商业论证具有一定的形式和要旨，倡导者可以在标准的训练课程中学到。建立商业论证并不能代替技术—市场洞察。写明一个有效的事例可以帮助提炼和改善创意。商业论证全面呈现了产品创意，从而使决策者对该创意做出公平的评估。

项目发起人和公司管理者可以用不同的方式为撰写商业论证做准备。第一，他们能为倡导者提供直接的学习商业论证写作的训练。第二，他们能为倡导者接触公司其他一些人提供渠道，这些人拥有撰写商业论证所必需的技巧和信息。第三，他们能够为公司不同部门的员工提供时间以协助倡导者准备商业论证。对国内及国外信息的获取通常是倡导者所面临的困难的挑战之一。

5.4.4 项目管理技巧

对一个项目具有清晰明白的见解的能力并不能保证倡导者在实际中也能管理一个项目。在项目的早期阶段，倡导者需要做很多工作以证明创意的潜力。在这个阶段还要求倡导者有效地应用有限的资源。项目管理技巧不能保证一个项目具有很大的潜力，这些技巧只能帮助一些创意显现出它们的潜能。许多倡导者能够从如何运行一个项目的详细说明中受益。

5.5 小结

倡导者是公司进行改变和革新的重要力量。实际上，倡导者必须知道为了争取项目能够在多方面获得成功，他们需要采取的行动。这些行动包括在一个项目获得正式批准之前倡导者所必须做的开发工作。死亡之谷是一个帮助倡导者理解挑战的本质，以及哪些工作必须完成以应对挑战的模型。不管这个峡谷中的每一步是否会像它在此所呈现的顺序一样进行，所有的步骤都必须完成。每一步的发展水平取决于项目的本质和倡导者的信誉可靠性。

倡导项目是一项振奋人心并令人满意的活动，但与之相连的还有责任的重担。当倡导者请求其他人支持项目时，不仅是在拿自己的信誉冒险，同时也是在请求其他人冒险。就某种程度而言，当把资源从已存在的项目上转移到所倡导的项目上时，这也是在拿公司的成功冒险。因此，倡导者承担了很大的责任。幸运的是，大多数倡导者并不认为这些挑战是势不可当的。他们坚持做伟大的事情，不管是否得到允许。

参考文献

[1] Badawy, M. K. 1988. "What We've Learned: Managing Human Resources." *Research Technology Management* 31, 5: 19–35.

[2] Day, D. L. 1994. "Raising Radicals: Different Processes for Championing Innovative Corporate Ventures." *Organization Science* 5, 2: 148–72.

[3] Frey, D. 1991. "Learning the Ropes: My Life as a Product Champion." *Harvard Business Review,* September-October, 4–10.

[4] Frost, P. J., and C. P. Egri. 1991. "The Political Process of Innovation." *Research in Organizational Behavior* 13: 229–95.

[5] Green, S. G. 1995. "Top Management Support of R&D Projects: A Strategic Leadership Perspective." *IEEE Transaction on Engineering Management* 42, 3: 223–32.

[6] Green, S. G., M. B. Gavin, and L. Aiman-Smith. 1995. "Assessing a Multidimensional Measure of Radical Technological Innovation." *IEEE Transaction on Engineering Management* 42, 3: 203–14.

[7] Howell, J. M., and C. A. Higgins. 1990. "Champions of Technological Innovation." *Administrative Science Quarterly* 35, 2: 317–41.

[8] Lawless, M. W., and L. L. Price. 1992. "An Agency Perspective on New Technology Champions." *Organization Science* 3, 3, 342–54.

[9] Madique, M. 1980. "Entrepreneurs, Champions and Technological Innovation." *Sloan Management Review,* winter, 59–76.

[10] Markham, S. K., S. G. Green, and R. Basu. 1991. "Champions and Antagonists: Relationships with R&D Project Characteristics and Management." *Journal of Engineering and Technology Management* 8, 3–4: 217–42.

[11] Reinertsen, D. G. 1999. "Taking the Fuzziness out of the Fuzzy Front End." *Research Technology Management*, 42 (6) November-December, 25–31.

[12] Shane, S. A., S. Venkataraman, and I. C. MacMillan. 1994. "The Effects of Cultural Differences on New Technology Championing Behavior Within Firms." *The Journal of High Technology Management Research,* fall, 745–72.

[13] Smith, J. J., J. E. McKeon, K. L. Hoy, R. L. Boysen, L. Schechter, and E. B. Roberts. 1984. "Lessons from 10 Case Studies in Innovation." *Research Management*, September-October, 23–27.

[14] Van de Ven, A. H., and D. N. Grazman. 1995. "Technical Innovation, Learning, and Leadership." In R. Garud, P. Nayyar, and Z. Shapira, eds., *Technological Oversights and Foresight.* Cambridge: Cambridge University Press.

第6章

有效地管理新产品开发团队

罗杰·Th. A. J. 伦德斯（Roger Th. A. J. Leenders），詹·科莱策（Jan Kratzer），
詹·霍兰德（Jan Hollander），乔·M. L. 冯·恩格伦（Jo. M. L. van Engelen）

6.1 引言

多职能团队变得很寻常。当今大多数公司都惯例性地组建多职能团队，无论他们是否这样称呼。尤其在大多数创新性项目中，有4/5的项目采用多职能团队。在过去的这些年里，团队一词已成了管理者词汇中不可缺少的一部分，并且现在被看作是一个“中央组织性建筑物”，成效往往令人震惊。遗憾的是，反面教材同样数不胜数。谁没见过NPD项目因市场和研发人员不能或不好好合作而失败？有多少NPD项目的信息不能在组员之间顺利而快速地传播？事实上，团队的每一次成功都与同样深刻的失败并存。管理NPD团队不容易，管理多职能的NPD团队更难。NPD团队不仅要改变产品开发的流程，评估、支持及掌控所需的各种说明，还需要具备各种不同的管理技巧。现在有效性的评定取决于团队管理者组织和管理单个团队及团队工作的能力。

也许在一个团队管理者的所有工作中，协调多职能团队是最复杂的挑战。尽管这项工作令人胆怯，但仍然存在一些原则，这些原则证实了在领导NPD团队迈向更高层次的工作时高度的有效性。高层工作团队并不是指在公司创造高效、全面的NPD成果的团队，但是好的团队对于NPD来说是一个直接或间接的前提条件。同样，一个失败的团队是任何项目失败的必要因素，无论它之前多么有前途。在本章中我们所提供的方法能提升团队的工作力，同时识别、预测效果差的工作。当它们与本书中所谈论的其他方法结合使用时，将产生一系列可使用的方法来帮助大家提升NPD的工作。也许过程并不容易，但几乎能改善任何NPD团队。本

章将告诉大家应该如何做。

6.2　NPD 团队绩效原则

每个园丁都希望花儿能够健康成长，为了达到目的，园丁第一步必须在一年中合适的时间播下适当的种子，然后为花的成长提供营养、关照及呵护。同样的道理，想要多职能团队良好发展，团队管理者必须首先提供必要的组织先决条件。帕特里夏·霍拉汉和斯蒂芬·马卡姆提供了需要考虑的一些因素，这些因素包括 NPD 发展的方式、团队构造的组织支持和团队选取的方法，请牢记他们的建议。第二步是为这一团队中所发生的每一个进程“施肥”。在本章中，我们注重第二步并将引入一些原则，这些原则对 NPD 团队的成功管理起着至关重要的作用。我们还将让大家知道怎样将它们贯彻到当前及今后的团队管理中去。

NPD 团队的有效管理需要围绕两个基本的原则：团队合作和团队整合。我们首先概述这些原则的实质，然后解释如何才能将这些原则转变为实际有效的行动。这两个主要原则的简要概述让大家记住了框架。当大家经过深思熟虑，将我们在本章中提供的事实和建议付诸行动时，或当大家发展自己的管理方法时，首先应了解相关理论，然后再采取行动。

6.2.1　NPD 团队管理的第一个原则：团队合作

合作是指团队人员一起做好一项工作。合作性强时，团队人员互相提建议，团队具有和谐的工作氛围，团队成员彼此相处融洽。

由于熟悉，团队人员之间会培养信任和积极的关系，团队成员之间的频繁互动（包括以往在其他团队中的相互影响）倾向于鼓励合作。频繁互动同样能帮助团队成员发展同其他人员合作的必要技能，尽管他们具有不同的背景、语言和性格。因此，互动孕育了合作。

相反地，长期缺乏互动往往导致团队中缺乏合作。一般而言，频繁互动将促进合作。例如，我们可以为团队设置一项共同的任务，这项任务的成功需要团队成员彼此依赖。

具有耐心的人更容易与人合作，并且一旦团队成员学会了如何合作，下一次他们在团队中工作时，会更快地进行合作这个进程。这意味着最终一切将变好？遗憾的是答案是否定的。合作有利于快速地做出决定，合作能创造出愉悦的氛围，它甚至能加快发展的速度，但它并不一定能提高最终产品的质量和市场业绩。事实上，合作对于 NPD 及时地将有竞争力的产品推向市场这个目标来说是极大的威胁。为什么呢？因为合作同样孕育着妥协。当团队成员习惯了彼此的个性之后，他们便开始形成了一个互动机制，这个机制能减少冲突和议论。他们开始从其他人那里获得具有各种不同功能的信息。事实上，这确实加快了团队的工作进程，但降低了质量和完整性，并且降低了可供考虑选择的产品质量。

合作是一个“双头兽”。高度合作使一个团队运转顺利、加速决策，提高了团队工作的效率；低度合作促进专业讨论和改善产品对市场的适应性——这将提高团队工作的效率。合作的这个矛盾性极不易被察觉。

早期 NPD 在生产及加工方面极不确定。这便要求团队成员具有高度创造力及灵敏性。大多数项目所需要的知识仍然在生成，团队成员应具有开阔的思维，并且愿意利用他们所获得的各种不同知识一起工作。在项目的后期，生产的不确定性在很大程度上减少——规格和技术的解决方案已被敲定，预算和计划非常清楚，推向市场的日期也已确定。项目早期的重点是尽可能多地选择目标，项目后期使选择目标与决策相结合。规格将不会进一步改变。因此，高度合作在开发项目的后期对于团队来说是非常有益的。合作使团队具有生产力，正如它能迅速地做出剩余的开发决策，而且对之前的决定毫无质疑。另外，高度合作在 NPD 项目早期并非令人期望。因此，团队成员需要保持高度敏感的分歧——这将使团队成员目光敏锐且具有创造性，并且最终使产品更适应市场需求。换句话说，合作次数应在项目的生命周期内有所增加。确保团队在开发周期内更多地合作是团队管理者的一项责任。这要求团队管理者应对团队互动进行积极管理。

6.2.2 NPD 团队管理的第二个原则：团队整合

物以类聚，人以群分。人们倾向于和跟自己一样的人交往：具有相似的兴趣、职业背景、专业知识和个人经历。在多职能团队中，营销专家们将走到一起，工程师们也会集合一处。这种状况的发生是由于他们愿意处在其他营销专家和工程师中，并且他们将其他人理解为“其他人”。对同类的偏好将形成小群体，大多数互动将在这些小群体内发生，而不是在群组间发生。

团队整合的原则是指团队成员间沟通的分配，而并非形成小群体。小群体中的成员趋向于与同一群体中的其他成员达成一致。同时，小群体中容易达成一致，但并非整个团队，低度完整性也将限制知识和信息在团队中的流通。小群体的好处便是它能为实用性的讨论创造环境。即使在多职能团队中，来自同一功能组的人也需要时间和机会来讨论，以便找到技术或商业问题的解决方案。

没必要追求 100%的完整性，但是，完整性应当很高并且在项目的整个过程中不断增加。当所做的决定需要基于彼此的赞同时，各个小群体之间的分歧将危及产品开发过程的成功。作为一个管理者，必须确保这些决定并不是由团队中的小群体所做出的。小群体有时会扼杀多职能团队的多功能性。

请注意一件事，创新性项目可以非常巨大，甚至需要一个包含 1 500 位成员的团队来执行。如果不能被有效地管理和简单地组合，团队便毫无意义，也不能称为团队。大量人员在一起进行有建设性的互动存在一定的困难，然而在一起做实际工作要简单得多。同时，项目领导者应该解决这个问题，找到足够的空间和时间去面对，通常的解决方案是将群组分散成小一点的群组（将项目分散为有条理、互相区分且各自独立的部分——运用通常的项目分散技术），需要时可以进一步将这些小群组分散成更小的群组。例如，Anglo-Dutch 信息技术公司的 CMG 项目持续地分散群组直到每组成员的数量不超过 15 位，这些群组能够像团队一样运转并且具有很高的完整性。

6.3　如何使 NPD 团队更好地工作

上一节我们讨论了管理 NPD 团队的两个基本原则。基于这些原则，我们将告诉大家如何评估团队的工作，以及怎样对团队的表现进行改善。大家不能袖手旁观，必须积极主动地领导团队迈向高度的合作和完整性，从而完成更多的工作。现在大家就能采取一些行动，其他的也可以随之采纳。当大家认真实施时，也许将获得从未想象过或不敢相信的结果。

6.3.1　今天你能做什么

今天大家可以坦率地判定自己团队运转的方式、成员之间有多高的合作性和他们是以群组的方式一起工作还是整体一起工作。大家可以根据我们的“NPD 团队领导者指南”（见图 6-1）来做出判定。“NPD 团队领导者指南”将为大家提供一张团队工作进展的“照片”，它包含 15 个问题并且能被团队成员们在几分钟之内回答完。应用“NPD 团队领导者指南”采取如下 3 个步骤。

步骤 1，将“NPD 团队领导者指南”复印后发给团队的每一位成员。团队成员可选择匿名回答这些问题或将他们的名字写在封面上。每位成员都必须回答所有的问题。答案将被判定为 1（完全不赞同这一论述）～10（完全同意这一论述）分。处在同意和不同意之间的提示性观点将被判定为 5 分或 6 分。

步骤 2，回答完所有的论述后，将表格全收集起来并将数据统计到统计单上（见图 6-2）。第一栏填写你的答案（TM 代表团队管理者），其他栏填写团队其他成员的答案。在标着“平均 *A*”的一栏，你将填入所有团队成员对每一论述的平均分数。并非每个论述对最终的分数都有同等的影响程度。因此，用对应的权重（在“权重 *W*”栏已给出具体的数值）与这些平均值相乘。在“*A*×*W*”栏写出最终分数。

	项目名称	
	日期	
	回答者	[不同意—同意]
	陈述	[1～10]
1	我和团队其他成员就工作相关问题经常沟通	
2	我认为自己是一个为具有不同背景、技能、专家知识的团队成员建立自然桥梁的人	
3	我们团队的所有成员都积极地为集中精力进行我们的项目收集知识信息	
4	在我们的开发项目中没有明显的小群体	
5	我们不同的工作区域布局相互接近	
6	我们的团队具有积极的工作气氛	
7	对于大多数问题，都要进行一些讨论以获得团队所有人的同意	
8	我每天都会与别的小群体的成员沟通，而不是仅与自己小群体的成员沟通	
9	如果我有问题或需要一些意见，我会去找别的团队成员帮忙	
10	不会在与特定的小群体交流意见之前与项目团队外的干系人交流	
11	团队管理者在团队的日常工作中起着核心的作用	
12	如果不与其他小群体的成员频繁沟通，我就不能做自己的工作	
13	当我认为我的知识对团队其他成员有益时，我会毫不犹豫地与他们分享	
14	有足够的交往活动让团队中的成员在一个轻松的气氛下交换他们对项目的看法	
15	将来我还想再与这些团队成员一起工作	
要求每个团队成员都回答上面的问题。对答案给出一个介于 1（完全不同意这一论述）和 10（完全同意这一论述）之间的分数。介于同意与不同意之间给 5～6 分		

图 6-1 NPD 团队领导者指南

步骤 3，最后一步，将论述分记到团队得分纸上。将经过衡量后合适的论述分相加便得到了合作分和完整性分数。为了方便起见，允许进行三次评估。请随意复印表格以做额外评价。

你可以将结果转化为团队倾向表以供今后参考。

现在你对 NPD 团队的工作有了一个简单而直接的了解，为了提高团队的效率，你必须知道它是否处于正确的轨道。参照“NPD 团队领导者指南”你会更了解你的团队。然而，想要保持高效率的工作，团队一路走来的视频记录会是更好的选择（见图 6-3、图 6-4）。好的团队也会迷失方向——一个满意的结果有可能导致一个团队管理者误解为一切进展顺利并且没必要进一步监督。然而事实上，他需要了解团队在项目的进展中是如何表现的。例如，一家大型电子公司发明了一款采用最新技术的新型电动剃须刀。这种剃须刀通过研究使用者的剃须行为，并且根据使用者的剃须方式能够调整能量消耗及剃须头的方位。在工程师看来，它代表了最先进的剃须技术。那将成为它的死亡之吻。当在项目初期评估团队的工作时，团队管理者很乐于看到高度的合作和整合。确实，团队在那时表现非常棒。之后他便停止了监督，并且将他的注意力放在其他团队和其他想法上。如果他在项目的整个过程中参照了“NPD 团队领导者指南”，他会更早地意识到团队正开始动摇。获得技术成果是一个工程师的梦想，因此工程师们通过紧密的合作能够解决许多具有挑战性的技术问题。因而营销专家们转向了团队的外围，正如生产、服务和财务代表们所做的那样。当产品完成时，即当最终准备承认它时，此种剃须刀已被证明是毫无市场的。除此之外，较高的造价使它不可能被投入市场。及时而频繁地翻阅“NPD 团队领导者指南”会尽早地揭示这些问题，并将指示如何将团队领向一个成功的市场。即使是最好的团队也会在前进的道路上步履蹒跚，及时地发现障碍并有效地采取行动是团队管理者的责任。

													日期：		
项目名称：													项目领导：		
声明/团队成员		TM	2	3	4	5	6	7	8	9	10	11	12	平均 A	权重 W	$A \times W$
1	频繁的团队互动														0.1	
2	桥梁建设者														0.2	
3	收集知识														0.1	
4	分成小群体														0.2	
5	工作地点分离														0.1	
6	积极的工作气氛														0.1	
7	很少的讨论必要														0.1	
8	与小群体互动														0.1	
9	需要建议														0.2	
10	外部干系人														0.2	
11	集中领导														0.1	
12	在无沟通情况下工作														0.1	
13	提供知识														0.2	
14	交往活动														0.1	
15	再次和成员一起工作														0.1	

图 6-2　数据统计单

同样，差的团队在有效的管理方法下能够重回正轨。因此，我们建议团队管理者在项目的整个过程中多参考“NPD 团队领导者指南”。之后你将开始发现趋势。你将能迅速地预测你所采取的管理行动的效果。你可以评估团队内部变化所带来的影响。一些公司一直尽量保持团队内部力量的稳定。然而，福特公司在其项目中采用了带有美式足球风格的做法，随着项目的进展，加入和丢弃成员（德尚和纳亚克，1995 年）。微软也做了类似的事情。在团队发生一些重要的事件和变化之后，通过参照“NPD 团队领导者指南”你就能发现团队受到了很大的影响。对于让团队走向成功的先决管理行为来说，这是一个有效的工具。

	评价 1		评价 2		评价 3	
	日期：		日期：		日期：	
合　作	序　号	得　分	序　号	得　分	序　号	得　分
频繁的团队互动	1		1		1	
收集知识	3		3		3	
积极的工作气氛	6		6		6	
很少的讨论必要	7		7		7	
需要建议	9		9		9	
集中领导	11		11		11	
提供知识	13		13		13	
再次和成员一起工作	15		15		15	
合作计分	合计		合计		合计	
整　　合	序　号	得　分	序　号	得　分	序　号	得　分
桥梁建设者	2		2		2	
分成小群体	4		4		4	
工作地点分离	5		5		5	
与小群体互动	8		8		8	
外部干系人	10		10		10	
在无沟通情况下工作	12		12		12	
交往活动	14		14		14	
整合计分	合计		合计		合计	

图 6-3　团队计分表（最高的总计得分是 10 分）

符　号	得　分	评价 1	评价 2	评价 3
CP	团队合作			
IG	团队整合			
	日期：			
对评价 1 的说明：				
对评价 2 的说明：				
对评价 3 的说明：				

图 6-4　团队趋势

6.3.2 明天你能做什么

既然你已经了解了团队的运转状况，今后你所能做的（接下来的日子）便是采取纠正行动，“NPD 团队领导者指南”的目的是为你能做的和必须做的提供暗示和线索。比如，如果结果暗示团队成员们倾向于不向其他人征求解决问题的建议（问题 9），大概有两个典型的根源。第一个原因便是成员单纯地不想求助，因为他们认为他们很了解自己或他们觉得求助将有损他们的权威。在这种情况下，你可以采用任何实用且常见的团队技术或邀请专家训练团队加入问题的解决中。另一个重要的技术便是设立清晰和强大的团队绩效目标，这加强了合作的必要性并且要求团队成员之间要互相帮助。

第二个原因通常是不知道谁具有必要的专业知识或技巧。多年前，飞利浦公司的 shaving 部门引进了多职能团队并且非常重视团队间的高度合作。具有不同背景的团队成员与他们的团队如此紧密以致他们失去了与外部同事的互动。结果，这些团队成员在解决团队内需要解决的问题时不再向外咨询。为解决这个问题，飞利浦公司引进了玻璃墙，在它上面每一个团队以图表的方式清晰地展示自己的进程。最重要的是，也展示了问题。因此，第一组中的一名专家意识到他的专业知识可能对第二组有用，就会主动提出向另一个团队提供帮助；第二组没有必要知道这种专门知识。你可以使用一种更强大和结构化的方法，就是指派（额外的）具有特殊技能的人作为联络人，其具体目标是让其他团队了解自己团队的进程、问题和解决方案。这样一来，联络人员将积极寻求（和了解）具有特殊知识和专业知识的人。例如，让一个生产工程师把一部分时间花在生产上，把另一部分时间用在研发上。这位工程师将在这两个职能间架起一座出色的桥梁。

你可以选择一些正规或不正规的干预选项来提高团队的工作效率：你可以根据团队本身进行调整（组织性设计），你也可以更好地推动团队成员们进行本职工作的方式（支持结构），你也能改变你自己与团队的交流方式（管理风格）。以下我们将讨论 7 个干预选项供大家考虑并帮助大家建立有效的技术组合。这部分概括了每一个干预选项通常最适用的问题。

在实践中何时使用“NPD 团队领导者指南”

对团队进行绩效评估能让团队管理者了解正在做的工作的情况。多次评估为团队管理者提供了一个机会来判断团队的绩效是在改善还是在原地徘徊。因此，我们鼓励团队管理者尽可能经常性地使用“NPD 团队领导者指南”。根据所参与项目的类型（和时间长度），尝试在每一阶段至少参考该指南两次。

然而，我们强烈建议你不要在关口会议前后仓促地采取任何一种团队评估技术。原因如下：一是在关口会议中对团队做的评估不作为真正的评估过程的一部分。这些会议聚焦于产品本身，并且要考虑与开发相关的技术、商品化和战略等问题。“NPD 团队领导者指南”的目的在于通过揭示团队弱点来改善团队的职能。如果你在关口会议前刚刚应用“NPD 团队领导者指南”，你可能面临信息落入关口决策者手中的风险。如果你确实要在关口会议之前使用该指南，一定要将结果保存在自己手中。二是关口会议通常会刺激团队成员更好地合作和整合，毕竟，他们的项目生命正处于危险之中。同时，团队成员们倾向于以一种更策略的方式回答该指南上的问题。在马上就要到来的那样一个关键和紧迫的时刻之前，团队的工作方式与团队在比较平静的状态下的工作方式有很大不同。同样，在刚刚开完关口会议之后，对开始下一阶段的激情和对新目标的适应，以及有时新的团队成员的出现都能够使团队成员无法立刻显现出他们的真实面目。因此，在关口会议之后，在你再次评估团队绩效之前，有时要让团队的进程平静下来。

总之，除了关口会议前后的一段时间，我们鼓励你经常运用该指南。越经常使用，你就越能理解团队的职能将会发生变化，并且能越早地发现潜在的问题。同时，你将变得能更有效地判断和更精确地预测你所能考虑到的任何干扰的影响。

有效地使用干预工具

- 亲密性
  - — 促进和增加互动的频率，尤其对小群体之间的互动有效。
  - — 加快决策的进度。
  - — 防止小群体的数量增加，这是一种高效的打破已成形的小群体的手段。
  - — 激发团队意识。
- 桥梁和联络
  - — 加强整个团队成员间的联系。
  - — 促进和组织与团队外部干系人之间的互动。
  - — 提升知识流动的效率。
- 互动的方式
  - — 组织知识传递。
  - — 影响决策的进度。

— 影响团队成员的创造力。
— 创造新的动力和新的工作氛围（在主要的交流方式之间的变化也许是最廉价的和最敏捷的干预技术，它可以具有深远的影响且不会对个人和团队进程产生负面影响）。

- 信息系统（技术诀窍）

— 影响知识流动的有效性（根据结果和团队成员的态度而定）。
— 帮助记录项目事后检查的正式部分。

- 信息系统（时机诀窍）

— 改善建立桥梁的活动，在团队内部与团队外部的干系人之间建立桥梁。
— 帮忙记录项目事后检查的正式和不正式部分。
— 在不是过于集权的情况下，允许团队管理者按计划管理团队。

- 设定目标

— 将各小群体和团队成员的目标与项目的总体目标联系起来。
— 促进小群体间的互动和合作。
— 不必在项目早期阶段过于集权的前提下，使团队管理者保持对团队的注意力和能量。

- 集权领导

— 强烈影响决策进度。
— 对团队氛围来说非常重要。
— 能防止小群体的出现。
— 影响知识积极流动。
— 影响团队成员之间的互动次数。
— 影响个人担当桥梁角色的积极性。

每一项干预的选项都对许多不同事项有影响。在这个列表中，我们概括了一些干预选项。并且强调，大多数的干预也能被成功地应用于其他问题的解决。

6.3.3　组织设计

1．亲密性和设施设计

如果团队成员在空间上是隔开的，就把团队成员联合起来，让团队成员们在同一办公室或在彼此邻近的办公室工作。在许多公司，要做到这点只需解雇分歧者。或者，你可以同另一个管理者交换空间，如果他也想对分散的团队做同样的事。如果有限的空间要求你将团队成员安排在几个房间，那么应确保将不同类型的功能部门整合起来，而并非整合类似的功能部门。例如，不要将营销和销售部门放在同一办公室，但要将营销与研发部门放在一起，并且将销售和生产部门也放在一起。这将加强合作，或者，首先是促进互动，并防止按职能划分的分组形成。飞利浦公司正将它 Eindhoven（The Netherlands）的 R-D 设备转变成一个开放的营地，接纳来自所有部门的成员。与此同时，尽管程度有限，来自其他公司和大学的成员也被邀请参加这种商业创造过程。

其他支持合作和整合的实用方法便是租赁（临时）设施来安顿整个团队，通过工作轮调和临时分配来鼓励多个地点的整合。例如，将一个营销人员临时派往研发或生产部门，或者采纳一套开放型办公设计（摆脱分歧者和私人办公室）。一种提高合作和集体解决问题的效率的好方法（尤其对重要的团队性事件，如设计选项的选择和时间安排的确立）就诞生了——在场外召集一个小组。当微软组织一个临时队伍时（在一个项目过程中有几次），它在风景秀丽的地方使用了几个标准地点用来办公。诱人的环境使团队成员们愉悦地期待着建立临时团队。大多数优秀团队成员的涌现和贡献对微软来说卓有成效。

特别是当团队进行激励创新时，考虑创建一套团队可以驻留的联合设施。创建全新的东西需要有能力去尝试新的程序和流程，需要打破公司的文化，需要实验和原创性。为达成这个目标，应把所有队伍的成员聚集在远离公司大本营的设施中。以这种形式打造的团队状态有利于队伍的合作和凝聚力的增强，这将激发高水平的创造力和创新力，打破了常规地解决问题的思路，促使团队继续努力。

例如，控制数据公司（CDC）把一个致力于开发 5.25 英寸（1 厘米≈0.3937 英寸）的硬盘驱动的团队，聚集在俄克拉荷马州，远离公司主要办公地点明尼阿波利斯。许多其他的公司正在做同样的事情。然而，为了能够合作和扎根于公司的其他工程的工作中，及时把这个工程纳入主要的工作地点，这也是至关重要的。

2. 桥梁和联系

在上文中我们提到了沟通与联系的职责就是使 NPD 项目顺畅地运行，除了正式任命的联系人，每个团队都有其日常的非正式联系和一些习惯使大家相互认识。大多数的管理者认为他们自己确切地知道团队成员间的大多数互动模式，无论是在自己团队内部还是在其他团队中。然而，调查表明，这是管理者都会犯的常见错误。如果你有 30%准确率，那已经很不错了。遗憾的是，正如很多管理者发现的那样，准确率甚至可能连两位数都达不到。除非邀请网络研究人员对团队成员之间的沟通模式进行正规的网络分析，或者教会你如何运用网络分析系统进行观测。除这些以外，还有发掘非正式联系的方法——“问”。经常和团队成员交流，了解他们所面临的困难和他们寻找解决方法的途径，问他们在这些过程中所需要的人，而不仅仅是谁能向他们提供他们所需要的知识，更重要的是谁能帮他们把这些知识更有效地利用起来。问他们是否参与了其他团队或其他职能问题的解决。无论在哪个团队中，这个方法都能使你发现一个甚至更多的非正式联系。在大多数情况下，管理者不希望这些人互相联系。他们往往不被认为是某一特定领域的专家。找到他们唯一行之有效的方法是“问”。同理，问其他队伍的管理者也是有用的。因为一个项目中的非正式联系人通常也就是下一个项目的非正式联系人。

另一种鼓励基层和团队之间进行沟通的方法就是经常组织同等级的人开会。对于大团队来讲，可建立子团队之间的联系。例如，一台新的复印机需要在一些枯燥的技术方面进行开发工作，如光学成像和电化学过程等。强迫子团队每天紧密合作是没有用的，你应该在整个团队级别上协调开发工作。这种系统的团队结构被证明在复杂技术环境中是有效的。

此外，还可以设置双重报告关系，团队成员必须向不同的职能部门进行报告。例如，你有一个战略工程师，他隶属于其部门经理和营销代表。另一个战略工程师则可能隶属于生产厂家和客户代表。一方面，这种通过并行渠道的运行模式大大推动了项目进程的顺利进行。另一方面，两个知识库或功能池之间的独木桥往往会“瘫痪”以致破坏整个工程。这个时候你需要另一座桥。在这个项目上建立桥梁的人将在以后的 NPD 项目中建立自然的桥梁，而且越多越好。

最后你将发现创建相互依赖的工作联系是富有成效的。通过打破小群体之间的隔阂、给各小群体布置任务，以使得它们在一定程度上相互依赖。例如，一个航空公司的项目经理给营销部和研发部提出这样一个目标，即研发一种新型飞机，这种飞机能承载更多的旅客并为每个人提供更大的空间，同时它的重量必须与传统飞机相当并且具有可行性。最初想法是将标准机型的机身旋转 90 度，这样能使机身变得更宽，却缩短了它的长度。虽然最终的设计实际上并未推向市场，但它确实使营销部与研发部走得更近。这不但使得这两个部门在许多后续项目中建立了有效的联系，同时还将为这个公司未来的飞机研发提供有益的信息。实际上，它不仅打破了营销部和研发部之间的隔阂，更为二者未来富有成效的合作提供了黏合剂。

桥梁和联系确实是自发产生的，一些人能自然而然地建立联系，另一些人则需外界的鼓励。但是熟能生巧，任何人都可能成为熟练的联系人。虽然我们不能夸大正式或非正式桥梁的重要性，但是积极和一贯地建立桥梁是良好的做法。联系人能帮助你传播信息并且提高决策的质量，他们将把整个团队凝聚在一起并使其更高效地运转。

6.3.4 支撑结构

1．互动方式

支持合作、防止形成小群体的最有效的方法就是提供面对面的交流，但是人们的职业生涯中的很大一部分时间都用于没有成效的会面。许多 NPD 专业人员对它已经产生了一种心理上的反感。你的团队成员就很有可能由此而将大多数交流通过电子邮件进行。随着电子邮件使用次数的增加，合作的次数减少了。

电子通信与面对面交流各有优势和不足，但在项目的初期阶段要有规律地进行面对面的交流。实际上，不鼓励电子交谈。应该让团队成员们不停地说，同时你也参与到面对面的交谈中去。面对面的团队互动是激发真诚合作、防止小群体出现的有效途径。尤其是当你已经创造了一种让团队成员在身体上相互接近的环境时，你能够很容易地鼓励他们谈话而不是发送电子邮件。同时，每周与整个团队会面。一个典型的错误是认为需要在这样的会面中做出最终决定。这样做的后果使大多数会面没有成效，所以不要这样做。例如，与其探讨该采用哪种颜色倒不如讨论在决定采用的颜色时应考虑的因素，同时决定由谁来选定这种颜色。他们的决定可以在下一次会面中讨论。大多数 NPD 经理都是专家，拥有令人钦羡的专业技能和知识，但他们经常缺乏主持谈话的能力。吸取这一经验并且让公司为你和你的同事提供一些如何进行有效的会面的培训是大有裨益的。这些会面将是促使你们成功合作和团队走向一体化的支柱。

随着项目的进展，可以缓慢地通过树立榜样来激发电子邮件的使用。项目所涉及的不确定性越低，全体会面的次数就会变得越少，而且每次会面的时间会变得越短。随着时间的推移，你慢慢地开始通过电子邮件进行更多的交流。通过仔细塑造团队成员的沟通方式，你可以为项目的下一个阶段制订出所需的合作计划和整合级别。

2．信息系统：技术诀窍

与计算机相关的信息系统可支持解决两类问题：技术诀窍和时机诀窍。当与技术诀窍相关时，计算机通常被认为能解决我们所有的问题。通过电子公告板，团队的成员可以同时询问数百人。但这其中存在严重的局限。即使这有很大的优势，计算机也不能成为信息系统的基础，尤其是在 NPD 项目的早期阶段。许多系统可供你和你的团队使用，但它们都有同样的问题：只提供合计的数据和过时的信息，这些必定也是不完整的。例如，当一个团队选择一种特定的技术解决方案时，它会倾向于将所有曾经想到但未被采用的备选方案包含在该信息系统中。没有哪个职业 NPD 人员有时间或这种爱好将所有这些都输入计算机中。另外，技术和经验是根本无法输入任何系统的。

作为一个团队管理者，必须支持对数据库和信息系统的使用，但是应该更加鼓励面对面的交流。你可以通过中间人来达到这一目的。奖励团队成员——当他们积极地与团队内外共享知识时，小群体会面是就某一问题向其他成员寻求帮助的绝佳机会。与团队成员们进行面对面的交流将提供丰富资源，但是不要让他们真的在会议上就开始实施帮助——以后会有充足的时间。

你还可以在团队中随机抽取参与者来参加每周会面，每次会面人数包括你在内限制在 10～15 人之内，会面的目的是进行非正式的信息交流。在这些会面中可以听到每个人关心的问题并给予回复，同时能让每个人都保持联系。真诚是关键，你需要遵守神圣的规则：不进行报复，没有人会因他们所说的话而受到伤害，这些话也不会告诉上级。没有真诚这些会面就不会奏效（同时提供油炸圈饼和苏打水）。类似的会面（它的种类有很多）在许多不同的组织中都很成功。例如，MCI、AT&T、联邦快递、美国政府部门、三菱以及硅谷的许多公司。

另外，要确保团队成员并不是把他所有的时间都用于这个群体，大多数的经理会因为这个想法而颤抖，但它是一个很重要的理念。在许多公司，对时间的恰当分配比例是 80:10:10。团队成员将他所有时间的 80%用在团队上，这也是一个人的主要任务。10%的时间与功能上的同事一起度过。通过安排功能专家之间的讨论时间（每两周一天），使在一个项目中产生的知识和经验能传达给另一组的同事。在这种风气下，一个团队能受益于其他团队，另外，一组功能专家在一起能解决单个专家不能解决的问题。

最后 10%的时间是用在另一个团队上。原因是它可以在团队中传播知识，同时它可以帮助团队在彻底革新时获得组织对团队的支持。例如，KPN 电信公司，它是一家大型的欧洲企业，过去有一些部门对家庭产品开发做了很多努力。每个部门可以开启它自己的 NPD 项目，而且可以招募整个公司上下的专家加入它的团队。这些团队是多职能团队，但用的是 NPD 方法论，而且这个方法论还是由该部门亲自开发的。有一次，其中一个部门开启了一个项目，这个项目涉及一种新产品，这个产品将出售给工业领域的很多公司。其他部门都不支持它，所以这个项目无法获得重要的知识池（和资金）。这时我们建议这个项目经理将他的团队成员“借给”其他团队，以换取他们有限的时间（10%）。尽管稍稍减少了本团队的人数，但它为项目创造了奇迹。团队成员可以接触到重要的知识资源。另外，他们可以亲自热情地讲述他们正在开发的新产品，并且可以很快地获得整个公司对项目的支持。

3. 信息系统：时机诀窍

在工作流程管理系统的帮助下，了解“时机”很重要。当你的成员需要遵循许多正确的流程做出决策的时候，这个系统能够成功应用。许多公司通过正确地使用 WFM（Workflow Management，工作流程管理）系统去控制项目队伍的正式运作。到现在为止，很显然这些系统也能够被用来帮助你有效地增强队伍的合作和凝聚力。生产一辆新车，发动机设计者和车体的设计者必须协同工作。但是他们不会这样。毕竟，他们的目标和专长是不同的。如果不恰当考虑到汽车引擎罩下的可用空间和可用的连接点，就无法确定发动机的尺寸和与车身的连接点。

使用 WFM 系统不仅提醒两个队伍的设计者去协同工作，而且可以实际安排会议。另外，使用这个系统可以使他们与其他功能部门和小群组开会。通过巧妙地使用 WFM，你能够促进知识流动——关于“知道”怎样做和“时机”的知识。最好是你能够提前创造一些桥梁和交流。当团队在一次成功之后为开始下一个阶段而重聚时，可以主动地插入互动的时刻，如联合跨功能任务，给那些不太可能成为团队中天然桥梁的人一个机会来参与桥接活动。

总体上来说，随着设计目标变得日益复杂，WFM 系统将变得越来越有用。

当第一次不得不使用 WFM 系统的时候，大多数的人是反对的。然而，当你应该对他们的预定敏感的时候，团队的成员将很快发现这个系统帮助他们除去了恼火和麻烦的管理目标。当你抓住时机去推进队伍的合作和凝聚力的时候，你的队伍将注意到他们的工作进度变得更快，工作质量变得更高，工作内容变得更加有趣。这是相当丰厚的回报！

6.3.5 管理风格

1. 设定目标

绩效目标正在推进。目的和具体目标的结合对实现业绩至关重要。清晰的进展目标能够帮助一个队伍及时了解进度和承担责任。首先，设置清晰的目标并以此来衡量团队的绩效。在这个过程中，添加要达到的子目标或里程碑式的目标。项目的类型和不确定的环境将决定你设定哪种目标。最具激励性的目标是队伍自己设置的目标。作为队伍的管理者，你的任务就是确保这些目标符合项目的总体目标。

确定这些目标需要团队的努力。没有什么比主要依赖于或仅仅依靠一部分成员或职能所能达到的目标更不利于团队的运作了。设置推进型的目标，这种类型的目标起初看起来似乎不能达到。目标必须设置得足够高，但是不能高不可攀而使人们泄气。总的来说，可以设置一个你认为很高的目标然后再往上加一点。在通用电气公司，杰克·韦尔奇把这种类型的目标叫作“拉伸的目标”。拉伸的目标创造了一番“我们都在团队中工作”的景象。在这样的团队中，单个个体很可能对完成一项艰巨任务感到绝望，团队的培养、支持、互相的鼓励和激励促成了一个令人印象深刻的好结果。

在项目的推进过程中，你必须检查每个团队成员在脑海中是否都有同样的目标。不同的团队成员由于对目标进行阐明的方式不同，还具有不同的任期、个性和背景，因此对目标的解释也不同。定期举行全体会议，以形成团队成员对团队目标的共同看法。同时经常询问不同的团队成员，让他们向你描述团队的目标。你将被你听到的不同的故事所震惊。当你了解到团队成员对团队目标有太多的不同看法时，你就需要离开现场。例如，欧洲奶业对所谓的牛奶价值的讨论，它代表了牛奶的质量，从而代表了农民获得的钱。几百年来，人们对牛奶的价值有着截然不同的看法，尽管在这段时间里，牛奶这一产品丝毫没有改变。

2. 平易近人

作为一个平易近人的管理者，你应该支持你的团队成员并帮助他们。你更应该是一个“帮助者”，而不仅仅是“老板”。另一种说法就是“独裁者”，他们在队伍中占据很高的地位。这个“独裁者”越集权，他规定、控制、决定、讨论和传递的信息就越多。尤其在 NPD 这个具有很高的不确定性的项目中，集权的管理者很容易使数据和需要做的决定变得超负荷，从而降低了决定的质量。

一个运作良好的 NPD 项目需要具有不同背景和责任心的专业人员的参与。无论你作为一个队伍的管理者多么博学多才，当不同的专家参与的时候，你建议的替代方案和解决方案的质量总会有所提高。

没有哪个管理者能解决每一个事件，有的甚至不知道将问题（知识或解决方法）发送给谁。这样更糟糕。你对信息、知识和问题的管理和控制越多，你就越妨碍了团队的创造能力。在形成产品概念和解决问题的过程中，团队成员之间激烈的交流与讨论是必不可少的。团队越以管理者为中心，那么这个团队的创造力就越低。

如果你是团队的中心人物，这并不是一件坏事，这样能加快决策制定的进程，使团队合作更加有效率。这在 NPD 项目的后续阶段中更加有利。核心的管理者可以保证所做的决定在项目过去的阶段中得到遵守。有了核心管理者，项目在测试、操纵、生产、开发和市场引导阶段能进展得更快一些。你在开始时不要太以自我为中心，在后期的阶段才应该以自我为中心。

你自己决定你作为一个领导者的中心地位，这很容易处理得不好，因为大多数管理者在项目的早期太过于集中，而在后期不够集中。幸运的是，要想转变很容易。不那么集中意味着在全体会议上退居次要位置。你可以担任他们的主席，但最好让其他人来主持会议（只要他们有能力有效地主持会议）。如果决策偏离了主要目标，你就记录下会议上说了什么。如果你主持会议，你要确保每个不同的功能都占用差不多的时间来讨论，并且在讨论中你不要给出一种正式的态度。以你为中心意味着在会议中你控制了更多的讨论，你来决定进行或取消讨论。这种会议的时间会很短。你应该在会议开始前就做了大多数的决定，在这里只是向大家宣布你的决定。

参与式管理者可以管理多种团队，但一个以自我为中心的管理者不能做到。管理方式中最难的是，让你的领导力量从外围转向中心。我们大多数人都有一种让自己感觉舒服的方式，并且已经习惯了这种方式。"NPD 团队领导者指南"将会提醒你何时去转变你的方式：如果在决策中每个职责之间都没有关联，以前的决策就要重做，否则更高级的管理层人士会开始担心项目是否能够顺利完成，这时你就会得到一个很强的暗示，你需要变得更以自我为中心。最好的项目管理者是一条真正的"变色龙"，并同时有能力把自己放入任何一个环境中。对形势快速而准确地做出评估是一个重要前提，"NPD 团队领导者指南"就是为这项工作而设计的。如果你想要找一个像变色龙一样的管理者的典范，那就参照一些政治家的履历。以他们为例，学习他们的行为，这样你就会成为一个与团队成员打成一片的管理者。

6.3.6 从长远看你能做些什么

"从长远看你能做些什么"，指的是管理环境如何帮助你和你（未来）的团队持续更好地发挥作用。在多职能团队中，技术水平并不充分。团队成员和团队管理者需要训练他们自己的人际关系技能。你做得越好，就能越有效地教会他人这种技能，你将立即收到成果。良好的人际关系可以加强团队中各种功能的和谐共存，能够加快团队成员从团队之外获取知识的速度。你要抓住这些机会为培训和教育做安排。提供软技能的教育和培训，例如，观察、聆听、给予或者接收反馈、团队动力和团队建设。尽管有一些书包含一些能帮你达到这些目标的训练，但是这些不能够代替咨询公司提供的手把手的调教。有一些咨询公司专门培训专业的人际关系技能，所以应该参加人际关系的训练。遗憾的是，大多数公司将它们的大多数培训经费用在了认知训练（知道是什么及知道怎样做）上，而缺乏在人际关系技能（知道是谁）上的投入。软技能预算往往是公司进行成本削减后削减开支的第一批项目之一。鉴于人际关系的重要性，这一项本应是最不应该节省的。如果你有划拨经费的权力，请保护好这些用在人际关系技能训练上的经费的底线。如果你没有这种权力，那么请和那些有权力的人谈一谈，除非你得到了这份预算，否则不要停下。然后，用这些钱为你的团队成员提供这种训练。无论你的管理技能有多么高超，你会发现你的工作变得更容易（并且很可能更成功），如果你的团队成员可以自己做好团队的管理工作。在一个团队中，每一条规则的应用都可以指导这个团队最快地获取成功，这是最理想的状态。通过培训团队成员的人际关系技能，你的团队将会转变成一个高效的组织。马上开始吧！预防总比治疗效果好。尽管大多数 NPD 团队管理者起初害怕这种培训经费会白白流失掉，但当他们从这种训练中尝到了甜头后，每个人都想再来一次。

当为未来的团队征集成员时，常常会要求他们具备团队精神。用一个精美的笔记本来记录成员的名字——不管是正式还是非正式的，以及他们的人际关系的表现，你可以确保你的团队有充足的自然联系。这些将使你能够选择适当的团队成员并快速地添加和构建桥梁。保持这样一种和其他管理者协作的关系，你将拥有一个有力的、无人能敌的信息管理系统。

你要确保一直使用我们上文所述的管理工具。它们走了一条长路，而且不光证明了我们现在的团队的表现，也证明了你未来队伍的功能。这些管理工具一起涵盖了与团队协作和融合相关的各种问题。你要确保一直积极地设计你自己的干预工具。我们为你提供了一种选择的体验，以及何时何地去运用它们。学习和应用这些工具将为你提供必要的技巧，使你能够开发一组最有效的干预工具。

要了解每一种干预的影响，必须要强制自己一次只能应用一个。从我们的列表中可以看出，通过重新设计工作区域、建造桥梁、激励更多的面对面的合作和引进一个计算机化的信息系统，你或许会被建议运用多项干预措施，来刺激整个团队的知识流动。这个或许作用明显，然而，由于同时应用多个干预，将给你造成众多变更。你不可能预测新工作场所设计的效果，因为它的效果将被其他干预措施所影响。即使结果或许是有益的，但当你想要改变团队中知识流动的方向时，你仍然没有学会下次该做什么。因此，你应聪明并耐心地在一个时间点只应用一个干预，并把它记录好，等待影响的出现。如果需要，再加入第二个干预。

在上文中，我们曾警告你，团队评估的结果不应被高层管理者握在手中。但是，在你的干预中，一定要有高层管理者参与。当你想要改变团队的工作环境时，一定要确保得到高层管理者的财务支持。当你已经在你的团队中建立了有效的桥梁和合作时，一定要确保它们不会被高层管理者调入其他团队。这些桥梁和合作是有效的 NPD 团队表现的支柱，所以你不能失去它们。当你想要引入或采用一个 WFM 系统时，让高层管理者加入其中。确定你和高层管理者之间有一个协定，那就是他们不会修改你已经为团队设置的富有挑战性和鼓励性的目标。每个干预方案都是有力的并且能够产生深刻和持久的积极影响。如果高层管理者取消你的标准，那么，每个有益的影响将会立即消失，因为你没有加入他们的决策；你也会失去优先应用那些联系的机会，因为你的团队成员不会相信它将持续到底。所以当你例行地评估团队的质量时，不要让高层管理者加入，但是当你选择激烈的干预时，要经常地让高层管理者加入。

对于持续性的高团队机能来说，至关重要的是不管是在为胜利而庆祝，还是在为失败而哀伤，你必须进行事后分析。记录学到的经验和教训并将它们纳入项目方法和程序的修订中。多进行一些事后的分析，诸如对目标达到程度的评估，风险分析的正确性和计划的准确性。在项目的整个生命周期中，合作与整合是至关重要的。你选择了谁作为合作伙伴和桥梁并且他们做得怎样？交流合作是否是你不曾预期的？谁？为什么你错过了？谁在团队中架起了桥梁和建立了团队之间的功能？当你做这个时，你不能对自己仁慈，而是应该客观地评估你的管理风格和干预措施如何影响团队的合作和整合。除了项目事后分析，在项目进行的过程中你要保持记录活动日志的习惯。记下你采取的行动及其原因和效果。在下一章节，写下你怎样可以做得更好和遇到类似情况你会做什么。你当然需要诚恳地估计，承认你自己的失误，相信下次会做得更好。只有当你真正学习你在这章写下的经验时，你才会成为一个比预期更好的管理者。

最后但同样重要的是阅读。阅读所有你可获得的相关资料，从日报到商业周刊（以跟随你的竞争者、合作者和客户），到相关的商业理论和科学读物。即使大多数经理不能很好地掌握科学理论，还是应该强制性地阅读。因为全面地了解商业原则将能提供可实施的战略的最好信息和知识。你将会成为一个知道事情的进展和发生原因的管理者，而不是一个仅知道事情如何的管理者。

在实践中，成功干预的关键

- 频繁而坚持不懈地应用“NPD 团队领导者指南”，这样你就能学会在问题发生之前找出问题。随着时间的推移，你能立即找出在你的团队中需要整合的问题。

- 在应用任何干预之前，都要清楚地规划你想要达到的目标。一个规划良好的问题胜过半个解决方案。
- 为你的干预设定团队水平目标，对于成功的干预要奖励你的团队。
- 学习其他或以前的干预，无论是你执行的还是由公司其他人执行的都要学习。
- 尝试一种不同的视角，建立一个可选方法集。不要变得目光短浅，对于任何问题总是会有多个解决方案。
- 一次只应用一种干预技术。绝对不要同时应用多种干预技术，否则你不可能了解哪种干预技术产生了哪些结果。
- 让团队成员积极地寻找解决团队问题的方法。
- 确保你得到了支持和上级管理部门的承诺，以保护你不受来自侧面的威胁。同样，赢得你的外部干系人的支持，积极地管理你们之间的相互依赖关系。
- 向团队成员报告结果，尤其是正面的结果。大多数人认为改变是令人不快的，所以，通过向团队通报正面的结果，可以保持团队的动力。
- 总是执行事后检查并记录你的干预措施。这对你和其他能够学习你经验的人都很有用。
- 解决问题的方法要一致。不要在半路上改变你的方法，因为那样你会变得没有耐性且不想等到干预的结果。

6.4 小结

本章通过为你提供必要的工具使你能够迅速地做出决策。通过频繁地使用这个“NPD 团队领导者指南”，你能够及时地了解队伍的运作情况。用回答的方式寻找变化，提供干预工具和使用“NPD 团队领导者指南”去跟踪效果。这就是最正确的方法。

学习怎样管理 NPD 团队的过程将是永无止境的。想要获得长期成功，你能做的就是继续阅读和使用在本章中所描述的原则和工具。路是走出来的，改善团队的管理需要不断地、经常地应用这些工具。

在本章中提出的工具是建立在严谨的科学研究和广泛的实践基础之上的。它们非常强大，如果认真使用，一定会在今天、明天甚至是从长远来看，明显地改善了项目绩效。

参考文献

[1] Baker, Wayne E. 1994. *Networking Smart*. New York: McGraw-Hill.

[2] Christensen, Clayton M. 1997. *The Innovator's Dilemma*. Boston: Harvard Business School Press.

[3] Deschamps, J., and P. R. Nayak. 1995. Product Juggernauts: How Companies Mobilize to Generate a Stream of Market Winners. Boston: Harvard Business School Press.

[4] Drongelen, I. C. van. 1999. *Systematic Design of R&D Performance Measurement System*. Enschede (The Netherlands): Print Partners Ipskamp.

[5] Griffin, Abbie. 1997. "PDMA Research on New Product Development Practices: Updating Trends and Benchmarking Best Practices." *Journal of Product Innovation Management* 14: 429–58.

[6] Holahan, Patricia J., and Stephen K. Markham. 1996. "Factors Affecting Multifunctional Team Effectiveness." In Milton D. Rosenau Jr., Abbie Griffin, George Castellion, and Ned Anschuetz (eds.), *The PDMA Handbook of New Product Development*. New York: John Wiley and Sons.

[7] Hollander, J. 2002. "Improving Performance in Business Development." Ph.D. dissertation, University of Groningen, School of Management and Organization, Cluster of Business Development (The Netherlands).

[8] Katzenbach, Jon R., and Douglas K. Smith. 1993. "The Discipline of Teams." *Harvard Business Review* 17: 111–20.

[9] Kratzer, J. 2001. Communication and Performance: An Empirical Study in Innovation Teams. Amsterdam: Tesla Thesis.

[10] Leenders, R. Th. A. J., and S. M. Gabbay. 1999. *Corporate Social Capital and Liability*. Norwell, MA: Kluwer Academic Publishers.

[11] Muller, P. C. 1999. "Teambased Conceptualization of New Products." Ph.D. dissertation, University of Groningen, School of Management and Organization, Cluster of Business Development (The Netherlands).

第 7 章

决策在 NPD 流程中的重要性

马克 · J. 德克（Mark J.Deck）

7.1 引言

基于阶段是否继续的决策是使 NPD 流程整合为一体的黏合剂，一旦项目进入流程就会完成各个阶段并走向结尾。这个黏合剂中的缺陷几乎一直是导致产品开发绩效问题的关键原因。所有的失败都源于 NPD 决策流程中的缺陷，如残缺的决策、迟到的决策、被忽视的决策和没有决策等。一个好的阶段评审决策具有 6 个特征。这 6 个特征是及时、完整、适当、高质量、可操作和快速。本章将解释这些特征的含义，并概括出一些在有效的 NPD 决策过程中较为简单的因素。它包括一个针对公司 NPD 决策效率的简单自我测试。

大多数公司的成长都离不开持续地向市场提供新产品和服务。如果你的公司最近 3 年来 40%～60%的收益来源于你新推向市场的产品和服务，那么产品开发就是至关重要的竞争力。向市场以更快的速度提供更多、更有价值的产品要经过许多流程，这些流程是通向成功的关键。其中，决定产品开发者成功的一个关键因素就是 NPD 决策流程。然而，决策在产品开发流程中的作用很少被人们理解和重视。这实际上是一种掩饰。很多公司甚至不把决策作为产品开发流程中的一个明确元素。

这几乎让人无法理解。毕竟，产品开发不就是一系列的决策吗？关键的决策（例如，何时启动、何时结束，或何时改变开发一种新产品和服务、平台、技术）或解决方案的进程，可以直接决定成败与否。最初的或最先做的决策有着特别的战略重要性。酝酿中的产品是否有需求、需求是显现的还是潜在的？怎样才能使我们的产品优于竞争对手的产品？该产品所需的创新度是否在我们的能力范围之内？该产品开发所需的能力是否超出了我们的能力？该产品开发符合我们的经营战略吗？在市场机会到来时，我们能够及时完成产品开发工作并将产品推向市场吗？

这些决策通常都与阶段审查、门径或业务决策点相关。做出这些决策还涉及对企业内开发项目组合优先权的分析。这些关于优先权（NPD 项目开发顺序）的决策可以成就或者毁灭一个以产品开发为命脉的公司。事实是产品开发就是决策。

我们诊断了超过 350 家公司关于产品开发绩效问题出现的原因，发现有缺陷的决策无一例外都是其基本原因。不是因为缺乏人才、技术、资源或经验。那些假设的任何局限都不是达到优秀的 NPD 绩效的绊脚石。通过重新组织开发决策流程，NPD 决策问题（随着问题的发展）会得到良好的解决。

7.2 决策要无缺陷

把一个无效的决策等同于一个错误的决策，实质上是低估了它的危害。

- 无效的决策降低了产品开发的速度和热情。它通常会导致新产品推迟上市并失去最佳商机。
- 无效的决策导致对资源的无效利用及积压的开发项目数量超出可获得的开发资源。
- 无效的决策增加了成本，并会损失利润。不成功项目的直接成本是由于错失了将时间和资源投入到更好项目上的机会而造成的。
- 非正式的决策流程不能在产品开发流程中给予高层管理人员一个明确的角色，这往往使得改善工作事倍功半。

决策速度会受到各种不同原因的影响。例如，一个本来可以迅速地由一个指定的决策团队完成的决策，由于没有这样的团队而不得不按顺序等待完成。反过来，一个缓慢拖沓的只关注决策顺序的签字程序是一个更加恶劣的顽疾。需要从管理部门得到决策的项目团队常常在那些各自为政的决策者之间往返奔波，那些决策者们做出的一致性决策实际上是相互矛盾的。这种分散而缓慢的决策方式存在的最大的隐患就是整个公司会因技术与市场的脱节而陷入混乱和僵化：“正在发生什么？我们是否应该紧跟当前机遇？最好还是等等看吧。不想做出错误决策。”机会在狂笑，公司模糊地意识到它做出的等待和观望的决策是它对这件事的最终决策。管理者缺少的是在某些压力下制定高质量决策的修炼。

管道指数

PRTM 的前任主任开发了一个以最优的数量维护 NPD 管道的公式。他的工作起源于这样的认识，即管理者没有可以显示管道负荷不足（少见）或超负荷（通常）的定量指示器。这个被称为“管道指数（Pipeline Index, PI）”的公式很简单。它将公司产品开发管道中现有的项目数量与公司已经声明它能够进行的开发项目加以比较。PI 是基于与周期、存货，以及产出量相关的基本的工厂原理制定的，这些原理是 20 世纪 70 年代到 80 年代早期美国和欧洲的制造企业历尽艰难学到的。它们包括了这样一句话，“车间里有更多的产品并不意味着有更多的产品出厂”。工厂超负荷只会产生从过高的产品存货到过度的报废等一系列问题。理论上，PI=1.0 的公司会努力将 NPD 项目数量严格控制在已经证实它能够完成的数量上。我们的经验表明，实际中的 PI 值多处于下列 4 个区间：

- PI<0.9：管道中负荷不足，浪费能力。
- 0.9≤PI<1.3：最优的管道负荷，最大化的生产率。
- 1.3≤PI<1.6：可能会超负荷，生产率会有所降低。
- 1.6≤PI：肯定会超负荷，生产率严重降低。

绩效对比的例子见表 7-1。

阶段评审决策在一定意义上是 NPD“发动机”的“油门”。“油门”向后则“发动机”减速，“油门”向前则发动机加速，但是要小心不要施加过多的项目。稳定地控制“油门”是非常重要的。在没有足够资源去完成相应任务的情况下做出开发项目的决策是不合理的，但公司常常会这么做。我们所做的基准研究显示，这种盲目的策略会使公司的 NPD 管道负荷减少一半。

表 7-1 一个绩效对比（PI 值）的例子

行业	最好的 NPD 执行者	其他的公司
计算机和电子行业	1.0	1.6
医疗仪器行业	1.4	2.2
通信设备行业	1.4	1.7

总的来说，管道负荷不足是罕见的，而且高负荷直接与 NPD 的不佳表现相关。技术领先的厂商已经开始认为他们的研发机构是一个新产品开发的“工厂”。管道指数提供了一种按其能力校准新产品开发“工厂”利用率的手段。

无效决策经常会花费大量资金。在你决定开发一个重要的新产品，但是产品没有市场时，你大概已经在开发和准备发布的费用上浪费了几百万。而且这种损失超过了货币能够计量的范畴。无效的决策推迟了新产品上市的时间以至于加大了机会成本。为什么会这样呢？任何没有能够做到的完全和及时的最终开发决策会减缓整个 NPD 周期。如果你在开始一个项目后放弃了它，那么你将失去你在这个项目上花费的投资成本（不仅仅是学习成本）。但至少，不再继续浪费资源了。如果拖延放弃这个项目的时间，事实上等于你决定了你仍然在不断地浪费资源。

决策对产品开发的速度、生产量和成本的影响是显而易见的。不那么明显的事实是，决策就像“黏合剂”一样整合了 NPD 流程的各个环节，如有效的跨职能团队、一致和灵活的工作流程和强大的资源—管道管理。我们从数以百计的产品开发的干预措施中学会了一件事，如果你不建立和保持一个有效的阶段评审决策过程，你所尝试的其他任何 NPD 的程序和做法将不会成功。

当第一次建立一个 NPD 流程，或为改善 NPD 绩效进行重大改变时，高层管理者的推动是非常必需的。建立一个世界一流的 NPD 流程常常涉及一些深入的、充满组织压力的变化。公司发展文化中的紧张感可能会暴露出来，长期潜伏的挫败感也可能爆发。一个组织越是长久地习惯于缓慢的、政治化的、不完全的决策，想要建立一个积极的决策过程就越艰难。改善 NPD 流程的重量级的改变必须由最高管理层推动前行，否则，什么也不会发生。因此，高层管理者的决策应该成为产品开发系统的一个明确的要素。如果这只是一个隐含的要素，那么没有任何东西会改变，因为管理者在这个决策过程中没有明确的角色。

经验告诉我们，优秀的决策有 6 个重要特征：

（1）决策必须及时。轮船航线的绘制时间应该是在出海前，而不是在船已开出很远的时候。高层管理者越早参与开发项目，则他们对项目成功的帮助就越大。

（2）决策必须完整。一个完整的决策需要解决一个开发项目所要解决的所有问题。无论谁，只要他们的参与能够给这个项目带来完整、清晰、可信的决策，都必须加入这个项目中。

（3）决策要适当。一个优秀的决策是与问题严格相关的。决策者必须知道与这个项目相关的很多问题之间的区别及目前亟待解决的问题。

（4）决策必须高质量。一贯高质量的决策将使决策能够始终保持是正确的。一个高质量的决策是基于正确信息和对问题做出的正确决策。

（5）决策必须可操作。如果每个参与项目的人员不知道该做出什么反应，那么这个项目的决策就没有意义了。一个好的决策能够为项目组提供具体的期望，并引导它们进行下一步行动。

（6）决策必须快速。决策团队的所有成员在团队会议之前要做好作业，并且决策会议需要遵从预定的议程。预先准备和组织是迅速做出开发项目决策的关键因素。

7.3 决策必须及时

早期的项目决策对最终结果的影响最大。有了早期的决策，你就可以驾驭整个项目。相反的，晚做决策就会导致项目失控，结果会变得非常困难而且花费巨大。那些很顺利地把产品从概念到推上市而不必在过程中忍受危机的公司是早就做过“作业”的。在开始阶段做越多的工作去了解市场、去了解需求、确保你的项目能够满足需求，你就越可以为一个开发项目策划一条更好的路线。确定产品特性的决策也是如此，我们正在做什么？我们为什么这样做？接下来我们要怎样做？

NPD 流程中的决策比既定的时间晚很多的原因之一是，管理者倾向于将他们的决定局限于投资决策中。有执行权的管理者通常在“投资的时候”做决定而不是提前做决定。在一个项目中感觉到该“投资的时候”通常是在产品试制开始的时候。但是到了那个时候，一些非常重要的战略性项目决定已经做出了，一大笔钱也已经花了，取消这个项目的成本也增加了，改变计划就变得更加麻烦。项目的资源能被更好地应用在其他新产品开发项目中吗？这个问题显然问得太迟了。

图 7-1 给出了解释。高层管理者影响开发项目能力的下降速度与项目的累计投资的上升速度几乎完全一样。高层管理者对开发项目的重视有着奇怪的方式：他们的注意力很少关注知识信息获取、概念调查和基本设计阶段，通常在整个原型设计阶段突然上升，并在试制阶段达到高峰，然后再随着试生产过程的推进迅速下降，再随着生产产能的扩充再次上升。

高层管理者应该在整个 NPD 流程中从始至终不断地做出决策。为什么呢？因为在前进道路上要做出重要决策，企业就必须确认该项目与战略意图和业务优先级保持一致。尽早并经常地做出决策也能帮助组织在整个项目开发过程中消除障碍。

由于尽早地做出决策对一个 NPD 项目的命运会产生巨大的影响，所以每个项目决策都必须及时做出。在最初始的创意阶段有时会出现决策的“沉睡”状态，此时机会还不太明朗。在这个阶段做出决策很困难。毕竟公司是在存在大量不确定性的情况下权衡新产品的开发机会的。这也是不断深入的信息和不断减缓风险的决策和调查随着项目的成熟度及投资的增加来划分阶段的原因之一。按阶段进行决策和投资的原因之一是随着投资的增加和项目越来越成熟，将获得更深入的信息，项目风险也得到减缓。

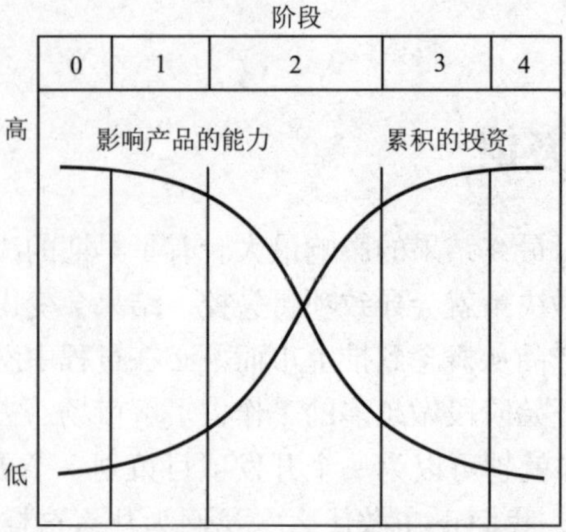

图 7-1　各阶段的管理影响和资源投入

但是，不确定性不能作为逃避早期决策责任的理由。坐等开发机会的到来将会在开发进程速度上付出可怕的代价。不要让你的项目决策悄悄溜走，直到你已经到达项目设计和开发的阶段。一个好的 NPD 决策过程包括：隔段时间就详细检查机会，以及强迫你的组织在开发周期早期做出决策、抓住机遇。

另一个非常重要的是要在需要时适时做出决策。一些公司要求隔一段时间就做一些决策，例如，管理者会每隔几个月对每个项目进行审查，无论这时是否需要做决策；或者他们要求每个项目团队每隔几个月就要做一些评审准备，无论是否有需要评审的项目。为什么呢？很简单，他们这样做仅仅是因为那个项目正好预定在那个月进行评审。但是如果一个项目在过渡时期由于必须要解决的妨碍进程的问题而需要做出决策，这项计划就会在未来的一个到两个月被搁置直到“评审日期”的到来。这就好比一个断了手臂的人，难道他必须等到下一个既定的检查日才能去拍 X 射线片并接骨吗？高绩效的 NPD 决策过程是以解决问题为主导的，而不是以时刻表为主导的。中期阶段决策应该在项目团队觉得有必要开临时会议时做出。决策者应该在需要时做出决策，从而避免一些不必要的、没有价值的、浪费时间的项目评审。

7.4　决策必须完整

为什么一些决策总是被重议？有 3 个原因导致了决策的不坚定：合适的人选没有去参加会议以至于无法做出令团队信任的决策，决策者说辞含糊不清，或者是他们没有认真考虑所做决定的可操作性。所有这些情况都是决策不完整的体现，致使决策变得不可信。

有效产品开发的一个基本原则是整合所有功能模块，使产品由创意成为现实。这个跨职能原则对决策小组也是同样适用的。一个决策团队和项目团队一样也必须拥有来自每个业务部门的代表。在做决策时，每个重要部门的代表都参与——这也同样重要，否则，所做出的决策就会不完整。可能的原因其一是决策的某些方面没有被正确或慎重地考虑，其二是一些有用的资源没有得到职能部门的承诺。在这种情况下，决策只有被搁置直到所缺的因素被提到议程上来。

很多公司成立了产品审批委员会（Product Approval Committee，PAC）来解决怎样做出平衡的、可信的、负责任的 NPD 决策的问题。PAC 可以看作是公司的 NPD 执行委员会，它负责在既定的业务领域对新产品开发项目组合里的 NPD 投资做出审批和重要性排序。因为 PAC 的职责就是决策，所以团队应该少而精，6～8 个高管会比较合适。一个 PAC 团队通常包括总经理和营销、研发、财务、运营和客户服务等部门的最高主管。

PAC 有权力和义务做以下事情：

- 发起新产品开发项目。
- 在项目从概念到产品上市的过程中，是否取消或重新对其进行优先级排序的决策。
- 确保开发中的产品符合公司战略。
- 在项目的各个阶段合理地为各部分分配资源。

产品开发是跨越垂直职能部门的横向业务流程。在很多时候，各个职能领域以分隔的组织形式来体现，这就很难把他们的功能有效地整合到一起。在一些公司里，除非你达到 CEO 的级别，否则这些部门不会走到一起。很多公司犯了这样的错误，即在 PAC 中只包括了总经理和他/她的直接下属。在一般情况下，这可能足够了，但如果一个或多职能部门跨越多个总经理的总公司级职能部门呢？如果一个完善的解决方案所需的资源来自另一个经理管理下的生产部或服务部，那又该怎么办呢？

由于产品开发是一个横向的业务流程，它需要一个横向的管理和团队结构，项目团队由跨职能部门构成，而忽视部门间的界限。这些团队的成员应该从任何需要的部门抽调出来去创造产品或解决问题，就像项目启动阶段那样。这样才能使团队高效运作，因为它能调动所有资源和职能部门。决策团队也应像这样构建。PAC 结构应该符合项目结构，正如不同的 NPD 项目具有不同的结构，它们也可能具有不同的决策需求。PAC 结构应该能随着这些不同做出调整。

在现实中，这种调整的权力来源于 PAC 的核心成员，他们代表着每个项目决策的关键业务领域。当需要的时候，这个核心成员的范围将被扩大，如另一个项目的主管或合作事业部的主管。

PAC 之所以能做出完整的决策是因为所有成员都能够切实地参与进去。一个高效的 PAC 能够意识到他们做出的决策不外乎 3 个：继续、不继续或再调整。

“继续”意味着“继续到下一个阶段，你将获得一切资源和支援”。这并不是说“我们认可你所做的，所以继续干吧，但我们还没准备好全力支持你”。“不继续”意味着停止。很多公司不懂怎样表达出想要停止的意思。它们并不是直接停止项目，而是让该项目继续偷偷地进行。同时往往忽视重新分配该项目的人力资源或其他资源。例如，W. L. Gore & Associates 公司就不允许这些地下项目的存在。在一次采访中，Gore 公司的全球研发总裁 Bob Henn 解释说公司将项目分为两类：“计划内”（Above the line）和“计划外”（Below the line）。一个“计划外”项目在将来的某个时刻也许会被提升到“计划内”，但在这之前，这个项目得不到任何资源：没有工作要做，没有资源，也没有例外。

不继续的决策通常是基于生产能力或资源方面的问题而做出的，这些问题在 NPD 活动中都是无法更改的事实。令人惊奇的是，很多公司恰恰不能让自己对项目说不。它们唯恐项目团队的士气受到挫伤，却没有意识到没有什么比在一个没有前景的项目上继续工作更令人沮丧。当你陷入这样的项目中时，你会渴望能出现某位有勇气的人将这个项目带出困境。如果项目团队认为这是最好的业务选择的话，优秀的 NPD 决策者们会鼓励项目团队提出不继续的建议。实际上，尽早、干脆地取消项目是值得表扬的，这为其他抱着疑虑不放的项目团队树立了积极的榜样。

再调整决策的状态是“我们目前不能做出继续与否的决定。我们没有得到所需信息来做决定，或者没有合适的人来做决定。我们将推迟决策直到我们的决策团队有了更多的了解和更充足的准备。同时我们应当指导决策团队［和（或）项目团队］让其更多地了解和准备。”

十有八九，一个需要再调整的决策源于一个粗劣的决策流程或者低下的流程执行力。如果所有决策者都清楚地知道决策所需的信息，如果他们手头都有这些信息，如果他们都能够搞清楚判断标准，那么他们不应该做出一个需要再调整的决策。一个需要调整的决策被做出，通常是因为所需信息不够详尽或决策者不懂如何决策。他们不能提前抓住细节。

一个合情合理的修正决策可能源于一些新的市场情况，或者它可能源于一些原先没人想到的情况，或者风险等级过高，实行前要求进一步地降低风险。然而这些情况很少见，一个优秀的产品开发流程只产生通过和不通过的决策，很少有例外。

一个完整决策的第三方面（决策的关键所在）是明白决策的更广泛的意义。项目之间中有没有相互依存的关系？这个开发项目与其他项目有何关联？例如，一个电信设备公司正在开发一个由众多组件组成的网络设备，如果在某个组件的开发上出现延迟，那么整个设备的开发也将延迟。

除了项目关联，资源关联几乎总是存在。当阶段评审发现这一阶段将会再持续 3 个月会怎样？作为一个完整的决策，PAC 需要评估资源的可利用性，以及对其他 NPD 项目的影响。没有哪个项目是孤立的，每个项目都与其他项目有千丝万缕的联系。大多数公司对它们管理的项目有一条完整的管道线。所以它们怎么会抓不住在项目间关联的这些资源呢？一些公司建立了门径系统，这样项目团队可以通过自我评估而不是管理者的决定将项目推进到决策点。单个项目的决策在各阶段单独分别做出，制定时应考虑此项目与其他决策的关系和整体项目资源的可行性。这是一个巧妙的行为。遗憾的是，产品开发经理们只知道让他们喜欢的盘子飘在空中而让其他盘子在他们身边摔碎。

一个完整的开发决策是一个充分利用资源的决策，这就是为什么资源管理如此重要。没有需要的资源，你可以评估一个项目甚至批准它，但你无法推动它。这就是一个决策和一个评估的区别。考虑将产品开发周期的各个门径作为产品组合分析的一个商业决策点，而不是简单地把它们当作项目过程的评审。

7.5　决策要适当

NPD 决策者不能被与决策没有关联的事分散注意力。最容易犯的错误是让商业决策纠缠在一些技术细节上。虽然技术价值可能与通过或不通过项目有关，但是 PAC 的成员必须在一些方面保持清醒，如使用哪种技术手段、具体的产品设计是什么，或者怎样建立适当的伙伴关系。这些决策都适合项目组去做。PAC 不是一个项目组，如果它一开始就做出各种各样细节层面上的决策，将有损于项目组的工作并妨碍项目组独立考虑问题。

一个确保通过或不通过决策的适当方法，就是清楚地界定不同种类决策的结构。例如，技术评审应该是标准项目模板的一部分。就像一个商业决策在阶段性评审中一样，这里也必须明确：谁要参与技术评审、什么时候进行、达到什么目的、有什么准备工作。这就能帮助决策者划清一个技术评审与一个阶段评审之间的界限。它还能帮助决策者全力集中解决直接相关的问题。

在早期的决策点中，对合适决策的要求比后续决策点更多。这很好理解，因为早期有太多的不确定因素。要解决这个问题，决策者需要认同这样一个观点，一个早期决策的商业论证是第一阶段审查所需要的全部，然后坚持这一观点。如果他们不这样做，那么接下去就要有效地将项目推到下一个阶段，他们的决策将成为一个不成熟的决策。本章的下一部分将详细阐述与每个阶段相匹配的信息与决策标准。

7.6 决策必须高质量

决策应当一直是正确的，但世界不是完美的，所以它需要具备高质量。要做出一个高质量的决策，你需要获得正确的决策标准和相关信息。你不想忽视一个关键问题或失败地处理一个关键问题，你无法保证总是做出正确的决策，但是一个好的检查要素表可以帮助你避免做出劣质决策，而这些劣质决策可能成为完全错误的决策。

高质量的决策产生于对所遇问题做出及时高质的回答。在 NPD 决策流程中有 4 个必须考虑的因素：市场与客户的考虑、技术与能力的考虑，以及商业和项目管理的考虑。这些考虑随着项目阶段的推进而变化，并根据公司实际情况做出调整。这里有一个示例，这一系列问题可以用来对已完成初始概念定义和可行性评估阶段的项目进行评估：

市场与客户的考虑——客户关心吗

- 设计中产品的关键功能和性能特征是否有明确定义？
- 我们知道产品的潜在客户吗？产品能在多大程度上满足客户的需求？
- 计划中的产品差异化是否明确？充分吗？能够给领先客户和最终用户带来足够的价值吗？
- 我们是否明确地了解目标市场的成熟度与增长情况，以及进入市场的最佳时机？
- 是否有一个引人入胜的制胜策略，也就是说，我们的市场进攻策略是否能够满足虽然激进但可实现的销售量目标的要求？
- 是否与目标领先客户群体互动，并获得他们关于产品设计的直接意见？

技术与能力的考虑——我们能完成它吗

- 有关产品开发、测试、生产、营销、分销和支持产品的要求是否明晰？是否可行？
- 关键技术与能力是否被认知及充分理解，并以此合理开发和生产产品？
- 架构解决方案是否提供了充分的竞争优势？是否能够引导领先客户充分参与到架构选择中去？

商业的考虑——我们关心吗
- 计划中的产品符合我们的产品战略吗？
- 产品与我们的市场/产品/技术路线图一致吗？
- 项目的预算和投资能力相符吗？我们清楚地了解为达到投入与收益的平衡而产生的风险吗？我们有能够承担风险的应急预案吗？
- 我们是否充分考虑所有的潜在专利、授权，以及其他法律和法规问题？

项目管理的考虑——我们准备好了吗
- 项目计划中的可交付成果和里程碑是否可达到？
- 对于项目的资源需求（人力和技术）和成本我们了解得足够多吗？我们是否为项目的下一阶段详细地了解那些需求？
- 关于当前及来年的计划能否提供足够的资金以支持人力、资本的消耗？如果不能，有无补救措施？
- 项目核心团队是否具有合适的技能与经验？

在正确的决策点明确地回答适当的问题，可以极大程度地降低做出劣质决策的风险。否则，你的决策过程有可能就是一个 PRTM 职员迈克·安东尼所描述的“石头游戏”（The Rock Game）。石头游戏是一个比喻，意思是心血来潮地管理产品开发。这个比喻是迈克从一个客户的项目经理那里得来的：“它就像是管理人员让我们去田野里捡块石头回来。当我们捡回来了，他又说他要的不是这块石头，让我们再去捡。如此反复。可是只有他明确告诉我们需要怎样一块石头，我们才能把它捡回来啊！”

正如我的同事观察到的，公司里玩着石头游戏的管理部门正等着下一个巧妙的产品创意呈现给它们。石头游戏使产品开发团队注意力分散，浪费重要资源，并且减慢了产品上市的速度，除非有人瞎猫碰到死耗子般撞到那块完美的石头。

为了避免石头游戏，在任何 NPD 决策之前都必须明确定义准则，并且被所有相关人员认可。在沟通、明确这些决策标准的过程中，高层管理者扮演着至关重要的角色。

好的决策过程从 4 个方面来定义产品开发周期不同环节的不同问题，它们是：市场/客户、技术/能力、商业和项目管理。例如，早期的商业考虑可能涉及“回报是否诱人”，而在较晚的阶段问题可能是“月销量是否强劲以适应生产能力”。图 7-2 指出决策点怎样随着阶段的变化而变化。相应的决策标准也需要随之改变来适应这些变化。

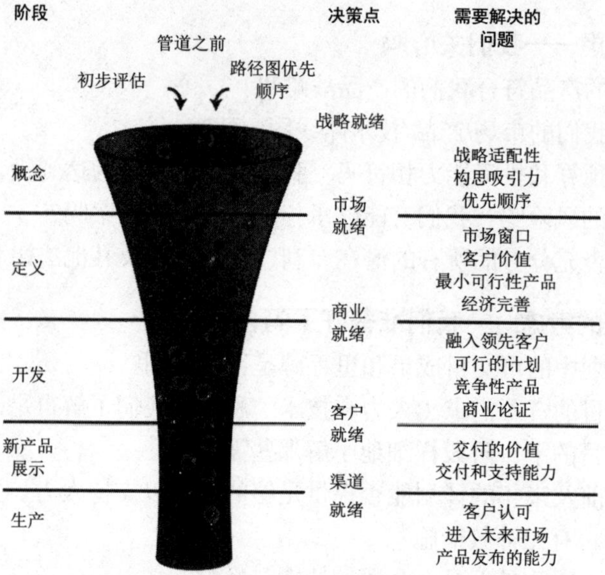

图 7-2　分阶段的决策点举例

决策标准都是以问题的形式来表述的，这是有目的的。很多公司制定无关紧要的门径标准，重要的商业决策问题如“市场计划是否完善”或“产品规格是否确定”却含糊不清。诚然，在一些时刻是应该有一些关键性的关口标准的，这是推动项目的必要条件，但是高质量的决策更有价值。它们需要解决实质性的问题，例如，“我们确信这个开发项目能使我们处于市场领先地位吗？”那就是关键决策者必须出席每个决策讨论会的原因。如果一个好的决策仅仅需要签署一些文件，那么开会的意义何在？因为做出这些决策可能很难，它们需要决策者们进行激烈的讨论。

要想做出高质量决策，所有决策者需要开诚布公地交流讨论。但如果之前的决策欠缺合作或高度政治化，这样的交流将很难进行。应该期望所有职能领域的看法都能被展现，并应该考虑所有的观点，假如团队成员在讨论时各自的异议和保留意见未表达出来，这个团队怎么能进步和成功呢？这些未解决的冲突或紧张问题迟早会动摇对团队的支持或减缓它的进程。实践中比较好的方法是，只让 PAC

和项目组参与决策讨论，局外人越少，在讨论中解决问题的可能性就越大。

同时，在议事日程上安排一些让 PAC 私下协商一些敏感问题的时间也是一个不错的主意。例如，PAC 想讨论取消另一个项目（X 项目）来支持现在项目的可能性，如果 X 项目团队得知此事，很可能从此失去动力。所以更好的方案是私下讨论。

7.7 决策必须可操作

一个决策的优劣只能根据它带来的结果来评判，如果说这是显而易见的，那为什么公司常常在不清楚付出怎样代价的情况下做出决策呢？一个可行的决策会产生具体的期望。例如，谁能负责满足那些条件？最后的期限又是什么？如果某条件可能没有被满足又怎样？有时没有人有任何线索，如果真是这样，决策者将会很难做出好的决策。每月甚至每周的情况回顾，阐明了正在增长的压力水平。决策者应当做出可操作的商业决策。他们参与具体项目进展的回顾只会降低效率。如果他们做出了一个通过决策，高层管理者需要解除对项目小组的束缚，而不是将其死死监管。他们只需要了解期望的时间和进度、成本和利润、性能和品质及预算和资源方面的要求。

在授权范围内，项目团队被赋予了在下一个决策点之前采取任意措施使项目成功的权力（这是在启动时快速推动产品开发团队工作的方法）。如果项目团队越权或者为达到预期效果必须越权时，它需要与决策者重新商议。这点非常重要，因为项目团队有时会偏离商业目标的方向，或者被迫临时越过原先为推动项目前进而定的界限。如果没有一个机制，允许项目团队召开非例行会议来向高层管理者说明情况，或者高层管理者仅仅希望在下一次例行会议中将团队纠正过来并使其走向正确的商业路线，这也许会为时过晚。这类问题容易在 NPD 流程中发起非计划性的、临时性的阶段评审会议时产生，包括计划超期、产品的功能不足、成本的超出，或者可利用资源严重不足。

一种比较有效的方法就是我们通常所说的项目合约。这些合约明确定义产品开发中一些关键要素的临界值和允许的范围。例如，合约中会特别说明产品发布日期可以推迟或提前四周。现在每个人都清楚：将发布日期提前或推迟一个月都是在允许范围内的。否则，我们需要重新考虑商业决策，包括它的相互依赖性。

如果项目组能力不足以达到合约中约定的范围，那么项目组领导的一项重要责任就是要知道应当采取何种行动和在何时进行。当一个项目确实已超出了范围，项目组必须评估形势和决定是否在继续或终止项目上给出一个明确并诚实的建议。

PAC 必须考虑这一建议并且做出继续、终止或重新定向的决策。

一个好的项目合约通常涉及 4 方面：时间，性能与质量，财务和资源。合约被限定在那些破坏合约的关键因素上非常必要。它的目的是避免重排项目计划。它同样允许项目计划前期宽松，后期紧凑。随着更多的信息被了解，可能的结果也将变得更为清晰。建立一个项目合约模板是非常有帮助的，如表 7-2 所示。

表 7-2 项目合约

单位：万美元

项目：Mustang 阶段 1 审查	阶段 1 审查时间：1999 年 1 月 19 日 目标	允许变化范围
下一个决策点（阶段 2 审查）	1999 年 2 月 28 日	30 天
上市日期	1999 年 9 月 1 日	60 天
客户要求	按计划	没有主要的变化
功能要求	按计划	没有主要的变化
产品成本	20	5%
开发成本——阶段 2	14.5	10%
资本要求——阶段 2	10.5	10%
总项目预算	116	20%
人员需求	按计划	20%
ROA（资产收益率）	5.5	20%
毛利润	45%	10%
新产品销售额		
第一年	350	20%
第二年	450	20%
第三年	550	20%
第四年	700	20%
核心团队		

团队成员：____________

团队成员：____________

团队成员：____________

为使一个决策具有可操作性，每个人都应对明确制定的 NPD 项目合约达成共识。这项合约在两方面发挥作用：一方面，允许项目组在授权范围内实施任何它认为必需的措施，但是当项目向范围外发展时，项目组有责任发起一个临时性的商业决策。另一方面，决策管理层不对项目组内事务进行干涉，以及提供相应的工作人员、资金和联系等。

7.8　决策必须快速

好的决策并非是偶然产生的。它是需要组织的，包括许多幕后准备工作以保证决策制定小组准备好履行责任。把所有准备工作集合起来，使它们形成一个预定的会议议程（决策会议组织、会议草案和制定决策的时间分配）。在大部分情况下，决策会议无须超过 2 小时。图 7-3 展示了一个典型的会议机制。

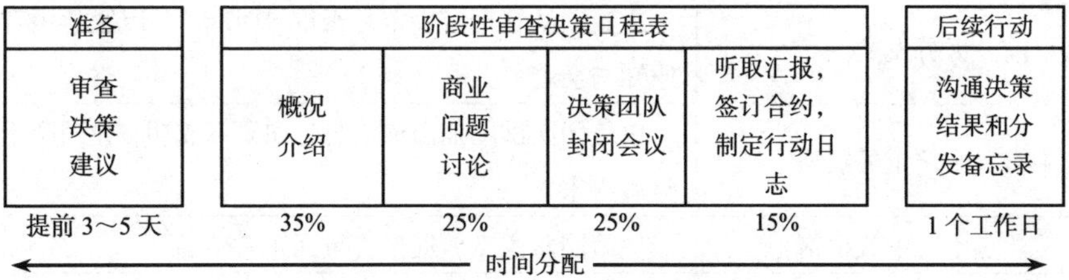

图 7-3　会议机制示例

通常，与会者都会留出 45 分钟做情况介绍，1 小时的讨论，另外半小时做出决定，还有 15 分钟与项目组进行交流。在这样的时间安排下，PAC 绝对不会试图在 4 小时内做出 6 个决定。根据协商，有关材料将会提前 3～5 天发给决策团队进行浏览。这给了 PAC 成员足够的时间来评审材料和预测那些会议中将要讨论的问题。如果没有预先的检查来提前解决那些可预见的问题，会议召开时这些问题就仍不能得到解决。这会产生什么后果呢？每一个人花了时间和精力参加决策评审会，却不能做出一个明确的决策，相反还要重新调整，并多花 2～4 周的时间。

当一个会议决策有效时，决策将被告知项目组并且每个人都要同意这份合约。决策的结果同时被记录，并在 24 小时内传达给相关组织和部门。所有的决策会议的与会者都需要明白会议的唯一目标就是在预定的时间内达成一个有效的、完整的、高质量的决策。他们还需要了解自己在其中所扮演的角色和承担的职责。

需要为整个决策程序制定一套完整的规则和操作指导，并强制执行。有时，项目组提前送交给 PAC 成员进行评审的材料在决策会议前提交可能有困难，决策团队成员要抽出时间对这些材料进行审查，可能同样有困难。但是不管困难与否，都必须去做。如有必要，可以重新安排决策会议的时间使每个人都能完全准备好。同样的规定也可以用于会议的出勤。如果一个决策团队的成员不能参加会议，他需要选派代表参加或选择退出决策制定。另外，规则要求 PAC 成员不能收回决策或对已做出的决策存有异议。表 7-3 提供了一系列的场景和对每种情况的应对方法。

表 7-3　决策草案

情　况	应对方法
团队核心领导不在	另找别的时间
团队核心成员不在	核心团队决定继续或不继续进行
在会议前一天分发文件	决策团队管理者决定是否重定时间，并以紧急语音邮箱通知与会者
报告中有一个严重的缺陷	决策团队试图抽出该信息，如果不成功，让团队重新调整后再来
报告关注点不集中或很拖沓	决策团队主席敦促报告重回正常轨道
团队没有提出一个清晰的建议	决策团队主席质询建议和理由，如果建议仍然模糊不清，则要求重新调整后再来

跟踪决策结果是吸引人们的关注度达到有准备的程度的最好方法。通过跟踪继续、不继续和重新调整的决策次数，跟踪后来被撤销的决策次数，决策会议的时间长度和与会人员，NPD 决策团队成员会对他们自己的表现和效果有一个更好的理解。根据我们的经验，重新调整的决策次数通常在开始时最高，但随着准备工作的改善会降低。同样，决策会议在刚开始的几个月内会比计划的时间长，然后随着决策流程愈加成熟而变得越来越有效率。

7.9　决策的效果：自我评价

怎样评价公司的决策制定得是否成熟？也就是说，你制定决策的水平怎样？一种方法是回过头去看你最近做的开发项目上的一些决策。它们是否制定得及时？它们是否是尽早做出的决策？它们是否完整？是否有很多“重新调整”的决策？你可以对你的决策制定有一个很好的了解，也就是说，你可以通过与标准进行对比来给决策打分。

下面是一个很有用的诊断方式（如表 7-4 所示）。0 分表示完全没有这样做，1 分表示有时有但不经常，2 分代表就是这样做的并且做得很好。总分在 36～40 分就是世界级，总分低于 20 分可能意味着你有很大的机会降低成本、缩短开发周期和提高生产率。

表 7-4　决策自我评价

主要的决策过程要素	子 要 素	分　数
决策时效性	做决策足够早	
	决策是由事件驱动的	
	决策做得很快没有延误	
决策完整性	全部跨职能决策权力始终存在	
	决策结果清晰（继续、不继续、重新调整）	
	包括项目和资源的相关性决策	
决策合理性	决策焦点集中在商业问题上	
	技术和设计评审分开进行	
	决策里程碑和可交付成果与现在的决策匹配	
决策质量	决策信息是明确的、完整的和相关的	
	话题是开放和诚实的	
	使用具有评价性和可理解的决策准则	
	项目在该取消的时候取消	
决策效力	设定明确的目标和在合约里设定用于判断是否越界的参数	
	所有的职能支持和服从承诺	
	行动条款和决策很快地被告知所有人	
	越界触发机制的责任是清晰的	
决策迅速性	可观察到清晰的决策流程支持和规则	
	决策者适当地预先做好准备	
	决策结果评价指标适当	
合计		

7.10 新决策流程的实施

如果你的 NPD 决策没有像你想象得那样有效，这里有一些基本的改善方法：

（1）确保你已经弄清决策者是谁。哪些人组成了你的 PAC。确保事业部的经理和进行项目组合分析的高级执行官加入 PAC。花时间和未来的 PAC 主席一起帮助决策者弄明白决策因素的至关重要性并建立对当前决策效果水平的客观评价。

（2）对 PAC 决策者进行一系列培训，让他们明白做出有效决策的决定性因素是什么。组织自我评价揭示出当前决策流程的弱点是什么。

（3）和 PAC 一起工作以拟订能使决策流程更有效的规则，并处理细节。使 PAC 成员参与讨论他们该如何运行决策流程和如何使纪律生效。

（4）和 PAC 一起工作以制定一套清晰的决策评价标准。它应该是一套涉及上面描述的 4 种考虑因素的每个商业决策点的问题和关键可交付成果。

（5）定义项目合约的内容，让 PAC 进行研讨并批准。让每个人都清楚“越界”决策所关联的期望和责任。

（6）建立标准的 PAC 会议议程，并为提前的准备工作制定规则。

（7）拟订一个 PAC 日程表，确保决策小组给决策评审会预留出固定的时间。

（8）对新决策评审规则进行广泛交流，使它成为产品开发系统中清晰的一部分。确保整个项目小组及其领导理解这些新的决策期望，尤其是决策标准和合约因素。

（9）在接下来的 10～15 个决策过程中对决策成员进行培训，并确保决策者认真贯彻他们所学到的内容。在决策者做出最初的几个一流决策的背后，需要精心完成许多准备工作。在那之后，由于每个人都了解到如何让决策会议更有价值，事情也会变得更容易。

（10）跟进决策结果，每个季度提供一份结果记录和关于决策流程成熟性的最新消息，使得分高于 38 分。然后，你会看到很大的不同。

产品开发决策指南

- 在你的组织中识别哪些人有权力确定或打破决策的可信性，在需要的时候让他们参与决策。每个组织都有主张提出人和主张跟随者。如果领导支持决策，跟随者就会服从。
- 掌握控制权。项目团队和项目倡导者要让不同意产品开发决策的人离开。维护决策的绝对权威，要明确继续就是继续，停止就是停止。

- 检查每个决策可能产生的广泛影响。这个开发决策将给其他的开发项目和决策带来什么影响？它们的相互依存关系是怎样的？一旦单独制定的决策的更广泛影响变得明显时，就要重新制定决策。

7.11　小结

有效的决策是新产品成功地从概念到市场进行开发的一种核心技巧。它也是一种可学习和进行无限精炼的技巧。如果你的决策有效性得分低于 30 分，你就要考虑将更多的时间花在这个流程要素上，而不是花在其他的影响较小的流程要素上。有效的决策有着令人难以置信的显著效果。决策正确，它会证明管理部门“做该做的”；决策正确，它会使 NPD 体系的其他要素更好地工作；决策正确，它会在速度、产出和生产效率上给你带来很大的回报。它是一种值得坚持不懈地管理的关键能力。

参考文献

[1] Anthony, Michael T., and Jonathan McKay. 1992. "Balancing the Product Development Process: Achieving Product and Cycle-Time Excellence in High-Technology Industries." *The Journal of Product Innovation Management* 9, 2: 140–147.

[2] McGrath, Michael. 1996. *Setting the PACE in Product Development*. Boston: Butterworth/Heinemann.

[3] McGrath, Michael, Michael Anthony, and Amram Shapiro. 1992. *Product Development: Success Through Product and Cycle-time Excellence*. Boston: Butterworth/Heinemann.

[4] McKay, Jon. 1998. "Twin Indices of Portfolio Success: The Pipeline Index." *PRTM's Insight* 10, 2: 9–13.

[5] *PRTM's Insight*. 2000. "Sustaining a Culture of Innovation: An Interview with Robert Lyon Henn, Global Leader of R&D, W. L. Gore & Associates." *PRTM's Insight* 12, 2: 10–17.

[6] Wheelwright, S. C., and K. B. Clark. 1992. *Revolutionizing Product Development*. New York: The Free Press.

第8章

评估和管理NPD项目中的风险：基于团队的风险管理方法

格雷高里·D. 吉森斯（Gregory D.Githens）

8.1 引言

所有优秀的NPD项目团队都有一个风险识别、分析和响应的协作流程。打个比方说，这些项目都有一个时刻警惕视野范围内即将到来的威胁的雷达。这样的雷达使得项目能够预测到威胁，并应用适当的对策，以有效规避或减轻风险。能预测风险并能迅速响应的团队是那些行动敏捷的团队，它们更有可能成功。下面例子中的“Firebird项目的风险”告诉我们，一个NPD项目经理如何能够机智地使他的上司认识到新产品发布策略中的风险。

Firebird项目中的风险

这是一个例子，讲述如何通过向一个人问一些简单的问题使其能够产生风险意识，这个风险意识能够将一场可能发生的灾难转变成一个极好的结果。

温迪·周是全球信息技术公司Spectrum公司Firebird项目的项目经理。Firebird是一个软件应用程序开发项目，该项目是构成Spectrum公司技术和商业产品战略的一个组成部分。

在一个星期之前，温迪借故推掉了培训班，和她的部门经理埃莉斯·麦克唐纳一起去参加了一个会议。埃莉斯是一个聪明的、有时很自我的工程师，她经常固执己见。埃莉斯想要尝试去增加一组新功能，这组新功能能够为另一个新兴技术提供获得概念证据的机会。

随着几个星期的进展，埃莉斯对 Firebird 项目的兴趣增加了，温迪开始担心这些新功能和新技术会引起对产品架构的彻底重新思考，但她仍保留了自己的想法。埃莉斯决定马上要与团队开一个初步技术评审会。随着问题的展开，所有的人都很清楚，这个项目的主要部分需要重新考虑。但埃莉斯仍自信地继续推进。Murphy 法则[①]（凡事只要有可能出错，就一定会出错）已经出现。温迪在内心深处有种不好的感觉。如果她反对埃莉斯，她就会挑起不愉快的冲突。如果她默许了，她必将面临困难的、需要巨大努力且时间紧迫的抗争。温迪看着她的团队成员，看到了他们的惶恐，她知道她必须鼓起勇气来面对这种左右为难的状况了。

温迪想起了她刚学的技巧，于是她站起来走向了身边的活动挂图。“好吧，假设这个新产品架构是我们的工作方向，让我们简单写下几个我们必须接受或管理的风险。”她的团队成员很快插话道：“这将需要更多特殊的资源。”“用户将需要额外的培训。”“它将产生对海外企业产品的依赖性。”“将会有其他身份不明的干系人。”“任何拖延都将为竞争者大开门户。”

听着温迪和她的团队通过“头脑风暴”发现的风险，埃莉斯睁开了眼睛，她惊叫道：“我们或许需要重新考虑。”她甚至还增加了几项她自己认为的风险。就这样，很快每个人都记起这个项目是有截止日期的。这个团队跳过了新计划，仍然依照原定计划做起。

这个团队的成员很快就意识到他们缺乏成熟的市场和客户数据。他们邀请他们的营销代表参加。营销代表证实了一些风险，但是也明确了市场需求（和机会）。尽管风险识别为团队带来了很多额外的工作，但是他们仍一致认为这样做给 Spectrum 公司带来了历史上最成功的项目。

Firebird 项目为其他的 NPD 项目提供了许多经验和教训。我祝贺温迪采取主动，提出一些简单的基本问题，激发风险识别。她的讨论包括了她的技术团队、她的指导者和市场组织。她拥有了一个真正跨职能的团队，这也是 NPD 的原则之一。

① Murphy 法则源于美国一位名叫墨菲的上尉。他认为他的某位同事是一个倒霉蛋，不经意说了一句笑话：“如果一件事情有可能被弄糟，让他去做就一定会弄糟。”这句话迅速流传。在流传扩散的过程中，这句笑话逐渐失去它原有的局限性，演变成各种各样的形式，其中最通行的形式是：“如果坏事有可能发生，不管这种可能性多么小，它总会发生，并引起最大可能的损失。”——译者

8.2 基于团队的风险管理的 10 个步骤

本章描述的是一个紧凑但实用的基于团队的项目(或大项目)风险管理方法。图 8-1 概括了项目层面上的 10 个步骤。

步骤名称	活动
1. 准备	实施最初的研究和确定议程
2. 用共同语言建立沟通	建立共同的语言和词汇
3. 列出一个团队关注点的清单	捕捉和记录个人和群体的风险及问题
4. 将风险分类	将风险和问题按类分组，准备下一步的行动
5. 分析风险	评估风险事件的概率和影响，评价问题
6. 将风险和问题优先排序	量化干系人的风险承受力，对风险和问题排序
7. 制订风险响应计划和管理问题	确定用于风险（如果风险发生）和问题管理的措施。通常，可以像 WBS（Work Breakdown Structure，工作分解结构）中的任务那样捕捉和记录（书面化）那些问题
8. 将风险响应整合到项目策略中	识别和接受最终项目计划中的缓冲和偶然事件。问题管理融入 WBS
9. 执行和控制风险响应策略	执行计划的行动
10. 从风险管理活动中学习	捕捉学到的经验，并建立一种有效的应对和管理风险的文化

图 8-1　NPD 项目风险管理步骤概述

我正使用术语“项目经理”来定义那些领导 NPD 项目启动、并为最终成功负责的人。在很多 NPD 项目组织中，项目经理是仅按照计划工作的人，并且仅仅是一个协调者。我希望确认自己已经得到并吸引了那些从战略角度思考 NPD 项目的人们的注意。

为什么要用一个基于团队的方法来管理 NPD 项目风险？NPD 项目团队就像走钢丝的团队。如果一个人失去了平衡，整个团队都将失败。每个 NPD 团队成员都需要明白他们应该如何配合以维持整体平衡，如何使用他们的职能或学科专业的工具，以及如何按照计划发挥他们的作用。

8.3 第 1 步：准备

在组建 NPD 团队之前的风险管理会议中执行这个步骤。

NPD 的绩效取决于跨职能团队的贡献。因此，团队在一次集中的会议上相互协作和系统地进行风险识别，而不是项目经理同个人通过一对一的会晤来识别风险。

在任何团队会议开始之前做相当数量的“家庭作业”是很必要的。下面是对项目经理和会议组织者建议的 6 项工作。

1. 证实“正确性”

考虑以下问题：

（1）你有一个真正的项目吗？许多项目都开始于不成熟的创意。

（2）你有权使用正确的人员吗？很多人没有在项目计划的早期参与进来，因为他们的经验表明他们的工作安排会发生变化。因此，他们不愿意参与任何产品设计和产品上市以外的事。

（3）你是否已经邀请了关键供应商？根据我的经验，我最大的失败发生在我没有足够早地让供应商参与到项目中来。

（4）你有跨职能部门的代表吗？一个常见错误就是推迟下游职能（如采购、测试、销售和制造等职能）的参与。

（5）提议的产品价值有多大的实用性？产生不负责任态度的最快途径就是去拥护一个不能对现在的或潜在的客户产生任何意义的创意。如果你正在进行一场彻底的变革或正在试图破坏一个市场，那你就要确保人们能明白这个目的。

如果你是项目经理而且已经对大部分问题做了否定回答，那么你要和高层管理者一起坐下来进行沟通。

2. 识别干系人

项目总是有很多的干系人（权益关系方）。被普遍忽略的 NPD 干系人包括产品服务与支持、法律顾问、采购、广告、物流、安全与环境以及保险等。他们每一方看待风险都有不同的视角，而且有不同的风险承受力。最初，很多干系人都不会被考虑进去，而他们最终的直言不讳会引发很多问题。他们的意见对于做好第 5、第 6 和第 7 步是非常必要的，第 5、第 6 和第 7 步必须与分析、划分优先顺序和响应计划一起做。

3. 确定自己对差距的认识

建立你自己对差距的感觉。确定你在资源、技能和其他的成功支持等方面与期望的有哪些差距。别人对差距的评估与你有哪些不同？戴维在哈佛大学教育学院的研究表明，所有思维错误中大约有 90%的错误是感知错误。站在多个干系人的角度来思考和审视，这样你会拥有很强的洞察力。

4. 研究过去的项目

NPD 组织往往会犯同样的错误。我们的目标是要避免重犯过去的错误，从而使项目团队可以把精力集中在创新上。从过去的项目中得到的经验来看，应该会有一套关于常见错误和问题的知识体系，这些普遍的错误和问题通常包括需求不稳定或经常变化、资源管理不善、职责不明确以及沟通问题。上述问题是经常性的问题，你需要建立这样一种意识，就是现在的项目将会有所不同。你也应该努力识别机会以利用其他组织的能力，并以此去创造新的技术、战略和知识产权。

5．对项目计划进行理智的检查

避免使用风险分析来代替项目计划，因为标准的项目规划工具能够很好地识别已知的任务。如果你有一个初步计划，该计划明确记载了各阶段任务、资源、角色、责任、任务时间以及需求的初步定义，那么在风险分析和管理中你就会获得最好的结果。同样，要花一些时间来确认项目计划与产品的启动和战略定位是否一致。这样来考虑这个问题：如何对成功进行定义与衡量？我曾经见过很多 NPD 组织，他们习惯于推出衍生产品，无法做到更彻底的创新，因为他们没有预测或意识到关键的区别。这种理性的检查应包括对产品概念、产品需求，以及竞争价值的评估。省去风险分析，专注于未知的事物。风险管理的内容比完成检查清单要多许多。

6．交流目的

你需要保证与会者明白会议的目的。图 8-2 提供了一个会议议程示例。提前发出通知，给会议分配充足的时间，提早结束会议比安排完成响应规划所需的额外时间更简单。当你听到“我没有时间”时，要记住，一个风险事件的负面影响很容易导致几个星期的计划延误和超支。要认识到有这样一个学习曲线：如果人们是初次面对风险管理流程，他们至少要用一天做计划。随着他们发展到能熟练地使用术语和工具，他们将会变得更高效。这些决策最好在面对面的环境中制定。

主题	持续时间	主角
欢迎或行政主管致开幕词，包括战略意义和介绍等	0.5 小时	项目经理、执行主管、主持人
开场发言	0.5 小时	主持人
绩效的差距	0.5 小时	项目经理和（或）主持人
水平设定	0.5 小时	主持人
列出关注的问题并分类	2 小时	主持人
风险和问题的分析及优先级排序	3 小时	主持人
制订风险响应计划和管理问题	3 小时	主持人
书面化并总结	1 小时	主持人

注意：这里的持续时间是根据 NPD 团队经验总结的数据。如果是第一次会议，预期要用更长的时间。可以考虑将这项工作分解为 2 个或 3 个半日的会议。

图 8-2　风险分析和响应计划会议议程示例

在当今快节奏的环境中，人们常开虚拟会议。虽然我看到过一些成功的会议，但是大多数虚拟会议安排得很差，只能收获 5%的潜在收益。除非你已经打造了一批很有经验的项目骨干，最好还是在一个地点面对面地坐下来开会。风险管理在本质上就是一个沟通和群体决策的过程。

最后，所有人，尤其是项目经理，应该持有战略性的、全局的眼光。以下说明中的“验证目标与过程：主管领导应该考虑的一些问题”提供了一些参考。

验证目标与过程：主管领导应该考虑的一些问题

无论是主管的训斥还是团队的勤奋都不能使一个不现实的目标成为现实。获取结果所带来的压力会使各种各样的人犯错。要小心那些一厢情愿的想法、底线设置，以及男子汉形象的问题。低劣的早期决策是本质上的恶果，因为很多承诺很难实现。要始终将焦点放在做出好的决策上。

暂时承认 NPD 项目具有不现实期望的可能性。指导项目团队确定目标的所有参数（如时间、产品性能和成本等）。因为高层管理者要学习成为更好的项目发起人，他们会更深入地探索好的项目方法。要求团队进行风险分析，要考虑的问题有提前完成项目的概率有多大、准时完成项目的概率有多大、延期完成项目的概率有多大、什么时候你能对这些问题做出答复。要注意，人们在规定到期时间的时候常常会感到恐慌，往往忽视组织的流程。

其他需要考虑的问题：我们的流程是否受到阻碍？流程必须要做哪些变化？你不能满足所有方面的要求的概率有多大？什么时候你能对这些问题做出答复？

有一些定量的风险评估技术（靠软件工具支持）可以帮助生成数据来回答这些问题。如果你的组织想使用这些定量的技术，你就要有耐心。因为收集高质量的数据和学会使用软件工具都需要时间。

你现在可以召集 NPD 团队开会了。

现在你应该已经准备好在一次会议上组建 NPD 团队了。你已经具备了相关知识，确认了团队成员，并且掌握了将风险管理应用于 NPD 项目的基本原理。

8.4 第 2 步：用共同语言建立沟通

第 2 步向团队揭示了一些有助于建立高效团队应对风险响应机制的概念。共同语言为良好的沟通和及时行动创造了基础。在开始深入分析之前将团队成员在思维模式和词汇上联系起来至关重要。如果你没有为团队建立一套通用术语词典，你就会削弱后续步骤的效果。

我喜欢用风险识别作为开场白，向组建的团队提出这个问题："对照你的企业和别的企业，是什么导致了 NPD 表现不佳甚至失败？"答案将有助于形成一个关于 NPD 战略方面的共同思维模型。同样，提问会引发慎重的思考，并激发对项目复杂性更加深入的探究。将结果记录在活动挂图上，并将它挂起来以提醒团队关于潜在焦虑的来源。这个开场白应控制在 15 分钟内。

要求高级管理人员参与开场白练习，由于这样的开场白使风险显性化，这有助于指出人们应用于 NPD 绩效的不同范例，并设定有效的风险分配阶段。目的是要建立一个杠杆：团队需要使高层管理者铭记潜在的风险和问题是什么，其中某些风险和问题要求管理者负责，而且高层管理者需要通过指明优先次序来支持决策制定过程。

这种开场白以自上而下的方式来思考失败。它拓展了各专业专家的视角。大多数的 NPD 成员，尤其是那些具有很强技术背景的人，他们趋向于从一个很狭隘的专业视角来审视项目，并且不关心系统的整合运作。通过直接讨论成功和失败，可以使他们关注战略问题而不是孤立的细节。

案例分析、个人经验，以及对经验研究的回顾表明，有许多可预测的、可识别的用小红旗标记的危险信号，代表着不良的 NPD 绩效。根据经验和研究，我建立了一种简单的诊断方法（见图 8-3）来帮助你识别并列出一系列导致 NPD 项目受挫的常见原因。你可以用这个工具来预测你的项目遇到困扰的可能性。你可以根据自己的情况更改权重和要素，深入地挖掘受挫的根本原因。

小 红 旗	对	错	权 重
人员不足			10
缺乏市场信息			9
团队机能障碍			9
资金不足			9
不现实的时间框架			7
缺乏焦点			6
缺乏管理部门支持			5
技术局限			4
如果分数超过 25 分，意味着项目将面临麻烦			

图 8-3　NPD 项目的小红旗

你不必花费大量的时间在这种产品和项目失败分析开场白的练习上。我发现尽早地引导项目团队进入项目相关的活动是最好的。在这个早期环节，你可以努力使持怀疑态度的人稍稍离开他们个人的舒适领域，与别人一起了解那些可认知的导致不良绩效表现的原因。这样的结果能建立起对风险和问题的共同定义。

风险事件是离散的偶发事件，可以描述为一个原因及其相关的风险后果。风险事件可能发生，识别风险的实用标准是“它可能发生，也可能不发生”。如果风险事件发生了，就会有后果。这三个因素（事件、概率和后果）在定义风险时是必要的。

与风险的离散性和概率性定义相比，问题是确定的，并且对问题的评估和管理也不同于风险。若某件事 100%会发生，它就不是风险而是一个确定事件。所以，如果你很肯定它会发生，或者如果它已经发生了，那么它就是一个问题，而且你必须主动地解决这些问题。我将在步骤 3 中提供关于这一关键区别的更多见解。

这里有一个有用的用于明确团队方向和澄清术语的技术：在活页挂图上画一个如图 8-4 所示的图。当你画的时候，向团队成员解释他们应该怎样去识别一般性的问题，然后将这些问题分别列入项目风险或项目问题清单中。这个过程消除了疑虑，并建立了可操作的工作内容。

在澄清项目团队的术语的过程中，在涉及一个更复杂的商业和技术例子之前，先使用一些通俗易懂的例子。例如，用轮胎漏气、计算机死机或行李箱丢失来做说明。举一个风险的例子，考虑以下情况：这是一天的开始，天上有部分阴云。你通过天气预报了解到今天有雷阵雨的概率是 50%。你将下雷阵雨确定为风险事件并评估它发生的概率及可能的后果。你谨慎地在今天的计划中加入了一个偶然事件的预防措施：你随身带上一把伞，以备风险事件的发生。

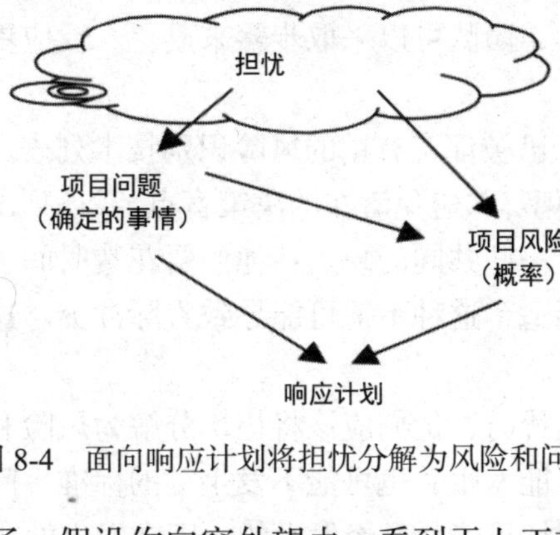

图 8-4　面向响应计划将担忧分解为风险和问题

举一个问题的例子，假设你向窗外望去，看到天上正在下大雨。下雨已经不再是风险而是你必须面对的问题了。毫无疑问，这个问题就需要通过承担责任和积极地应对来得到解决。作为一个理性且谨慎的人，你不会愚蠢地否认雨的存在，或者认为你有超能力来躲开雨淋。你必须穿上雨衣并且撑开伞！

用通用语言陈述还应该包括简要介绍风险响应计划的 4 种通用方法，分别是规避、减轻、转移和接受。我将在第 7 步中定义和讨论这些术语。

优秀的领导者要为团队建立一种有效的文化，而风险管理是文化的催化剂。有效的团队文化有很多特征，包括开放的心态、诚实、可信赖、求索与倡导的平衡、耐心和相互理解，以及对承诺的激情与意愿等。本章末尾的德州仪器的例子提供了更多关于风险管理和有效的文化之间的关系的认识。但矛盾的是，许多美国组织中的组织文化（例如，乐观的、自信的、愉快的、有能力的以及合作的等）是一种风险的来源，因为许多人会带上快乐的面具，压抑他们的保留意见。领导者们必须帮助每个员工克服他们对提出 NPD 项目的担忧而产生的犹豫不决，这些犹豫不决源于他们害怕这么做会被打上“不是团队成员”或“不积极”的烙印。一个支持性文化有助于确保人们关注成功的因素，而不是制定许多被动的、导致相互指责的规则。

总之，在第 2 步中，你应建立共同语言，这对良好的团队发展很重要。这些术语包括问题、担忧、风险、概率、确定性、响应计划、规避、减轻、转移和接受。你还应该知道诸如开场白和风险诊断问卷这样的工具。所有这些都有利于帮助人们清晰地表达想法并牢牢抓住项目成功的因素。

8.5 第 3 步：列出一个团队关注点的清单

第 3 步的目标很简单：通过生成一个风险事件列表和问题列表来成功地预测威胁。通过认识到危险，团队可以采取步骤来避免，反应更快更有效率，或者将这些威胁转变成机遇。

图 8-5 所示是一个已被证实有用的风险识别技术列表。这些技术帮助个人和团队重建他们的思维模型，并避免潜在的决策盲点。我还列出了一些优点和缺点。注意，每一种方法都有一些共同的缺点：他们要花费时间去学习和使用，并且他们会产生心理方面的不适，这种不适可能导致人际冲突。这些技术中有些方法是常见的，有些则不是。

当团队成员产生担忧时，他们应该将担忧分解为风险和问题。风险事件是离散的，并且满足“它可能发生，也可能不发生”的标准。问题有时是对担忧的含糊不清的陈述，这些担忧可能是已经发生的、正在发生的或一定会发生的。

很多人经常把风险和问题之间的区别视为不重要的细枝末节。通信行业的检测设备制造商 Acterna 公司的一位项目经理杰夫 · 塔克支持这一观点：首先，NPD 团队成员没有看到将风险从问题中区分出来的重要性。无论你给他们多少定义风险与问题的例子（如一个轮胎漏气是一个风险，在油箱快空的时候开车是一个问题），人们依旧很难区分风险和问题。然而，经验表明，区分风险和问题是很有帮助的。

技术和描述	优点	缺点
假设分析法：假设是为了编制计划而设定的因素，假设这些因素是对的、真的或确定的。这些假设在实施过程中也许站不住脚。要日益增多对假设的更改，或全部废除假设，要评估假设造成的影响	能用定量分析方法支持（如敏感性分析等）	模棱两可
头脑风暴法：跨职能团队生成有关项目风险的意见，通常在一个主持人的支持下进行	充满热情和创造力；容易操作，大家都熟悉	结果可能被认为是很模糊的，难以组织
检查表法：根据历史信息和系统的知识，检查表有助于我们确保过去的错误不会重犯	快速	冗长乏味、经常无法修改，并有可能导致不加鉴别的“检查表依赖心理”
德尔菲法：这个方法最适于复杂的、杂乱的问题，对这类问题的解决方案有许多不同的视角。例如，可能有这样一个问题“电动汽车的未来将会怎样”	可远程提取专家观点并达成共识	费时间；结果经常模糊不清
文件审查法：整理、分析文件的内容（字面意义）和情景（应用）。涵盖初始计划、假设、过去的经验、战略陈述、需求特点和评审意见	建立进一步分析和决策的共同基础	冗长乏味
示意图法：有许多更精确的建立库存、流程、因果关系、决策和假设模型的技术（示意图技术包括鱼骨图、流程图、影响表、关系图等）	易于分析，能与很难达到一致的精确度的其他技术互补	
独立评价法：外部评价人员使用不同的技术检验项目	更客观，易于理解，通常需要本领域内的专家	缺乏责任
访谈法：分析人员通过有引导的提问和挖掘从其他人那里提取知识的方法	深入询问并追踪可能的问题	有偏见
触发法：一个提示风险事件已经发生或很可能发生的征兆或报警信号的列表。类似于汽车仪表盘上的提示灯	一旦实施就有效率	要求对系统的整体理解

图 8-5　风险识别技术列表

尽量使关注的问题具体化，这样你将在后面的步骤中帮助你的团队省去很多麻烦。图 8-6 所示的因果图会帮助你理解和识别风险。这个例子说明了“推迟发布”的结果或影响。其中两个很典型的潜在原因是通过头脑风暴法识别出来的。它们是风险事件，因为它们符合这个标准——“它们可能发生，也可能不发生”。“供应商延误”因素源于更深层次的潜在原因，这正是分析所要关注的地方。这个因果图所展示的“没有给供应商足够的生产提前期”的事情并不是风险，而是一个很可能属于买方的问题。所以，由于买方没有提供足够的准备时间，造成了发布推迟。现在，NPD 团队能够加强合作（作为一个合作伙伴）和致力于确保供应商能够履行他们的职责。在设计上可以做这样一个类似假设：如果供应商没有模块化的设计能力，他们就不能应对后续的需求变化。为了实现风险的最小化，NPD 团队需要关注整个供应链并且主动地去建立因果链模型，而不是去责备供应商。

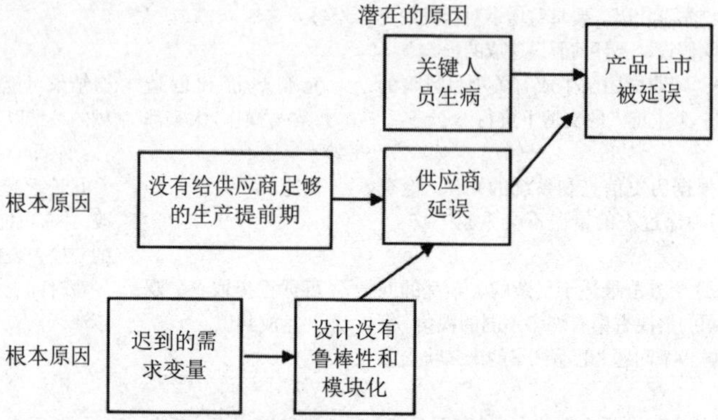

图 8-6　上市延误产品的因果图示例

图示技术对建立因果链模型会有所帮助。同时，图示技术还能帮助指出产品开发的系统本质，并强调成功的责任是由很多干系人共同承担的。

一个普遍的问题是“我们什么时候停止这种因果分解”，答案是通过原因链反向查找，直到找到一个能影响风险事件发生的点。当团队成员已经判断出他们的分析已经达到了一个充分的精度水平，就可以停止分析并记录下这个风险事件。一个离散的、特定的风险事件列表是量化和评估流程的信息来源。

一般而言，在 NPD 项目的早期，你会发现问题的数量多于风险的数量。这是因为团队常常没有充分地理解产品开发工作，所以很难做出一个针对性的因果陈述，而且语言也显得模棱两可。通过实践，团队会锻炼出从问题中提炼特定风险事件的技能。但是，流程的真正价值在于使跨职能团队能够清晰地用所有人都能接受的语言说明他们的担忧。

对担忧（有针对性地描述它们）的创意过程并不一定要花很长时间，往往在 1 小时内就可以完成。团队往往对做全面的风险识别表现出没耐心和不情愿。然而，提醒团队如果有风险没有被识别出来，团队就会以一项将要花费许多宝贵的时间、精力和金钱的工作而结束。这就是决定什么时候停止创意所需要的判断力。

最大的危险是由疏忽所导致的错误而不是偶然的错误。一个由疏忽导致的错误是缺少或忽视了基本的技术和功能的输入信息，而偶然的错误也许就是让设计评审会变成问题解决会。

现在，你有了风险识别技术列表可以做进一步分析。你把这些风险和问题做得越具体，分析和应对计划就越好。

8.6　第 4 步：将风险分类

在第 4 步中，团队利用风险列表和问题列表评估风险和问题的来源。这个分类过程帮助团队分清什么是他们知道的，什么是他们未知的，以此来深化分析并决定行动计划。我发现下面的这些分类标注对于 NPD 项目风险来源的分类非常有用。

- 技术性风险来源：这些来源与项目产品和生产流程的设计、运行有关。
- 物流风险来源：这些来源与供应、采购、库存、维修和支持有关。
- 项目风险来源：这些来源与项目资源的获取和应用有关，项目资源包括技术专家、项目专业工具，以及资金和项目费用的预算等。
- 商业风险来源：那些影响收入、成本、市场份额、盈利能力等假设的风险来源。

应该避免按职能领域（如工程风险、制造风险和市场风险）对风险分类，因为这些做法只会让人始终指责和抱怨别人。大多数项目和产品性能问题发生在接口上。

通常，我们需要经过深入的分析来确定战略和运营要素。运营风险是那些会影响交付时间和开发费用的风险。技术问题通常是运营层面的问题，不是战略方面的问题。如果给予足够的时间和资源，大多数的技术问题都可以解决。团队开发产品时要考虑到时间—功能—成本的权衡。而在技术开发中，一个 NPD 团队将要花费大部分时间在运营风险上。

但是，不要忽视影响项目选择或项目是否符合经营战略的担忧，如获利能力或客户满意度等。团队要定期根据客户的价值主张来评估风险事件。取消项目是对某种风险事件或问题合情合理的反应。在第 9 步执行和控制风险响应策略中，我将继续回到这个论点上，讨论为什么说风险是运行一个门径 NPD 流程的关键。

第 4 步将风险分类是采取可行的对策的开始。通过将关注点分成普通的组，你已经提高了团队分析、风险排序及管理风险和问题的能力。

8.7 第 5 步：分析风险

回顾一下前面的介绍，风险事件都是离散的事件，符合“它可能发生，也可能不发生”的标准。风险分析是一个 NPD 团队估计风险事件发生概率和后果的过程。计算的结果是全面的风险评估值。风险的计算公式是：

$$概率_{事件}×影响_{事件}=风险_{事件}（Risk\ Exposure）$$

对每一个风险事件都做全面的评估很重要。全面评估的方法是用概率值乘影响值得到一个期望值。例如，用高概率乘低影响得出中等的全面风险事件。这个技术适用于对风险的定性分析和定量分析。定量的方法通常试图精确地估计概率并确定所有用货币表示的结果。大部分 NPD 团队（他们意识到要做的工作和模糊性）会用定性的方法分析项目的风险。

图 8-7 显示了根据概率和全面风险影响排列的 6 个全面风险事件。这里有 1 个高全面风险事件、3 个中等全面风险事件和 2 个低全面风险事件。

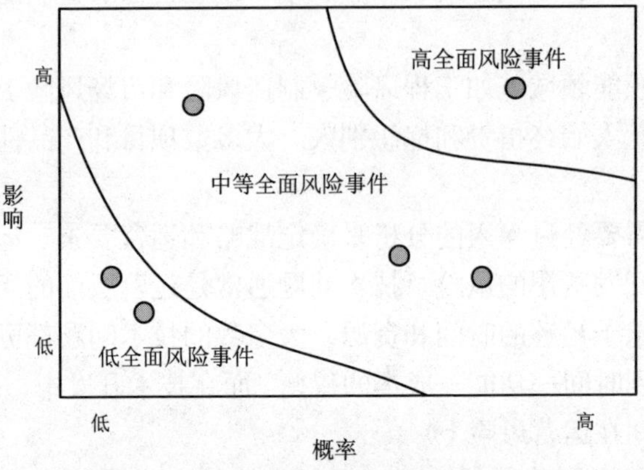

图 8-7　一个评估全面风险的概率—影响矩阵

注：图中每个圆点对应项目中的一个风险事件，这些圆点被标在全面性风险高、中和低的区域内。

图 8-8 展示了一个将风险分析结构化的格式。我通常在一个活页挂图上做这件事，也可以在投影片上设置。一些人通过用计算机将一个电子数据表格投影到墙上来分析，但我发现计算机会抑制对那些微妙的、重要假设的讨论，活页挂图要好得多。

量化流程能帮助 NPD 团队深入理解哪些风险事件需要更多的关注。回想洛德·凯尔文说过的话：“当你衡量你在说什么并用数字表达评估结果时，你会知道关于它的一些事，但是当你不能用数字表达评估结果时，你掌握的关于它的知识就是匮乏和不令人满意的”。我通常会建议团队通过将极值锁定在项目成功和失败的定义上来评估等级。评估风险影响能帮助项目团队评估关键的成功因素。

事件	概率$_{事件}$	影响$_{事件}$	风险$_{事件}$（概率$_{事件}$×影响$_{事件}$）	排序

图 8-8　结构化风险分析

几乎在每个我主持完成的风险诊断中，我有至少一个单独的、针对大量潜在和琐碎的、可能出现的风险事件的目标。他们害怕事件的数量会使他们湮没在工作中并浪费他们的时间。我通过介绍“剩余不确定性”的概念来应对，剩余不确定性是一种在合理的风险分析之后留在项目中的不确定性。我告诉他们：“的确，确定所有的事情是不实际的，或许也是不可能的。”一个合理的分析会考虑到，团队关注风险的能力是有限的。开发的主要工作是设计和沟通方法。此外，有些事件会产生极端的后果。所以，额外分析那些低概率但是危险程度高的事件是必要的，而其他风险事件（如果被接受）则具有有效的解决方法。

IBM 已经把项目风险管理技术定为 NPD 流程的一个重要组成部分。IBM 的员工南希·惠茨通说：“我告诉团队首先要建立你的周期性风险审查。”例如，按季度、按月或按每个开发阶段。这将有助于了解风险管理的可视化和获得风险管理的益处。在确定了风险审查周期之后，南希建议：“这个团队需要搞清楚概率和风险影响的高、中、低的意思。例如，团队确定高概率，就意味着风险事件将要发生的概率达到 80%以上。”她还建议，在影响分析中要考察时间、费用和目标。

当你见到很高的概率时，不要忘了我提出的警告：你正在看到的可能是一个问题而不是风险，你将采用问题管理的技术而不是第 7 步中介绍的风险管理的技术。根据我的经验，项目中只有极少的技术风险，而较多的产品性能问题可以通过设计来解决。在有足够的时间和资金的情况下，几乎所有的技术问题都可以解决。

在上文中，我将运营层面的风险定义为那些影响开发时间和成本的风险。图 8-9 所示为 NPD 项目在 4 个潜在影响领域中的运营风险，这 4 个潜在影响领域是开发成本、目标产品成本、进度计划和产品性能。对于团队来说，重要的是将影响的每个等级和自己的商业环境相联系，并分别针对每个项目及其组织环境确定等级。（例如，两周的延误对有些企业来说可能无所谓，对有些企业来说却是灾难。）

影响领域	影响情况		
	低	中	高
开发成本	超出幅度<15%	超出幅度 15%～30%	超出幅度>30%
目标产品成本	超出幅度不明显	超出幅度 3%～5%	超出幅度>5%
进度计划	延误不明显	>6 周	>3 个月
产品性能	功能损失不明显	缺陷已显示但可管理	明显的产品性能问题
运营风险就是那些影响项目团队目标能力的风险			

图 8-9　评估运营风险的影响

根本的创新需要更大的风险承受力，而渐进的创新通常需要较小的风险承受力。渐进的创新有较多的已知的东西，所以有更大的可预见性。例如，一项根本的创新可能允许在计划或预算上有 50%的偏差，而渐进的创新认为 10%的偏差就是高风险。

图 8-10 列出了一些 NPD 项目的风险量化技术，项目组可以利用这些技术更深入地了解概率和影响。

技术描述	NPD 项目中的应用举例
决策分析和决策树：适用于选择出来的离散事件和有限的风险结果	在完美定义的备选方案中投资
预期的货币价值（EMV）：当与决策分析相结合时，可用来评价风险的结果（概率×影响=EMV）	产品配置选项的选择
失败模式和影响分析：从产品或流程的功能分析开始，识别团队失败的模式、评估失败模式对客户的影响、评估概率及评估检测过程	用于评估产品和流程的可靠性，普遍用于复杂的机械产品
蒙特・卡洛（Monte Carlo）模型：一种产品模型的计算机仿真技术，用来评估会议时间和成本目标的概率	设置完成日期和费用开发的估算值和置信区间
计划评审技术（PERT）：用于对时间和成本可能性评估的有用项目技术，需要对输入的数据做某种方差估计	通过估计项目的平均持续时间和方差（方差是一种对成本和进度风险的量化测量）估算时间和费用的置信水平
实物期权分析：使管理者能够识别风险的组成部分，并决定他们持有、对冲或转移的部分；保持灵活性并允许频繁地做调整；会得到与传统折现资金流分析不同的结论	随着项目开发进程进行的项目投资决策
情景分析：为将来开发不同的备选方案的情景	竞争应对不同层面的战略计划
敏感性分析：考察产出随投入变化而变化的程度；感知的敏感性评估值越大，风险就越大	普遍用于检验针对定价和盈利能力分析的商务案例中的假设，用电子表格很容易完成

图 8-10　风险量化技术

项目团队经常进行结构化的评审（也叫作“红色团队”或者“走过场”）来加强他们的风险分析。这样的团队会请一个独立的评审人员来调查评估的有效性、核准边界线及接口、确认风险的分类及特征，以及确认责任人。这些团队保留对项目绩效的责任，但对其真实状态有更客观的外部看法。这样的评审促使项目团队培养有关优先次序的自我警示能力，并使他们避免过早地终止项目。

NCR 公司有一个极好的理解机遇和风险的方法，称为风险和机会评估模型（ROAM），用于评估新的商业机会。ROAM 评估一个项目团队在项目开始时对风险的感知能力。分析人员考察风险和机会。风险的例子包括客户承诺低、计划紧急、不稳定的需求、缺乏交付组织的能力以及技术不成熟。机会的例子包括与战略方向一致、好的销售收入、高盈利能力、高成长潜力、新的市场和技术、好的资源利用、很好地满足要求及高附加值。然后，分析人员将项目的 ROAM 得分点画在一张图上，如图 8-11 所示。(请注意，基本计算是 NCR 公司专有的，不能在本章中共享。)

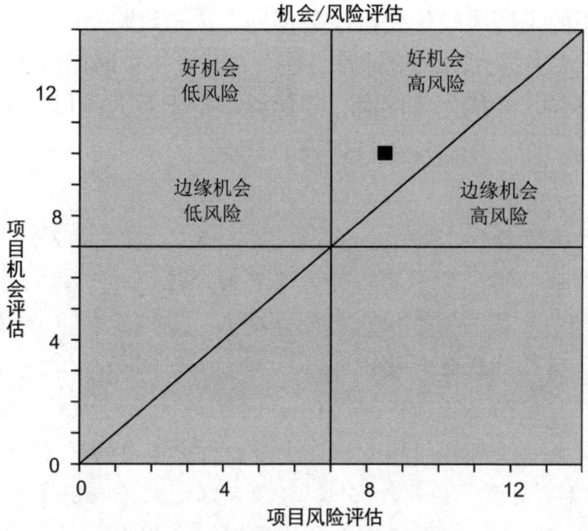

图 8-11　风险和机会评估模型

注：该模型中的基本计算为 NCR 公司版权所有。

特里·墨菲，NCR 公司的风险经理，是一位做过几百个项目风险评估的行家。他解释道："缺少这个或任何量化风险的工具就是人们在玩数字游戏，他们为了得到想要的结果而操纵输入值。"如果一个销售人员想要留住一个新的客户，他会有一种本能的动机去低估威胁和高估潜在收益。分析工具的价值在于揭露假设和识别偏见。特里强调了包含所有职能（销售及工程）的重要性。

最后，要警惕分析瘫痪。人们常常在细节处迷惑，并在不重要的主观数字上争吵不休。当我看到团队陷于琐事时，我总是准备好一块高挂的塑料板，上面写有“分析的目的是提升洞察力”。我也会用剩余不确定性的概念提醒他们，剩余不确定性的定义是在一个完整的风险分析之后仍然存在不确定性。

在第 5 步中，你分析了风险事件的概率和影响。现在，你知道了许多分析工具。但是，要谨慎对待分析过程中的“走过场”。真正的价值在于 NPD 项目团队建立一个对风险的共同理解。

8.8 第 6 步：将风险和问题优先排序

一个典型的 NPD 项目很可能存在几百个风险和问题，这超出了一个团队能够管理或者应该努力管理的能力。下一步是团队要对已分类的风险和问题进行优先排序。有许多可用的技术可用于优先排序，权重法或许是最通用的技术。

一种更常用的说明风险优先排序数据的方法是风险矩阵，如图 8-7 所示。这一方法（或第 5 步中提到的风险计算方法）为开发一个通用的 NPD 最佳实践提供了一条简单的路径。在优先排序时，要始终牢记干系人的风险承受力，就像在下面内容中讨论的一样，并保持条目列表的紧凑。

确定干系人的风险承受力

将确定干系人的风险承受力作为优先排序流程的一部分是很重要的。作为一个决策形成流程，项目团队讨论并建立一个终止标准，以决定项目将承担哪些风险及项目将规避哪些风险。

Abbott 实验室的杰里·格朗恩说：“为了评估风险级别和项目的回报，我们收集了来自企业所有部门的专家关于项目成功概率的观点，这些部门包括项目团队、管理层，甚至是企业外部的人。项目经理就像在扮演主持人的角色。”

杰里补充说：“然后我们汇总这些数据。我们要求参与者提供他们做估算的依据，这样执行者就可以明白蕴涵的理由。我们认为，原始数字对于合理的结果范围是有价值的。之后，干系人可以考虑他们个人的风险承受力。我们不会尝试从局外人那里收集数据然后计算一些中间的数字。”

“这一过程的目的是进行项目选择——继续或停止决策，”杰里说，“项目评估人员继续用它（干系人的风险承受力）在项目早期选择期间向项目风险管理部门提出建议，使他们能够确定项目是否继续。我们在项目审查时也会用到它。”

虽然在对风险进行量化处理和优先排序之前确定干系人的风险承受力看上去可能是合乎逻辑的，我仍然发现团队常常是先等待分析结果，然后再与干系人讨论那些数据。在考察不同情景下的潜在产出时，干系人可以直接看相关数据，并根据直觉做出他们能接受什么和不能接受什么的决策。以下是几个评估个人或组织风险承受力的典型问题：

- 上边界和下边界的数值是什么？风险何时发生？
- 我们能逆转或挽回损失吗？我们有多少控制权？

8.9　第 7 步：制订风险响应计划和管理问题

制订风险响应计划是为了减少对预定的项目和产品产出的威胁而制定战略的过程。团队得到优先风险列表，并开始对最高级别的风险制订响应计划。

作为一个常坐飞机的人，我知道大部分商业航空公司都会用一个时刻表缓冲，使飞机通常都能够准时到达。我曾经经历过几次偶然事件：飞机离开登机口比告知的时间晚了 30 分钟，但仍然按时刻表上的时间到达。除了时刻表缓冲，飞行员还可利用响应选项，如可以飞得快一些，使飞机赶上到达时间。航空公司通过设定保守的、带有缓冲的时刻表，然后通过赋予飞行员（类似于一个 NPD 项目经理）资源和权力来制定和应用响应的方法，从而来管理客户的期望。

在深入研究风险响应计划的实践之前，我要讨论一下那种非常普通的消极地接受风险的方法，这种方法被定义为通过忽视风险的结果或者抱着想当然的态度来接受风险。布鲁斯·霍维茨是 TechRoadmap 公司的一名工程师，并且做过很多 NPD 项目。布鲁斯说："人们倾向于在项目中首先做容易的事情，然后就把问题盖在'地毯'下面。一个好的领导首先会将精力集中在困难的事情上。"这就是消极地接受风险。当 NPD 团队"在地毯下面清除问题"的时候，他们就已经在消极地接受风险事件了。

组织文化往往决定着风险响应方式。例如，每个人都有听"小道消息"的习惯。在"小道消息"经常发生的组织文化中，每个人都不愿意问自己挑战性的问题，因为这会暴露他们知识的匮乏并增加了冲突的隐患。识别风险很可能给已经超负荷工作的人们带来更多的工作。消极地接受风险使团队愿意待在他们觉得舒服的地方，这个地方通常在职能上是僵化的。这种舒服的地方常常会引起心理上的抵制、缺乏自我责任，以及冲突和危机管理的借口。有能力的项目经理会自始至终地激励成员为管理项目风险而努力工作。

有 4 个 NPD 团队应该考虑的风险响应策略（见图 8-12），正如以下系列问题所揭示的那样：

> **规避：** 改变项目计划以排除特定的风险事件或条件。通过规避风险，项目团队转移了低劣的产品或产品性能的一个来源。规避还包括取消项目。然而，在实践中规避风险可能使企业错过机会
>
> **减轻：** 降低概率或减少对一个可接受的临界值的影响。增强产品的可靠性（例如，缩短故障之间的平均间隔时间）就是降低风险概率的一个例子，稳健性设计（例如，建立冗余或备份系统）是一个减少影响的例子
>
> **转移：** 将风险的责任转移到另一个组织。NPD 的例子中包括合资、分包、购买保险和担保。转移对许多 NPD 团队来说通常都是“最有创意的”概念，这些团队传统地认为 NPD 工作就是技术和市场开发
>
> **接受：** 积极地接受就是制订一个应急计划。消极地接受就是在风险发生时任凭项目团队伴随着风险工作

图 8-12　风险响应策略

- 规避。我们怎样才能避开这个风险事件呢？与风险事件相关的危险是如此重大，难道只有取消这个项目才合理吗？
- 减轻。我们怎样才能降低风险事件发生的概率？为了项目成功，我们怎样才能减轻风险事件的影响？
- 转移。别的企业能够更好地处理风险吗？我们怎样才能将高风险的工作或风险事件转包出去？
- 接受。如果我们不得不接受风险，哪些应急策略是我们可以利用的？

指导团队应对每一个风险，并应用每一个应对措施，即使这个应对措施最初看上去不那么可行。由 NCR 公司的特里 · 墨菲给出的“NCR 的风险响应经验”提供了特里如何将风险响应策略应用到他的项目中的例子。

NCR 的风险响应经验

特里 · 墨菲

规避

当和客户一起工作来全新地定义一个应用程序开发项目时，我意识到这个客户已经计划在他们已有的继承平台上开发一个新的应用程序，然后，在

以后的时间里再将应用程序迁移到新的平台。从开发者的立场看，风险很明显并且非常重要。为了不承担这个风险，我到客户那里解释了这个风险，并向他们提供了一个为新的应用程序购买一个开发平台的成功商业案例，这样就完全规避了风险。

减轻

当为一个客户开发一个新的系统解决方案时，我们可能找不到切实可行的方案，也无法预测最终客户是否会从推荐的解决方案中发现价值并采纳这个方案。为了减轻这些风险，我推荐了一个可控的实施方法，就是要求招募几个原型系统的终端用户，然后根据收集来的数据最后确定解决方案。

转移

有一次我们需要一项不在我们核心业务之内的技术。我们担心它的性能，我们通过确定具有适合的专家的供应商和制定一个高结构化的第三方合作协议来转移风险。

接受

实施阶段的项目时间表是非常激进的，而且该业务案例非常令人信服。我编制了一个偶发事件计划（用于项目经理对风险的判断），编制了一个预先验证的第三方供应商列表（以备在需要的时候使用），以及制订了一个积极主动的风险审查计划。

你会发现，NPD 团队常采取那些主动的策略：规避、减轻和转移。如果他们决定接受风险，他们会有针对风险的应急计划。剩余的风险通过为了接受风险而设置的缓冲或通过接受较低的利润来管理。

在第 4 步中，我们讨论了将风险分为不同的种类。最大的一类通常是技术风险。我发现大部分技术风险都包括那些不完善的产品功能。所以，技术风险其实就是产品可靠性问题。这些问题只有在用词宽松的情况下才叫作风险。这是一项常见的产品工程技术——失效模式效应分析（FMEA）——这项技术很有用。FMEA 包括识别产品功能，评判该功能的性能，选择该功能的故障模式（如间歇性故障），以及评估给定的原因导致该故障的概率、它对客户的影响和检测及纠正该故障模式的能力。FMEA 通常是工学院和继续教育项目中的课程，而且在网络上有很多相关的参考文献，为许多 NPD 团队的工程师们所熟知。我在本章中介绍的流程是针对大型项目和项目层风险的，FMEA 更适合对技术可靠性进行分析。

在理想状况下，团队应该评估每一项列出的风险。但在实践中，他们会选择一条捷径并解决此捷径上的风险。IBM 的南希·惠茨通早前就建议建立这样的捷径。根据我在 NPD 项目中的经验，团队一般选择考虑 30～50 个风险事件，但大约只对其中的 10 个有响应计划。

在第 2 步中，我们介绍的有效的 NPD 风险管理的基础是“用通用语言建立沟通模式”。回想一下，风险是一个具有发生概率和影响程度的离散事件，而问题是已经发生和必定会发生的事件。如果一个团队没有很好地理解风险和问题之间的差异，也没有很好地区别它们，该团队将会受到挫折。因为问题就是确定的事实，所以，NPD 团队不必关心问题是否会发生，而应当关心如何解决这个问题。Acterna 公司的杰夫·塔克建议道：“随着团队完成分析，将风险和问题分割开来有助于团队意识到他们共同承担的项目责任。风险和问题都是他们自己的，他们不能指望别人。”他继续补充说：“列出风险和问题的过程有助于项目经理制订一个考虑到这些风险和问题的有效项目计划。”通常，团队可以简单地通过工作分解结构和在进度计划中追加一项任务来解决问题。并且，如果团队没有做好第 5 步的风险分析工作，他们将会在制订有效的应对计划时遇到困难。

项目问题的管理是明确的。团队从最重要的问题开始进一步澄清问题。接下去他们要决定一位具体的责任人，并建立终止该问题的标准。我发现，为调查和提出建议来指定责任人是非常有用的，通常是由不同的人来确定问题解决方案。项目经理可以通过鼓励离线解决问题来保持会议的效率，然后利用团队会议确定该问题现在可以结束或需要继续解决。以我在 NPD 项目中的经验来看，通常应该选择 20 几个问题由团队解决，而将其余的委托给个人解决。

第 7 步是这个流程中重要的步骤之一。在其中，你要制订风险响应计划和管理问题。还要制定一些用于风险响应计划的通用策略，如规避、减轻、转移和接受。而管理问题是分开进行的。

8.10 第 8 步：将风险响应整合到项目策略中

优秀的 NPD 项目经理会对其管理做出承诺，以达到既定的范围、时间和成本效果。项目团队必须做出某些决策，例如，干系人的优先排序是什么，团队应分配给每个项目要素（时间、范围和成本）多少缓冲，团队应怎样分配风险责任。项目经理就像飞行员，在起飞前提出飞行计划，他们要考虑可能危及时间计划、乘客舒适度、预算和安全性等目标的风险事件。如果天气恶劣，他们可能采取规避风险的响应策略，并取消航班，因为飞行员和乘客对事故都没有任何容忍度。

用风险的语言讲，与气候相关的意外是一种低概率、高影响的事件。

回顾干系人风险承受力的概念（见第 6 步将风险和问题优先排序），意味着任何内部和外部的干系人都有特定的感到舒服的标准。有能力的项目经理明确地考虑干系人的风险承受力并将其包含在他们的项目计划基准中。例如，有些干系人能够忍受降低产品性能却不能忍受延期。计划确定量化了项目经理可缓冲的数量。更准确地讲，缓冲就是管理储备，它是计算出的负面风险事件的期望值。这个管理储备属于项目经理的资源，用来吸收风险的负面影响。回顾第 5 步中剩余不确定性的概念，偶尔会有项目必须要解决的异常事件发生，这就是管理储备的一个用途。执行绩效基准和管理储备确保了承担风险的责任和对结果负责的义务。当然，项目经理管理风险的权力因组织而异，正如下文“风险管理体现了组织的成熟度”所描述的那样。

风险管理体现了组织的成熟度

有些组织有较强的能力管理风险，所以这些组织的成长和盈利能力是最稳定的。也许最简单的检验风险管理成熟度的测试就是检验赋予 NPD 项目经理的权限级别，如果赋予 NPD 项目经理的权力大，那么这个组织很有可能置身于能够很好地管理风险的行列；但是，如果赋予 NPD 项目经理的权力小，则可能存在障碍。另一个测验是应用核对表：如果勾掉清单是一个组织仅有的应对风险的策略，那么这个组织的成熟度就很低。风险管理提供了一个很好的评估企业将战略意图和运营相整合及平衡的能力的方法。

很多企业管理者不重视风险管理，因为他们没有看到风险管理的必要性。他们只觉察到他们的行业是平稳的，并将大部分精力用于应对竞争对手和运营的挑战。本章介绍的风险管理流程也适用于感知和应对行业层面的威胁和机遇。通过在项目层面处理风险，将鼓励组织提出更多的战略关注点。

顶尖的 NPD 组织在风险管理方面有很强的能力，并且它们会“预订”一个项目计划，将注意力集中于产品范围和项目范围的细节，利用风险管理工具，如计算机模拟和基于原则的谈判，将它们的计划和假设书面化。这些更成熟的组织是那些在建立项目基准和合同时将风险考虑在内的组织。例如，Nortel 公司使用一个被称作“超越边界”的概念，这个概念为 NPD 项目经理提供在时间、性能、成本及其他要素之间做出权衡的自由。风险分析和管理是一个重要的工具。

不太成熟的组织通常只是设置期限而很少关注其他方面（据我的经验，这样的公司占大多数）。那些利用决策规则“碰巧赶上上市日期”的组织就是在被动接受风险（隐藏风险而不是管理风险）。应急和危机管理刻画了组织文化的特征，而且它们的战略绩效是不一致的。这些组织就像神话中描述的伊卡洛斯（Icarus）[①]：它们在飞得很高之后却坠落下来，因为它们忽视了很容易辨识的风险事件。

最后，我要特别指出，合同是风险分配机制。因此，所有优秀的项目经理必须有一些在项目中使用的不同类型合同的实践知识，这样他们才能理解成本、风险和范围之间的关系。需求的清晰是首要的，越多的含糊就意味着越多的风险。企业设定价格用来衡量用货币计量的风险值，还要涉及成本和满足市场需求。

约翰·古德帕斯丘给出了战略项目风险方程，如下：

资源投资+项目风险=期望的结果

项目经理的工作是通过已评估的风险来管理已投入的资源，从而交付项目成果。合同使风险在项目与团队客户之间的分配变得正式化。

不要忽视将风险响应策略纳入项目的基准策略中去。最终，第 8 步是决定你的策略努力是否有效果的重要步骤。

8.11 第 9 步：执行和控制风险响应策略

这个步骤包含了从第 2 步到第 8 步介绍的项目团队在风险响应分析和开发之后要做的所有实施工作。

在项目的执行过程中，项目经理要确定这个团队遵循着自己的流程在执行。团队应当有一份关于风险和问题的优先次序列表，一个关于他们如何处理风险事件（如果发生的话）的策略，一种他们将如何调查和解决问题的意识，以及一个详细说明他们将要记录和存档信息的计划。

NPD 团队不能忽视或者不理会关键 NPD 风险。个人做出的选择通常是符合自己的思维逻辑的。许多人可以识别琐碎细节，但他们也有大量的可能导致灾难的盲点。

---

① 伊卡洛斯是希腊神话中代达罗斯的儿子，与代达罗斯使用用蜡和羽毛造的翼逃离克里特岛时，因飞得太高，双翼上的蜡被太阳熔化而跌落水中丧生，被埋葬在一个海岛上。——译者

好的实践是在 NPD 项目中周期性地重温风险分析和响应计划。我建议每周审查一次风险和问题列表，包括问这样的问题“NPD 团队需要警惕哪些新的风险或问题”。另一种普遍的做法是当团队定义的触发事件发生时重启风险分析。为了定义触发事件，主持人可以问团队：“哪些触发事件会激发对项目的重新审视？”

回顾我在第 4 步中定义的战略风险和运营风险。战略风险是那些能够导致项目取消的风险，运营风险会影响预期目标的完成。在我看来，世界级产品开发的特点之一就是一种战略和运营风险的平衡方式。一个优秀的关口会议应聚焦于战略风险，并且承认及早撤销项目的必要性。一个项目审查或技术评审会议聚焦于运营风险。仅关注运营风险是错误的，要保持战略风险和运营风险之间的平衡。

图 8-13 给出了一个有效的自我评价工具，以确保团队对大项目和项目风险进行管理。

团队实践	从不	有时	总是
团队保持对已识别风险事件的跟踪，并识别剩余的和新出现的风险	□	□	□
团队保留一个启动或未解决问题的列表	□	□	□
对于风险，团队要分派和验证个人的风险事件原因和（或）结果的责任。对于问题，团队要确保问题的责任人拥有必要的知识和资源	□	□	□
团队集体确定要向干系人传递的风险内容和数量（不要太多也不要太少），以及风险沟通模式的有效性	□	□	□
团队评估响应策略的有效性，监控那些无法避免的新风险的发生，并完善风险响应策略	□	□	□
团队在每一个重要的评审里程碑或决策里程碑处更新风险数据库	□	□	□

图 8-13　执行风险计划并确保良好沟通的自我评价

当执行“驾驶你的项目飞行”的指令时，你应该从飞行员身上吸取这样两个教训，第一个教训是缺少环境警觉能力，这通常是以团队为基础的错误。飞行团队必须在任何时候都知道位置、高度和飞机航向。例如，在 1995 年 12 月 20 日，美国航空公司 965 航班的飞行员在飞机按照错误的飞向哥伦比亚机场的路线下降时聊天，导致飞机撞向一座大山，159 人死亡。NPD 项目也有这种规则——看上去完成了 90%，其实完成最后 10%要用同完成前面 90%一样的时间。自满导致环境警觉能力的缺失，这是一个巨大的危险。

第二个教训是目标要固定，军事飞行员会狭隘地将注意力集中在目标上，以至于他们变得不愿意记其他的事情，最后导致他们的飞机与其他物体相撞。在 NPD 项目中，当人们变得过于关注交付期而出现慌乱时，他们会说：“我们没有时间编制计划！”接着他们会做出不现实的假设，对质量做出了愚蠢的妥协，用返工将自己毁掉。

作为一个项目经理，你需要保持警觉性和观察能力。项目团队将从你的行动中得到提示。当风险和问题出现时，你要接受现实并致力于应对风险和问题。当然这些风险和问题不是针对你个人的。

第 9 步是执行和控制风险响应策略。如果你在前面的步骤中已经做得很好，这一步就很简单。这时你就知道前面那些步骤的质量反馈了。

8.12 第 10 步：从风险管理活动中学习

在这个基于团队的风险流程中，最后一步是审查、反思并获取知识以备将来之用。

风险为组织的知识积累提供了一个很好的机会，推动组织进行学习，支持产品开发。在执行情况审查后，团队成员应该考虑以下问题以促进反思。

- 我们是按照计划执行风险响应策略吗？它们有效吗？我们能学到些什么？
- 我们的问题解决流程有效吗？
- 我们是否在指责个人和采取立场，而不是去更深入、更系统地看清我们的组织和制度？我们发现了哪些有关决策制定的文化偏好？

智慧是一种来自经验和反思的无形资产。幽默常常有助于揭示我们的弱点并指明通往智慧的道路。我最喜欢的连环漫画是比尔·沃特森的《凯文和霍布斯》（*Calvin and Hobbes*），讲的是一个 6 岁男孩（凯文）和他的哲学家兼填充虎（霍布斯）的恶作剧。我最喜欢凯文坐在马车上从陡峭的山坡上冲下来时的那段独白。我情不自禁地把那个马车比喻成 NPD 项目管理，把凯文想象成项目经理，而霍布斯是项目团队。当他们的马车开始冲下山坡时凯文说的那句话：“霍布斯，真的是无知就是福。”在马车即将翻下悬崖前，凯文说：“如果你愿意愚蠢……你就可以继续做任何你想做的事情。”然后他闭上了眼睛。凯文和霍布斯后来被撞伤，霍布斯呻吟着说：“我不确信我能承受这么多福气。”凯文回答说：“注意，我们不想从中学到任何东西。”凯文表现出的傲慢，是那种只顾吹捧自己能力的人自吹自擂的骄傲。我们可能在这个 6 岁男孩的卡通形象上发现傲慢的幽默，但在 NPD 的高风险环境下，傲慢是非常危险的。

好的项目经理不应像凯文那样，他们要时刻睁开双眼、预测灾难，并从错误中学习。归根结底，决策制定是能够认知的，并受文化影响的，因此，一个好的项目经理要知道谦虚的态度能改善决策。我完全同意斯科特·亚当斯在《呆伯特[①]原则》（*The Dilbert Principle*）中写的“人人都是笨蛋，也包括我，每个人都是一个笨蛋，并不只是那些 SAT[②]得分低的人。唯一的区别就是我们在不同的时间在不同的事情上犯蠢。不论你多么聪明，你在一天的大多数时间里都是一个笨蛋。”

我已经明白，幽默感如牡蛎体内的珍珠般宝贵。幽默能缓解紧张的情绪，迸发出创造力的火花。放松点！我们都会犯错误。让我们努力不犯大错误。

尽管获取知识有很多途径（从简单的包括重点标记的列表到复杂的包括系统性思考的图解），但重要的是要学会战略性地思考。摘下你的面具，要心甘情愿地、诚实地分析自己的决策和行为。

总之，第 10 步教人们从风险管理中学习。我从经验中得知，风险管理是能让人们认真学习的一种实用的、没有威胁的途径。正如我在本章的最后一部分介绍的那样，它有改革 NPD 组织的潜力。

8.13　为风险管理决策构建一种文化

现在你已经看完了这个简单的风险管理 10 步法，它是用来为 NPD 项目风险管理构建一个基于团队的处理方法的。几乎在每一个步骤中，我都把感知及制定决策过程与个人心理及组织文化相联系。风险不仅仅是一个好用的“工具”，它还是一种有关觉悟形成（意识形成）的类似于禅宗的修炼。

我之前介绍的“Firebird 项目的风险”说明了一种高度结构化和正式的方法不是必要的——只要有发现并提问的勇气即可。风险管理不必是复杂的。美国依视路[③]公司的 NPD 主任凯利·本杰明确认了简单性的价值：“我们有一个相当严格的风险管理方法，而且我们在全球都在使用。由于每个项目都不同，我们就把它交给项目经理和团队，由他们将风险识别工作的投入强度与产品战略相匹配。越简单的项目得到的响应就越顺畅。”

在将技术与战略进行匹配时，凯利的建议强调了判断力和灵活性的重要性。就以如下的简单询问开始即可：你如何定义一个项目的完成？你如何定义成功？是什么让你在晚上睡不着觉？因为每个项目都不同，它的风险也不同，因此，响

① 呆伯特是斯科特·亚当斯创造的著名职场卡通人物。在工作上被主管过分要求、被主管亏待或利用。——译者

② SAT 是 Scholastic Assessment Test（学术能力评估测试）的缩写，是申请美国大部分大学时要参加的考试。——译者

③ 依视路（Essilor）是美国光学镜片制造商。——译者

应措施必须灵活，而且具有稳健性。一个健全的风险管理方法能评估市场、技术和生产战略的创新水平。同样，项目经理应该评估风险管理流程中团队消化、吸收和运用该流程的能力水平。因此，使用标准的检查要素表和模板会将 NPD 团队的注意力集中于错误的领域并导致错误的安全感。

团队的项目风险责任人是必不可少的。我听到了一个主管的抱怨——不管他怎么鼓励 NPD 团队，他们都不会逐步改善，不会做决策。这是他遇到的大挫折之一。风险管理是使人们在 NPD 项目中应对困难问题和为了团队能制定出好的决策而将信息结构化的最好方法。沟通、构建团队，以及制定决策都是过程而不是单独事件。

德州仪器公司的肯特·哈蒙说道："组织文化有时会使个人变得不可信。"这种不可信暗中破坏了好的决策。对"我可能被判定为有一些事情没有控制好"的担心经常会导致人们不想参与到风险中去，或者改为对其他团队成员的担忧。规避冲突的行为经常强化这种文化的不信任。规避冲突在技术组织中看起来好像特别普遍。模式是这样的：人们都在忙，他们都把精力集中在他们的能力和控制领域内，这个领域是个人感觉舒适的区域。他们避免解决跨职能的问题，因为他们担心会表现出能力不足。最终，他们不再躲避了，人们又会带着恼火和急迫的情绪去应对，经常抱怨其他的人或组织。这种情形的一个奇怪的特点就是将能力毫无逻辑地与信任等同：如果一个个体意识到某人缺乏能力，他就会毫无逻辑地得出结论，不能相信其他的人。这就给了那个个体一个避免与其他人进一步沟通的理由。无论如何，紧急的问题得到了解决，人们就又会回到他们认为舒服的做事方式上去。因为躲避和不信任的根本问题没有得到重视，这种情况会循环往复。但是风险管理被认为是理性的、公正的、客观的，它给了人们一个合乎逻辑的、实用的方法去打破那个循环。肯特和他的员工通过鼓励人们积极听取、相互配合，以及培训高级管理人员接受风险数据等手段帮助了德州仪器公司改善了它的 NPD 项目管理。

8.14 小结

当我登上飞机时，我希望飞行员已经评估了所有风险，并且为他的飞行计划制定好了相应的应对措施。我希望乘务人员保持头脑清醒而不是沉醉于他们的技术。NPD 组织应该从他们的项目经理身上看到期望的职业精神。成功的企业家和高层管理者知道控制住风险对他们的成功是非常重要的。没有哪个组织是不经历风险就能进步的。可以确切地说，风险管理是 NPD 项目管理中最重要的能力。

我曾经反复地看到主动地管理项目风险的一个不再令人惊讶的附加作用：人们获得了更多的创造性。当人们遇到困难时，要将坏事变成好事。风险并不总是坏事——风险是一种抉择，而不是结果。NPD 项目经理必须有思想地去管理风险，并且要勇于为这个项目的绩效承担责任。一个好的决策就要提高成功的概率并降低失败的概率。

第 3 部分

流程负责人的工具

第 3 部分的工具旨在改善企业的 NPD 流程。企业中维护、改善及部署 NPD 流程的个人或小组、NPD 流程负责人，将发现这些工具给他们提供了改善 NPD 流程的新途径。团队领导可能在学习和应用这些工具的过程中，获得很多收获，监督这些工具能否得到始终如一的应用则是流程负责人的事情。第 3 部分将按照工具在 NPD 流程各阶段中应用的顺序介绍这些工具。

第 9 章“捕捉员工的新产品创意”，回顾了不同类型的以员工为导向的创意计划的历史，分析了员工新产品创意的效率，介绍了成功设计和实施新产品创意流程的 11 个步骤。拥有一个正式的创意计划，可以在一个业务单元、流程管理者和项目领导需要一个新产品以填补一个预测的销售收入缺口时，进入潜在的新产品创意的数据库中。尽管团队和项目领导似乎能够从创意计划中获益，但设计、实施及维护 NPD 流程仍然是由 NPD 流程负责人完成的。实质上，任何企业都会从创造和维护一个以某种方式存在的 NPD 创意库中获益。

第 10 章“领先用户调查和趋势路线图”，介绍了两个相互关联的工具，这些工具有助于我们理解企业投资市场化的新产品概念。领先用户调查是一种在市场变化的前沿发现创新产品的工具。本章详细介绍了领先用户调查流程的 4 个步骤：制定领先用户调查项目框架；绘制趋势路线图；寻找领先用户和趋势知识；召开领先用户研讨会，商讨潜在解决方案。在领先用户调查的第 2 个阶段，本章介绍了绘制趋势路线图的详细过程，这些趋势具有在一个广阔的潜在市场中改变用户需求的潜在可能性。绘制趋势路线图，通过访谈法获得企业和行业的信息。那些市场或技术基础发生快速且不可预测的变化的企业将在应用这些工具的过程中，得到更多的好处。

传统的门径管理流程为企业提供了一个结构化的（有时也是灵活的）机制，以顺利通过贯穿产品开发的任务和活动。那些使用正式的、结构化的 NPD 流程的企业往往具有更高的新产品开发的成功率。然而，实际上，传统的门径管理流程仅适用于有关产品的所有技术开发都已经完成的情形。

第 11 章介绍了在技术存在不确定性和风险时，用于管理进入产品开发之前的技术开发流程的工具——技术门径管理流程。该流程用于管理处在门径流程中的模糊前端和正式的新产品开发活动之间的转变过程中及转变时刻的高风险项目。本章清楚地描述了技术门径管理流程和传统的门径管理流程之间的差异，并详细介绍了技术门径管理流程的 6 个要素：项目章程、技术评审流程、技术评审委员会、结构化的计划、技术开发团队和流程负责人。本书的第 5 章已经介绍了一种基于人员的跨越技术开发与正式的产品开发之间的“死亡之谷”机制。一种阅读本章的方法是将本章视为以流程为基础的工具，先管理技术风险，然后再使技术开发跨越死亡之谷进入产品开发阶段。

第 12 章的“通用化设计”，分析了促进产品成长并进入新市场的原则，介绍了使产品、服务和环境“尽最大的可能对所有年龄的人都适用”的原则和方法，这些原则和方法将融入 NPD 的开发阶段。本章非常详细地介绍了人类潜在能力极限的不同方面（包括认知力、视力、听力和语言表达能力、身体功能、手臂功能、手的功能和活动能力等），以及它们对使用产品的能力的影响。之后，本章定义了通用化设计的 7 个原则，这些原则是为了帮助企业用一种结构化的方法克服设计极限而提出的。本章还提供了通用化绩效评估指标，这些指标可用于评估企业的产品满足 7 个通用化设计原则的程度。

第 9 章

捕捉员工的新产品创意

克里斯廷·高斯基（Christine Gorski），埃里克·J. 海涅卡普（Eric J. Heinekamp）

9.1 引言

无论我们处于信息时代还是新经济时代，一个成功企业前进的驱动力已经改变了。我们已经看到从自动化向企业流程再造的变革，现在必须从持续改善向突破式产品设计转变以维持竞争力。当今企业所面临的挑战是如何深入地理解竞争和抓住机遇。这样的转变需要企业重新考虑它们进行新产品创意的途径，在产生新产品创意方面投入更多。

企业很难预测何时何地及如何产生一个新产品创意，以及它将涉及哪些人。由于工作经验和业务知识的不同，每个员工都会有他自己对企业的见解。

一些新产品的设计理念来自可喜的意外。例如，1965 年，一位科学家在研究一种抗溃疡药时就给公司带来了一个未曾预料的礼物。一系列意外的发生使得正在加热的化学品溅到他的手上，那位科学家不经思考地就去舔他的手指，结果发现味道很甜。经过深入思考和 16 年的试验，这家制药公司终于将这种新的甜品（纽特健康糖）打入市场，纽特健康糖到今天已成为价值不菲的产品。

还有很多的创意也是未曾预料的，如日本铁路的例子。建造新的铁路线需要穿山隧道，但是 Tanigawa 山隧道里的流水是一个麻烦，当工程师们正构想引流的方案时，建筑工人开始喝起水来，一位负责检查穿山隧道机械设备安全性的工人认为这水非常好喝。他坚持提议日本铁路局把水用瓶装起来而不要把水抽走。这个想法后来被实施了，Oshimizu 这个牌子变得非常有名，日本铁路局在 1 000 多个月台上安装了该水的销售设备，同时形成了为家庭派送水的业务。

本章的主要目的是介绍简易的方法和工具，从员工那里获得新产品创意，以促进新产品创意的产生。我们从员工创意计划的概述和简史开始，然后展示一些该计划的应用实例及它们是如何改善及维持新产品开发进程的。最后，我们会分析公司设计及贯彻一个新员工建议计划的步骤。

9.2 员工新产品创意计划概述

9.2.1 背景

所有的员工创意计划的最终目的是把员工独特的建议集合在一起以识别新产品及改善流程的机会。这些计划的不同之处在于如何执行和管理以实现目标。一些因素，诸如公司架构及文化，会影响新产品创意计划的需求和设计。计划的特征诸如范围和创意评估流程会影响计划的管理。理解员工创意计划的关键特征及它们如何相互影响对于评估一个已有的计划或创造新计划是很有帮助的。

员工创意计划的范围明确了建议的创意主题及目标受众。例如，一个计划可能关注增值流程的改善，而另一个计划则着重于新产品概念。创意的所有权明确了创意提供者在实施创意过程中的角色，包括从允许创意提供者保持匿名到要求创意提供者落实计划。创意评价及批准程序明确了如何审查和批准所提供的创意。最后，计划框架明确了在建议时所采用的工具，包括从传统的书面形式到复杂的网上申请。

9.2.2 员工新产品创意计划的发展史

从员工处获得建议及新产品创意并不新鲜。员工创意计划可以追溯到 20 世纪 80 年代末的全面质量运动，相似的计划可能存在了 100 多年。随着时代的进步（主要是技术的进步），员工创意计划在形式和实质上都已改变。新技术使得创意共享及合作成为可能。历史上员工创意计划的发展及实施的例子如下。

1. 员工创意建议箱

1880 年苏格兰的造船工程师威廉斯·丹尼和布拉泽斯是已知的第一个实施员工创意建议箱计划的人。这个机制很简单，把一个木制的盒子放在所有员工都容易看到的地方，要求员工提供任何他们认为对企业有益的想法。类似的员工创意计划立刻在欧洲广泛传播。在美国，员工创意建议计划始于 19 世纪 90 年代的 NCR 和 Kodak 这两家走在前列的公司。

案例

1895 年，NCR 的创始人约翰·帕特森发布了美国第一个成文的员工创意计划。这种“集思广益”的方法的目的是激发员工的创造力，找到提高工作效率的方法。刚开始，如果员工的建议被采纳就可以获得 1 美元的奖励，并且举办一年两次的盛大庆祝仪式，发放高达 30 美元的现金奖励。从 1899 年到 1903 年，奖励的规模扩大了 2 倍。1904 年，仅仅接收的建议就有 7 000 多个，最终被采纳的占其中的 1/3。帕特森对计划的大力支持、高额奖励，以及实践结果共同造就了计划的成功。在设计界，帕特森的计划具有革命性的突破意义，它也是第一个正式地倾听员工声音的计划。

第一代员工创意计划是书面的，并且过程紧凑，其范围也很广。员工创意建议箱是一个传统的纸盒子，员工把建议按标准的格式写下来，然后投入这个箱子或寄往一个中心地址。表格要求建议者表明自己的身份，也可以匿名。建议箱中的问题不受限制，允许建议者提供一系列的想法，从新产品流程改进到公司政策的变革。这些建议每隔一段时间会被审核一次，记录在一个主日志中，并交给他人以进行评价及实施。如果知道建议者是谁，还会反馈意见。

员工创意建议箱沿用至今，许多企业仍然用其最初的形式。一些企业已经更新了它们纸制的表格，通过采用计算机数据库和制作更简易的格式，轻而易举地取代了以前的流程（见表 9-1）。

表 9-1　员工创意建议箱：优点和缺点

优　点	缺　点
容易实施	创意容易丢失或弄错
管理成本低	笨重，且纸制流程处理缓慢
允许匿名建议，消除了顾忌	很难使建议者跟踪了解处理情况
通过控制提交格式，受众范围可宽可窄	建议者很少参与实施，结果可能与预想不同

2. 改善提案

第二代员工创意计划始于第二次世界大战后的日本。这些计划被称作“改善提案”，1945 年首次被美国空军作为盟军职业训练计划之一引进日本。改善提案主要强调获取持续的改进创意。改善提案的基本目的是促进与奖励员工参与。通常奖金并不多，该计划的动力是自我认可与精神上的鼓励，而非金钱或物质奖励。

在日本，这种计划已经很普遍，也很成功。无论在创意的数量上，还是在员工参与度上都胜人一筹。例如，1996 年，日本企业平均从每个员工身上获得 18 个创意，近 9 成的创意被成功实施。相比而言，美国企业平均下来每 5 个员工才有一个创意，其中只有 1/3 被采纳。改善提案的真正成功之处是用参与度来衡量而非对利润的贡献。一个最新的研究表明，近 75%的日本员工对员工创意计划有贡献，而美国公司只有 10%（见表 9-2）。

表 9-2　改善提案：优点和缺点

优　点	缺　点
使想法更容易实施，促进持续改善	容易聚焦在持续改进上，忽视了重大突破
快速反应	创造力有限
分权管理，使掌握技能者有足够的权力	创意分散，计划达不到效果
促进员工参与，提高项目参与率	建议者可能没有能力实施创意

3．以员工为导向的创意体系

以员工为导向的创意体系（Employee-Driven Idea Systems，EDIS）是改善提案计划的变体。EDIS 计划关注质量与持续的改善。它们的根本区别在于，一旦一个创意被批准，建议者就有责任将其概念落实。这些计划成功与否取决于员工的参与。

案例

坐落在俄亥俄州的本田美国制造公司的 EDIS 计划在美国最为有名。这个几乎拥有 9 000 个员工的公司有一半以上的员工参与了 EDIS 计划。并且，超过 75%的创意已被采纳。保证计划有效的关键一点是，管理部门能同意大多数创意，而且大多数建议由员工直接实施。员工能够收到纪念币作为奖励，以及特别奖励的累积积分。更重要的是，创意建议者会因为他们的建议而被大家认可。

EDIS 计划的动力是大众认可而非金钱奖励。正如员工创意建议箱计划，员工要准备一个创意表。不同之处在于经理就地评价创意表以便进行更深的细节处理。同时，管理人员会给予建议者精神上的鼓励。如果经理同意了该创意并且在预算之内，创意就会被实施（见表 9-3）。

表 9-3　以员工为导向的创意体系：优点和缺点

优　点	缺　点
创意属于建议者，并由其负责实施	只有在建议者的责权内才会奏效

续表

优　点	缺　点
促进整体质量的持续改进 通常由建议者的部门进行审核和实施 促进团队合作 创意快速评估 以认可为回报而不是金钱奖励	关注改进，而不是突破性的创意

9.3　基于网络的创意收集方法

由于网络技术的进步，员工创意计划正经历着一个戏剧性的轮回。新技术使得创意的收集和管理变得更加容易并且从根本上改善了流程：从线性的数据收集到建议者与实施团队间进行交互式的协作。

网页驱动工具与过去相比有 3 个重大的进步。第一，因特网技术使得实施、传播创意及项目的管理耗时更少且更加划算。第二，员工们发现界面使用简单、便捷，使他们更有可能递交创意。第三，由于因特网独特的交互性能，提议计划现在能方便建议者、评论者及其他感兴趣的人之间进行沟通和协作。类似电子公告栏或虚拟社区，任何员工都能通过增加评论或提问产生一个创意。因特网技术为头脑风暴和创意收集与评审流程的融合提供了可能（见表 9-4）。

表 9-4　基于网络的创意收集方法的优点和缺点

优　点	缺　点
创意能直接到达需要的地方 数据的更新能够自动反馈给建议者 任何审视创意的人都能进行评论或寻找建议者的附加说明；便于制作有关最新更新状态或处置的报告	过多的创意使电子邮件源源不断；对每一个使用者都可能有价值 任何利用该系统的人都有可能看到所有的创意，这些人可以是公司内的任何人

9.3.1　第一银行的“伟大创意”计划

第一银行是美国第六大银行控股公司，拥有多达 2 700 亿美元的资产，为大公司、中型市场理财客户及普通消费者提供一系列金融方面的服务。该银行现金管理部有开发、销售、服务等复杂的金融业服务产品。为适应银行服务的快速变化，该部门为产品创新提供奖金，并长期从它的客户及员工们身上不断地获取新产品创意。

现金管理部最近实施了一个叫作“伟大创意”的员工新产品创意计划，目的如下。

- 促进员工间新产品创意的交流。
- 把新产品创意收集在一个独立的容器里以便跟踪及区分产品开发活动的优先次序。
- 更快更容易地产生更好的产品创意。

“伟大创意”计划始于一个在线申请，通过公司网络进入创意数据库。因为这是第一银行一个重要的交流形式，所以所有的员工都能进入该网络，不管是通过个人台式机还是公共场所如餐厅里的公用电脑。能上网的员工甚至在家或在上班的路上就能进入该程序。

创意数据库不仅仅是一个在线的员工建议箱。不同于前述的创意计划，因特网技术为员工实时性、创造性的交流创意提供了一个平台。创意数据库是一个交互式的、集成式的收集、共享及追踪创意的知识库。鼓励员工提交他们的原始创意，或者重述与客户交流产品时客户的建议。该数据库同样可用来收集改善部门的想法，比如组织效率、竞争产品差距或培训计划等。创意数据库易于使用，有 3 个基本功能：登录、录入或更新创意和阅览及跟踪创意信息。

1．登录

员工首次进入创意数据库的时候，会提示通过新建一个用户名来登录。这个步骤建立了用户的基本信息，如电子邮箱、邮寄地址、电话号码及部门。用户不设密码。

创意数据库的一个显著特性是它的订阅功能。系统的用户可以选择不同类型的产品，订阅自动通知和提交创意更新。员工可以自动收到自己提交创意的最新更新信息。

2．录入或更新创意

建议者通过简单易用的描述框和下拉菜单直接把创意录入数据库。建议者先明确其创意类型（如是新产品还是产品扩展增强），创意来源（如客户要求），以及可能受影响的产品。然后，建议者按照要求尽可能详尽地描述和完整地解释该创意。最后，系统会提示完成一些附加的内容来评估市场需求、潜在客户及产品特有属性（如技术需求等）。一旦提交了创意，系统会自动发送一封电子邮件给相关用户。

更新已有创意的流程与上述类似。任何使用者都能添加更多的细节或与任何已有的新产品创意有关的建议。然后，系统会自动发送一条信息给创意的最初建议者，也会提醒每个相关用户这个创意已被更新。这样的交互过程会一直持续，使得创意逐步丰富，直到该创意被实施或取消（见图 9-1）。

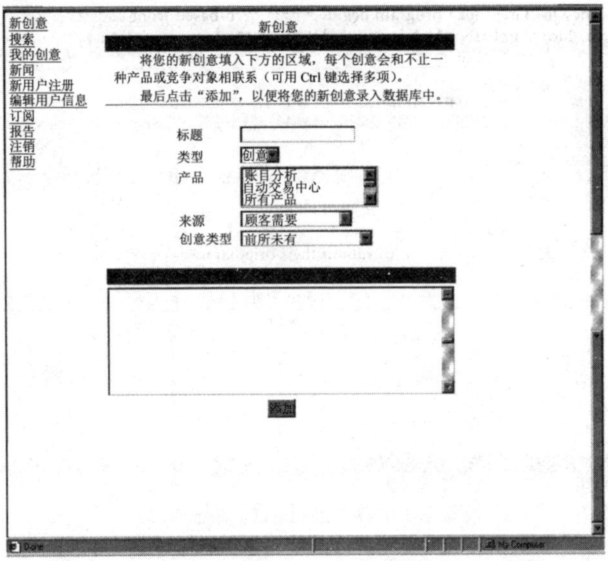

图 9-1　第一银行新创意提交页面

3．浏览及跟踪创意

创意数据库的使用者有浏览创意信息的权力。他们可以浏览单个创意的信息，或者看看最新提交的创意清单（见图 9-2）。搜索功能允许用户寻找特定的话题或创意类型。汇总报告帮助系统管理员生成及使用创意跟踪报告以便于管理。

9.3.2　与第一银行新产品开发流程配套

创意数据库是模糊前端一个极其重要的组成部分，它为第一银行筹备门径流程产品开发进程提供动力。产品经理、系统管理员及高级管理层能灵活地参与一个创意从初步想法到形成概念这一过程。这种数据的共享重新定义了创意评估的规则，因为在很多情况下，建议者会与最终实施者合作去实施这个想法，而无须一个正式的评审过程。在有些情况下，建议者并不想拥有或实施其创意。

建议者会得到现金奖励及认可的回报。如果创意被采纳，建议者会得到公众特别的认可。

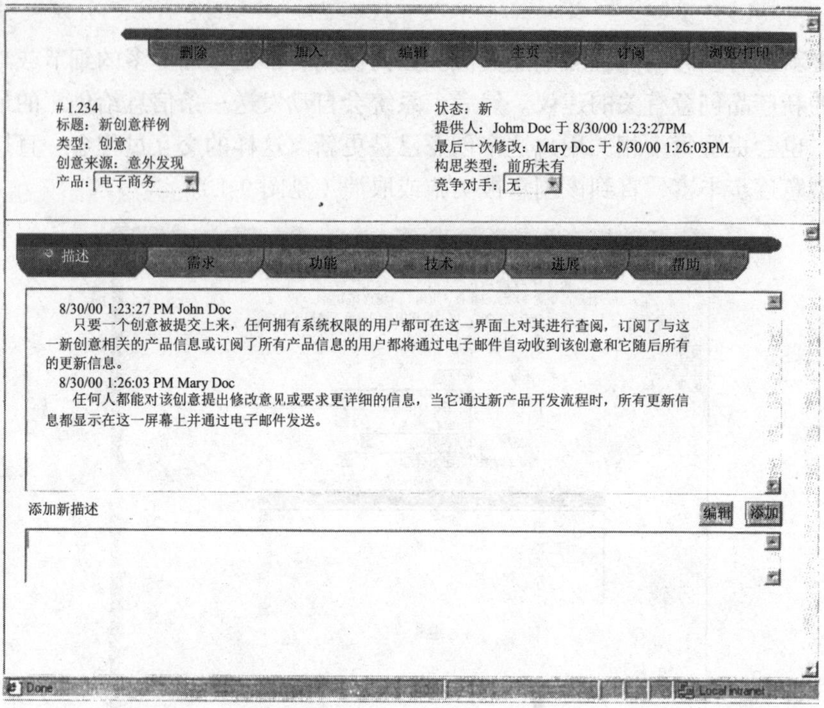

图 9-2　第一银行创意浏览页面

9.4　员工创意计划的好处

正如第一银行的例子所述，员工创意计划能提升组织的创造力，并且成功地让全体员工参与到新产品开发过程中。这能产生更多更好的产品创意。通常，明确创新产品概念的工作是市场部、工程部及研发部的职责。遗憾的是，许多公司忽视了其他员工的创造性。注重创造力及创新的公司可以通过提供一条分散创造力及从组织中所有员工处寻找新产品创意的路子，增加其新产品成功的可能性。

员工创意计划能收集并集成那些最贴近产品及服务的来自内部的、间接的和外部的知识。保留来自员工或客户的创意，直至其被实施或删除，哪怕最初的建议者已经离开公司。当时不太合适的创意可以保存下来以便日后使用。

员工创意计划能确保正确的想法快速传到正确的人那里。一个有效的计划往往有一个简易的流程，在公司的任何地方都能递交新产品创意。如果没有这样的流程，就不能鼓励有正确意见的员工提出创意，员工也不知道怎样提出创意或是跟谁联系。知识和时间都会流失。在大公司里，这样的问题尤其突出。公司越大，有创意的想法就越有可能被发现，但是那样的创意不能及时传递给正确的人。

最后，员工创意计划，尤其是基于网络的系统，可以通过跟踪提交的创意实施进程来鼓励团队工作和促进公司内的交流。高效的创意建议系统能提供反馈、评价和创意跟踪。

9.5　成功的员工新产品创意计划的制订和实施

新产品创意是一个产品开发活动的启动器。通常，管理者们不重视收集和评估创意，因为他们过于自信地认为自己有充足的想法。然而，开发流程中的创意收集和评审阶段是新产品开发取得成功的关键，必须制订一个用来收集创意的计划与设置对创意进行优先顺序评价的标准。应该制订一个新产品开发创意生成与收集计划，以提供高质量的创意（见图 9-3）。

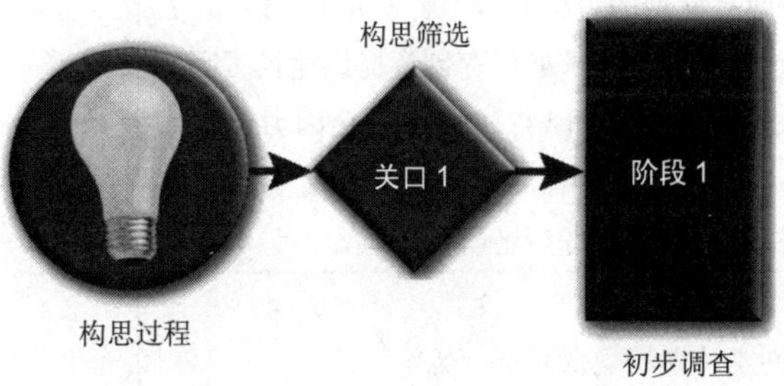

图 9-3　初始创意筛选关口

注：引自 Robert G. Cooper and Scott J. Edgett，《服务行业产品开发》，1999 年；Robert G. Cooper and Scott J. Edgett 版权所有，Perseus Book Publishers 授权引用。

我们已经回顾了员工创意计划的发展史，提供了分析框架和实例。这些可以用来作为设计或改善新产品开发计划的一个基准。这一部分将介绍如何把这些信息成功地应用到公司特定的产品需求中去。

不管你是在改善一个现存的计划，还是在整合几个计划，抑或在制订一个新的计划，都需要考虑很多因素以确保能制订出对公司而言最好的员工创意收集计划。对每一方面，我们已经提供了一系列问题来帮你制订公司的员工新产品创意计划（见表 9-5）。

表 9-5 制订一个员工新产品创意计划

问 题	回 答
审查当前的创意获取方法 • 你所在的公司目前是如何获取员工新产品创意的 • 你对提交的新产品创意的质量和数量满意吗 • 你所在的公司有正式的员工新产品创意计划吗 • 现有的创意收集计划能满足你的工作需求吗 • 最近 5 个成功的新产品创意是什么，它们来自何处	
获得管理层的支持 • 结构化的员工新产品创意计划能够带来哪些好处 • 一个员工新产品创意计划是如何与公司的战略和文化相契合的 • 还需要哪些人力、财力、技术或其他资源的支持 • 在流程中，管理层充当了什么角色	
确定员工新产品创意计划的宗旨 • 你的员工新产品创意计划的目标是什么？你的计划为员工思考新产品创意、倾听客户需求或保存创意提供途径了吗 • 为什么要实施员工新产品创意计划？例如，你会因为短期利益而把创意放到一边吗？是否有员工离职并带走他们的创意？你的主要目标是反映客户的声音吗	
确定范围 • 你的员工新产品创意计划的受众是谁 • 你想要获得什么样的产品创意	
建立创意所有权和知识产权制度 • 你想要了解和追踪创意建议者吗 • 谁将会实施这些新产品创意 • 你所在的公司的知识产权政策是什么	
确定收集方法和验证概念 • 要使计划成功，需要设计哪些功能 • 要采取何种方法收集创意？是书面、自动化式的，还是协作式的 • 有什么特别的技术要求吗 • 怎样通过试点来测试概念？哪些人将参与测试？要测试多长时间	

续表

问　　题	回　　答
实施创意评估流程 • 提交新产品创意需要什么样的表格 • 计划和创意提交的指南是什么 • 怎样处理一项创意？让谁来筛选创意？管理者、创意评估者、创意评审委员会和高层管理者评审小组的职责是什么 • 评估一项创意的时间分布和准则是什么 • 当创意经过评估后，批准程序是怎样的 • 通过什么方法与创意建议者沟通创意评估结果和进展情况 • 采用什么方法追踪和监控创意 • 创意获取流程如何与新产品开发流程相整合	
制定考核方法和目标 • 你想要实现什么样的考核目标：高参与率、更快的实施，还是新产品上市的增量 • 如何衡量人为因素，如计划是否简易或高效	
确定奖励方法 • 你打算奖励提供创意的员工吗 • 哪些人值得奖励 • 采用什么样的奖励形式和分配方法 • 提交时奖励还是实施后再奖励	
实施计划、沟通和培训 • 采用什么样的培训方式？如何使员工开始思考创意 • 如何对不同的角色如建议者、审查者、管理者或经理进行培训 • 谁来培训：培训部门、人力资源部门、产品开发部门还是其他部门 • 计划需要什么样的标志	
进行持续的管理和计划维护 • 管理并维护员工新产品创意计划需要花费多少时间 • 管理并维护员工新产品创意计划需要哪些资源 • 多长时间向管理层汇报一次情况？需要汇报哪些内容 • 持续的激励和升级计划包括哪些内容	

9.5.1 第 1 步：审查当前的创意获取方法

每一家公司都有某种从员工那里收集建议和创意的方法。该方法可以采用正式的、书面化的形式，也可以采用非书面的形式。或许在你所在的公司中有一些正式的提议程序，又或许有某种尝试过的方法但现在已不再使用了。对现有员工新产品创意收集流程的自我审核可以促使改变那些已经被使用的、学到的和开发过的东西。对用户和现有流程管理人员进行一系列的访谈和与他们召开会议是收集信息的好方法。修正现有的创意计划可能是启动新计划的必要工作。即使你没有一个正式的新产品创意收集流程，学习公司的创意收集流程是如何出现的对你也是有所帮助的。

需要考虑的问题：

- 你所在的公司目前是如何获取员工新产品创意的？
- 你对提交的新产品创意的质量和数量满意吗？
- 你所在的公司有正式的员工新产品创意计划吗？
- 现有的创意收集计划能满足你的工作需求吗？
- 最近 5 个成功的新产品创意是什么，它们来自何处？

9.5.2 第 2 步：获得管理层的支持

通过对现有的创意收集计划的理解，你可以更清楚地定义新产品创意收集方法。但是，在开始制订和完善计划之前，你需要获得管理层的支持。建立一种重视评估质量、创新，以及持续改善的公司文化是管理层的责任。只有管理层才能够创造令员工乐于提出新产品创意的环境。有了管理层的大力支持，员工就可以投入更多时间来参与该计划。有了管理层的支持，该计划就能够得到更多的信任和资源。

需要考虑的问题：

- 结构化的员工新产品创意计划能够带来哪些好处？
- 一个员工新产品创意计划是如何与公司的战略和文化相契合的？
- 还需要哪些人力、财力、技术或其他资源的支持？
- 在流程中，管理层充当了什么角色？

9.5.3 第 3 步：确定员工新产品创意计划的宗旨

如同公司使命所陈述的那样，宗旨为员工新产品创意计划指明了方向。员工新产品创意计划的宗旨可以根据计划的原因、目标和目的来确定。一个员工新产品创意计划可能仅仅关注捕捉新产品创意。员工新产品创意计划的宗旨因公司而异。例如，一个协作式创意计划的目标可能是鼓励员工同心合力去建立和提炼创意。一个目标是识别某个时间范围内的 5 个新产品创意。另一个目标是为所有员工提供一个媒介以表达他们的想法。计划的目标应该用可衡量的术语来表述。

需要考虑的问题：

- 你的员工新产品创意计划的目标是什么？你的计划为员工思考新产品创意、倾听客户需求或保存创意提供途径了吗？
- 为什么要实施员工新产品创意计划？例如，你会因为短期利益而把创意放到一边吗？是否有员工离职并带走他们的创意？你的主要目标是反映客户的声音吗？

9.5.4　第 4 步：确定范围

确定你想要获取创意的范围及计划的受众。新产品创意包括客户产品创意（产品创意对于公司和世界来说都是全新的，如功能增强、产品线延伸等）、策略型产品创意（改善公司的方针、政策或实践），以及产品改善创意（解决具体产品或流程问题）。

通过职能领域和特定主题来确定目标受众，目标受众也可以是所有的员工。制订用来获得全体员工创意的计划往往能够使公司获得各种各样的新产品创意。

需要考虑的问题：

- 你的员工新产品创意计划的受众是谁？
- 你想要获得什么样的产品创意？

9.5.5　第 5 步：建立创意所有权和知识产权制度

创意所有权指的是建议者在实施创意时扮演着什么样的角色。大多数新产品的创意范围很广并且能够跨越职能界限。创意的所有权常常会转移给某个产品或项目的专家，由专家负责落实。当创意所有权发生转移时，建议者的参与可能是主动的（直接参与开发），也可能是被动的（了解最新进展）。无论是哪种情况，都要让建议者参与实施过程以保持员工参与计划的热情。

当创意被匿名提交时，建议者将无法参与创意实施的过程。创意所有权必须转移给另一个人，其结果往往和建议者最初想的不同。因此，公司应该避免采用匿名提议的方式。

知识产权关乎创意的合法所有权和使用权。通常，公司在员工手册中都有一份关于知识产权的说明。公司对知识（如创意）的产权，必须在员工新产品创意计划的材料中清楚地阐述。所以，请核查你所在地的法律部门制定的有关知识产权的政策是否与你所在的公司发布的关于知识产权的说明相一致。

需要考虑的问题：

- 你想要了解和追踪创意建议者吗？
- 谁将会实施这些新产品创意？
- 你所在的公司的知识产权政策是什么？

9.5.6 第 6 步：确定收集方法和验证概念

员工新产品创意计划的框架细化了提交创意的方式和其他影响员工新产品创意计划的因素。

手工创意收集计划可以很简单，准备一个纸制的创意表格，然后登记在主表中进行跟踪。手工创意收集计划的管理工作需要大量人力，因此，手工创意收集计划最适合小公司，而且小公司想要收集的创意也比较少。

基于数据库技术的员工创意数据管理方法效率更高，尤其是当组织很大且有多个地点时。在技术便利的今天，创意自动化系统应该具有数据搜索功能，能允许多个提议录入，能发送电子邮件通知建议者反馈最新进展，能跟踪获奖计划、提供评价信息和生成创意报告。我们可以通过自主开发或购买软件公司的产品的方式来获得这样的系统。要开发这样的网络系统，初步的预算在 7.5～30 万美元，视系统内部结构的复杂度而定。要进行系统的维护，按现在的服务，每年需要再增加 1～2 万美元。后续进行管理的开支因受众的多少而异。

在大部分情况下，创意评估的过程应该高效、迅速。创意的回复应该及时并且应该包括对下一步计划的描述。创意评估阶段通常要 30 天。此外，创意提案的格式要简单。所有的创意提案都统一提交到一个地方。创意越难提交，收到的创意就会越少。

为了验证创意计划的概念和内容，你可能需要建立一个试点或一个由少量目标受众组成的焦点小组。试点或焦点小组的成员要能代表评估过程的所有角色，如建议者、评估者、管理者、实施者和经理。试验人员提供的反馈能够帮助我们发现问题，并进行改善。焦点小组有助于了解组织内部人员是如何看到员工新产品创意计划的。焦点小组的结果有助于了解计划全面实施后的收益。

需要考虑的问题：

- 要使计划成功，需要设计哪些功能？
- 要采取何种方法收集创意？是书面、自动化式的，还是协作式的？
- 有什么特别的技术要求吗？

- 怎样通过试点来测试概念？哪些人将参与测试？要测试多长时间？

9.5.7　第 7 步：实施创意评估流程

为确保创意计划的有效性，需要对实施和评价流程进行管理。创意评价的审批流程决定了如何审查和审批创意。通常，需要由特定的人进行初步的展示报告，比如创意计划的管理员。报告内容包括产品开发、策略或研发。一些公司甚至成立创新中心或创意计划办公室。通常，这个人或团队负责为提交创意建立规则，把创意交给专家进行概念开发、召集评审会和汇报创意开发流程的进展。建立创意的评价标准，有助于判断创意是否合格。担当这个角色的理想人选需要有出色的口头表达和书面沟通能力，具备产品开发和项目管理的经验，拥有技术和管理技能及创新的热情。

对于创意评估流程来说，快速地向创意建议者反馈非常重要。在很多结构化的计划流程中，一项创意要提交给相应领域的专家审核。需要详细描述创意的想法，以得到指导委员会的批准，该委员会负责对产品优先级和产品开发项目档案进行管理。创意评估流程可以直接和用来把产品投放至市场的产品开发方法捆绑在一起。图 9-4 展示了系统的创意评估流程，包括了从接收创意到经过专人或团队进行创意评估和管理再到与产品开发相整合的全过程。

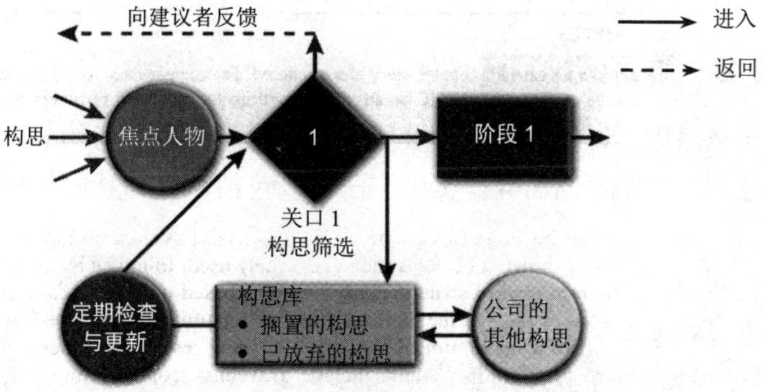

图 9-4　创意获取和处理流程系统化

注：引自 Robert G. Cooper and Scott J. Edgett,《服务行业产品开发》, 1999 年，Robert G. Cooper and Scott J. Edgett 版权所有，Perseus Book Publishers 授权引用。

需要考虑的问题：

- 提交新产品创意需要什么样的表格？
- 计划和创意提交的指南是什么？
- 怎样处理一项创意？让谁来筛选创意？管理者、创意评估者、创意评审委员会和高层管理者评审小组的职责是什么？

- 评估一项创意的时间分布和准则是什么？
- 当创意经过评估后，批准程序是怎样的？
- 通过什么方法与创意建议者沟通创意评估结果和进展情况？
- 采用什么方法追踪和监控创意？
- 创意获取流程如何与新产品开发流程相整合？

9.5.8 第 8 步：制定考核方法和目标

公司应该设定员工新产品创意计划的期望结果。一个计划开始执行，就可以把实际结果和期望结果进行比较来考核创意的回报。考核方法就像气压表一样，它可以用来确认创意计划的成功与否及明确创意计划是否有所改进。通常使用的统计方法，比如员工参与比率，创意数量（按每个员工或按每段时间），来源于创意建议的新开发产品的数量和产品创意投放市场的数量。人的因素，如员工认为计划的成效如何也应被纳入考核指标之中。

需要考虑的问题：

- 你想要实现什么样的考核目标：高参与率、更快的实施，还是新产品上市的增量？
- 如何衡量人为因素，如计划是否简易或高效？

9.5.9 第 9 步：确定奖励方法

为员工新产品创意计划确定一种奖励方法可不是一件容易的事。奖励方法因创意计划类型和目的的不同而异。奖励方法应该包括认可和其他奖励。

> **案例**
>
> BIC 公司对每一个创意都给予 1 美元自助餐抵用券的奖励。另外，该公司每个星期、每个月还会奖励最佳创意的建议者。因此，BIC 公司的创意征集活动有高达 90%的参与率。

1. 奖励

奖励可以是无形的，也可以是有形的。奖励可以有多种形式，其中奖金是最常用的，其次是物品。典型创意计划的奖励是对创意建议者给予大笔的现金奖励。就最大额度来说，Sony Pictures 公司对创意的最高奖金高达 25 万美元。其他奖励可以包括旅游奖励、小礼品、相框或免费的午餐。

尽管与创意建议者分享节约的成本看似合理，EDIS 和持续改善计划推进者仍旧认为大额现金奖励会对持续改进不利，它会给员工这样一种感觉，即他们理所当然应该为他们的创意获得报酬。EDIS 和持续改善计划推进者采用象征性的现金奖励，他们更强调精神认可和团队合作。

2. 认可

认可是成功的员工新产品创意计划的一个关键部分。然而，实施计划的人为因素和无形的奖励常常被忽略。让员工保持提议积极性的关键是要认可他们。任何创意的建议者都应该被及时认可，并向他们致以感谢和积极的回应。公众认可的方式包括典礼、表扬或奖状等。

需要考虑的问题：

- 你打算奖励提供创意的员工吗？
- 哪些人值得奖励？
- 采用什么样的奖励形式和分配方法？
- 提交时奖励还是实施后再奖励？

案例

Exxon Mobil 通过使用 Lotus Notes 逐渐形成了一套员工提议计划。该计划在设计时就已经包含认可函。系统自动生成信件如下：

- 感谢创意的建议者。
- 感谢及时回应创意设计的分析师。
- 感谢实施创新方案的各个员工或团队。
- 感谢支持这一项目的管理者。
- 感谢积累和提供多个创意的员工（例如，一个月提供 5 个创意）。

9.5.10 第 10 步：实施计划、沟通和培训

当你完成了方法的测试、确定了计划所需的材料时，你就可以把计划推向更为广泛的受众。如果计划是全公司范围内的，那么它就应该成为员工手册中的一部分，并且被纳入新员工培训的课程中。

需要制定培训方案，安排初步和后续的培训内容。应该按目标受众（如管理员、评估人员、经理和建议者）安排授课班级和培训内容。例如，一线主管应该意识到他们在促进员工创造力中起到的重要作用。每个员工都应被告知以下事项。

- 你所需要的创意类型。

- 如何提交创意及其流程。
- 能够得到什么样的反馈。

如果一个组织第一次执行这样的计划，那么培训就能够推进创意产生的进程。它会使人们更加乐意提交创意，从而增加计划成功的可能性。

需要考虑的问题：

- 采用什么样的培训方式？如何使员工开始思考创意？
- 如何对不同的角色如建议者、审查者、管理员或经理进行培训？
- 谁来培训：培训部门、人力资源部门、产品开发部门还是其他部门？
- 计划需要什么样的标志？

9.5.11　第 11 步：进行持续的管理和计划维护

这里的管理指的是计划的持续管理，如创意的跟踪、进行创意的初步筛选（合格/不合格）、准备创意展示评审或提供性能更新。这是一项专门的工作而不是兼职工作。

通过鼓励方法改善和持续培训能够确保计划具有活力和目标的实现。需要定期的评审，确定计划满足商业需求的变化。

员工新产品创意计划的细节，如创意接收的信息、未来的计划内容，应该同所有的员工共享。公司简讯和管理报告都是很好的传递信息的方式。想要创意成功的实施，公司还要不断鼓励员工积极参与计划。

需要考虑的问题：

- 管理并维护员工新产品创意计划需要花费多少时间？
- 管理并维护员工新产品创意计划需要哪些资源？
- 多长时间向管理层汇报一次情况？需要汇报哪些内容？
- 持续的激励和升级计划包括哪些内容？

总问题一览表见表 9-5。

9.6　确保员工新产品创意计划实施成功

一旦你负责去实施一个员工新产品创意计划，需记住一些关键问题以确保计划的成功实施。

- 获得管理层的支持。管理层在评审创意及提供资源方面充当了一个很重要的角色。许多“草根”计划已经开始了，但由于缺乏管理层的支持又失败了。

- 为你的公司制订一个计划。这个计划应该要和你公司的文化和工作流程相吻合。
- 容易提交创意。使之简单，使之有趣。激发员工的创新思维，推动创意的产生。建立创意计划的文化以培养团队合作能力、促进学习、增加承诺。别认为创意在部门之间可以轻易地共享,记住技术不能替代面对面的会议。
- 考核结果。应该怀着近期产生切实结果的期望来制订一个计划。这对于一个创意收集计划的长期生存和发展是极为重要的，它始于与真正的商业事务相关的目的，结果与过程考核都需跟踪。
- 提供成果。要交流沟通产生的成果。对员工递交的创意数量及类型保持跟踪。这有助于明确哪部分计划参与度低。通过改进低参与度的部分以增强整个计划的参与度。
- 提供反馈和及时的确认。检查所有提交的创意并确保建议者能够被通知到。对建议者的回馈必须及时，并按流程把创意评估的情况准确地告知建议者。
- 认可并交流成功案例。
- 组织与产品发布相关事宜的后续改善工作。持续培训和改善对保持员工的兴趣至关重要。在一些公司，因为计划的新奇，前期测试得到了很多关注，但是，真正的工作是在前期测试之后。

9.7 小结

员工新产品创意计划有 100 多年的历史了，已发展出了各种各样的形式，并且由于经济的发展经过了一次次的修改和完善。除了质量计划或局部的流程改进，这样的计划也能够并且应该被实施。员工新产品创意计划提供了一个从那些最接近产品、销售及客户服务的员工那里发掘新产品创意的有效途径。这些计划提供了很多便利，并能从根本上开发出更多更好的产品创意。我们相信这种协作式创意已经成为一种趋势，它将先在公司内持续推广，最终走向公司外部。

要想在新经济中获胜，公司必须充分利用它们最有价值的资源——它们的员工和员工极具价值的创新性想法。当拥有聪明的头脑、富有创造力的天才们汇合到一起的时候，就可能出现奇迹。致力于集体创新的组织将驾驭未来的潮流，它们将走出假想的领域迎接创新的黎明。没有什么比创意更有力量，它的时代已经来临。

参考文献

[1] Cooper, Robert G., and Scott J. Edgett. 1999. *Product Development for the Service Sector.* Cambridge, MA: Perseus Books.

[2] McDermott, Robin E., Raymond J. Mikulak, and Michael R. Beauregard. 1993. *Employee Driven Quality: Releasing the Creative Spirit of Your Organization Through Suggestion Systems.* White Plains, NY: Quality Resource.

[3] Robinson, Alan G., and Sam Stern. 1997. *Corporate Creativity: How Innovation and Improvement Actually Happen.* San Francisco: Berrett-Koehler Publishers.

补充资料

[1] Bassford, Robert L., and Charles L. Martin. 1996. *Employee Suggestion Systems: Boosting Productivity and Profits.* Menlo Park, CA: Crisp Publications.

第 10 章 领先用户调查和趋势图

李·迈多斯（Lee Meadows）

10.1 引言

如何在新市场尚未出现时就预知它的需求呢？一个眼病医疗器械公司在没有拿到食品和药品管理局的许可及将其产品投放市场之前，如何预测眼科激光手术的市场需求呢？3M 公司如何确定其多元化业务部门的下一个商机将出现在哪个业务领域呢？对于创新者来说，新技术和新产品的爆炸式发展使得解决这些问题变得越发紧迫。新技术和新市场往往预示着新的商机，因此，新产品开发者非常热衷于如何预测新产品的影响力和市场需求。本章涉及两个协同研究工具——领先用户调查和趋势图。领先用户调查能够帮助新产品开发者发现新的用户需求及相应的解决方案。趋势图则是用来识别和预测商业趋势的分析工具。

领先用户调查是发现引领市场变化的客户的研究方法。麻省理工学院斯隆管理学院的埃里克·冯·希普尔第一个发现领先用户和他们在新产品开发中扮演的重要角色。冯·希普尔发现领先用户不仅仅是新产品的最早使用者，还是开创用新方法来解决问题的人。因此领先用户调查可以用来识别未来使用者由于这些更改而产生的需求，并找到满足这些需求的初步方法。领先用户不仅能发掘市场的潜在需求，还能开发出新产品与服务原型来满足这些需求。

领先用户之所以有自己独有的解决方法，是因为他们的需求并不是很普遍，不足以开发新的产品市场。由于领先用户掌握着复杂的技术，并且有很强的动机来创造新的产品，所以他们常常是首先创造新产品的人。最终，随着潜在用户数量的增长，制造商或服务提供商会发现新的商机。领先用户的创新思维经常被发掘并融入新的产品之中。冯·希普尔指出，在计算机、化工、科学设备等工业领域中，领先用户创造了大量创新产品。

以 Nabisco 公司的某个项目中的工程设计小组来作为领先用户的例子。这个设计小组为面包机和包装设备做初步设计，并且是该设备包括烘焙设备供应商尚未提供的新型设计。当新的设备能够提高生产车间的效率时，设计小组就和制造商签约，让其制作他们设计的原型手板，并生产这些改良后的设备，供 Nabisco 烘焙厂使用。后来，制造商们纷纷将 Nabisco 公司的设计方案搬上了自己的普通生产线。接下来，Nabisco 公司买断了生产这些设备的商业权，因为这些设备比从制造商那里专门定制原型手板更便宜。在另一个例子中，冯·希普尔向我们展示了一个类似的面包加工厂。制造商视它为问题客户，因为它为自己改造过的一台包装机而频繁地拨打制造商的客服电话。那台改装后的机器比改装前的转速快了 3 倍。最终，制造商注意到了这个变化，并采用了这种设计方案以提高所有包装机的转速。

Church & Dwight 旗下的 Arm & Hammer 公司的例子说明了领先用户的反馈是如何成为新产品开发构思的重要源泉的。事实上，Arm & Hammer 公司的新产品开发都是建立在追踪清洁粉（碳酸氢钠）的消费者和商业应用的基础上的。Arm & Hammer 公司源源不断地收到描述使用清洁粉的新方法的用户反馈信息和市场调研报告。于是 Arm & Hammer 公司推出了家用加强版的清洁粉。自从坚持采用领先用户调查之后，Arm & Hammer 公司的市场份额在 1972 年～1992 年扩大了 20 倍。领先用户调查的应用改良了 Arm & Hammer 公司的洗涤剂、牙膏、除臭剂和猫砂等消费产品。由于采用了客户导向的创新，该公司开辟了飞机清洁和电路板清洁领域的新市场。对于每种新产品，Arm & Hammer 公司都会邀请客户来公司展示他们是如何改造清洁粉来满足自己的需求的。由此公司研制出了由清洁粉和其他原料成分构成的新产品，其使用效果比单一使用清洁粉更好。

Arm & Hammer 公司和 Nabisco 公司的例子说明了在商家无法发现并实现创新思维的情况下，领先用户的力量。冯·希普尔改善了这种发现和利用领先用户来加速创意产品开发的方法。在冯·希普尔同 3M 公司的项目合作过程中，冯·希普尔开创了 4 个阶段来发现和利用领先用户的理论。这 4 个阶段被记录在 3M 公司的一个名为《突破性产品及服务和领先用户调查：发现领先用户的想法与原型的方法》的实用手册上。这 4 个阶段包括的内容如下。

- 阶段 1：领先用户调查项目的准备阶段。在这一阶段，3M 公司组建了跨职能项目小组（4～6 人）以便推行领先用户计划。项目小组将分清权责界限，确保资金安全，并创建一个非正式的领导团队，聚焦某一商业领域，并制订行动计划。

- 阶段 2：识别发展趋势及关键用户需求。在该阶段，项目小组应致力于搜寻改变目标领域的市场与科技动向。在该阶段末期，项目小组应聚焦在 1～2 个趋势上，并将这些能够改变目标市场并与用户需求息息相关的趋势作为整个项目的焦点。
- 阶段 3：探求领先用户的需求及其解决方案。在这一阶段，项目小组要在最能理解市场需求和潜在解决方案的世界顶级专家的指导下，建立知识和沟通网络。项目小组通过采访知识网络中的成员，进一步了解显性的客户需求和潜在的解决方案。在该阶段结束时，项目小组要确定新的产品原型解决方案，识别出自己所需的领先用户。
- 阶段 4：与领先用户和专家一起提升产品概念。在 3M 公司领先用户调查的最后阶段，为期 2～3 天的 3M 公司领先用户研讨会将在 3M 公司总部举行，与会者包括领先用户、外来技术专家及 3M 公司产品研发者。研讨会成员将帮助 3M 公司确定改进后的新产品方案，并提出支持开发方案的初步商业计划。在该阶段的最后，将对新产品概念进行更广泛的用户测试，该商业计划也将由资深经管部门进行评审，以期最终圆满完成。

一项关于 3M 公司领先用户项目效果的研究，证实了它的确有发现新产品机会的作用。这项研究的主要推动者，宾州州立大学 Smeal 商学院的加里·利连说：

> “保守估计，平均每个 3M 公司的领先用户调查项目中，领先用户的产品创意创造的年销售额在 5 年后将达到 1.46 亿美元。这一数字比当前的传统项目产生的销售额高出了 8 倍多。每个获得投资的领先用户项目能为 3M 公司的某个部门建立一条主要产品线。结果，该部门投资的领先用户调查项目创造了 50 年来最高产品线建成率的纪录。”

本章接下来的部分将具体说明领先用户调查的各个阶段。在这些阶段将 3M 公司的流程略加修改，能适用于更多不同的领域。修改后的流程解决了很多问题：首先是 3M 公司将 4～6 个经理 25%～50%的时间用于领先用户调查项目，但很多公司没有足够的人力资源来进行领先用户调查；其次是采用另外的趋势图来确定领先用户调查的重点。

10.2 第 1 阶段：制定领先用户调查项目框架

新产品项目成功与否在很大程度上取决于参与者和资源的品质好坏。领先用户调查项目的第 1 阶段是组建一个跨职能的项目小组来确保预算，邀请管理层参与以增加成功的机会（见图 10-1）。

核心任务	成果	用时
组建领先用户调查项目团队	从核心部门挑选 3～6 个经理	1～3 周
确定预算	预估项目成本和人力需求并获得批准	1～3 周
确定项目边界、焦点和目标	书面陈述	1～3 周
制订项目计划	针对每个阶段关键任务的突破和目标日期	1～3 周
组建一个高层管理支持者小组	确定评审阶段的高层管理人员	1～3 周
第 1 阶段完成	以上所有	2～5 周

图 10-1 第 1 阶段：制定领先用户调查项目框架

10.2.1 组建领先用户调查项目团队

领先用户调查项目需要一个规模相对较小、经验丰富且具有跨行业、跨职能能力的项目团队。项目团队之所以要求规模小是因为它对参与者的时间和责任要求很严格。3M 公司大多数的项目团队由 4 人或 5 人组成，其他公司的项目团队规模是 3～6 人不等。团队成员要能履行带动业务开展的管理职能，至少包括市场营销、技术和生产等方面的职能，职能的称谓因行业、产品或服务类型而异。跨职能项目团队把这些管理职能汇集到一起，可避免低效的部门间串行业务方式。成功的领先用户调查项目团队能将高级经理和主管们聚集到一起。这些高级经理和主管至少要有 3 年以上的项目经验和 10 年以上的职能部门工作经验。这样才能确保项目团队掌握公司和各部门是如何正式和非正式的运转的。

由于要接触新的客户和技术，团队成员需要突破他们的常规知识和实践范畴。团队成员不愿离开以往舒适的工作环境的想法将限制整个团队探寻新市场和新机会的能力。因此，要让团队成员自愿参与进来，并将团队成员限制在那些对自己熟悉领域以外的市场和业务有明显兴趣的人那里。在所有与我们一起工作过的项目团队里（包括所有 3M 公司的领先用户调查项目团队），团队成员们都事先通过跨职能的实践活动接受过训练。

项目团队成员必须将自己的大部分时间贡献给项目团队。在 3M 公司，团队成员在每 3～5 个月的时间里，有 25%～50%的时间用在了领先用户调查项目上。在预算允许的情况下，以上的时间里有一部分工作是请外部顾问做的。然而，即使在大量雇用外部顾问的情况下，团队成员也至少要把 10%～20%（每月 2～4 个工作日）的时间用于领先用户调查项目。

10.2.2　确定预算

在项目的初始阶段，项目小组就应该确定工作预算。在 3M 公司，典型的现金预算是 3 万～4 万美元，包括旅行、研讨会谢礼和其他费用支出。此外，3M 公司还有内部设备和培训师费用，这类似于其他公司支付的额外顾问费用。

根据我们的项目经验，我们需要支付给每个参与项目 2～3 天研讨会的领先用户 500～1 000 美元的谢礼。每个研讨会有 5～7 个领先用户参与。作为项目的一部分，我建议每个项目计划进行两次研讨会，时间相隔一周。研讨会参会者的差旅开销预算因差旅距离和天数而异。对于跨国领先用户，我们可以在国际会议上举办研讨会，这有可能吸引更多的参与者。例如，在重要的世界医疗会议开始和结束时安排一个小会，这种时候外科医生就可能成为参与者。而且研讨会通常会在公司的员工会议室举行。从预算的角度看，这种方法很有效，并且能使更多的员工参与进来。

10.2.3　确定项目边界、焦点和目标

大多数项目管理的教材和训练计划都强调团队内部要就项目目标和要求达成一致意见。因为领先用户调查项目旨在寻求新的产品突破，项目范围很广并且更具挑战性。通过观察，我们发现创意产品要么来自新技术的发现，要么来自发现新老客户未被满足的需求。领先用户调查项目必须允许项目聚焦商业的灰色地带，而且应该以发现新的大商机和比目前服务能更好地满足需求的全新产品为项目目标。

例如，金融服务项目的灰色地带和目标就是创建一种新型金融服务，以满足老年人在辅助生活住所中未得到满足的需要。这个项目的目标和边界侧重于开发人员所知甚少的新市场。它认识到，这个新兴市场的未满足或未交付的金融服务需求在项目开始时并不为人所知。重要的是，团队的目标声明并没有将可以创建的解决方案类型限制在公司已经提供的产品类型上。

根据产品开发与管理协会（PDMA）及其他机构的研究，创新产品需要更长的开发时间。PDMA 的最佳实践研究表明：开发全新产品所用的时间是改造主要产品的 2 倍。根据这项研究，领先用户调查也需要很长的时间。然而，根据我们的经验，领先用户调查可以非常容易地定义产品需求，并且通常会将附带相应解决方案的原型样品提供给开发者，它反而加速了新产品的开发进程。

10.2.4　制订项目计划

在计划开始之时，项目小组就需要确定好研究内容和项目阶段，因为商业趋

势识别和领先用户追踪需要团队成员共同完成。为了保证项目有序进行，制定工作日程表很必要。项目小组大概的工作和时间安排如下。

- 第 1 阶段，项目计划和人员安排。每个组员需要投入 5～7 人/天。通常需要 2～5 周来完成。
- 第 2 阶段，趋势图和优先级。我们建议组员们每个月投入 6～7 人/天。在这些工作日内，整个小组成员集中精力攻关趋势图的绘制。
- 第 3 阶段，领先用户追踪。每组成员都应再投入 6～7 人/天。根据组员时间的可用性，大概需要 3～5 周。
- 第 4 阶段，也是最后一个阶段，通过领先用户调查研讨会来确定产品概念。我们建议小组投入 5～6 人/天。这一阶段将发生在研讨会开始前后的 2～3 周内。

我们强烈建议领先用户调查小组在项目开始阶段就安排好整个阶段的工作日程和重要会议，这样能确保项目及时有效地推进。

10.2.5 组建一个高层管理支持者小组

门径体系在每个新产品的开发流程中设置了高层管理者的检查点。3M 公司发现，通过设立非正式高级管理评审流程来检查领先用户调查的 4 个阶段非常有效。为了实现这种机制，项目小组必须识别出谁是掌管资源的关键人物。资源对于一个由领先用户调查诞生的新产品的发展计划来说，至关重要。这些高层管理者的职位通常比领先用户调查小组的直接主管高出一两个级别。当每个领先用户调查阶段接近尾声时，项目小组和这些高层管理者就会一起审查这个项目。这个非正式领先用户调查的门径流程确保了项目能够发现和解决高层管理者们所关心的问题，同样也清除了新产品方案推出时产生的矛盾。一般在领先用户调查项目第 1 阶段的末期和每个后续阶段的末期，请与这些非正式高层管理者会面，因为这比找一个时间采访所有高层管理者、与每个高层管理者单独见面更容易些。对于非正式领先用户的复查工作应该尽快完成，避免影响新阶段的开始。

10.3 第 2 阶段：绘制趋势图

领先用户是能引领潮流趋势的客户，这种潮流能快速地对更大的市场产生影响。第 2 阶段用来识别并验证项目将要聚焦的趋势。这个阶段的目标是识别已经改变目标市场的用户或技术。然而问题是，可感知的趋势比真正的趋势多。因此，我们需要去验证哪个趋势是真实的、可靠的，在这些真实、可靠的趋势里面哪个趋势实际上正在改变市场。我们可以通过两种方法来寻找并优先处理可能成为项目焦点的趋势。第一种方法是大部分顾问都比较喜欢的方法——访谈法，它可以用来获取公司和行业信息（有关此方法的详细介绍，详见第 3 章）。第二种方法是 20 世纪 80 年代由摩托罗拉发明，被称为“产品/技术路线图”的商业趋势研究方法。这两种方法都可以用来发现用户及其需求或满足用户需求所采用的技术的长期变化及趋势。

10.3.1　第 1 步：获取已有公司信息和行业趋势信息

我们建议绘制趋势图要从获取当前行业趋势信息和前景做起。那些职业的特定市场的高层管理者和经理们已经聚集在一起并分选出很多说明未来市场如何变化的数据。要获取这些信息，领先用户调查小组必须约见有代表性的 15～20 个公司内部经理和高层管理者，此外还要约见 15～20 个其他公司的经理和高层管理者。在公司内部有必要约见不同级别的机构职能部门的管理人员，并打通与他们的关系。比起中低层管理者，高层管理者能收集到更多不同种类的信息资料。同样，营销、研发和生产部门都从不同层面看到了市场的未来。从公司外部的供应商、客户、行业学者和财务分析师那里也能获取不同的信息。为了从他们那里获取信息，我们问了几个简单的问题：“在未来 5～7 年内，你认为哪个趋势将改变目标市场领域？你能为我们提供一些数据来证明你的观点吗？哪个趋势最有可能改变目标商业领域？”正如我们所希望的那样，这些采访将一对一地进行。如果受访者不便，也可以进行电话访谈或网上访谈（见图 10-2）。

> 快餐产品开发小组正在审查快餐饮食市场未来可能的变化，你对这个行业 5～7 年内的变化有什么看法，这些变化的原因又是什么？请完成问卷，并通过电子邮件反馈给我们。
>
> （1）你认为快餐饮食市场在未来 5～7 年内将会发生哪些重大的变化？发生这些变化的原因是什么？你能提供一些数据来说明这些变化吗？
>
> （2）在这个阶段内消费者行为的重大变化是什么？你能提供一些数据来说明这些变化吗？
>
> （3）在未来的 5～7 年内，快餐饮食业面临的重大技术和生产变化是什么？它们是如何影响该行业的？

图 10-2　趋势问卷样本

完成调查后，领先用户调查小组应整合数据以掌握因职能、级别和地点而引起的调查结果的差异，这可以通过制作一个电子数据表格来实现。电子数据表格可以捕捉到每一个期望变化的驱动因素和受访者的职能与职位。这种整合往往表明研发部门经理更关注某一新科技可能产生的影响，而非它们在市场营销和制造业领域的竞争对手。相反，市场营销和生产制造能够反映出它们的对手在客户和生产方面做出的不引人注意的反应。将这些差异可视化通常是工作小组识别未来商业潜在变化范围的第一步。

访谈的输出是一个包含所有可能的变化动因表，必须将这些可能的变化动因加以量化，像真实的趋势那样加以验证，并结合市场的变化来看这些动因是否能真正改变目标市场。趋势不是明天才开始，而是已经在进行中了。重要的趋势正在迅速成长，并且已经在改变着目标市场。通常情况下，趋势被人为地隐藏在商业边界中，它忽视了同一用户需求可以通过购买不同类别产品或不同分销渠道来满足。Ralston Purina 公司的一个理念就是一个例子，它一直认为从兽医处买的狗粮比不上在杂货店买的。当兽医的销售额超过了 10 亿美元时，Ralston Purina 公司才意识到它们的产品在与其他的经销渠道的产品相竞争。区分经销渠道或产品类别定义会掩盖重要的商业趋势和机遇。

工作小组的核心任务是，识别出每一个候选驱动因素并证明它们已经开始影响目标市场了。这要求我们通过二手数据研究或公司定期收集的原始数据来判断趋势是否能经过时间的检验从而量化。

分析结果常常会令人感到吃惊，但能立刻见效。20 世纪 90 年代初，一个全球领先的口腔护理公司在某个项目中首次发现，发展中国家与发达国家市场份额的变动正好相反。在北美、西欧和日本，高价产品的市场占有率正在增长；而在发展中国家，低价产品的增长快于中档和高端产品。这个发现曾一度被忽视，因为该公司通常情况下只研究 3 年的数据，而只有当数据周期被扩展到 10 年时，这种趋势才会显示出来。通过在绘制趋势图的过程中收集的零售商数据，该公司同时发现了一个被自己以往销售经验掩盖的非比寻常的市场趋势。后一项发现让该公司提出了新的研发策略，为发展中国家研制新产品，而不是等待发达国家的创新发明慢慢产生。后一项发现同时改变了该公司在所有发达地区市场的销售方法，极大地增加了其销售额。

但是，最重要的趋势是来自美国牙科协会 40 年来收集的牙科诊所治疗数据。该数据表明：40 年前的年轻人不再关注局部龋齿，由于年龄导致的牙龈萎缩而造成的龋齿成了焦点。因此，公司需要对专业产品和一般消费品做出调整，以应对这种由人口统计学造成的市场变化。

在此次牙齿护理的实例中，该跨国公司的 30 位经理接受了采访。公司内部采访对象包括首席运营官、国内和海外营销经理、地区主管、常务行政人员和技术开发人员，其中既有工作台上的技术工人也有高级研发人员。这些采访涉及了以上提及的所有趋势，也发现了一些其他可能的趋势。关键是通过大量数据证明这些趋势中哪些才是真实的，它们是否正在改变着口腔护理市场。

行业趋势调查的第二步是获得大量的数据，用以表明该趋势是如何随时间而变化的，又是否与实际市场的变化相关联。对于通过调查发现的每一个趋势，要利用历史变化记录这个二手的研究资源，然后对其进行研究。在该口腔护理项目中，人们龋齿类型的变化来自流行病学研究和美国牙科协会 40 年来关于牙医为何要医治病人的调查数据。工作小组利用人口年龄的变化预测在未来几十年齿龈萎缩造成的龋齿呈爆炸性增长。获得数据这一点很重要，因为它可以清楚地证明趋势是真实的，在将来会有显著增长并将改变市场。只有这种数据才能说服整个公司投资新产品以应对该趋势。

练习

制作趋势图

为进一步理解趋势图，请完成以下练习。

背景：一家顶尖的汽车制造商正在问你未来 7～10 年汽车市场可能的变化。请完成以下问卷，作为本任务的一部分，每一个问题至少选择一个答案。

（1）列举未来 10 年汽车用户最重要的变化。

a．年龄变化　　　　b．经济变化

c．身体变化　　　　d．其他变化

（2）列举上个 10 年中，你发现的汽车属性的变化趋势。

a．汽车规格和物理特性的变化　　b．汽车动力系统的变化

c. 汽车成本、定价、融资的变化

d．汽车使用便捷程度的变化　　e．汽车规则的变化

f．替代交通工具的变化　　g．其他属性的变化

（3）最近成功打入市场的新型汽车是什么？

a．小型 SUV 汽车　　b．一般 SUV 汽车

c．Nostalgia 汽车　　d．其他成功新型汽车

（4）你能为以上 3 种趋势提供一些数据支持吗？

趋势名称　　　　数据来源

a．________________________________

b．________________________________

c．________________________________

10.3.2　第 2 步：制作趋势图

趋势图是一种用来发现和验证改变市场的趋势的简单分析方法。最早关于趋势图的描述出现在 1987 年的一篇名为《技术趋势图》的文章里，作者是两名摩托罗拉的经理。在电子和半导体行业中，趋势图得到了快速的发展和传播。这些行业把趋势图作为一种战略分析工具，使市场、技术和制造部门在市场需求与现行市场何时不同、如何不同这些问题上达成一致。哈佛大学的金 ·克拉克和史蒂文 ·惠尔赖特于 1992 年在其著作《新产品开发革命》的第 3 章中的论述，就是建立在趋势图的基础上的。他们提供的真空吸尘器制造商的案例，显示了趋势图能应用到更广阔的领域。

朗讯公司的前技术策略主管里奇 · 奥尔布赖特发明了趋势图方法，案例来自奥尔布赖特在 1998 年的一个 PDMA 会议上的演讲。趋势图过程的第一步是获取历史分类数据并制成表格，包括客户和消费者产品级别研究和优先权研究、竞争策略、产品生命周期数据、产品份额及单位销售数据。图 10-3a 和图 10-3b 列出了一个手机市场的数据表（注意：为了保护该公司的机密信息，表中的数据都经过了修改）。

竞争策略与区分

竞争者	优势/劣势	核心竞争力	策略目标	顾客感知价值提案
Lucent				
竞争者一				
竞争者二				
竞争者三				

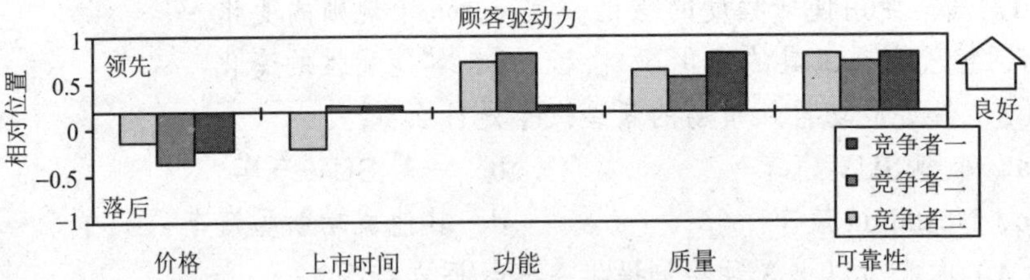

图 10-3a　手机市场数据表

注：经里奇 · 奥尔布赖特授权使用。

下一步是制作产品经验曲线。图 10-4 显示了产品价格变化是如何影响单位需求量的，随着时间的推移，这将通过产品属性映射得到增强（见图 10-5）。电子产业侧重于寻找当需求增大时产品成本快速下降的途径，正如在手机案例中显示的那样（见图 10-4）。70%的斜率反映出随着手机平均成本降低到 30%，对手机的需求反而增长了 70%。下面的例子就用对数数值来制作数据表线型图。

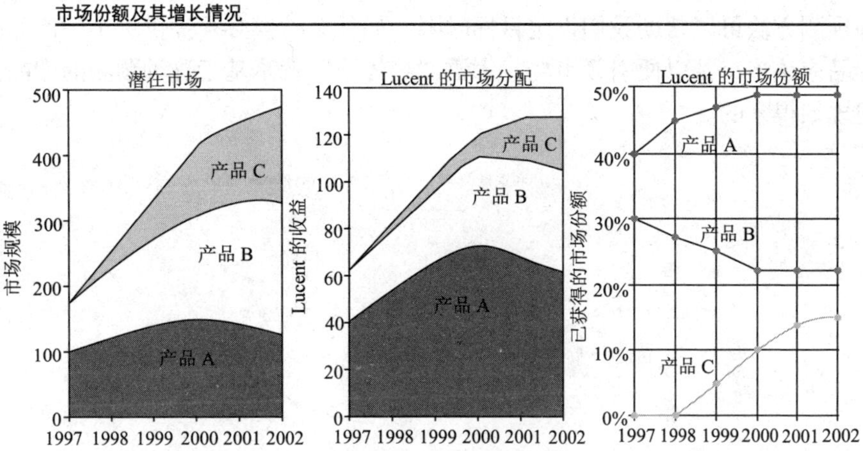

图 10-3b　手机市场数据表

注：经里奇·奥尔布赖特授权使用。

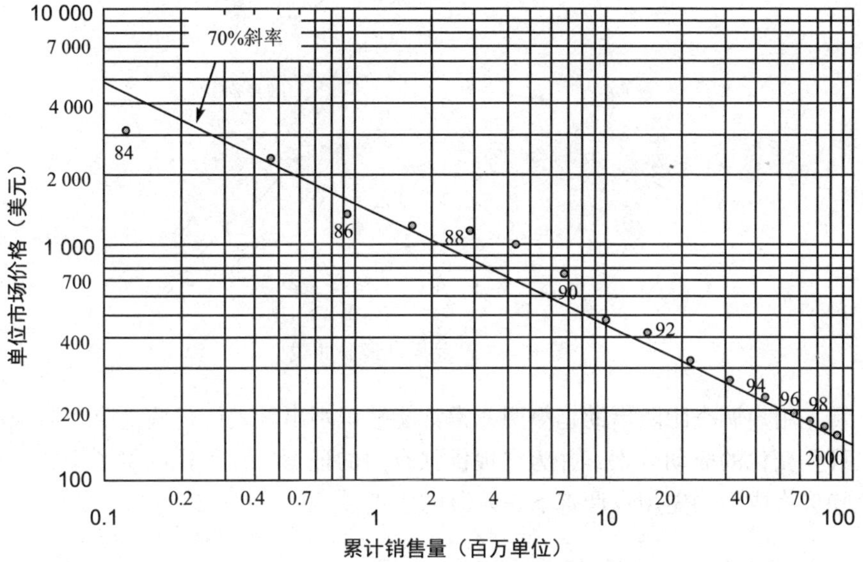

图 10-4　价格经验曲线

根据分析结果能够确定哪种产品属性的变化与需求和单位成本变化最密切相关。在图 10-5 中，很显然只有手机重量减轻和体积变小与需求斜率紧密相关。历史数据表明，按当前趋势继续减轻手机重量、减小手机体积是切实可行的。同时，这也证明了手机哪一属性的变化是成本和需求变化的关键。平滑指数提供了一种预测方法，即可以估计关键的体积属性什么时候会引起预期的额外的市场变化。这种预测方法可以帮助我们设定目标时限，如什么时候必须提供更小的产品，以及产品应该多小，以便引领市场。术语“趋势图”就是基于这种预测的产品开发时间规划得来的。

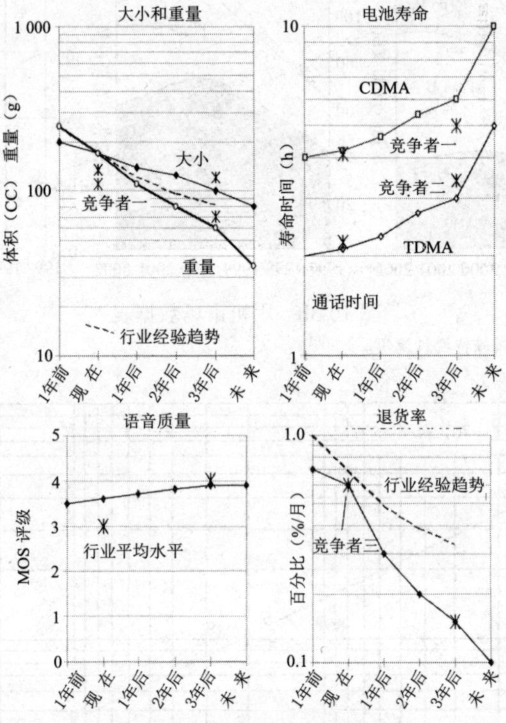

图 10-5　产品属性经验曲线

领先用户调查团队借助趋势图，常常能够识别出领先用户调查第 3 阶段必须注意哪些变化的驱动因素，并为之提供强有力的证据。在手机的例子中，手机小型化趋势将成为领先用户调查下一阶段的焦点。

10.3.3　第 3 步：追踪新产品成功的动因

对领先用户调查团队而言，一个附加的倾向性测试也是很有必要的。在很多情况下，它和制作趋势图的过程同等重要。在分析开始前，团队应掌握某段历史时期内（10～30 年）所有新产品的情况，然后核算出每一种新产品带来的价值，最后找到每一种新产品所实现的最大份额。通过对新产品核心价值所实现的份额的统计分析，来确定某单一价值是否能决定新产品的成败。图 10-6 显示，在口腔护理产品类别中，某单一价值就决定了新产品的成功。这种新产品趋势评估经常给领先用户调查团队带来新的灵感。

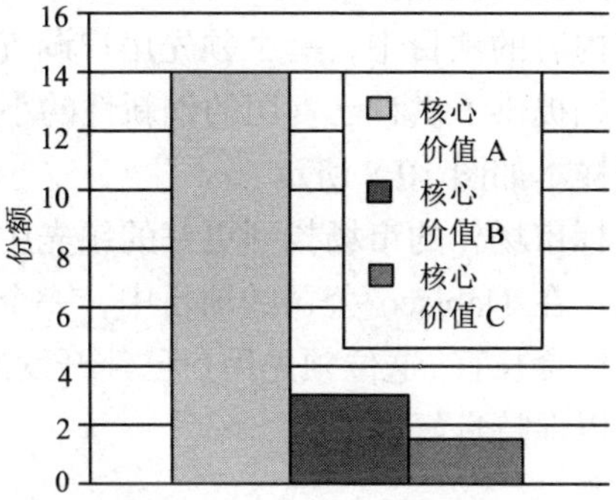

图 10-6　新产品价值的平均份额

至此，我们已经讲完了第 2 阶段的前 3 步，第 4 步为“审查和选择趋势或变化，并将其作为焦点”。第 2 阶段的具体步骤如图 10-7 所示。

任务	成果	用时
获取已有公司信息和行业趋势信息	内外部管理者及专家的变化驱动因素表及其定量支持数据	4～8 周
制作趋势图	历史市场/产品/生产变化图	4～8 周
追踪新产品成功的动因	分析历史上新产品因何成功	2～4 周
审查和选择趋势或变化，并将其作为焦点	项目小组和领导小组审查并就领先用户调查的必要性和机遇达成一致	1 周
第 2 阶段完成	以上所有	5～10 周

图 10-7　第 2 阶段：绘制趋势图

10.4　第 3 阶段：寻找领先用户，获取趋势信息

第 3 阶段有两个相关联的研究目标。第一个是寻找领先用户，即寻找那些已经处在趋势前沿、正为趋势需求创造解决方案的人。第二个是获取趋势信息，研究趋势及其深层影响。为达到目标，冯 · 希普尔认为知识和通信网络是合适的研究工具。

为了理解这项新奇的研究过程的必要性，我们必须更加详细地对领先用户进行分析。冯 · 希普尔已经注意到有三类领先用户对于我们研究创新产品原型及相

关知识有潜在价值。

这三种类型的领先用户包括：目标市场的领先用户，具有更深入趋势的类似市场的领先用户，以及某些关键趋势属性方面的领先用户专家。

目标市场的领先用户是指典型的领先用户，他们的需求预示了市场整体的需求，他们乐于创造新产品去解决他们的个人问题。在 Nabisco 公司的一个以休整期间运动员饮食为具体内容的项目中，一个领先用户调查的例子是一对共同创作了数本运动员食谱的夫妇提供了供自己食用的创新性的小吃。

领先用户电话调查样本如图 10-8 所示。

我们常常可以在目标市场外的市场找到更好的领先用户，这些市场以先进的方法解决了相似的需求。在 Nabisco 公司的项目中，一个这种类型领先用户的例子是美国海军陆战队的饮食长官。这位领先用户已经开发出数种有趣的营养产品，使陆战队员在战场上可以保持良好的状态。

> 您好，我是（姓名），来自（公司名）（部门名）。我是（公司名）团队成员，负责调查运动员的营养需求及如何改进膳食以满足这种需求。
>
> 从（来源）我得知您是一位营养和运动员方面的专家。您现在有时间回答几个问题吗？或者在其他更合适的时间给您打来电话？
>
> （1）精英运动员的核心营养需求是什么？他们和一般人的需求有什么差别？（多次询问）与一个正在进行休整的运动员的需求相比呢？
>
> （2）在满足您所提出的精英运动员的营养需求时，主要挑战是什么？（尽可能多问）在满足正在进行休整的运动员的营养需求时，有哪些挑战？（尽可能发问，直到所有问题都得到解答）
>
> （3）在克服您所提到的满足精英运动员的营养需求面临的挑战时，他们有什么解决方法？哪类运动员创造了最新颖的解决方法？（询问例子和姓名）
>
> （4）在您刚刚提到的食品中（重复例子），哪种对正在进行调整的运动员最有益？为什么？（询问）
>
> （5）您能推荐一下其他运动员营养需求方面的专家，以便我向他们请教吗？ 如何能见到他们？在此领域，您认为有我特别需要与之交流的创新者吗？
>
> 非常感谢您能抽出时间回答我们的问题。您的解答对我们帮助很大。

图 10-8　领先用户电话调查样本：运动员休整期间的饮食

我们可以通过查明新兴市场成功解决方案的关键属性，找到这些关键趋势属性方面的领先用户专家。据此，领先用户调查团队可以找到技术专家，给领先用户发明研讨会提供新的启发。对 Nabisco 公司而言，一名在美国国家航空航天局工作的生理学家就是这样的专家。这位专家可以确定能最有效地减轻压力的蛋白质和碳水化合物的来源是什么。

在 3M 公司外科手术盖布（Surgical Drape）市场的应用过程中，可以找到每种领先用户的例子。外科手术盖布可用于手术室中，防止手术伤口周围的感染。3M 团队确定了耐药微生物的增长以及市场对更加经济的医疗保健的关注，因为它们是该项目的趋势重点。一个非常有用的目标市场领先用户的例子，是那些亚洲诊所内为低收入群体服务的医生们。由于他们的预算很少，他们的需求预示着更高的市场需求。一个来自相同或类似市场的有价值的领先用户是一个领先的兽医，他拥有低价动物手术材料和设备方面的专利。最后，一名完美的外科手术盖布的领先用户专家是一位好莱坞化妆师，他对那些能很容易地与身体轮廓相符的材料有很深的了解，而如何固定外科手术盖布正是 3M 公司团队理想解决方案的关键所在。

在开发新产品满足新兴市场需求的过程中，每种领先用户都能做出贡献。但是，领先用户的数量很小。用于市场研究的传统取样过程在研究领先用户时并不实用，这就如同海底捞针一般，即使采访数千人也未必能找到一个领先用户。

冯・希普尔建议我们应用知识和通信网络来寻找领先用户。这可以通过文献调研来完成，并进行后续电话采访以跟踪知识网络。项目组成员要寻找那些对趋势及其需求了解最多的人，产业界和学术界的杂志是很好的渠道。通过电子文献搜索，可以从这些杂志上找到各种趋势的权威业界专家。电话采访应该从这些公认的专家开始，他们不仅能提供趋势信息，还能推荐那些对趋势及其相关问题最有研究的人。对 10～20 个专家连续的电话采访就能使项目组成员迅速地认识世界级专家，了解项目的目标趋势。这些专家可以指导对领先用户的采访，为与趋势相关问题创建有趣的原型解决方案。在采纳这些建议的同时，项目组成员也增进了对趋势的了解。通过相互学习，项目组成员的学习更加系统化了。

这个搜索过程的一个例子就是，在获得美国食品药品管理局的许可之前，项目组成员对屈光激光眼科手术进行了领先用户调查。通过医学文献调研及电话采访将范围迅速缩小为数十位曾参与激光机早期临床测试的角膜手术医师。他们是最早使用新机器的客户，了解新机器存在的问题。而且，他们已经开始改进机器，并使用药物来解决产生的新问题。尽管这些手术医师有七位数的收入，他们还是接了研究者的电话并答应参与领先用户研讨会。他们同意合作是因为他们对能使用更好的产品很感兴趣。

在屈光激光眼科手术项目中，第二类领先用户来自联合医疗的应用。当项目组成员向角膜手术医师问及与此领域有关的人时，得到的答案包括神经外科医生、整形外科医生，以及其他已应用激光的医疗从业人员。同样，从医学文献中可以看出，哪些临床医生在应用新激光技术方面有着丰富的经验。通过电话采访项目组很快就从这些平行的医学领域中，获得了丰富的激光外科知识。领先用户是那些在先进的激光治疗应用中，创造了新的外科技术、器械，以及解决药品问题的临床医生。

屈光激光治疗的第三类领先用户是研究某些理想解决方案的重要属性的技术专家。眼球追踪测量及伤口愈合方面的专家在治疗激光手术的新药物研制方面非常有帮助。通过对技术杂志的详细审查，并通过电话采访确定在这些专家中谁能在产品开发问题上有最好的启迪作用。

在进行领先用户调查时，最开始是通过文献调研来获取对问题的深入理解，以及潜在联系人的名单。接下来团队成员制作了一份用于电话采访的简单的开放型问卷。每个采访都应当从打电话者自我介绍及介绍所研究的趋势开始。之后，调查被采访者对趋势导致的主要问题的看法。最后，每个采访以得知谁对这个问题知道得更多结束。在研究期间，团队经常开会回顾结果并讨论采访中的问题。专业市场研究人员有助于团队改进他们的问卷。

在第 3 阶段结束时，领先用户项目团队应该能够确定基本的产品概念，从他们的研究中定义产品需求，预估目标市场大小，以及可能消费的概率（见图 10-9）。这在构建商业立项中非常有用。更重要的是，领先用户项目团队应该已经找到了数十位能帮助他们构建更好的新产品的专家。

任务	成果	用时
寻找目标市场的领先用户	确定至少 5 个领先用户，并获取采访的实质信息	2～4 周
寻找类似市场的领先用户	确定至少 5 个领先用户，并获取采访的相关信息	2～4 周
寻找关键趋势属性方面的领先用户专家	确定至少 5 个领先用户专家，并获取采访的相关信息	2～4 周
第 3 阶段完成	以上所有	4～6 周

图 10-9　第 3 阶段：寻找领先用户，获取趋势信息

练习

识别潜在领先用户

背景：福特公司和通用公司最近公布了长期改善 SUV 每加仑（1 升≈0.2642 加仑）汽油行驶里程的计划。作为领先用户调查团队的成员，你需要回答在什么地方能够找到领先用户来解决这个问题。完成以下问卷，作为本次任务的一部分。

（1）目标市场中哪些领先用户技术娴熟？（例如赛车生产商）

a. ______________________________

b. ______________________________

c. ______________________________

（2）哪些类似市场的领先用户掌握更加深入的趋势信息？（例如飞机生产商）

a. ______________________________

b. ______________________________

c. ______________________________

（3）领先用户专家研究的是哪些关键属性？

a. 减重（例如美洲杯的快艇生产商）______________

b. 节能（例如打印机生产商）______________

c. 减少气体和表面摩擦（例如引擎生产商）______________

10.5　第 4 阶段：召开领先用户研讨会，创造潜在解决方案

当团队决定了将会邀请哪些领先用户和公司开发人员来参加领先用户研讨会后，第 4 阶段就开始了（见图 10-10）。通常要邀请 6～8 位领先用户和 6～10 位公司开发人员，以及 1 位有推动及协调创新工作会议经验的组织者来参加研讨会。

任务	成果	用时
每个研讨会邀请 5～7 位领先用户	至少两个研讨会拥有最佳领先用户候选人	1～2 周，1 个月的额外时间直至研讨会召开
进行协同创新的研讨会	定义数种新产品及其支持技术	每种 2～3 天
验证领先用户的创新	确认市场认可度	因行业不同而异
第 4 阶段完成	以上所有	2～6 个月

图 10-10　第 4 阶段：召开领先用户研讨会，创造潜在解决方案

项目组首先发出电话邀请，然后通过传真或网络介绍研讨会及其成员，以及研讨的背景。

应该付给外部参与者一些酬劳，一般是 500～1 000 美元。除此以外，公司还应承担他们的差旅费用。公司应先将保密协议和参与条款传真给领先用户，协议长度为 1～2 页。协议规定，研讨会的任何发明都是主办公司的财产——作为对报酬和差旅费的回报。此外，领先用户应遵守会议期间所分享的研讨会信息保密的规定。如果某个被邀请者拒绝此规定，就换一个人。根据我们的经验，70%～80% 的被邀请者都会同意遵守此项规定。

通常情况下，领先用户愿意抽出时间参加研讨会。冯 · 希普尔、丘吉尔和桑

纳克（1998 年）认为，领先用户参加研讨会并帮助赞助商的动机有 3 个：

- 他们期望能从此经历中学到一些东西，并希望在公司产品开发过程中发挥作用。
- 他们知道如果没有研讨会成员的推动，是不可能完成研讨会中的那些创新的。
- 他们对新产品开发很感兴趣，因而非常渴望贡献他们的创新思想。

领先用户研讨会的参与者通常彼此认识，或者了解彼此的工作。由于他们的专业性，受邀请者乐于认识其他参与者并与其合作。例如，在一个口腔护理研讨会上，牙医们都在退伍军人管理医院工作，又都在著名大学教学，都对老年客户的就医趋势表示关注。被邀请者的声望，再加上能够解决他们病人的问题的新机会，促使他们加入研讨会。

研讨会从头一天晚上的晚宴开始，要持续 1～2 天。晚宴的交谈能打破僵局，增进彼此之间的友谊。晚宴嘉宾应当包括所有公司和领先用户调查项目参与者。在晚宴上，每个参与者向其他研讨会成员介绍自己，并对自己的工作重点做一个概述。

研讨会组织者应首先了解领先用户对趋势问题的看法，然后共同解决他们面临的新问题。领先用户常常在研讨会上展示或描述他们的解决方案。领先用户为改进共同的新产品发明提供了一个新的起点。

研讨会组织者应首先制定共同的工作准则，帮助团队成员在工作目标和日程上达成共识。然后，研讨会组织者应确保所有团队成员全身心投入其中，确保进度及工作的趣味性。

领先用户研讨会的成果如下。

（1）提出几个新的产品概念，以满足那些谁将受到选定的市场趋势影响的需要。在领先用户研讨会上至少能确定 3 种新产品概念。这些概念在研讨会上会以书面陈述和图形的形式来展示。

（2）寻找市场主体无法表达清楚的需求的解决方案，因为这些需求尚未产生。通过书面形式抓住理想解决方案的趋势和特点所产生的新问题。研讨会为进一步改进和新产品发明提供了基础。

（3）识别当前产业界尚未使用的新技术以促进问题的解决。领先用户的技术专业性使我们称研讨会为定性的研究开发。这些创新产品的使用者及产品属性专家比他们的合作者更愿意从市场之外寻求解决方案。例如，在一项保健食品的研究中，一名负责美国海军陆战队膳食的领先用户确认了一些具有超高营养价值的大豆新品种，而这是主办公司研究者所不熟悉的。

领先用户研讨会面临的主要挑战，是确保研讨会研制的新产品的顺利开发，并且能够打入市场。这是一个非常重要的问题，因为趋势时刻在变化，而新产品可能在还没有足够潜在用户的时候就上市了。这就需要形成 2 步新产品验证程序，第 1 步是在已有需求的人中测试新产品概念和原型，第 2 步是应用领先用户项目第 2 阶段的趋势图和趋势模型来预测潜在用户将以何等速度增加。这使公司可以把产品开发和投资计划与预期新市场成长相匹配。在预估新面世产品的市场成长时，模拟市场测试是很有效的，成功案例如未被引进之前的 Nextel 带收音机的手机，PRKLasik 的屈光激光眼科手术，以及新电脑产品。

10.6　领先用户调查的其他应用

领先用户调查的早期应用主要是在现有或新兴市场寻找新产品商机，以上所描述的一般领先用户过程是为了实现这一目标。然而，领先用户们也提出了新的挑战。这些挑战包括预测新技术将以何等速度发展，以及寻找新技术应用的最佳市场。

过去，经常用历史发展速度（如趋势图），或是通过采访技术专家来预测技术发展。我们发现，在预测技术何时才能转换为新产品方面，依赖领先用户往往比寄希望于传统技术专家更为有效。技术专家倾向于过于乐观地预测技术该何时升级，而负面因素将被消除。领先用户曾是该技术的早期用户，没有技术发明者的那种偏见，他们也明白当前技术的限制和缺陷。

我们发现，在上面提到的屈光激光眼科手术案例中，在预测新技术何时能消除这一过程的副作用时，领先用户眼科医生的诊断精度要比激光制造商的准确率高 40%。在估计什么时候美国食品药品管理局允许开发或改进新的医疗设备时，他们的准确率比技术专家高 60%，相当于 6 年时间。生产激光的技术人员和公司对激光技术掌握得更好，但他们无法像临床医生那样理解生理学。临床医生也缺乏对应用哪种技术能解决问题的认识。那些制造激光的人无法在他们的个人需求与精确预测之间取得平衡。

为了利用领先用户进行技术预测，第 3 阶段的识别过程尤显重要。在研讨会上，领先用户要预测在 7 年内，制造商能否或何时能达到某一技术水准。我们发现 7 年是领先用户预测的极限。之后，每名领先用户还需要对他所给出的结论进行解释。在小组讨论后，他们会达成预测共识。可见，新知识往往来自讨论。

10.7　小结

对大多数公司而言，趋势图和领先用户调查项目将会占用其他活动所需的时间和预算。其过程对领先用户而言会很辛苦。然而，回报是丰厚的。领先用户在提升业务焦点（战略）、识别新技术，以及开拓新的市场方面都有所提高。因此，高层管理者、研发，以及市场以赞助者的身份或通过提供合适团队成员积极参与这一过程是至关重要的。

领先用户调查项目成功的关键因素如下。

- 给项目安排富有热情的主管。
- 创立一个非正式高级决策小组，检查领先用户调查项目每个阶段的成果。
- 积极参与每一步，而不是把研究工作推给外部专家。
- 确保趋势质量，保证它们是真实的，并已在影响商业运作。
- 在开始确认领先用户之前，寻找并采访这一趋势的世界级专家。
- 采用以引导用户提出解决方案为主的方法，并提出如何调整这些解决方案以供更广泛的目标群体使用的问题。
- 安排三类领先用户参加各研讨会。
- 在实施管理前，为每个领先用户所推荐的新产品准备合适的商业案例。

参考文献

[1] Albright, R. 1998. "Roadmaps and Roadmapping for Commercial Applications." Presentation at the PDMA/T2S conference "Linking New Technologies to Market Windows," Atlanta, March 6.

[2] Griffin, A. 1997. *Drivers of NPD Success: The 1997 PDMA Report*. Moorestown, NJ: Product Development and Management Association.

[3] Lilien, G., P. D. Morrison, E. von Hippel, K. Searls, and M. Sonnack. 2001. Penn State news release (review of research results on 3M lead user process), http://www.newswise.com/articles/2001/3/LEAD.SCB.html.

[4] von Hippel, E. 1998. *The Sources of Innovation*. New York: Oxford University Press.

[5] von Hippel, E., J. Churchill, and M. Sonnack. 1998. *Breakthrough Products and Services with Lead User Research: Methods for Uncovering the Ideas and Prototypes of Leading Edge Users*. Minneapolis: LUCI Press.

[6] von Hippel, E., S. Thomke, and M. Sonnack. 1999. "Creating Breakthroughs at 3M." *Harvard Business Review,* September-October, 47–57.

[7] Wheelwright, S., and K. Clark. 1992. *Revolutionizing Product Development*. New York: The Free Press.

[8] Willyard, C., and C. McClees. 1987. "Motorola's Technology Roadmap Process." *Research Management* 30, 5: 13–19 .

第 11 章

技术门径管理流程：管理高风险新技术项目的结构化流程

格里哥 · M. 阿佳缅（Greg M. Ajamian），彼得 · A. 科恩（Peter A. Koen）

11.1 引言

传统的门径管理流程或者 PACE 流程都假设使用的技术有很小的不确定性。然而，对产品开发中高风险的技术环节缺乏管理能力，往往是导致新产品开发项目被取消或者严重推迟的原因。与产品开发不同，技术开发的最终结果是不可预测的。如果一项技术有很高的不确定性，那么过早地把它引进到产品开发中常常会导致项目推迟、项目不确定和项目取消。

我们建立了一种不同的管理流程，即技术门径管理流程。在管理技术开发中当有很高的风险时，就需要这种管理流程。技术门径管理流程为管理新技术开发提供了结构化的方法论，不会束缚在产品开发初期所需要的创造性。

本章的目的是对组成技术门径管理流程的工具和方法论进行描述，加深读者对这个流程的理解。这个流程被特定用于管理那些高风险的技术开发项目，当在这些项目中有不确定性和风险的时候，技术新发现可能就不会出现，因此最终要求的产品特征可能也不会实现。

为了理解技术门径管理流程和传统的门径管理流程的不同之处，以及理解技术门径管理流程的重要性，可以参考下面的例子。一个企业决定它的生产线需要生产一种新产品，这种产品可以描述为“没有氢的水”。如果这个企业立即开始一个传统的门径管理流程，它很可能在产品开发阶段陷入困境。通过使用技术门径管理流程，把重点聚焦在技术开发问题上。这样的努力会一直持续，直到开始产品开发，都是切实可行的。在这个例子中，技术门径管理流程会被用于管理技术开发的成果，直到证明了至少可以在实验室中造出这样的分子，从而大幅度降低了风险。

如图 11-1 所示，整个创新流程可以分为 3 个部分：模糊前端（FFE）、新产品开发（NPD）和产品商业化。很多公司使用传统的门径管理流程系统来管理新产品开发流程。对于大多数公司来说（即使是一个完全的新产品），产品开发在本质上是一个已知的、可以预测的、可以重复的过程。对于不同的产品，这个流程的 70%～85%是相同的，例如，计划、实验室中的试验、最初的设计、内部和外部试验、大规模生产、支持性培训、市场投放计划和商业化。创新在产品的实际开发和商业化中并不是一个重要的问题。项目领导者需要具备良好的项目管理能力，决策的制定者需要集中精力于企业的整个成本和收益。很多公司在新产品开发过程中引入结构化流程和整体商业流程，传统的门径管理流程使产品开发周期被戏剧性地缩短了。

技术门径管理流程存在于模糊前端和传统的门径管理流程之中，以及它们两者之间。模糊前端代表产品开发的最初部分，从构思的产生到概念的发展，其中概念包括与所需要的技术相结合的最初特征和客户利益。传统的门径管理流程的特征是始于一个已经明确定义的概念，尽管很多公司将模糊前端归结为传统的门径管理流程的最初部分。因为很高的不确定性，尤其在高风险的项目中，我们不把模糊前端的最初阶段归到传统的门径管理流程中去。另外，我们建议，如果项目包含的技术开发结果具有很高的不确定性和风险性，那么就不要让高风险的项目进入传统的门径管理流程中去。从概念上说，等到技术门径管理流程完成后及技术开发的风险被大大降低后，产品开发过程中的门径管理部分才能开始。实际上，当重要的风险已经被降低时，为了更早地进入市场，很多项目在技术门径管理流程的后期就开始了传统的门径管理流程。

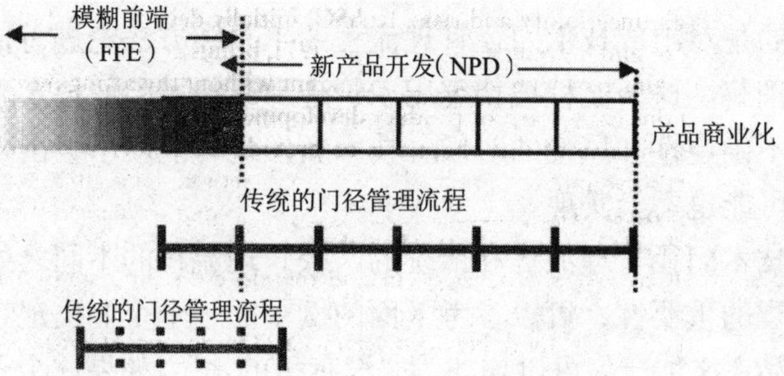

图 11-1　完整的创新流程：模糊前端、新产品开发，以及产品商业化

注：传统的门径管理流程用于管理新产品开发中的项目。技术门径管理流程用于管理处于模糊前端和新产品开发之间的过渡阶段的高风险项目。

新技术开发被定义为新的、不同的和不可预测的技术开发过程。人们很难通过捕捉和借鉴以往的经验来推断未来的成果，这使周期时间变得很难估计。没人可以为技术开发制定进度表。试验的范围和它们的结果往往是无限的，因此详细的整体项目计划是不切实际的。何时将新技术转到产品开发中往往也是很难决定的。并且，通过集思广益的讨论达成的一致决定也非常主观。与传统的门径管理流程相比，在新技术开发项目中，项目领导者需要具备管理不确定性的能力，以及聚焦项目目标的科学眼光。决策的制定者需要能够在风险概率、商业需要及潜在的回报之中做出权衡。

技术门径管理流程的目的就是将科学和商业的精确性带到技术开发过程中去，为高风险项目更好地选择和分配资源，以及减少技术开发时间。一个运行良好的技术门径管理流程的特点是，一个项目通过可靠的科学原理开始执行并合理地分配资源。传统的门径管理流程同样需要合理的资源分配，但是因为使用的技术已经为人所知，所以良好的技术眼光已经不是什么大问题了。实施一个技术门径管理流程的最初障碍与这样的假设有关，即增加结构化会抑制创造性。实际上，我们却发现这恰恰相反。技术开发团队之所以接受技术门径管理流程，是因为它给很多因为不适当的人力资源安排、不适当的财务资源分配、缺少正确的科学技能以及缺少同行评审造成失误的项目带来了科学的严谨性。

传统的门径管理流程和技术门径管理流程的不同之处可见图 11-2，在传统的门径管理流程中，关口（由墙代表）是透明的，因为大部分的产品开发流程是可以预测的，这些关口是可以被识别、被明确定义和被计划的，它们的结果在项目的最开始就是已知的。产品开发团队可以通过这些关口看到项目的最终端，可以很清楚地猜测最终的结果。与传统的门径管理流程相同的是，技术门径管理流程也包含一系列的关口或评审。尽管总是有一个面对整个项目的全面计划，关口的数量在开始时只是一个估计值。在新技术开发中，你只知道接下来要做什么，但是不知道下一步会出现什么样的结果，所以你无法为后来的行动做详细的计划。因此，在技术门径管理流程中，除了下一个阶段，其他的阶段都是模糊的。与传统的门径管理流程形成对比的是，在技术门径管理流程中，关口在本质上是不同的，而且关口的数量也是可变的。对最终的结果即最后一个关口有一个整体一致性，但是如何到达那里还存有不确定性。技术门径管理流程认识到，在技术开发流程中，因为采用不同方法的需要、无法预料的发现，或是科学上的障碍限制，每个后续关口的交付成果都会发生改变。

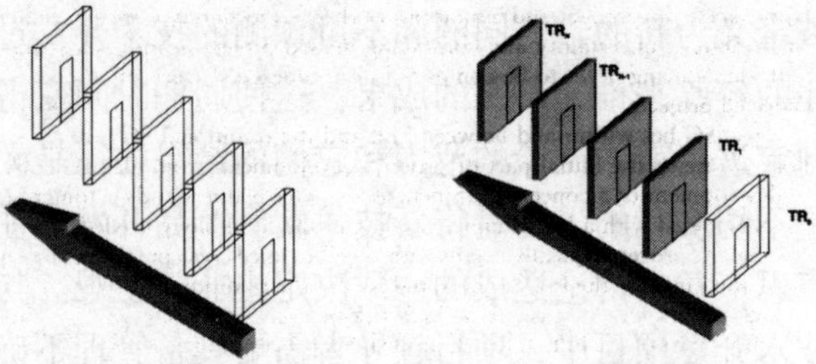

图 11-2　两种门径管理流程

注：在图中左侧所示的传统的门径管理流程中，关口是透明的。产品开发团队能够在关口处“看到”所有的可交付成果。相反，在右侧所示的技术门径管理流程中，关口是不透明的。技术开发团队只能“看到”下一个关口并理解可交付成果可能随着技术的开发而变化。

引自 Eldred and Shapiro，1996。

使用一个正式的商业流程，最主要的好处是保证重要的有限的资源能够被分配到最重要的项目中，以缩短新技术和使用这些新技术的产品到达市场的时间。在项目中，技术的规划和评审过程很早地显现出了商业、流程和投资的问题，并且这些问题被有效地处理。技术门径管理流程在技术和商业团体之间创建了一个协同的环境，不管这些实体是在一个公司之内还是公司之间的合资项目。

本章剩余的部分被分为两个主要部分，第一部分解释了技术门径管理流程的6 个元素，第二部分介绍了如何实施这个过程。

11.2　技术门径管理流程概述

如图 11-3 所示，技术门径管理流程包含 6 个要素：项目章程、技术评审委员会（TRC）、技术评审流程、结构化的计划、技术开发团队和流程负责人。虽然名字相同，但在大多数情况下，这些要素不同于用在传统的门径管理流程中的那些要素。表 11-1 展示了每个要素在两种管理流程之间的对比。

所有的技术门径管理项目都始于一个项目章程，它用来定义最初的范围和技术门径管理的目标。尽管技术评审委员会中有商业代表，但它根本上是一个技术聚焦的团队。来自市场和研发部门的代表，以及内部和外部的技术同行是这个决策群体的组成部分，这个群体负责在每个关口处做出进入还是不进入的决策。技术评审过程主要关注下一个阶段的工作，而不是所有关口的交付成果，这是因为可能的结果的范围太大了。另外，这些关口缺乏预见性，而在传统的门径管理流程中不存在这样的问题。结构化的计划使用了与参照范围结合的技术开发和成果表，因此所有的干系人都能理解正在进行的技术活动和项目的风险。技术开发团队由科学家和做实际开发工作的工程师组成。最后一个要素是流程负责人，他决定使用的方法论、协助流程的使用者，并保证流程的持续使用性和以后的流程改进。每一个要素都会在下文中进行详细的讨论。

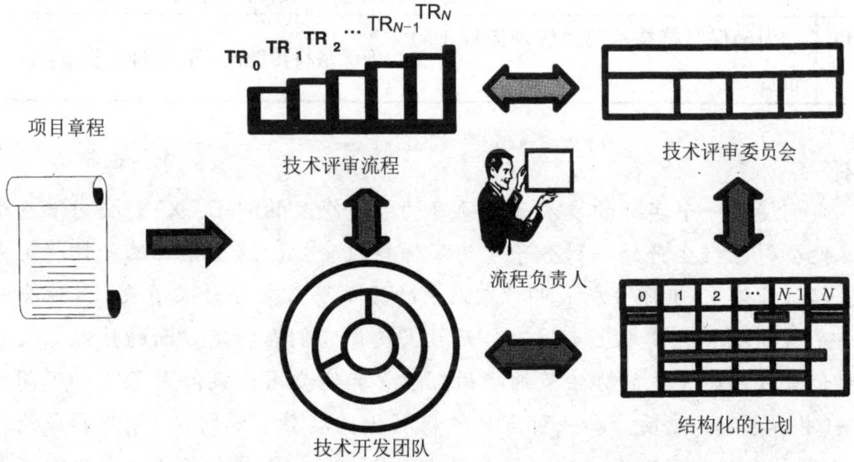

图 11-3　技术门径管理流程的 6 个要素

表 11-1　技术门径管理流程和传统的门径管理流程之间的比较

	技术门径管理流程	传统的门径管理流程
项目章程	在要投资的技术和高水平方法上与高管层达成正式的事前协议	在整个项目上，包括项目完成的预期时间与高管层达成正式的事前协议
评审委员会	代表们关注技术，主席一般是技术领导者，与商业代表和技术同行一起工作	业务关键职能的主要代表：研发部门、市场营销、管理和制造部门。主席一般是业务领导者
评审流程	强调项目中的技术部分，几乎完全关注技术工作和到达下一个关口的时间，这些关口是相对模糊的，交付成果只为下一个关口所知。关口的数量是未知的，并且不同的项目变化很大	讨论整个项目的交付成果和整个项目的预期时间。关口与关口之间是透明的，从项目的最开始，每一个关口的交付成果就是已知的。对于任何的项目，关口的个数都是一样的
结构化的计划	详细的项目计划只到下一个关口，并且因项目的不同而有特殊性	详细的计划遍及每一个关口。所有项目的大致计划都是相同的，每个项目的最开始计划都是详细和已知的

续表

	技术门径管理流程	传统的门径管理流程
开发团队	主要由研发部门或者研发探索部门组成	多功能化。主要由来自研发、市场营销、管理和制造部门的代表组成
流程负责人	为确保坚持技术门径管理流程负责	为确保坚持传统的门径管理流程负责

案例

我们使用一个实际的技术开发项目的经过修改的例子，XYZ 公司准备生产其他公司已经生产的一种分子（为了保持机密性，这个项目的一切特定方面已经被修改）。市场分析表明，在未来的几年里需求会大幅增长，其他公司在满足这些增长的需求上有困难。而且，使用它们在特定方面的技能以及新技术优势可以比传统的方法节约费用。尽管其他公司已经使用了 3 种不同的方法（化学反应、热反应和一种专利过程），因为其独有的特征、困难和风险，XYZ 公司从来没有生产过这样的分子。因此，需要找到如何使一个生产过程有效运作的特定细节，需要研究在这项应用中还没有被人成功使用的新技术。因此，在进入传统的门径管理流程之前，使用技术门径管理流程开始一个项目是适当的。

11.2.1 项目章程

所有的项目在实施技术门径管理流程时都始于一个章程，这个章程是由高级主管、技术评审委员会的成员和技术开发团队中的核心成员制定的。制定这个章程的目的是为管理层和开发团队提供项目的一系列明确的期望、开始工作所需要的资源，以及提供最初评审（TR_0阶段）的期望时间。特别的是，这个章程：① 定义项目的范围和总体目的，确定它符合总体经营战略；② 描述需要研究的特定技术；③ 指出与技术开发性能和预计的产品开发性能相关的关键技术、合规与制造，以及市场方面的假设和风险；④ 表明被提议的需要发展 T_0 阶段计划所需要的资源，通常是一个首席科学家或工程师，并由来自计划（或营销、策划）部门的代表协助，以及有可能来自技术服务和应用部门的支持。在工作开始之前制定章程，为项目目标和商业目标提供了一个透明环境，并且项目团队节约了大量的时间和可能浪费的工作量。项目章程大纲如图 11-4 所示。

制定团队章程

为了取得成功，你必须明确由谁来起草这个章程，它被呈交给谁，谁来决定接受、修改或是拒绝这个提议。无论是谁来做这个决定，他必须有权释放或者重新分配资源（人力、时间、财力、设备等）。章程必须确定主要的假设、期望、交付成果、角色与责任、时间安排，另外还要为讨论和理解提供一个框架、流程和论坛。

章程要点

1. 初始范围和工作目标（每个要点的概要评述）
   - 契合经营战略
     — 这个项目支持什么样的经营战略（竞争、增长、其他）
     — 投放到什么样的市场中
     — 如何在市场上赢得胜利
   - 契合产品/平台战略
     — 什么样的产品/流程平台被改进或者创造
     — 对市场（生产率、绩效、成本地位）的影响如何
     — 对制造（制造能力、合同商、供应链）有什么影响
2. 技术进步的主要方面
   - 对要研究/追逐/开发的技术做简要的描述
3. 关键假设和风险
   - 此项目开发的关键假设
   - 与此项目有关的关键风险
4. 建议的流程：常规（全）流程、简化的流程、其他（特定）流程
5. 提议做第一阶段工作的资源
   - 团队领导（通常是首席科学家或工程师，100%的时间投入）
   - 其他技术资源（通常是流程工程师，10%～25%的时间投入）
   - 商业资源（通常是市场部经理，5%～10%的时间投入）
6. 提议第一阶段评审的时间

图 11-4　项目章程大纲

草拟一个项目章程的推动力可以是由经营战略、项目组合计划或者长远技术计划来组成的。项目章程一般由首席科学家或工程师严格按照技术管理层的要求草拟，然后在高级商业领导会议上由个人递交，目的是在要研究的技术问题上达成一致，并且在使稀缺资源得到优先利用的条件下符合商业需要。

尽管章程的关注点很明显是在所提议的技术开发工作上，但是为什么要开展这样的工作的商业原因并没有被提到。因为技术开发项目章程无论是在技术上还是在产品上，都领先于任何其他的工作，所以高层管理者没有其他的文件描述它是否符合整个经营战略、商业计划、技术计划或者产品平台计划，这个章程只是证明技术开发工作是合适的。然而，为了使领导层分配这项工作的资源，商业、产品和市场方面的一些假设必须包含在内。

和传统的门径管理流程不同，技术开发项目的结果不是一种特定产品或系统，

它常常是可用技术的证明或一个制造流程概念的证据。尽管这个项目可能始于一种产品（更多是一个产品组或产品平台）的想法，但是在技术开发项目的最后阶段，这个企业可能还是没有想投放到市场上的产品。

案例

在这个例子中，XYZ 公司的一个产品线经理和研发主管讨论了生产某种分子的需要，然后研发主管要求一个高级研究人员草拟一个项目章程。几个星期以后这个高级研究人员将项目章程递交给商业委员会，并且回答了一些可用信息的问题。项目领导者获得了一些资源，以完成技术门径管理流程中的第一个阶段（T_0）的工作。

商业委员会通常由企业高层主管组成，他们决定是否有足够的价值来做一个项目章程并划拨资源。商业委员会不同于技术评审委员会，后者包含了来自商业委员会的成员，而且技术评审委员会关注的是技术，它的成员多数来自技术领域。

11.2.2 技术评审委员会

和传统的门径管理流程一样，在技术门径管理流程中也有一个决策主体，其在技术门径管理流程中有明确的角色和责任监督整个开发项目。在传统的门径管理系统中，这个决策主体通常由各个事业部的高级主管组成，包括总经理或 CEO、主管市场的副总裁、主管研发的副总裁、主管财务的副总裁、主管运营的副总裁，这个决策主体的领导者是总经理或者 CEO。在很多公司里，即使是不同的项目，决策主体的成员也是不变的，虽然有些主管可能只参加了一个阶段或一个项目评审会议。

相比之下，技术评审委员会就有相当大的变动性，以作者在化学公司和消费品公司的经验，公司发起的每一次技术开发项目都会有不同的成员组成团队。因为每一个项目都是新的或不同的技术，在每一个项目中，做决策和推荐的专家都是不同的。因为新技术开发项目需要对一些技术进行取舍，这使得技术评审委员会的组成可能会变化很多次。

从表面上看，技术评审委员会在项目中和项目间的变动性会使持续性和一致性成为一种挑战。实际上，以作者的经验，当公司对这个过程不是那么确定时，最重要的问题与最初技术门径管理流程的执行情况有关。经过一些项目以后，公司就掌握了一些经验，技术评审委员会和技术门径管理流程的工作就会变得更加高效。以后的项目，即使是由不同的技术评审委员会进行技术评审，也不会遇到像刚开始那样的困难，因为公司已经学会了如何实施高质量的技术计划及如何进行有效的门径管理评审。另外，主席和一些高级技术人员都会保留在技术评审委员会中。

因为技术门径管理的关注点在技术开发上，所以和传统的门径管理系统一样，技术评审委员会的主席往往是公司技术部门的领导者，而不是公司的领导者。会有一个来自公司市场部门的代表参与其中，以确保和下游业务之间有一定的联系，并提供消费者的需求和需要的输入信息。

在技术开发的情况下，会有其他的成员给涉及的关键技术提供建议。这些建议者可能是来自公司内部或外部的高级研究人员，是其所在的研究领域里公认的领导者，他们以技术同行的眼光对技术开发计划做出评审。技术评审委员会里技术同行的出现，帮助有关的技术达到必需的卓越和精确的标准。很多公司的技术项目，因为没有很好地分配好资源，而没能正确、严谨地完成。技术同行的评审促使技术评审委员会和项目团队更多地聚焦在困难的科学问题上，这样将会做出更合理的技术计划。作为技术门径管理流程的一个基本特征，技术同行评审是保证技术正确严谨所必需的环节。技术同行可能存在于公司之内。但是对关口进行评审时，建议公司利用企业外部的技术同行，他们更可能为项目提供一个全新的视角，对与这个项目有关的技术风险的评审会更加地坦率。外部同行在被邀请参与进来时会被要求签署一份保密协议，包括竞业禁止条款等。根据这份协议，任何科学发现都归属这个公司。

在传统的门径管理流程中，决策委员会的成员就跟守门员一样，他们关注与流程相关的所有交付成果和里程碑的完成情况，以及周期时间的承诺。相比之下，技术评审委员会更像是评审部门，这个委员会为下一个阶段的资源分配和计划批准做出特定的决策，因为下一个阶段是连接最终的商业需求和客户需求的。这个委员会主要关注的是为技术团队提供科学的、可供选择的办法，提出的建议要考虑其他要素和需要接触的其他专家。

图 11-5 系统地展示了技术评审的整个过程。为了保证做出及时的决策，技术评审委员会必须在技术评审的后期对项目投资做出放弃或改变方向的决策。实际的阶段审查往往分为两个部分，第一部分是技术评审，第二部分是商业评审。在第一部分，通过关注科学性的整体质量来评审一个项目的科学价值，在通常情况下，企业的经理不参与这个部分。第二部分关注的是商业和资源方面的事情。

正如图 11-5 中所示的那样，在总结技术评审会议时，流程负责人有责任在会议结束后 3 天内完成一份对此次会议进行总结及包括行动计划的会议纪要（有很多公司要求在 24 小时之内完成这样的一份会议纪要）。

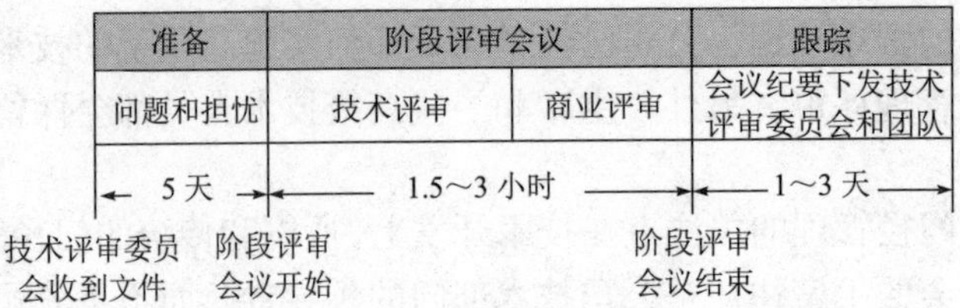

图 11-5　典型的技术评审流程

11.2.3　技术评审流程

技术评审流程包含一系列的评审点（从 TR_0 到 TR_N），开发计划和技术方法的细节只能通过下一个阶段才能知道。周期性的评审帮助团队考虑整个项目及项目对商业价值的影响。另外，跟其他的一些流程相同，为评审做的准备工作和下一个阶段工作的计划帮助项目团队重新组织、重新思考和重新关注共同的目标。与传统的门径管理不同的是，在技术评审流程中，无论是项目团队还是决策制定者，都无法说出一个给定的项目会有多少个评审点，只能说评审的次数会因为项目的不同而不同。

> **案例**
>
> XYZ 公司技术评审委员会的主席是公司研发部主管，公司要求最后能够使用这样的分子。在技术评审委员会的剩余成员中，有来自中心研究实验室的两位高级研究人员，公司内部的一个高级研究人员，还有来自另一个公司的一个技术同行，他被认为是用合成法制造分子方面的专家。技术评审委员会对商业的看法是主席的责任，主席还要向最初批准该技术开发项目并提供资金的公司高管们提供持续的项目更新。技术评审委员里其他代表业务部门的人员，可能因为技术上的棘手问题而失去耐心。

技术开发团队需要提供一个总体计划，还要对关口的个数和要持续的时间做出估计，但是这仅仅只是一个估计，因为很多的研究者很快就指出，我们是不能为技术发现制定时间表的。

成功完成中间阶段目标的里程碑，可能会触发一个关口评审。例如，现在的流程只能生产出 55%纯度的某种东西，而最终的目标是要达到 99%的纯度，技术评审委员会会在团队能够证明 75%的纯度可以实现时进行一次评审，或者在上一次评审 6 个月以后再进行评审。在前一种情况下，他们可能想要讨论下一个步骤或要投资的技术。而在后一种情况下，他们可能想要决定该项目是否值得进一步投资。

一个关键假设的失败同样会触发一次评审，应该即刻重新思考是否进行以后的投入。在前面的例子中，每个人都假定当技术门径管理团队在实验中到达一个特定的点时，某一个化学过程的使用至少会产生 60%的纯度。但是当他们最后进行实验时，最好的成绩是只能产生 20%的纯度，这就需要对此项目进行重新思考，然后就会触发一次评审。

有时关口可能是一个特定的、可行动的事件，例如，签署了一份合作意向书。在理想情况下，关口会在一个重要的、可预测的里程碑处发生，这样就可以建立明确的交付成果和项目取消的决策点。项目取消决策点主要有三种情况：第一种情况是，如果过了 6 个月在解决一个关键事情上没有什么进展，这个项目就有可能被取消；第二种情况是，所有可能想到的、解决关键需要（根据前面的评审得出）的方法都用完了，还是看不到未来可能成功的任何征兆；第三种情况是，从实验中得到的一些细节，或意识到一个关键的安全或经济因素不能克服，使成功的可能性大大降低。

然而，对技术评审委员会而言，可预测的里程碑可能需要他们耐心等待很长一段时间才能出现。大多数技术开发团队会对他们的工作做一段时间的计划，通常是 2～6 个月，主要取决于工作的复杂程度、行业的特点，以及技术评审委员会对风险的可承受程度。

在传统的门径管理流程中，所有项目中所有阶段的活动和交付成果都是相同的，并且在项目刚刚开始时各项活动和交付成果都是可预料的。在技术门径管理流程中，不同的项目只有第一个阶段（T_0）和后两个阶段（T_{N-1} 和 T_N）可以预先进行很明确的定义。第一个阶段（T_0）关注计划以后的工作，阐明目标和边界条件，使期望保持一致。最开始的关口（TR_0）定义了整个技术开发计划，包括总体的技术策略和方法、项目团队结构、资源和进行到下一个关口（TR_1）的详细计划（包括交付成果），以及一个总体风险分析。

倒数第二个阶段（T_{N-1}）关注为技术开发工作做计划，以实现所有商定的可能点，并开始向新产品开发过程转变。在 T_{N-1} 阶段开始转变时，建议将未来新产品开发团队的领导人纳入技术开发团队中。最后一个阶段（T_N）关注将技术知识转移到产品开发小组中。为了产品能尽早进入市场，技术转移往往在最后一个阶段（T_N）之前开始进行。

第一个阶段计划的批准标志着技术开发项目的发起，后来的技术评审（从 TR_1 到 TR_{N-1}）关注刚刚完成的阶段的实验结果，并根据商定的关键决策点对计划进行修改。如果一个关键决策点来了，项目团队会让技术评审委员会进行一次评审，以决定在改变状况、再定向、再定义和范围上的变化，之后决定项目是否继续；

或者决定是否停止项目的所有工作，重新分配资源。

商定关键决策点的使用创造了一个“快速失败”的环境。一个快速失败的环境使得公司可以研究更多的技术。这就存在一个问题，即一项技术可能被过早地扼杀了，这样的事情确实会出现，但是以作者的经验，大多数公司有很多项目本来就应该更早结束。商定关键决策点的第二个价值是它创造了一个学习环境，在停止项目时没有“扼杀”参与项目的人员的创造力是很重要的事情。

来自传统的门径管理流程产品开发团队的核心成员在技术门径管理流程中的早期参与，有助于确保项目有一个顺利的转移。让新产品开发团队的成员在准备对第一个关口进行评审时加入团队，比在最初传统的门径管理流程之前就转到新产品开发团队的转变过程会更加顺利。另外，技术评审委员会还要包括那些最终会使用这项技术的部门主管。在这样的情况下，负责未来产品开发的领导者会意识到，某项特定的核心技术尚未出现，如果剩下的技术障碍不能被克服，新产品开发的投入就意味着浪费。

11.2.4 结构化的计划

一旦商业委员会批准了章程，被指派的资源就开始为第一个阶段的评审做准备工作了。第一个阶段的目的是使项目的计划充实起来，提供有关提议的后期技术工作细节，在要做的特定工作和需要的资源上得到快速共识。这个结构化的过程为沟通项目计划和执行项目计划提供了一个框架。在为第一个阶段的评审会议做准备时，会产生一个技术开发计划，并且它会随着以后的评审的进行而不断更新。团队领导者要对包含在章程中的信息进行拓展，以阐明什么样的技术会被开发及其原因，以及什么样的方法会被研究。技术开发计划的细节需要由公司进行定义，以使它们与企业的环境及已经存在的计划系统相一致。然而，标准的商业计划和技术开发计划还是有很多的不同之处。尤其是，后者包括了更多的技术和技术开发的信息、少量的有关商业计划、预测和财务分析的细节信息。技术开发计划文件常常包含表11-2所示的部分。尽管技术门径管理流程重点关注技术开发，但是经营战略、组织、市场、财务、规范假设和风险一样也需要关注，因为对第一个阶段的评审是项目的商业计划形成的最初版本。

表 11-2 一个典型的技术开发计划大纲

部 分	描 述	页 数
Ⅰ	执行概要	1
Ⅱ	包括与策略、市场需求和项目相配合的介绍	1～3

续表

部　分	描　述	页　数
Ⅲ	竞争对手分析	2
Ⅳ	项目目标，包括高层次财务分析	1
Ⅴ	科学方法	2～12
Ⅵ	前一阶段计划活动总结	1～5
Ⅶ	技术性能和潜在的开发表	1～3
Ⅷ	未来阶段目标和进度安排	1～2
Ⅸ	更新阶段计划	1
Ⅹ	项目组织	1
Ⅺ	结论、风险评估和要做的决策	1～2
	总数	13～33
附录 A	初始项目章程	
附录 B	专业术语表	
附录 C	前一阶段评审行动项目的状态	

与传统的门径管理流程不同的是，技术门径管理流程的重点不是一种特定的产品和它对企业未来的财务贡献。在技术门径管理流程中，任何特定产品的期望财务绩效的细节信息都是很少的，更多的是强调未来商业计划所需要的技术和证明技术是可行的所需要的工作，而不是一个特定产品设计的模型成果。尽管下一个阶段的计划要很充分，以评估下一个阶段所必须投入的资源，但是只有很少一部分的交付成果对财务评价做出了贡献。在技术门径管理流程中，更多关注的是技术方面的问题。

表 11-3 所示的技术性能表用来帮助解释要开发的复印机的特定的性能，帮助管理与项目有关的各个指标。

表 11-3　每分钟复印 25 份的新一代办公复印机的技术性能

市场需求	期望的性能	技术性能标准	技术可行性关节点	置信水平	最终的性能标准	置信水平
更高的生产率	每分钟有显著增加的份数	为了墨迹更快干燥的高蒸发率	30 微秒的干燥时间	50%	2 微秒的干燥时间	<30%
	每分钟有显著增加的份数	更快干燥的红外线敏感墨粉	测试得到的红外线吸收度 #41X>25%	<50%	测试得到的红外线吸收度 #41X>75%	<30%

续表

市场需求	期望的性能	技术性能标准	技术可行性关节点	置信水平	最终的性能标准	置信水平
		高速纸张传送	25 英尺/秒	70%	195 英尺/秒	<30%
	没有纸张堵塞	更少的静电以减少纸张堵塞	相对湿度 50%时，#21 测试<50 伏	50%	相对湿度 50%时，#21 测试<2.1 伏	<30%
	无须等待	没有预热时间	一秒的预热	50%	0.1 秒的预热	<30%
环保	没有危险的气味	没有不环保的材料	碳氢化合物 0.0ppm	30%	碳氢化合物 0.0ppm	30%
更低的操作成本	更长的刷子使用时间	保持硬度	一年后的硬度损失<20%	90%	一年后的硬度损失<10%	50%

注：在这个例子中，假定当前的复印机每分钟只能复印 10 份。最终的目标是开发一种每分钟可以复印 25 份的复印机。这个表详细说明了每一个期望性能的技术性能标准、技术可行性关节点和置信水平。

表 11-3 所示的例子识别出了新产品（在此例中，是新的办公用复印机）所需要的关键能力的性能标准。需要注意的是，这个表不是最终版的设计说明书，只是对技术可行性关节点的简单定义。为了使项目能够进入产品开发流程，就必须定义出这些技术可行性关节点。例如，表中并没有详细说明纸张在复印机中是如何移动的，但是详细说明了控制静电和干燥墨粉所要求的技术。为了满足市场需要，这些技术可以使复印机在一分钟内复印得更多。为了避免假设和误解，正如表 11-4 所示，围绕每一个性能目标及可行性关节点，一组固定的范围被用来传达技术开发团队的置信水平。技术门径管理流程应该通过关口进行管理，从而在通过后续的关口时，使整体的置信水平得到提高。

表 11-4　表 11-3 中使用的技术置信水平

水　平	整体表现	影响变量	信息来源
<30%	不确定	完全不能控制，很多不知道的变量和不能预测的实验结果	本能和直觉，技术团队的信仰，很少量的试验
30%～50%	具有可能性	不可控制占多数，未知的变量和对实验结果的低预测性	类似领域的试验，一些初步的试验

续表

水　平	整体表现	影响变量	信息来源
50%～70%	很可能	有一点儿不可控制性，未知的变量很少，对实验结果有中等的可预测性	广泛的试验
70%～90%	很高的可能性	能够控制，大部分变量是已知的，实验结果是可以预测的	初级的数据库
>90%	确定	完全可控制的，变量是已知的、可以理解的，实验结果已经被复制	大型的数据库

为了在随后的关口处提高置信水平，性能标准要指明资源和关注点的最低置信水平。在大多数情况下，当一个性能参数达到了可行性关节点，就会按照这个参数来完成这项工作。这时理解水平通常就会高一些，困难也会比较少，就能完成开发。然而，如果一个关键参数的可行性水平未能达到，那么整个项目就没有成功的希望。因此，限定甚至停止那些接近可行性关节点的参数的工作是很重要的。还有，提高信心也是很重要的。在大多数阶段中，资源应该重点用在有最低置信水平的技术可行特征上，而不是将资源分散到所有的技术特征上。在后期阶段中，为了提高复合技术的置信水平，我们需要更加地努力。在有些例子中，因为额外知识的获得，置信水平可能在下一个关口处下降。

案例

图 11-6 展示了 XYZ 公司的一个典型的阶段计划，它是为第一个关口准备的。第一个阶段的计划是为了更好地定义问题、关注技术开发工作、广泛研究可用的文字材料，并开始做一些认真的实验工作。下面是由技术开发团队完成的技术性能表的一部分。作为第一个阶段的一部分，团队提出了生产这种分子的 3 种已知的方法。第二个阶段的目标是期望找出最没有吸引力的技术路径。评审完第二个阶段后，计划应该是对存在的两种方法进行实验，以求选出最好的方法。最后一个阶段应该关注实验室中实验项目的完成、前期大范围工作的完成，以及转移到产品开发团队和传统的门径管理流程中的技术。

在技术开发项目的最初阶段，团队不知道最终会选择哪种方法。因为要组建一套试验设备需要很大的资金投入，而且没有商业过程的特定计划，所以计算一个单独净现值估计是不可能的。但是，高水平的计划可以允许企业的领导层理解它的战略价值。技术门径管理流程使项目在每一个点都能够更便利地引起适当关注和讨论。

XYZ 公司的技术性能表

市场需要	理想的性能	技术性能标准
更多可利用的 X 分子	形成制造工艺	形成化学工艺
		形成热处理工艺
环境友好	废液处理	没有环境限制的副产品
安全流程	无爆炸可能	没有易燃的副产品

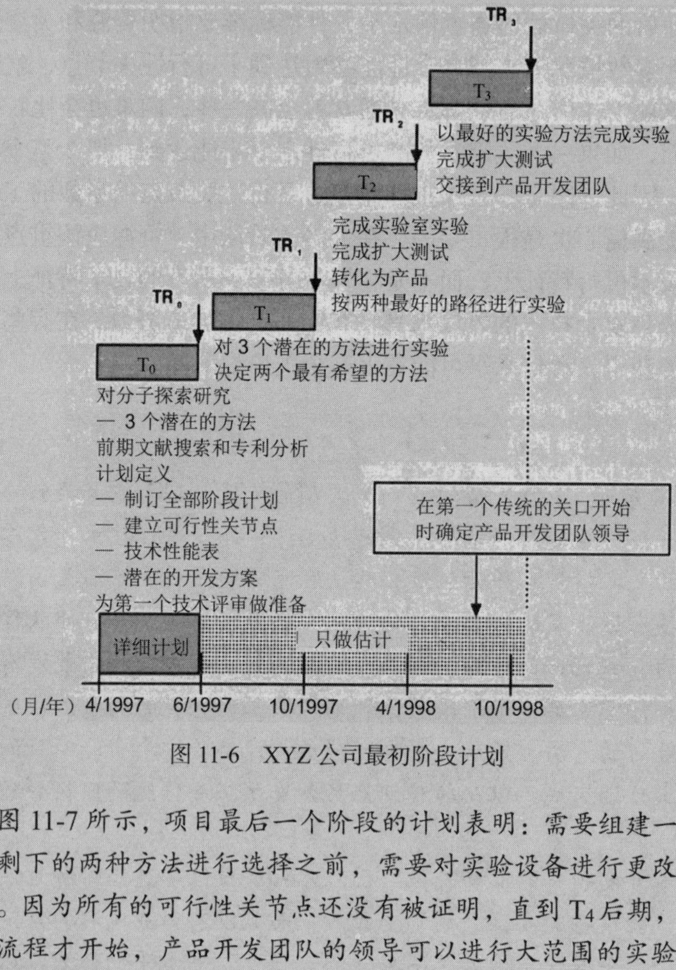

图 11-6 XYZ 公司最初阶段计划

正如图 11-7 所示，项目最后一个阶段的计划表明：需要组建一套实验设备，在对剩下的两种方法进行选择之前，需要对实验设备进行更改以评审这两种方法。因为所有的可行性关节点还没有被证明，直到 T_4 后期，产品开发门径管理流程才开始，产品开发团队的领导可以进行大范围的实验。需要注意的是，尽管产品开发项目已经开始了商业计划和产品定义的工作，技术项目依然有多于一个阶段的工作没有完成。最后一个阶段是为了完成某几个计划好的实验，并把有关技术的知识转移到产品开发团队中。

技术可行性关节点	置信水平	最终的性能标准	置信水平
实验室中原材料转换率为 75%	50%	在工厂的生产规模下，原材料转换率为 95%	<30%
实验室中原材料转换率为 50%	70%	在工厂的生产规模下，原材料转换率为 98%	<50%
5ppm 的 Y 分子	50%	无 Y 分子	30%
<10ppm 的 Z 分子	50%	<1ppm 的 Z 分子	<30%

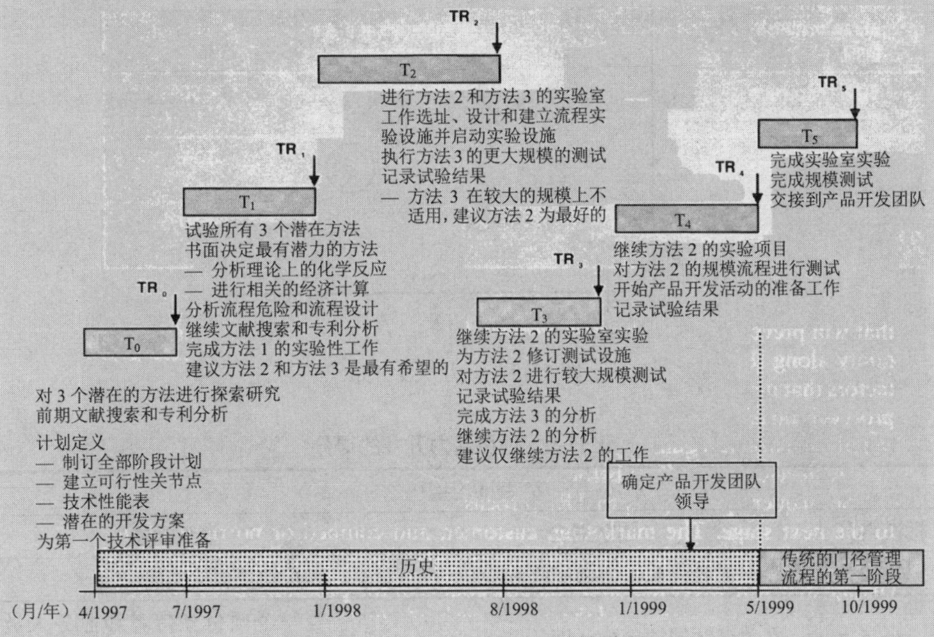

图 11-7　XYZ 公司的最后阶段计划

项目在第一个阶段依然要求评估项目中各个方面的潜力和实际的发展状况，正如图 11-8 所示。项目的各个方面，包括团队组织、营销、财务、技术和法规要求（见表 11-5）。图 11-8 所示的潜力开发分布图帮助我们评估项目的不确定性，甚至超过了技术性能表评审的技术因素。一个有很大潜力的项目往往具有以下准则中几个或全部的特点：它受专利权的保护，它可以投放在竞争者少、市场容量大、快速增长的市场上，以及很少能妨碍它进入市场的法规要求。项目开发在同样的方面存在不确定性，但是评估内部的合作风险因素有可能危及项目本身。尽管技术门径管理流程主要关注的是技术开发，但是在传统的门径管理流程开始之前，在技术开发工作开展的同时，还要增加一些降低市场、法规和财务的不确定性的活动。

关口（从 TR_1 到 TR_{N-1}）关注的是下一个阶段中项目的计划和执行。在通常情况下，团队不会重新对商业分析中的营销、客户和竞争对手做分析，除非又发生了一些重大变化，并对项目的方向和过程产生了重大的影响。技术性能表与项目的技术和开发图都会在每个关口处进行介绍，以期总体的置信水平能够得到提高。

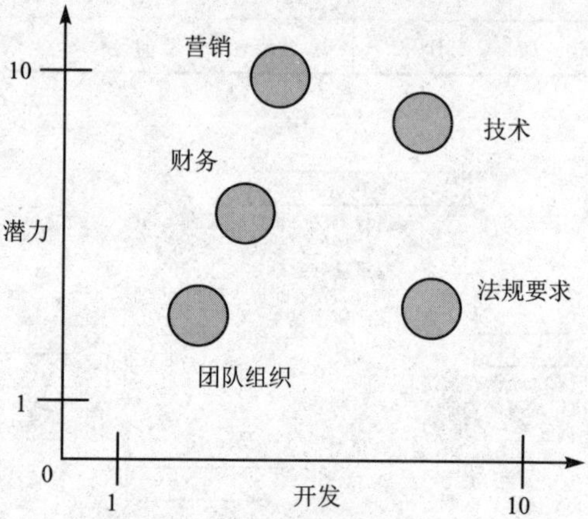

图 11-8　潜力开发分布

表 11-5　项目潜力开发的得分

团队组织		
标准得分	团队潜力	组织发展
1～2	没有人和设施，必须招聘和租赁	不存在项目支持者
3～5	在关键领域缺少公认度	有一个项目支持者和业务人员作为建议者
6～8	资源可获得，但是要有需求才能获得；必须优先排序。没有团队成员承诺将 100%的时间用于该项目	项目在部门领导层有一个执行支持者
>9	人员和设施马上可以获得。关键的团队成员承诺将 100%的时间用于该项目	该项目对 CTO 和公司 CEO 有优先权，他们中至少有一个人是这个项目的倡导者

续表

营　销		
标准得分	市场潜力	市场发展
1～2	没有明显的需要，市场在下滑	市场对公司来说完全是新的，需要广泛的研究；对公司有很大的挑战
3～5	对客户而言，必须是明显的；成熟或萌芽期市场	需要进行市场研究；有挑战，但是可行
6～8	产品和需求有清晰的联系，中等水平的增长	需要市场研究，但是非常简单
>9	快速增长的市场，产品对客户需要能够即时响应	公司很好地了解市场，不需要另外的研究
财　务		
标准得分	财务潜力	财务发展
1～2	产品需求下降且竞争压力大，低于可接受的毛利润。产品开发是一种防御性反应	不知道启动成本，需要更多的信息来估算需要的单位成本和资金成本
3～5	缓慢的产品需求和期望的竞争反应，它们可能迫使公司接受低的毛利润	单位成本和资金成本是猜测的，基于当前生产的产品推算的成本可能不可靠
6～8	适度的产品需求和竞争压力，可接受的毛利润	可以以合理的置信水平估计单位成本和资金成本
>9	高产品需求，低竞争压力。高于正常的毛利润	清楚地掌握单位成本和资金成本，其他在生产的产品同样如此
技　术		
标准得分	技术潜力	技术发展
1～2	容易复制	对公司来说技术是新的（几乎没有技能）
3～5	被保护但不是有差异的	有一些研发的经验，但是或许不充分
6～8	通过商业秘密和专利被严密地保护	在公司里被有选择地实践
>9	通过专利、商业秘密、原材料来源等被严密地保护（上游和下游）	在公司里被广泛地实践

续表

法规要求		
标准得分	法规要求的潜力	法规要求的发展
1～2	没有为销售产品而提出法规要求	围绕正确诊断和制度性测试的争论，该争论是法规要求建设所需要的
3～5	提出法规要求不会影响产品，但是对于销售产品是必要的	已经设计了法规要求的测试，但还没有开始
6～8	提出法规要求将对销售有很大的影响，但是可能容易被竞争者复制	已经完成了足够的法规要求的测试，所以，期望达到理想的要求。然而，没有获得合法的批准
>9	提出法规要求对销售有很大的影响，并提供了竞争的屏障	已经完成了法规要求的测试，获得合法的批准

11.2.5 技术开发团队

技术开发团队是一个较小的技术团队，它是由技术评审委员会授权的，针对一套性能标准去开发和评审一项技术或一组技术。在开始阶段，在技术领导层或企业领导层的管理下，开发团队会制定一个团队章程。这个团队章程会被呈交给企业的高层管理者，等待他们的建议和批准。一旦这个团队章程被通过，技术开发团队会开始第一个关口评审的计划工作。

一个技术开发团队通常由一个团队领导者、一组科学家和实验人员组成，这些人构成了核心团队。如果公司层研究人员或公司外部的合作伙伴也参与进来，那么，他们也将包括在核心团队之中。在一些情况下，技术开发团队可能由项目子团队的领导者组成。在第一个阶段，团队常常还包括市场和产品开发的成员，他们协助团队阐明这个项目的基本商业原理。从第二个阶段到倒数第二个阶段（从 T_1 到 T_{N-1}），这些成员往往不是团队核心成员的一部分。在大多数情况下，还有一个由下游的功能建议者组成的外围组，他们被指派为内部核心成员提供一个更广阔的视角。他们可能是技术建议者，能在某个特定的话题上提供咨询的技术专家；或是其他与项目有关的专家，例如，来自财务、法规要求、技术和营销领域的专家。相对于内部核心的成员，这些外围组成员更多地扮演了项目支持者的角色，而前者把他们大部分的时间用在了某个特定项目的工作上。

传统的门径管理流程的团队领导者，要精通项目计划和项目管理，关注整个商业事务。而技术门径管理流程的团队领导者需要精通科学的方法和具备管理风险的能力。任何过程中的任何团队，通过明确地确定了各个角色的责任，团队的结构将会有助于有效的沟通、协作和问题的解决。团队的领导者一般是技术开发工作的科学家。他将会设计、计划和指导实验，这些实验将会引导大家理解这项技术的能力和局限性。为了支持项目工作，团队领导者会制定同行评审的时间表，并领导同行评审。团队领导者在已拟定的预算和其他的限制下制定整个项目的目标和展开计划。团队领导者还要和技术评审委员会一起负责为阶段评审制定时间表，保证高质量的实验过程及评审工作的圆满完成。

案例

XYZ 公司的技术开发团队包括一个来自研究中心的团队领导，这个领导擅长人与人之间的交际能力，并在合成技术上很精通。另外，团队里还有两位高级科学家。在初始的第一个阶段，来自市场和技术服务部门的代表被指派来帮助团队制订计划，在结束了对第一个阶段的评审之后，这些市场和技术服务人员就不再是团队的参与者了。在第二个阶段，团队是由一个团队领导者和两位高级科学家组成。在第三个阶段，两位工程师加了进来，他们负责开发和运作实验工具（图 11-7 中有更为详细的信息）。在第五个阶段，随着过程的展开，另一位工程师加入团队之中。在为评审第五个阶段做准备时，作为传统的门径管理流程的一部分，来自市场、研发等方面的人也加入了团队。

11.2.6 流程负责人

必须有人“负责”这个技术门径管理流程，这个人必须理解这个流程的所有细节，他必须在任何时候情愿、乐意和能够为技术开发团队及技术评审委员会进行培训和提供建议。这个流程负责人必须关注这个流程，但是在开发团队会议上和进行技术评审时，该负责人不能过度关注会议的内容或者技术细节。这个人的主要关注点必须停留在整个流程上，否则他就会成为开发团队的一位成员，那样就没有人来监督整个流程了。高层管理者必须全力支持这个流程负责人，因为如果没有切实的支持，这个流程就不会被执行下去。

理想的流程负责人应该有极好的交际能力，并且在公司里要有一个很好的关系网络，这样他才能知道到哪里寻找信息和将信息发送到哪里。这就意味着流程负责人必须既有经验又有可信度，他的意见和见解不但要有用而且要有价值。从表面上看，传统的门径管理流程和技术门径管理流程会有不同的流程负责人，前者拥有产品开发方面的广博知识，后者在技术开发上有很好的经验。不过 2 亿～3 亿美元的项目往往只是设置一个专职的流程负责人。流程负责人的技能是由项目的类型决定的，看他最适合哪种类型的项目。例如，和传统的产品开发项目的流程负责人相比,一个研究项目的流程负责人需要有更多的技术开发经验。然而，流程负责人最重要的技能是交际能力，这种能力使他能够推进和激励产品团队和通过他的网络关系和经验帮助团队解决问题。

案例

技术门径管理流程被安排给 XYZ 公司已经存在的传统门径管理流程负责人，这被认为是一个很好的选择，因为当前的流程负责人具有一个成功的技术门径管理流程负责人所需要的关键能力：良好的交际能力，在科学家和工程师的圈子里有很好的声誉，有很强的技术背景，在公司里有很强的沟通协调能力。

流程负责人对持续改进同样负有责任。他必须密切注意以确定哪些运行良好而哪些不能良好运行。在适当的时候，流程负责人需要对未来团队可能用到的流程、技术和工具等进行存档。流程负责人还要为正在努力工作的团队提供帮助，寻找更为明确的指导性材料，提出流程改进的建议。在产品开发中，流程负责人应该是一个明确的、直言不讳的流程倡导者；并且在任何可能的时候，宣传该流程，强调它的价值和优点。他必须不断改进流程，提供循环的培训，持续推进这个项目。在夏皮罗和吉尔摩的标杆法研究中，他们指出，在一个年销售额达 3 亿～5 亿美元的公司里，为了维持传统的门径管理流程，每年投入人力约 10 人次。传统的门径管理流程的经验显示，如果没有一个流程负责人来维护的话，即使有企业或个人的努力，该流程也会很快萎缩并消亡。

11.3 技术门径管理流程的实施方法

我们发现依照 3 个有序的步骤可以成功实施项目：① 理解变化的需要；② 准备开始；③ 全面实施。下面的部分详细讨论这 3 个步骤。

11.3.1 理解变化的需要

与很多新的商业流程一样，技术门径管理流程工作的实施需要很多变化管理的工作。要想有成功的实施，首先高级管理层和职能管理层应该知道高风险的技术开发项目的管理工作是不好做的。在通常情况下，这些高风险的技术会被过早地引入传统的门径管理流程中去。因此，当产品开发团队发现这种技术的实际性能特征和他们最初设想的不同时，就会引发严重的延迟，迫使他们必须对很多的产品开发活动进行返工。然后很多公司意识到，在实施技术门径管理流程中出现了问题，且过早地实施了门径管理流程。不幸的是，因为对开发工作的不良管理，技术没有达到应该有的特性；还有，对技术没能很好地把握，使得一个主要的项目被严重地推迟甚至取消。对于公司来说，无论技术是否是新的，即使对业界来说，不是新的，都应该实施技术门径管理流程。只要发现的需要或公司发明的需要导致技术存在非常高的风险和不确定性，项目就应该从技术门径管理流程开始，而不是从传统的门径管理流程开始。

11.3.2　准备开始

技术门径管理流程最好在一个功能良好的传统的门径管理流程部门或者公司里实施。根据作者的经验，实施过程一般会持续 6 个月到 1 年的时间，这主要取决于企业的规模、项目的种类、商业环境和组织对改变的接受程度。实施过程往往由一个一次性的流程设计团队发起，这个团队由流程负责人领导，有 4～6 位成员：一位来自市场的代表，多位研究人员。将第一个项目的领导者纳入设计团队是非常有益的。设计团队有责任制订供技术开发团队遵循的整体计划、程序和流程。

当公司已经完成了一个或两个典型的项目时，实施过程才能开始。这些项目必须是真实的项目，它们对公司来说是有意义的，而且对公司很重要。典型项目的目的，是为了检验技术门径管理流程的设计，从而评审这个流程的有效性，然后确定改进的地方，在过程中树立信心并保证设计符合组织的文化和环境。

一些高级研究人员会加入技术门径管理流程中，他们习惯独立工作或者不在管理层的注意下工作。他们对自己的工作和能力感到自豪，因为他们最终完成的突破性发现会帮助公司，但是他们可能对会议、报告，以及以客户为中心的计划没有太多的耐心。他们会从解决了一个很难的技术问题中获得满足感，但是很少从准备一个评审中获得这种满足感。当其他人对他们选择的实验、流程或是方法提出质疑时，他们可能感觉受到了威胁甚至是侮辱。但是，很多技术开发团队的领导者和成员常常会意识到，进行一个公平的评审及获得替代方法和额外接触的建议会很有益处。

流程负责人和实施该流程的人，需要帮助早期的使用者看到使用这个流程的价值，还要立即说明顾虑和问题。很多团队过后承认，和没有使用这样一个流程的过去相比，为评审做好准备可以帮助他们组织思想、推进有价值的讨论和更早地识别潜在的缺陷。这个流程需要来自高级管理层的大力支持以证明它的价值和有用之处。

11.3.3 全面实施

只有当最初的一个或两个项目至少经过两个阶段评审，以及评审流程根据前期实施情况经过适当的改进并测试之后，这个流程才能对组织的其他部分铺开。那些没有使用新流程或正在使用旧流程的项目如果已经接近尾声，就不应该强迫它们使用新流程，而是让它们一直进行下去直到结束。当然，技术门径管理流程的工具和技术能够为它们的工作带来有价值的提升，这些工具和技术的使用应该被鼓励。

如果最后所有的技术开发项目都使用技术门径管理流程，这是最好不过的。一些小的项目可能允许不正式地使用该流程，但是那些高风险、高成本、对资源有很强需求的项目，必须使用这个流程。

最初的一些项目常常关注某个特定产品的技术发展，它们的文件一般都很冗长而且详细。另外，项目团队最初会抵制技术性能表与潜力发展图。当流程被越来越广泛地使用时，企业开始看到这些好处：开发时间缩短，项目受到更多的关注，统一的期望和一个平稳运行的技术门径管理流程。到那时，很多企业开始关注长期的技术计划，技术门径管理流程开始被应用到企业未来的发展所需要的有用技术和核心能力的开发中，企业对单项产品的关注就减少了。

11.4 小结

使用技术门径管理流程的主要好处是保证将那些关键的、有限的资源分配到对企业来说最重要的项目中去，缩短开发新技术和新产品的时间。技术计划和评审过程在项目开始时就强调了商业、流程和投资的问题，使它们可以更有效地进行。技术目标被每一个参与其中的人很好地理解，并与产品和平台策略保持一致，还在不同的阶段得到重复的验证。技术门径管理流程在技术部门和商业部门之间创造了一个协作的环境。

除了大大缩短了高风险项目的整个开发周期，该流程使用的工具还带来了额外的收益。无论是在计划开始之前还是计划已经开始，由项目团队制定的章程里的项目目标和商业目标越来越透明，并且会为项目团队节约时间。技术性能表与潜力发展图的使用，以及结构化方法的其他部分的使用，提高了交流水平，消除了困惑和误解。

与传统的门径管理流程类似，周期性的评审可以帮助团队评估整个项目及该流程对企业的影响和价值。另外，和其他流程一样，为评审做准备并为下一个阶段做计划，可以帮助项目团队重新组织和思考，然后重新关注共同的目标。在评审过程中，建议者和专家会提供关于工作的新鲜观点，提供可能的方法及额外的联系和参考内容。信息透明度的发展和评审流程的效率，使公司将资源分配到高风险和更有利润的项目上的可能性不断增加。通过使用结构化流程，在一个项目过程中的发现，常常会引导或派生出一个新的、甚至更激动人心的项目。

如果没有这样一个流程，很多公司要么不做这样高风险的项目，要么就是在技术发现还没有发生之前就开始了产品开发。所有这样的情况都不是令人满意的。在第一种情况下，公司只做增强型项目，这些项目一般只有很低的边际利润。在第二种情况下，知识的缺乏会导致项目被频繁地延迟，科学家往往没有充足的资源，缺乏足够的技术同行评审。技术门径管理流程改变了模式，创造了一个鼓励快速失败的“良好科学”的环境。尽管最初将工作集中于对技术的基本理解，但是随后的产品开发不会因技术开发没有按照计划执行而被延迟。另外，对技术同行评审的使用提高了项目的科学水平，更好地保证了精确的、科学的方法的使用。而且，当我们清楚地意识到没有人可以为技术开发制定时间表时，技术门径管理流程使科学家对论证技术目标负有了相应的责任。

参考文献

[1] Angelis, D. 2000. “Capturing the Option Value of R&D.” *Research Technology Management* 43, 4: 31–35.

[2] Boer, P. F. 2000. “Valuation of Technology Using Real Options.” *Research Technology Management* 43, 4: 26–30.

[3] Cooper, R. G. 1993. *Winning at New Products,* 2nd edition. Reading, MA: Addison-Wesley.

[4] Cooper, R. G. 1999. “The Invisible Success Factors in Product Innovation.” *Journal of Product Innovation Management* 16: 115–33.

[5] Crawford, C., and A. DiBenedetto. 2000. *New Products Management.* Boston: Irwin/McGraw-Hill.

[6] Eldred, E. W., and M. E. McGrath. 1997. “Commercializing New Technology—I.” *Research Technology Management,* 40, 1: 41–47.

[7] Eldred, E. W., and A. R. Shapiro. 1996. “Technology Management.” In M. E. McGrath, ed., *Setting the PACE in Product Development.* Boston: Butterworth and Heinemann.

[8] McGrath, M. E. 1996. “The Phase Review Process and Effective Decision Making.” In M. E. McGrath, ed., *Setting the PACE in Product Development.* Boston: Butterworth and Heinemann.

[9] McGrath, M. E., and C. L. Akiyama. 1996. “PACE: An Integrated Process for Product

and Cycle Time Excellence." In M. E. McGrath, ed., *Setting the PACE in Product Development*. Boston: Butterworth and Heinemann.

[10] McGrath, R. G., and I. C. MacMillan. 2000. "Assessing Technology Projects Using Real Options." *Research Technology Management* 43, 4: 36–49.

[11] Shapiro, A., and D. P. Gilmore. 1996. "Implementing PACE: How to Make It Real and Make It Lasting" In M. E. McGrath, ed., *Setting the PACE in Product Development*. Boston: Butterworth and Heinemann.

第 12 章

通用化设计：促进产品成长并进入新市场的原则

詹姆斯·L. 缪勒（James L. Mueller），
莫利·福莱特·斯托里（Molly Follette Story）

12.1 引言

定义

通用化设计是一种使所有产品和环境的设计对所有年龄段、具有各种能力的人都适用的设计方法，它使这种适用性达到最广泛的可能。

索尼公司在 20 世纪 80 年代推出了一款非常小的（当时）只有 8 毫米的摄像机，并附带有一本操作说明书。尽管没有法语和西班牙语的译文，这本操作说明书也足足有 80 页，它的重量恰好是装着电池时的摄像机重量的 1/3，这使摄像机变得更小。那些仔细研读了操作说明书的使用者发现，在观察跟踪物体的时候，取景器有 16 个不同的指示器。比较起来，F-16 喷气式战斗机的平视显示器（HUD）上只有 13 个指示器。

很显然，拍摄一盘录像带不会比驾驶一架战斗机的要求多。一个普通的摄像机使用者在技术上和所受的训练上都不能和战斗机驾驶员相比，所以有这么多的指示器，与其说给使用者带来帮助，倒不如说把他们搞糊涂了。

12.2 通用化设计概述

每一个努力学习如何操作一种新产品的人可能都想知道，这种产品到底是为哪些人设计的。大量生产的产品应该是为最大的潜在使用者的市场设计的，然而“正常的”使用者经常发现，新产品无论是在体力上还是脑力上，对他们来说都是一种挑战。

对于那些因为年龄或是残疾而在脑力上、感官上或者体力上有限制的人来说，这些挑战被放大了。随着人口老龄化和医疗保健的发展，产品开发者发现，老年人和残疾人正在其潜在客户市场中占据越来越多的份额。但是，如何在产品计划和开发中把这些新的细分市场份额包含进来，只有很少的指导原则。这样导致的结果是，产品开发者往往会避开这些潜在的客户。

对于某些公司来说，它们自己的客户就能够帮助它们识别潜在的客户。老客户源源不断地来信和打热线电话，促使惠而浦公司在 1981 年开始提供家电信息服务。通过提供产品改装信息，使厨房工作和洗衣工作有了更方便的提示信息，这些服务满足了那些有关节炎、视力下降和其他限制的客户的需求。惠而浦的家电信息服务变得十分受欢迎，它为公司在一些很有影响的出版物，如 *Better Homes and Gardens* 上赢得了固定的版面。公司估计仅版面费这一项每年就值几十万美元。

惠而浦客户的普遍抱怨就是，操作说明书不太容易看懂，同时视力不好的人看不清说明书。家电信息服务部门对此做出了回应，它要求惠而浦的设计者将那些最重要的指示信息在白色背景上用大黑字体印在洗衣机盖内侧。虽然这只是为了满足那些视力差的使用者的需求，但是惠而浦再也没有收到那些把洗衣机放在光线暗弱的地下室的使用者的投诉（见图 12-1）。

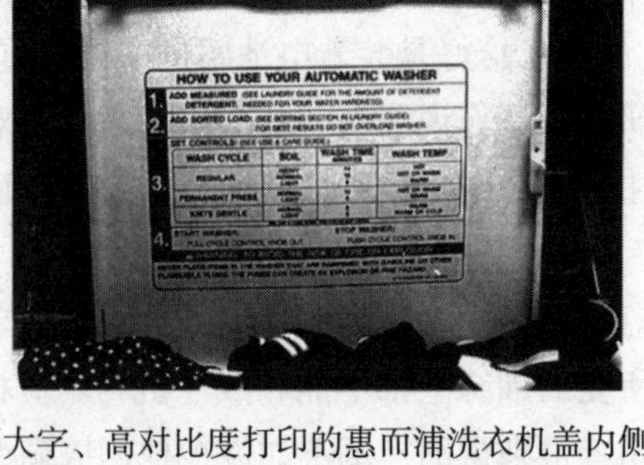

图 12-1　用大字、高对比度打印的惠而浦洗衣机盖内侧的说明书[①]

① 第 12 章中所有图的版权属于“Center for Universal Design”。

惠而浦及其他开始关注客户需求的公司发现，这样的设计需求跟所谓的正常的客户设计需求并没有什么区别。它们开始意识到，与其为独特的客户设计特别的产品，倒不如对它们的常规性生产线进行适应性调整，以改进产品的可用性。这种为所有年龄段的人和具有各种能力的人进行设计的方法就是通用化设计，世界上越来越多的产品开发者正在使用这种方法。

福克斯轿车是一款由福特公司开发的车型，是真正的“世界车”，它结合了适用所有年龄段的驾驶者的设计特征（尽管这款车的广告明确地指出它的潜在客户是年轻的驾驶者）。这些特征的出现绝不是偶然的，福克斯的项目构思与福特公司的设计人员和工程师的想法是一致的，他们对老年驾驶者的需求有很强的意识。“数据显示，在汽车行业，老年驾驶者正构成越来越大的市场份额。”福特公司主管产品开发的副总裁理查德·佩里琼斯解释说。

“当你很年轻，可以毫不费力地从车中跳出来时，你很难理解为什么一个老年人可能需要扶着后座和车门框才能从他们的车座上起身。”英国邓顿福特设计中心的人类工程学专家迈克·布拉德利如是说。

杰弗里·派克，福特公司的设计分析工程师，描述了福特是如何开始为日益增长的老年驾驶者进行设计的。他要求员工对老龄化人体工程学要有敏感的认识。“当我们慢慢变老，我们的视力有了变化。我们更容易受到眩光的影响，而且我们不能很快地适应变化的状况。对于老年司机来说，很难使用他们的周边视力。”

一本很有影响的消费者杂志在提到福克斯轿车时，是这样写的：“进去和出来都很容易；车内很宽敞，通气良好，驾驶位置较高，保证驾驶者有很好的视野。”同时被提到的还有宽大的车身、宽敞的车后座、易操作的温度控制按钮和不需要伸胳膊去按的收音机按钮等。这本杂志把福克斯轿车排在了尼桑 Sentra、道奇 Neon 和土星 S 的前面。

福特公司的电视广告可能只是论证一下，一个使用拐杖的人可以很容易地进出福克斯轿车。经过论证，超宽的车门和其他特征对因为年龄或者残疾而受到限制的驾驶者尤其有用。于是福特公司选择了遵循在汽车市场长期有效的方法：“你可以把老年人的车卖给年轻人，但是你不能把年轻人的车卖给老年人。”

12.2.1　谁从通用化设计中受益

产品的相对易用性依赖于使用者的能力，但是也同样依赖于状态和环境。通用化设计使得有残疾和无残疾的人都能从中受益，因为它考虑了每个人在使用产品时可能面临的状况，无论是因为环境的影响，还是因为自己的限制。

例如，1993 年 Leviton 制造公司的产品经理们惊奇地发现，他们的 Decora 摇杆式墙上开关被认为是通用化设计的一个典型。建筑师罗恩·梅斯，一位研究残疾人无障碍建筑方面的专家和公认的通用化设计之父，将 Decora 开关列入了无障碍房间的设计清单中。Leviton 公司认识到，这些设计得很优雅的开关，对于那些携带着行李的人，以及有关节炎或者其他身体缺陷的人来说用起来非常容易。这引发了 Leviton 公司的一系列通用化设计产品的出现。这种通用化设计方法最终成了哈佛商学院营销教学案例的主题。

12.2.2 实现通用化设计的价值

上文中提到的例子简略地描述了一些公司通过把老年人和残疾人的需要纳入新产品计划和开发中而从中受益的情况。在一些情况下，这些人群为公司创造了新的商业机会。

1．OXO 国际

1960 年，萨姆·法伯成立了厨具制造企业——Copco 公司。在这之前，他为他的父亲工作了 11 年，他父亲拥有 Sheffield Silver，叔叔西蒙在 1900 创立了 Farberware。在做了 39 年的厨具生意后，萨姆于 1988 年退休。尽管在厨房用具生意上有这么多年的经验，萨姆还是没有将考虑老年人和残疾人需求的想法落到实处，直到他自己亲身经历才使得他深入地认识到这个想法的重要性。

退休之后不久，萨姆和他的妻子贝齐在法国的普罗旺斯租了一套房子，住了 2 个月。贝齐患上了关节炎，对她而言，他们租的房子里的厨房用具很难使用，尤其是在有一些朋友来访的时候。萨姆说："在你租到普罗旺斯的房子之前，你不知道你有多少朋友。" 他们在一起做饭的次数越多，这些厨房用具越显得不好用。贝齐的编织爱好更是增加了她的烦恼。

多年来，蔬菜剥皮器等厨房工具的设计是以最简单、最便宜的方式进行的，仅仅比削刀更好一点儿。贝齐的不舒服迫使萨姆想："为什么不能有非常好用的、用起来非常舒服的工具呢？" 1989 年，萨姆决定结束自己的退休生活，建立 OXO 国际，生产适用于老年人和残疾人的厨房用具。萨姆之所以选择了这个名字是因为它具有全面的可读性，无论是水平看，还是垂直看、倒着看。萨姆的儿子约翰，从原公司的副总裁的位置上退了下来，帮助他的父亲建立公司的财务体系。

负有盛名的设计师帕特里夏·穆尔被聘为公司的顾问，萨姆曾经合作过的设计公司也为公司提供建议。以少量的预付款和 3%的版税为交换，设计公司没有收取通常的产品生产线设计费用。OXO Good Grips 系列产品，在 1990 年 4 月旧金山贸易展销会上一露面，就立刻产生了需求。

下面列举一些使用手腕的工具和推拉工具。例如，为餐刀和削皮刀设计了圆鼓的、有回弹力的把手，为挤压工具如罐头开启器设计了坚固的把手。所有的把手在交叉部位都是椭圆形的，这样的设计可以更好地分配手所受到的力，增大握力——即使手是湿的。为了具备更好的能见度，量杯和汤匙都标上了大的、高对比性的记号。

1994 年，另一个产品线——Good Grips Sierra Club 花园工具进入市场。新的产品线是烧烤用具。关于新产品的想法来自对普通日常用品的观察，并据此寻找使它们变得更好的方法。到了 1999 年，OXO 产品线上的产品数量已达到 350 个，其中最初的 15 个产品之一的 Swivel Peeler 的销售量居首。

自从最初在展销会上的亮相，Good Grips 系列产品就赢得了世界性的赞誉，包括关节炎基金会、德国设计中心、好管家研究所、大都会家居和美国工业设计师协会的奖项。这些产品获得了如此多的关注，当然没有必要为广告费用做预算。其他的厨房用具生产商跟随着 OXO 的胜利，纷纷制造类似的有着大把手的器具。为了对抗低端市场的竞争，OXO 建立了自己的低端产品线。

1992 年，萨姆将 OXO 国际卖给了 General Housewares 公司，并在 1995 年秋天再次退休。1999 年，World Kitchen (前 Corning Consumer Products，Corelle、Corningware 和 Pyrex 的制造商)与 EKCO 集团一起购买了 General Housewares，并于 2000 年初采用了 World Kitchen 的名称。到 2000 年，OXO 国际每年的增长率达到了 37%，每年的销售额大约是 6 000 万美元。

2. 本章的工具

本章结尾处的另一个行业示例将描述 Tupperware 公司独特的通用设计方法。本章主要讲述对影响产品可用性的人的能力的多样性观察，在产品开发中用以调整多样性的工具以及如何使用这些工具的一个练习。

12.3　产品使用对人的能力的要求

因为人类的适应性，大多数人能够成功地使产品为他们服务。因为能力上的差异，一些人可以很快、很容易地使用产品，一些人要花较长的时间和付出更多的努力，一些人可能在使用的过程中感到沮丧甚至受伤，还有一些人发现使用这些产品是不可能的事情。

在年龄、体形、能力、智力和偏好这些特征上，每个人都是独特的。人的能力可以分为以下的几个种类：认知力、视力、听力和语言能力、身体功能、手臂功能、手的功能和活动能力。下文的介绍会告诉我们，能力的多样性、环境和临时状况是如何影响产品的可用性的。

12.3.1 认知力

1．日常生活中的认知力

认知力就是对信息进行接受、理解、解释、记忆和处理的能力。想象一下你试着装配和使用一件不熟悉的新产品，读全是外语的操作说明书。如果你曾经在驾车时使用过手机，你就有了分心的驾驶经验（有些人把这比作酒后驾车）。你是否曾经吃过那种让你很难清晰思考的药？你是否曾经有过很费力地想一个很亲近的朋友或是亲戚名字的经历？（见图 12-2）

图 12-2 剂量说明书

注：剂量说明书利用图示说明，便于理解。

2．认知力变化的原因和结果

因为环境、临时状况、慢性疾病等原因的影响，认知力会呈现出多样化。

（1）环境。

- 有限的读写能力。
- 对当地语言和文化的陌生。

（2）临时状况。

- 疲劳或分心。
- 处于童年时期。（有限的词汇、语法和思考能力）

（3）慢性疾病。

- 因为年龄问题而导致的记忆力减退和思考能力下降。
- 反应迟钝。
- 综合病症的影响。
- 学习能力的缺陷。
- 头部受伤。
- 中风。
- 老年痴呆。

（4）当认知力受到以上的一个或多个因素影响时，以下的功能就会受到限制。

- 主动性。（做事情不需要激励）
- 对刺激的反应。（反应时间）
- 注意力。（专心程度）
- 对视觉信息的理解。
- 对听觉信息的理解。
- 对语言的理解和表达。
- 有序性。（做事情有合适的次序）
- 使事情有组织。
- 对事情的记忆，无论长期的还是短期的。
- 解决问题的能力和做决策的能力。
- 创造性的想法。（用新方法做事情）
- 学习新事物。

3．在设计中考虑认知力

无论什么原因造成的人与人之间在认知力上的差异，产品开发工具（如本章稍后介绍的通用化设计原则）会做出调整以适应这种差异。尤其相关的是原则 1（相同的使用）、原则 2（使用的灵活性）、原则 3（使用的简单性和直观性）、原则 4（可感知的信息），以及原则 5（误差容忍度）。

12.3.2　视力

1．日常生活中的视力

试着在沙滩上不带太阳镜看书，从电影院走到阳光充足的外边找你的路，或者朝着太阳的方向开车，你会经历眩光给视觉带来的限制。试着在黑暗中把钥匙插进你的前门锁孔，晚上在车里面看一张详细的行车指示图，或者在漆黑的房间里找电灯的开关，你会经历光线不足给视觉带来的限制。

当你迷路并费力地寻找一个特定路标时，所有的图标好像变小了，而且很难定位。如果你的眼镜或者挡风玻璃有污迹，这样的难度又会增加多少呢？如果你看路标时不能转动脖子，只用一只眼睛，或者通过一个卷筒芯看这个世界，又会有多大的难度呢？这些情况会使每个人犯错误，人们速度减慢，寻求帮助，甚至是非常简单的任务也完不成。这是因为人们对视觉能力的需求是很大的，无论是暂时的还是永久的（见图 12-3）。

图 12-3　大的电话机键盘每个人都容易看见

2. 视力不同的原因和结果

因为环境、临时状况、慢性疾病的影响，视力会呈现出多样性。

（1）环境。

- 很繁忙的视觉环境。
- 彩光环境、高亮度环境或低亮度环境。
- 不利的天气因素。

（2）临时状况。

- 过多的视觉使用造成的疲劳。
- 眼部手术。

（3）慢性疾病。

- 失明。
- 遗传性视力丧失。
- 白内障。
- 青光眼。
- 视网膜炎。

- 老花眼。（中年后的远视）
- 黄斑部退化。
- 眼部受伤。

（4）当视力受到以上的一个或多个因素影响时，以下的功能就会受到限制。

- 清楚地察觉到视觉细节。
- 无论远近都能集中到物体上。
- 从背景中把物体分离出来。
- 无论是用视野的中心还是边缘都能察觉到物体。
- 可以察觉到颜色和明亮度的对比。
- 适应高亮度和低亮度环境。
- 跟踪移动的物体。
- 判断距离。

3. 在设计中考虑视力

无论是什么原因造成的人与人之间在视力上的差异，产品开发工具（如本章稍后介绍的通用化设计原则）会做出调整以适应这种差异。尤其相关的是原则 1（相同的使用）、原则 2（使用的灵活性）、原则 3（使用的简单性和直观性）、原则 4（可感知的信息）以及原则 5（误差容忍度）。

12.3.3 听力和语言能力

1. 日常生活中的听力和语言能力

当你开着收音机驾车时，你是否很费力地判断一个汽笛声是从哪里传过来的？因为脑中风造成的充血，或者经过一段飞行航程，是否造成你在听力、说话甚至平衡力上有暂时性的减弱？试着在一条繁忙的大街上告诉一个人你家的方向，当你戴着耳机听音乐的时候试着遵循一些口头的指示，在周围环境的影响下大部分信息都会丢失或者变得混乱（见图 12-4）。

如果你曾经在商场、飞机场或火车站打过公用电话，你就有了在嘈杂的背景下和在其他分心的情况下保持一次谈话的经验。另外，声音传递时易变的质量会造成交流出现一些失误，甚至会被其他的谈话干扰。这些情况会使每个人丢失重要的信息，重复信息，依赖其他感官输入，或者仅仅因为对听觉能力的需求太大而放弃，无论是暂时的还是永久的。

图 12-4　电视字幕用于嘈杂的环境和服务于有听力障碍的用户

2．听力和语言能力不同的原因和结果

因为环境、临时状况、长期性状态的影响，听力和语言能力会呈现出多样化。

（1）环境。

- 非常吵闹的环境。
- 使用隔音效果的耳麦。

（2）临时状况。

- 多个声音来源。
- 声音传入耳朵的路径被堵。

（3）长期性状态。

- 耳聋。
- 遗传性听力丧失。
- 长期置身于吵闹的环境中对耳朵造成的伤害。
- 疾病。
- 老年性耳聋。（年龄增长导致的听力减退）
- 头部受伤或者是中风。

（4）当听力和语言能力受到以上的一个或多个因素影响时，以下的功能就会受到限制。

- 定位声音源。
- 从背景声音中分离出语音信息。
- 能察觉高频和低频的声音。
- 进行一场谈话。

3．在设计中考虑听力和语言能力

无论什么原因造成的人与人之间在听力和语言能力上的差异，产品开发工具（如本章稍后介绍的通用化设计原则）会做出调整以适应这种差异。尤其相关的是原则 1（相同的使用）、原则 2（使用的灵活性）、原则 3（使用的简单性和直观性）、原则 4（可感知的信息）以及原则 5（误差容忍度）。

12.3.4　身体功能

1．日常生活中的身体功能

想象一下你坐在一把少了一条腿的椅子上工作，每一次姿势的改变，你都可能失去平衡。这会影响你的注意力和工作效率，使你尽量避免改变你的姿势。试着坐在一把直背的椅子上工作，脊柱紧紧地靠在椅背上，双脚放在地板上，一直保持这个姿势，不能扭动或是弯腰从桌子上取东西、使用电话及其他简单的日常动作。接触范围、视力范围和活动能力的限制使很简单的任务变得困难，缺少在一定范围内的活动最终会导致疲劳和疼痛（见图 12-5）。

图 12-5　人的身体接触范围、视力范围及活动能力随年龄的变化而变化

也许你搬过体积很大的物体上下楼梯。增加的重量让你觉得保持平衡很难，而且因为拿着东西你无法通过使用扶手获得支撑，甚至物体对视线的阻挡使你无法看清你前面的台阶。想想你最近一次感冒时的情况，即使是最简单的事都会让你筋疲力尽，而且在任何事情上保持较长的注意力都很困难。从床上或是椅子上起身，需要额外几秒钟的时间使你理清自己的头绪并保持身体的平衡。想想在非常热的夏天做剧烈运动的困难。在上面的每个情况下，完成任务的要求或多或

少都超出了人的能力范围。对于某些人来说，这些情况很少发生或只是暂时的不方便。但是对于某些人来说，他们会感到沮丧、筋疲力尽、危险，甚至不可能完成。

2．身体功能不同的原因和结果

因为环境、临时状况、慢性疾病的影响，身体功能会呈现出多样化。

（1）环境。

- 恶劣的天气。
- 极端的温度。
- 空气供应不足。
- 立足点不稳。

（2）临时状况。

- 处于童年时期。（身体发育的限制）
- 怀孕后期，这期间胎儿重量会影响孕妇的平衡性。
- 因为暂时性的受伤或疾病导致的疼痛或移动范围受限。
- 疲劳或疾病。

（3）慢性疾病。

- 因为年龄增长而导致的毅力、平衡性或其他身体功能的衰退。
- 极端的体型或体重。
- 癫痫症或痉挛。
- 过敏症。
- 化学物质过敏症。
- 哮喘病。
- 糖尿病。
- 关节炎。
- 骨骼受伤或骨骼疾病。
- 疝气。
- 中风。

（4）当身体功能受到以上的一个或多个因素影响时，以下的功能就会受到限制。

- 体力。
- 保持及改变姿势。
- 保持平衡。
- 呼吸。

3．在设计中考虑身体功能

无论什么原因造成的人与人之间在身体功能上的差异，产品开发工具（如本章稍后介绍的通用化设计原则）会做出调整以适应这种差异。尤其相关的是原则 1（相同的使用）、原则 2（使用的灵活性）、原则 5（误差容忍度）、原则 6（较低的体力付出）以及原则 7（可到达和使用的尺寸与空间）。

12.3.5　手臂功能

1．日常生活中的手臂功能

想想那些你经常去伸手拿、举起来和搬动的物体。一些日常的家用产品比你想象得要重。一个 6 瓶包装的 12 盎司（1 克≈0.0353 盎司）的罐头和一捆纸的重量都超过了 5 磅（1 千克≈2.2046 磅），一加仑的牛奶或果汁约 8 磅重，一箱清洁剂的重量超过了 20 磅。你能只用一只手移动这些产品吗？如果你不伸直手臂去拿，你能够得着它们吗？

其他的一些日常事务如驾驶、做饭或开窗户又如何呢？想想你最近一次肩膀痛或手肘痛，它们如何影响你做这些日常工作的方式？如果你每个手腕上都承受 3 磅的重量，这会使你的力量和动作受到怎样的限制呢？在以上每一种情况下，完成任务的要求或多或少都超出了人的能力范围，使得这些任务很不方便完成，让人沮丧，筋疲力尽，感到危险甚至不可能完成（见图 12-6）。

图 12-6　自动车库门开启装置减少了对手臂力量和移动范围的要求

2．手臂功能不同的原因和结果

因为环境、临时状况、慢性疾病的影响，手臂功能会呈现出多样化。

（1）环境。

- 因为搬着东西或者干着另一件事，只有一条手臂空闲。

- 衣服很厚。（例如，在温度很低的时候）

（2）临时状况。

- 因为暂时性的受伤或疾病导致的疼痛或移动范围受限。
- 疲劳。
- 处于童年时期。（身体发育的限制）

（3）慢性疾病。

- 因为年龄增长而导致的移动范围的缩小或力量的减弱。
- 天生没有手臂或手臂变形。
- 切断手术。
- 脊椎受伤。
- 大脑性麻痹。
- 脊髓灰质炎综合征。
- 肌肉萎缩症。
- 多发性硬化。
- 卢 · 格里克症。（肌萎缩性侧索硬化，或称 ALS）
- 帕金森氏症。
- 关节炎，黏液囊炎，肌腱炎。
- 中风。

（4）当手臂功能受到以上的一个或多个因素影响时，以下的功能就会受到限制。

- 往上、往下、向前、向后伸手。
- 推。
- 拉。
- 举。
- 放低。
- 搬移。

3. 在设计中考虑手臂能力

无论什么原因造成的人与人之间在手臂功能上的差异，产品开发工具（如本章稍后介绍的通用化设计原则）会做出调整以适应这种差异。尤其相关的是原则 1（相同的使用）、原则 2（使用的灵活性）、原则 5（误差容忍度）、原则 6（较低的体力付出）以及原则 7（可到达和使用的尺寸与空间）。

12.3.6　手的功能

1. 日常生活中手的功能

想象一下有多少事情要用到双手。只用一只手，试着去敲钉子、系鞋带或者放置电话。试着用沾了油或水的手去扭动一个门把手。试着用你的非习惯用手去做一些精细的工作，如使用剪刀、切食物或削刮东西（见图 12-7）。

也许你经历过割伤、扭伤、骨折或者烧伤，这些会使你打开一个罐子、挤牙膏、开关水龙头或者端一杯咖啡的能力受到暂时的限制。在以上每一种情况下，完成任务的要求或多或少都超出了人的能力范围，使这些任务很不方便完成，让人沮丧，筋疲力尽，感到危险甚至不可能完成。

图 12-7　准备食物对手的力量和移动范围有要求

2. 手的功能不同的原因和结果

因为环境、临时状况、慢性疾病的影响，手的功能会出现很大的变化。

（1）环境。

- 戴着手套。
- 手上有水或油脂。
- 因为同时做着另外一件事，只有一只手空闲。

（2）临时状况。

- 处于童年时期。（手掌小，手指脆弱）
- 因为暂时性的受伤或疾病导致的疼痛或移动范围受限。
- 重复性工作导致的疲劳。

（3）慢性疾病。

- 因为年龄增长而导致的移动范围的缩小或力量的减弱。
- 天生没有手或手变形。

- 切断手术。
- 大脑性麻痹。
- 脊椎受伤。
- 脊髓灰质炎综合征。
- 肌肉萎缩症。
- 多发性硬化。
- 卢・格里克症。（肌萎缩性侧索硬化，或称 ALS）
- 帕金森氏症。
- 腕管综合征。
- 关节炎。
- 中风。

（4）当手的功能受到以上的一个或多个因素影响时，以下的功能就会受到限制。

- 抓。
- 挤。
- 旋转。
- 扭动。
- 捏。
- 拉。
- 推。

3．在设计中考虑手的能力

无论什么原因造成的人与人之间在手的功能上的差异，产品开发工具（如本章稍后介绍的通用化设计原则）会做出调整以适应这种差异。尤其相关的是原则 1（相同的使用）、原则 2（使用的灵活性）、原则 5（误差容忍度）、原则 6（较低的体力付出）以及原则 7（可到达和使用的尺寸与空间）。

12.3.7 活动能力

1．日常生活中的活动能力

想象一下你在开车的时候不用你的腿。如果你不能行走，你怎么去上班？如果你不坐在办公的位置，你怎么工作？如果路上有楼梯你怎么办？想想当你在飞机上、地铁上或公交车上走动或站立时保持平衡时的困难。想象一下，即使是在稳定的地面上，依然有这样的困难（见图 12-8）。

你最近一次走了很长的路，或爬了一段很长的楼梯，疲劳是怎样影响你的平衡能力的？你是否在接近最后时更多地扶住栏杆？想象当楼梯上有水或结冰时你是多么小心，以及当你在楼梯上失去平衡时你是多么危险。

注意一下人们在不同的路面上行走的不同方式。在草地、人行道、沙砾路、地毯和瓷砖地板上行走需要不同的步态以维持平衡避免绊倒或滑倒。当路面不可预料地发生改变时，就有可能导致摔跤。

如果你的腿曾经受过伤并使用过拐杖，你会意识到需要额外的时间和体力去走完一段路程，尤其当路上有楼梯、十字形旋转门或湿滑的地面时。你也许还知道当你抬腿、伸腿或移动轮椅时空间的重要性。当你痊愈时，你知道了可以倚靠的扶手和坚实路面的价值。在以上每一种情况下，完成任务的要求或多或少都超出了人的能力范围，使得这些任务很不方便完成，让人沮丧，筋疲力尽，感到危险甚至不可能完成。

图 12-8　活动能力随着年龄和能力的变化而变化

2．活动能力不同的原因和结果

因为环境、临时状况、慢性疾病的影响，活动能力会呈现出多样化。

（1）环境。

- 恶劣的天气。
- 不平坦的地势。

（2）临时状况。

- 处于童年时期。（身体发育的限制）
- 因为暂时性的受伤或疾病导致的疼痛或移动范围受限。
- 疲劳。

（3）慢性疾病。

- 力量、耐力、平衡能力的减弱，脊椎移动范围的缩小，忍受极限能力的降低，因为年龄导致的衰退的本体感受（感觉到身体部分的位置的能力及感觉肌肉关节的动作）。

- 极端的体型或体重。
- 天生没有腿或腿变形。
- 切断手术。
- 脊椎受伤。
- 大脑性麻痹。
- 脊髓灰质炎综合征。
- 肌肉萎缩症。
- 多发性硬化。
- 脑血管病。
- 中风。
- 糖尿病。
- 卢 · 格里克症。（肌萎缩性侧索硬化，或称 ALS）
- 帕金森氏症。
- 关节炎。
- 哮喘病、肺气肿，其他的呼吸系统并发症。

（4）当活动能力受到以上的一个或多个因素影响时，以下的功能就会受到限制。

- 从坐的地方起身。
- 笔直站立。
- 走。
- 跑。
- 跳。
- 爬
- 跪。
- 单脚站立保持平衡。
- 对脚的控制。

3．在设计中考虑活动能力

无论什么原因造成的人与人之间在活动能力上的差异，产品开发工具（如本章稍后介绍的通用化设计原则）会做出调整以适应这种差异。尤其相关的是原则 1（相同的使用）、原则 2（使用的灵活性）、原则 5（误差容忍度）、原则 6（较低的体力付出）以及原则 7（可到达和使用的尺寸与空间）。

12.4　通用化设计的原则

每个人在他生命的某段时间内都会经历在一种或多种功能上的限制。为如此大范围多样性的能力和情况进行设计看起来令人望而生畏，但是通用化设计并不是唯一的一种必须使所有人都适用的设计方法。一些公司，如惠而浦、福特和立维腾已经证明了很多适用所有年龄段和具有各种能力的人的新产品方法。在这些成功的应用中，通用化设计并不是十分显著的，除了对那些有缺陷的人，或是在情形需要的情况下。

1997 年，建筑师、设计研究人员、工程师和产品研发设计人员合作制定了通用化设计原则，用以指导设计过程，对已经存在的设计进行系统评价，协助教育设计人员和消费者了解更实用的产品和环境的特征。

接下来介绍通用化设计的 7 条原则及 29 个相关联的指导方针，还有每个原则如何实施的例子。这些原则、指导方针和例子来自《通用化设计文档：为所有年龄段和能力的人设计》(Story，Mueller 和 Mace 1998)。这些例子不是在每一个方面都具有普遍性，但是每一个例子对于一个特定准则来说，都是很好的例子，阐明了它的意图。

12.4.1　原则 1：相同的使用

这种设计对于具有各种能力的人来说，是非常有用的，也是很有市场的。

指导方针

（1）为所有的使用者提供相同的使用方法：能使用的时候大家用同样的方法使用，不能使用的时候大家都不能用。例如，装有接近传感器的自动门无论是对坐轮椅的人还是推着购物车的人同样方便（见图 12-9）。

（2）避免隔离或者歧视任何的使用者。例如，美国电话公司的公用电话有音量控制功能，使有听力障碍的使用者和处在嘈杂环境的使用者同样适用。

（3）使隐私、安全、保险的设计对所有的使用者都可以平等地适用。例如，具有倾斜度、可调节屏幕的自动取款机使不同身高和姿势的使用者能在适合的情况下办理业务。

（4）使设计对所有的使用者都具有吸引力。例如，OXO 的 Good Grips 厨房用具受到了世界范围内的正常人和残疾人的欢迎。

图 12-9 具有传感器的电动门对所有购物者（特别是手上提满东西的人）都很方便

12.4.2 原则 2：使用的灵活性

这种设计能够适用范围广泛的个人偏好和个人能力。

指导方针

（1）提供可选择的使用方法。例如，Herman Miller 公司的高度可调节工作桌面使得使用者可以选择站或坐的工作方式。

（2）对左撇子和习惯右手的人都适用。例如，Fiskars Softouch 公司的剪刀对每只手都适用，而且可以在高重复性工作中在两手之间交替使用（见图 12-10）。

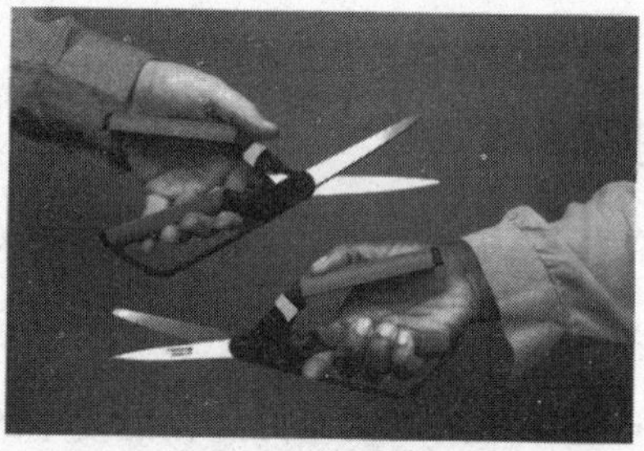

图 12-10 长把手的剪刀能够适应任何一只手的使用，
并且可以在高重复性工作中在两手之间交替使用

（3）对使用者的灵活性和准确性要求不是很高。例如，美国电话公司的大按键式电话对那些无法准确看清按键及缺乏灵活性的使用者很适用。

（4）提供符合使用者频率的调节。例如，听写设备上的速度控制功能使得打字员可以在适合他的频率下工作，为“有声读物”的使用者提供了方便。

12.4.3 原则 3：使用的简单性和直观性

采用简单易懂的设计，无论使用者具有什么样的经验、知识、语言技能，或当前的集中程度水平如何。

指导方针

（1）消除不必要的复杂性。例如，即使没有说明书或以往的经验做指导，单把水龙头的操作也很容易理解。

（2）设计应与使用者的期望和直觉一致。例如，汽车电动座椅控制开关的设计模拟了车座的形状，使驾驶员或乘客可以凭着直觉进行调整（见图 12-11）。

（3）适用于具备普遍的文化水平和语言技能的人群。例如，通过提供不需要文字的清晰插图，宜家家具的组装说明书消除了翻译问题。

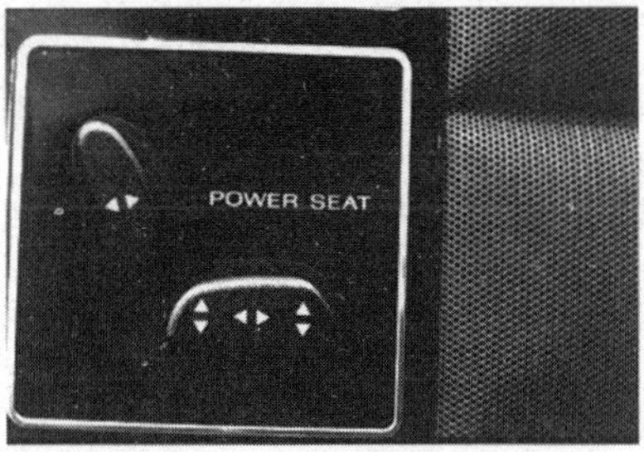

图 12-11　汽车的电动座椅控制开关模拟车座的形状，使司机或乘客可以凭直觉进行调节

（4）按重要性排列文字。例如，有插图和不同色彩标记的剂量标签，强调了吃咳嗽药应注意的问题。

（5）在使用过程中和使用后提供有效的提示和反馈。例如，屏幕式 VCR 的设计使使用者通过一个循序渐进的浏览菜单来设置和操作。

12.4.4　原则 4：可感知的信息

这种设计将必要的信息有效地传递给了使用者，无论外部环境如何，不管使用者具有什么样的技能。

指导方针

（1）采用多种模式（视觉，听觉，触觉）表现必要的信息。例如，霍尼韦尔公司的圆形墙上温度调节器将放大的可视信息、触摸字母、齿状纹理和以 2 度为一个间隔发出声音的听觉设置结合在一起（见图 12-12）。

（2）使必要信息的视觉、听觉和触觉的可辨认性最大化。例如，弗吉尼亚州的 Dulles 国际机场的明亮的天花板跟头顶招牌上暗淡的背景色形成了鲜明的对比。

（3）用可以描述的方法来区分要素（也就是使操作说明或指南更简单）。例如，耳麦的声音输入和输出插口用不同的颜色来区分，这样可以使设备连接更加容易，尤其是在使用电话或者在线解决故障的时候。

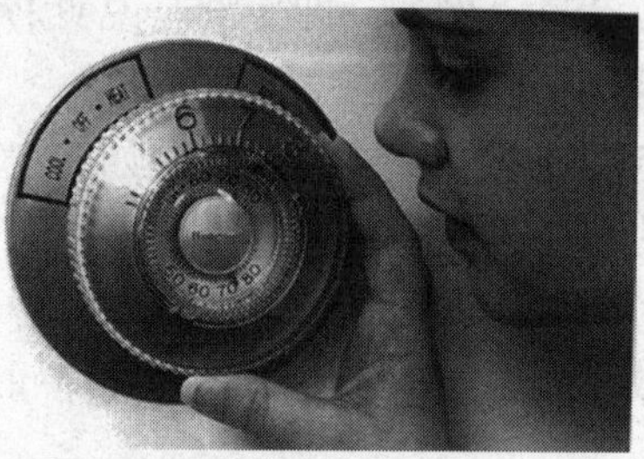

图 12-12　修改后的圆形墙上温度调节器在可视信息、触摸字母、齿状纹理以及以 2 度为一个间隔发出声音方面的改进

（4）为有感官限制的使用者提供具有兼容性的技术或装置。例如，诺基亚公司生产的 Loopset 手机与助听器兼容。

12.4.5　原则 5：误差容忍度

这种设计使危险最小化，减少意外行为或不经意行为所带来的不利后果。

指导方针

（1）合理安排要素，使危险和错误最小化。将最常用的要素放在最容易到达的地方，具有危险性的要素应该消除、隔离或屏蔽（见图 12-13）。例如，百吉饼切割器在切割百吉饼时保护手部远离刀片，保证了手的安全。

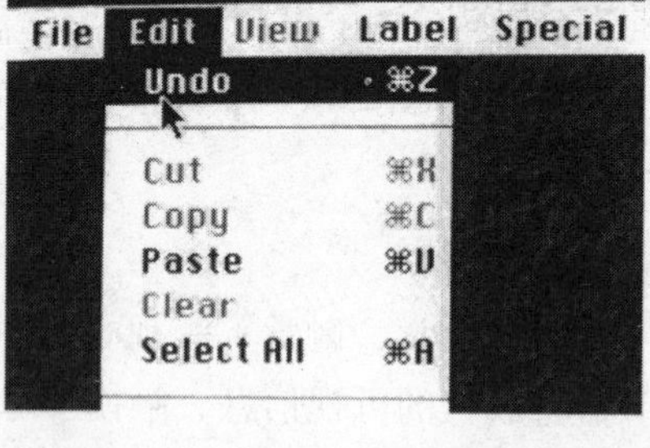

图 12-13　撤销选项使计算机用户能够没有损失地修改错误

（2）对危险要素和错误要素提供警告信息。例如，一瓶隐形眼镜清洗液的红色喷口可以警告使用者，不要把它当作一瓶润湿液，尽管它们两个使用的瓶子具有同样的形状和尺寸。

（3）提供自动防故障装置。例如，如果 5 分钟没有被使用，熨斗就自动切断电源。

（4）在需要提高警惕性的工作中阻止无意识的行为。例如，剪草机的安全钮手柄要求使用者必须同时压住手柄和杠杆才能使发动机运行。

12.4.6　原则 6：较低的体力付出

这种设计可以使人以最低的体力付出高效、舒服地使用产品。

指导方针

（1）允许使用者保持舒适的身体姿势。例如，分离式的、角度可调的键盘允许计算机操作员从手肘到手指保持舒适的姿势。

（2）使用合理的操作力度。例如，Flotool 国际生产的 Snap-Ware 食品容器只需要很轻的动作就能打开或关上。

（3）减少重复性动作。例如，泰诺止痛药的瓶盖旋转 90 度就能打开，使重复的扭动最小化。

（4）使体力付出最小化。例如，在旅行中使用有滚轮的旅行箱比使用手提行李箱会省不少力气（见图 12-14）。

图 12-14　自由滚动的脚轮极大地减少了带着行李旅行的辛苦

12.4.7　原则 7：可到达和使用的尺寸与空间

无论使用者的体型、姿势或活动能力如何，为接近、到达、操作、使用产品提供合适的尺寸和空间。

指导方针

（1）无论使用者坐着还是站着，应该保证其对重要的东西有良好的视野。例如，Herman Miller’s Milcare 公司的医院设施系统为护士站配置了可调低的柜台，这对不同身高和保持不同姿势的病人很有利。

（2）无论使用者坐着还是站着，应该都能很轻松地够到所有的东西。例如，惠而浦的并行式电冰箱、冷藏柜有很长的把手，适合任何身高和体态的使用者。

（3）适应不同的手和抓握尺寸的变化。例如，Copco 刀具的回路式手柄适合各种大小的手掌。

（4）为辅助装置或私人辅助设备的使用提供足够的空间。例如，交通工具有一个宽敞的入口，可以为行人或坐轮椅的人到达座位提供一条近路（见图 12-15）。

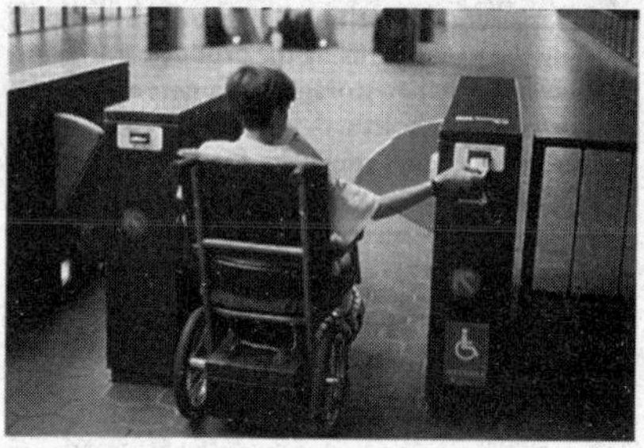

图 12-15　地铁站的宽门适合坐轮椅的乘客，以及带有包裹和行李的乘客

总结：通用化设计的原则如何适应能力的差异

原　　则	认知力	视力	听力和语言能力	身体功能	手臂功能	手的功能	活动能力
1. 相同的使用	√	√	√	√	√	√	√
2. 使用的灵活性	√	√	√	√	√	√	√
3. 使用的简单性和直观性	√	√	√				
4. 可感知的信息	√	√	√				
5. 误差容忍度	√	√	√	√	√	√	√
6. 较低的体力付出				√	√	√	√
7. 可到达和使用的尺寸与空间				√	√	√	√

12.5　通用化设计与人的能力的融合

我们已经讨论了通用化设计的概念，以及环境、临时状况、年龄和残疾对人的能力的影响。我们学习了通用化设计的原则和一些成功应用通用化设计指导方

针的公司的例子。现在我们就尝试一下。

选择一件产品，一件对你来说不熟悉、能够为你提供打开包装、使用、存储，到最终处理它的体验的产品。各种大小厨房储藏容器和单份的谷类食品是简单、便宜的选择。

对于不同年龄段和具备不同能力的人来说，检验一下这种产品的可用性，其间需要考虑通用化设计的原则和指导方针，还有上文所提到的各种各样的能力。例如，在以下的情况下，这件产品对你是否有用，以及是否安全：

- 在没有帮助和说明书时使用它。
- 用的时候不用担心。
- 在一间黑屋子里或闭上眼睛时。
- 在一个吵闹的地方或把耳朵塞上时。
- 当你非常劳累时。
- 你的手腕能否承受 3 磅的重量？
- 用你的非利手时。
- 戴着拳击手套时。
- 只能在你坐着时使用。
- 你如何改善这件产品，以改进它对所有年龄段和具备各类能力的人的可用性？前面提到的通用化设计的例子是否给了你些许灵感呢？

12.5.1　如何开始：产品的通用化设计绩效衡量标准

为了帮助产品开发者开始朝着通用化设计的目标前进，通用化设计中心开发了《产品的通用化设计绩效衡量标准》。这种工具提供了评价产品是如何满足前面提到的通用化设计 7 原则和 29 个指导方针的程序方法。通用化设计原则在媒体报道的优秀设计例子中被广泛应用。因为绩效衡量标准建立在这 7 个原则之上，在设计竞赛、奖励方案，以及将具有通用化设计特征的产品推销给潜在消费者时，绩效衡量标准在鉴别产品的通用化设计特征时非常有用。

来自通用化设计中心的《产品的通用化设计绩效衡量标准》复印件可免费获得，本章的最后有联系信息。

这些绩效衡量标准是由产品开发者、营销专家和残疾人经过共同努力而制定的。之后，61 个来自不同的社会经济地位、地理区域、成员年龄和具有不同的能力和对通用设计的态度的家庭对绩效衡量标准进行了检测。这些检测包括应用《产品的通用化设计绩效衡量标准》对一组日常生活用品进行评价。

尽管被设计成一张提示产品的通用化设计的优点和缺点的清单,《产品的通用化设计绩效衡量标准》并不打算成为老年人和残疾人的真实替代品。没有一种评价工具能够替代这样的洞察力。但是具备本章中所讨论的知识的产品开发者会发现，在进行产品检测和聚焦群体方法论时，绩效衡量标准是很有用的。

12.5.2 通用化设计对所有人都适用

本章指出了年龄和残疾影响产品可用性的方式，提供了产品管理者将老年人和残疾人的需要考虑到产品开发中的工具。很显然，满足老年人和残疾人的需要并不是特殊设计，而是对每一个人来说都很棒的设计。

除了这些工具，这一进程的一个重要组成部分是对老年人和残疾人本身的直接投入。对于缺乏老年学知识或残疾研究经验的产品开发人员来说，寻求这种投入可能会令人望而生畏。

很多年来，北卡罗来纳州立大学的通用化设计中心和其他的研究中心，组织了焦点小组来发展产品的通用化设计衡量标准，针对厨房用具、门用五金部件和电话等多种产品进行了讨论。这些焦点小组由不同年龄和能力的人，以及具备老年医学和残疾专业知识的临床医师组成。

现在是开始行动的时候了，一些公司早已经完成了。

12.5.3 特百惠：再创一个美国偶像

作为一个家庭用品品牌，特百惠已经家喻户晓。这个品牌由在杜邦化学公司工作的自学成才的工程师厄尔·塔珀于 1950 年创立。总部位于佛罗里达州奥兰多的特百惠已经成为世界领先的塑料食品供应、储存和制备产品的生产商和销售商。作为受到人们高度认可的品牌之一,它的产品可以在美国 90%以上的家庭中找到，而且，它在设计高质量、创新性产品上也被广泛认可。

1. 和每一代人一起成长

与很多的消费商品不同，特百惠容器能够在购买后的几十年内持续使用。一个以前用来盛放婴儿食品的容器，在很多年以后，能够为因为高中足球练习而晚回家的孩子盛放晚饭。

当购买了第一件特百惠产品的家庭主妇到了中年时，她们的孩子和她们的老父母同样能用当初买的特百惠的产品。对于经历婴儿潮的一代人还有经历了以后 30 年的他们的家庭而言，生活发生了很大的变化，但是特百惠的设计在本质上还是一点儿没变。

2. 适用性上的局限

对于很多孩子、老年人和残疾人来说，作为特百惠的产品特色的无可挑剔的密封也是一个障碍，因为狭窄的边缘很难打开。同时，作为特百惠最忠实的客户，很多当年的年轻家庭主妇开始经历关节炎和年老带来的其他自然效应，对于她们来说，经典的密封用起来变得很困难。

这些使用者里有特百惠国际公司设计部副总裁莫里森·卡曾斯的母亲，和很多同时代的人一样，她觉得窄唇边缘式密封圈很难使用。

3. 可用性遇上持久性

1990 年，卡曾斯面临着很严峻的挑战。特百惠决定更新它的产品以赢得新一代家庭主妇的青睐。这意味着要对自从 20 世纪 50 年代起保持本质不变、30 年来销售量一直增长的设计进行改变。

卡曾斯温馨地回忆起了 20 世纪 50 年代，还有特百惠这些年来一直受欢迎和令人兴奋的家庭产品。1934 年生于布鲁克林的卡曾斯，在普瑞特艺术学院学习过工业设计，之后在纽约开了他自己的设计室，这些发生在他于 1990 年加入特百惠之前。

1990 年，他承担了特百惠产品的重新设计工作。在开发新的一触式开封和进行经典的 Wonderlier 碗的再设计时，卡曾斯想到了那些同他 87 岁高龄母亲一样的使用者。他用较大的密封片替换了狭窄边缘式密封圈，并设计了便于把持的双弧形把手（见图 12-16）。

图 12-16　特百惠的碗盖具有大的、高对比度的突出部分

对于那些有视力障碍的人来说，盖子和碗之间强烈的颜色对比增加了可用性，也适用于老年人或残疾人。

卡曾斯的方法为特百惠在世界上的设计博物馆中赢得了一席之地，卡曾斯对经典式开封的再设计，使特百惠产品不仅能够陪伴用户的一生，而且能够持久保持有用。

到 1999 年，公司的销售总额已超过 10 亿美元，在世界上 100 多个国家里有 100 万人的销售队伍。

12.6 小结

对于每一个寿命很长却因为年老、事故、疾病而行动受限的人来说，通用化设计是很重要的。由老年人和残疾人形成的潜在市场规模日益扩大，这使得通用化设计原则成为新产品开发著作中的重要补充。

通用化设计中心在这个主题上有很多的出版物，包括在本章中提到的一些公司的案例研究，想知道更多的信息，请联系：

The Center for Universal Design
College of Design
Campus Box 8613
North Carolina State University
Raleigh, NC 27695-8613
1-800-647-6777
或者访问网址：http://www.design.ncsu.edu/cud

参考文献

[1] Center for Universal Design. 2000. *Evaluating the Universal Design Performance of Products*. Raleigh: North Carolina State University, Center for Universal Design.

[2] Center for Universal Design. 1997. The Principles of Universal Design (version 2.0). Raleigh: North Carolina State University, Center for Universal Design.

[3] Investext Group. 1999. *Company Report, October 6, 1999—Tupperware*. New York: Wall Street Transcript Corporation.

[4] McNeil, J. M. 1997. *Americans with Disabilities: 1994–95*. U.S. Bureau of the Census. Current Population Reports, P70–61. Washington, DC: U.S. Government Printing Office.

[5] Mueller, J. M. 1998. *Case Studies on Universal Design*. Raleigh: North Carolina State University, Center for Universal Design.

[6] Mueller, J. M., and C. A. Ingols. 1997. *Leviton Manufacturing Company, Inc.: Universal Design Marketing Strategy*. Case #996–063. Boston: Harvard Business School Publishing.

[7] Pirkl, James J. 1994. *Transgenerational Design*. New York: Van Nostrand Reinhold.

[8] Schneider, M. 1999. "Tupperware Moves Its Parties to the Mall." *Los Angeles Times*, May 7, Orange County edition, p. 7.

[9] Story, M. F., J. L. Mueller, and R. L. Mace. 1998. *The Universal Design File: Designing for People of All Ages and Abilities*. Raleigh: North Carolina State University, Center for Universal Design.

第 4 部分

产品组合管理工具

项目集经理有责任管理产品开发项目的一个组合，以支持组织整体或大的业务单元。第 4 部分包括帮助项目集经理描述和管理全部项目组合的工具。该部分中的章节按照从用途较广泛的工具到用途较有限的工具的顺序来组织。

第 13 章的产品组合管理研究了公司应该如何最有效地投资研发和新产品资源的广泛问题——公司应该如何在时间上管理项目组合。通过实现 4 个目标才能做好产品组合管理（产品组合管理是指按时间安排开发正确的项目集合），这 4 个目标是：最大化产品组合的价值；平衡产品的组合；在产品组合中体现战略；确保正确的项目数量。在本章中，详细介绍了实现上述 4 个目标中每个目标的特定工具。此外，还提供了两种本质不同的方法，将组合管理统一到企业的 NPD 流程中。关口控制方法将资源配置决策整合到 NPD 流程的关口中，该方法最适合处在成熟业务中的大型企业，项目组合仅随时间缓慢发展。在快速变化的市场中，快节奏的企业通常会发现“产品组合评审控制”方法最好，因为该方法可以经常性地调整项目的优先次序。

第 14 章介绍了两种产品组合状况的评估方法，并用例子说明评估方法的使用和用途。第一个指标，贬值的产品价值指标，计算出产品组合中每一种现行产品的销售额在产品引入市场后，其价值随着时间逐年贬值的情况。该指标量化了老产品（因为逐年获利具有较高的贬值率）是如何为企业做贡献的。第二个指标，危险指数指标，是评估产品组合中的每一种产品未来销售额危险程度的指示器。用这些指标分析企业的一个产品线的相对贡献，为 NPD 团队提供了判断产品组合中哪些产品线或模型应该更新或被替代的识别方法。

第 15 章从项目集经理的视角，展示了管理风险的一系列工具——包括企业中全部 NPD 项目的风险管理。其中描述了项目集经理作为关口审查人和决策者的角色和责任，风险如何根据开发的阶段而演化，解释了在关口会议上有效管理风险的 6 个步骤及推动有关风险管理讨论的系列模板。

本部分的最后一章，第 16 章为 NPD 流程建模介绍了一系列 NPD 模型，这些模型有助于 NPD 经理解决高层问题，包括 NPD 战略、项目选择和项目执行。建立 NPD 流程的模型可以帮助回答许多问题，例如为了满足企业的成长目标，需要多少 NPD 项目以及 NPD 资源是否满足理想项目数量的要求等。本章解释了如何为企业构建一个包括这些流程的模型，并给出一系列因为起始点不同而不同的模板。建立 NPD 模型的一个目的是要创造一个稳定的 NPD 项目商品化交付。另一个目的是要将需要的资源与实际上可获得的资源相匹配，以提高 NPD 流程的整体效率。

第 13 章

产品组合管理：NPD 成功的基础

罗伯特 · G. 库珀（Robert G. Cooper），斯科特 · J. 埃杰特（Scott J. Edgett），
埃尔科 · J. 克兰施米特（Elko J. Kleinschmidt）

13.1 引言

公司成功开发新产品有两种方法：把项目做正确和做正确的项目。大多数 NPD 的习惯做法是将注意力集中在第一种方法上，如有效的项目管理、成立跨职能团队和关注客户心声等。本章的主题是产品组合管理，重点在第二种方法，即做正确的项目。

产品创新管理中的一个关键问题，是公司如何最有效地投资于它的研发和新产品资源。这是产品组合管理要做的事情，也就是如何进行资源分配以实现公司的新产品目标。那些设法优化研发投资的高级管理者更像一个股票市场的投资组合经理，他们只有为公司确定正确的新产品战略、选择优秀的新产品项目和实现理想的项目平衡，才能最终盈利。

13.2 产品组合管理的路线图

本章首先列出产品组合管理的 4 个目标，以及为了达到每个目标所用到的各种工具和技术。

- 第一个目标是在给定的资源消耗下最大化产品组合的价值。介绍了实现这一目标的各种财务模型、概率风险模型和评分模型。
- 第二个目标是平衡产品的项目组合。重点放在可视化和图表化，如气泡图，包括流行的风险—回报图和其他方式的气泡图；还有更多典型的图表，如

圆饼图，圆饼图揭示了支出在产品组合中的比例关系。

- 第三个目标是在产品组合中体现战略。介绍了自下而上和自上而下的方法。
- 最后一个目标是确保正确的项目数量。尽管大多数技术确实能处理资源限制问题，在此还是介绍了资源能力分析方法，可以作为备选的解决方案。

通用的评价方法及其结果显示出，最流行的产品组合方法未必是最好的方法。实际上，财务分析方法会产生最差的产品组合。

随后，本章重点介绍了产品组合管理的方法，包括两种截然不同的方法：关口控制方法和产品组合评审控制方法。两种方法都使用了前面重点介绍的工具，但是使用工具的方式有很大的区别。

13.3 产品组合管理的定义及重要性

13.3.1 产品组合管理的定义

做正确的项目组合比选择简单的单个项目要复杂得多，更确切地说，它是项目和企业新产品或技术投资的整体融合。产品组合管理的正式定义如下：

> 产品组合管理是一个动态的决策过程，而企业正在进行的新产品（和开发）项目的列表是不断更新和修改的。在这个过程中，对新项目进行评估、选择和排序，已有的项目可能被加快进行、撤销或取消优先权等，然后资源被重新分配给那些进行中的项目。产品组合决策过程的特点是不确定性，这种不确定性表现为不断变化的信息、动态的机会、多重目标和多重战略考虑、项目之间的相互依存、多决策者和地点等。产品组合决策过程包含或叠加了许多企业内部的决策过程，包括定期审查所有项目的组合分析（查看所有项目的历史情况，并相互比较），对个别进行中的项目做出继续或撤销的决策，以及为企业制定新产品战略和战略资源分配决策。

新产品的组合管理听起来像一个机械地制定决策和分配资源的过程。但是，许多独特的因素和意外情况的发生使产品组合决策成为现代企业中最具有挑战性的决策。

- 首先，新产品组合管理面对的是未来的事情和机会，因此，许多在制定项目选择决策时需要的信息都是极其不确定和非常不可靠的。
- 其次，决策环境是一个非常动态的环境，产品组合中项目的状态和前景随着新信息的变化而不断地变化。

- 再次，产品组合中的项目都处于不同的阶段，所有项目都在相互竞争资源，所以，必须对具有不同信息量和优点的项目进行比较。
- 最后，在所有项目之间分配的资源是有限的。资助一个项目的决策可能意味着资源必须从另一个项目中被取走。资源在项目之间的转换并不是完全无缝的。

13.3.2　产品组合管理的重要性

产品组合管理是一个高层管理者面临的最为关键和重要的挑战。最佳实践研究（见图 13-1）揭示出企业的高层管理者和高级技术人员对这个问题的等级认定有多么重要。此外，优秀的企业一般比那些表现较差的企业对产品组合管理重要性的认定等级高得多。

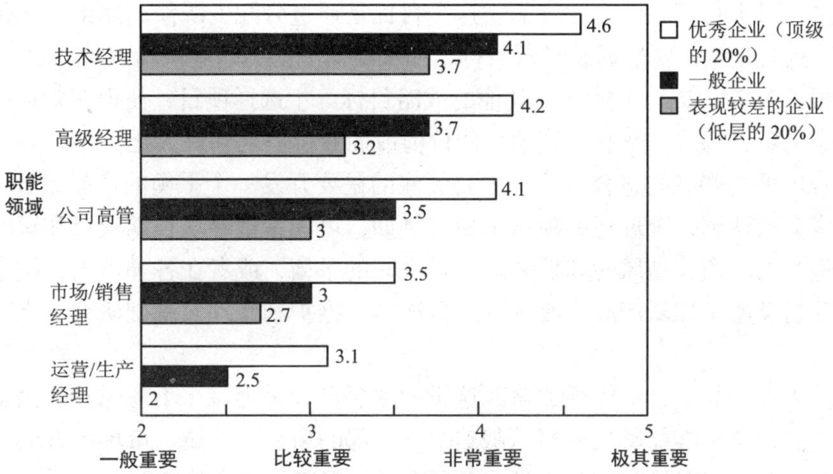

图 13-1　最佳实践研究

注：上图说明了不同的职能领域对产品组合管理重要性的不同认定等级。注意在优秀企业和表现较差的企业之间有明显的差异——优秀企业对产品组合管理重要性的认定等级要高得多。

资料来源：Cooper, Edgett, and Kleinschmidt 1997b, 1998. Used with permission of *Research-Technology Management*, ©1997, 1998 Industrial Research Institute.

由最佳实践研究得出的产品组合管理之所以重要的原因如下：

（1）财务上的回报最大化，研发生产力最大化，实现财务目标。

（2）维持企业的竞争地位，增加销售和市场份额。

（3）妥善和有效地分配稀缺资源。

（4）建立项目选择和经营战略之间的联系，产品组合是经营战略的表现而且必须符合战略。

（5）专注某些项目——在可利用资源有限的情况下不要实施过多的项目，把资源提供给“最好的”项目。

（6）达到平衡——在长期项目和短期项目之间、高风险和低风险项目之间进行平衡，与企业目标保持一致。

（7）更好地在企业内部沟通产品开发的优先级，包括纵向和横向之间的沟通。

（8）在项目选择时进行最佳的客观性判断，以淘汰不良项目。

13.4 产品组合管理的 4 个目标

产品组合管理有 4 个目标。最受重视的目标将会依次影响组合方法的选择。这 4 个目标是：

（1）最大化产品组合的价值。这个目标是通过分配资源使产品组合的价值最大化。这就是说，要根据某经营目标［如长期盈利能力、经济增加值（EVA）、投资回报（ROI）、成功可能性或其他的战略目标等］选择项目，使得在管道中（由进行中的项目构成）所有实施项目的价值或商业价值之和最大化。

（2）平衡产品的组合。这里主要关注的是要开发一个平衡的产品组合——根据许多参数达到一个理想的项目平衡。例如，可能希望寻求长期项目和短期项目之间适当的平衡，高风险和低风险项目之间的平衡，或者在各种市场、技术、产品及项目类型（如新产品、改进、降低成本、维护和修理及基础研究）之间的平衡。

（3）在产品组合中体现战略。这里的主要目标是确保（不考虑其他因素）最终的产品组合确实能够反映经营战略——全部的项目、领域、市场等方面的支出分析都直接与经营战略相联系，并且所有的项目都“符合战略”。

（4）确保正确的项目数量。面对有限的可用资源，多数公司都有太多的项目在进行中。结果是管道出现堵塞，项目在管道中排队等待，它们要用越来越长的时间才能进入市场，项目中的一些关键活动（如前期准备工作）因为人员和时间不足被省略。所以，最终的目标就是确保实施项目所需的资源和可获得资源之间的平衡。

我们已经清楚了 4 个目标之间发生冲突的潜在可能性。例如，能产生最大净现值（NPV）或内部收益率（IRR）的产品组合未必是非常平衡的组合（该组合可能包含一个短期、低风险的项目，或者过分集中于某一个市场）；类似地，一个产品组合（它实际上主要是战略性的）可能会牺牲其他的目标（如期望的短期盈利能力）。需要注意的是，所选的产品组合管理工具的性质指明了目标的层次性。这是因为某些产品组合方法明显更适用于某些目标。例如，可视化模型（如产品组合气泡图）最适合实现项目的平衡（图表是显示平衡的一个非常好的方式），然而评分模型对于实现甚至显示平衡来说都不是一个好的方法，但是，如果最终目标是要使这几个目标最大化，那么评分模型是最有效的。于是，正确的产品组合方法依赖于你领导的团队已经明确强调的那个目标。

什么方法对于实现 4 个产品组合目标最有效？下面概括了产品组合管理的方法及它们的优点和缺点。

13.4.1　目标 1：最大化产品组合的价值

从财务模型到评分模型，有许多种方法可用于实现这一目标。每种模型都有其优点和缺点。每种方法的最后结果都是列出执行的项目和暂缓的项目的排序或优先级，按照想要实现的目标，将得分最高的项目列在表的最上方。这样，依据那个目标，产品组合的价值就能够实现最大化。

1．净现值法

最简单的方法是只在一个电子表格上计算每个项目的净现值（Net Present Value, NPV），然后将所有的项目根据它们的 NPV 排序。正在执行的项目放在列表的顶部，然后向下连续地将项目加到列表中，直到用完全部资源。在逻辑上，这种方法可以使企业产品组合的净现值最大化。

但是 NPV 法忽略了概率和风险。该方法假设财务预测是准确的（但是通常不是）；该方法还假设只有财务目标才是最重要的（例如，不考虑战略，不考虑资源约束），在有限的资源保证条件下价值最大化的愿望就是要用最少的钱获得最好的效果。最后一个假设则更微妙，NPV 假设一个要么全有、要么全无的投资决策。而在新产品项目中，决策过程是一个渐进的过程，更像购买一个项目的一系列期权。

2．预期商业价值法

预期商业价值法（Expected Commercial Value, ECV）是寻求受到某种预算约束的产品组合的价值或商业价值最大化，并且引入风险和概率的概念。ECV 方法决定每个项目对企业的价值和商业价值，即预期商业价值。ECV 的计算基于决策树分析和考虑项目未来的收入流、商品化和技术成功的概率，以及商品化和开发的成本（计算和术语定义如图 13-2 所示）。

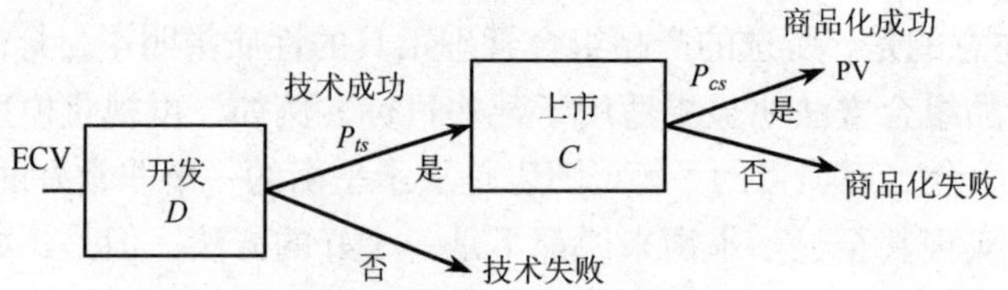

$$ECV = (PV \times P_{cs} - C) \times P_{ts} - D$$

式中，ECV——项目的预期商业价值
P_{ts}——技术开发成功概率
P_{cs}——商品化成功概率
D——开发成本
C——商品化成本（资本设备和市场拓展）
PV——项目未来收入的现值（折现到今天）

图 13-2　确定 ECV

注：两步投资决策过程模型分两步走。第一步，在开发时投资为 D，技术开发成功概率是 P_{ts}。第二步，在产品商品化时投资为 C，此时成功概率是 P_{cs}。如果成功，则项目产生收入的现金流折现为 PV。更成熟先进的模型会比这个两步模型有更多的要求。

为了获得排定优先级的项目列表，要确定每个项目的 ECV。接下来考虑哪种资源是稀缺或者有限的。表 13-1 给出的是一个 1 500 万美元的研发预算，其中，研发资源（人员，用美元衡量）被认为是一种约束型或稀缺资源。由于资源的约束，你要选择使用多少研发人员或工作月数，或投资资金。

接下来，用正在努力最大化的 ECV 除以约束资源，得到每个项目的研发成本（见表 13-1）。项目根据 ECV 与研发成本的比值进行排序，直到达到总研发预算极限。那些排在列表上面的项目是执行项目，那些排在下面的项目（超过预算）则处于等待状态。这样，这种方法就保证了用最少的资源获得最好的效果，即 ECV 给定研发预算的最大化。

表 13-1　用于确定项目优先级的 ECV　　　　单位：百万美元

1	2	3	4	5	6	7	8	9
项目名称	PV	P_{ts}	P_{cs}	D	C	ECV	ECV/D	排序和状态
Alpha	30.00	0.80	0.50	3	5	5.0	1.67	3 执行
Beta	63.75	0.50	0.80	5	2	19.5	3.90	1 执行
Gamma	8.62	0.75	0.75	2	1	2.1	1.05	6 等待

续表

1	2	3	4	5	6	7	8	9
项目名称	PV	P_{ts}	P_{cs}	D	C	ECV	ECV/D	排序和状态
Delta	3.00	1.00	1.00	1	0.5	1.5	1.50	5 等待
Echo	50.00	0.60	0.75	5	3	15.7	3.14	2 执行
Foxtrot	66.25	0.50	0.80	10	2	15.5	1.55	4 等待

注：第 7 列显示了 ECV 值，用图 13-2 中的公式和表中第 2～6 列的数据计算得到。ECV 除以限定的资源，即 ECV/开发成本（第 8 列的 ECV/D）。然后，根据上述指标（ECV/开发成本）将项目排列为 1～6，直至项目用完资源（第 9 列）。该开发预算是 1 500 万美元。最后选择执行项目 Alpha、Beta 和 Echo，总共 1 300 万美元。

资料来源：Robert G. Cooper, Scott J. Edgett, and Elko J. Kleinschmidt, *Portfolio Management for New Products*, Second Edition (Cambridge: Perseus Publishing, 2001), with permission from the publisher.

这个 ECV 模型有许多吸引人的特点。该模型承认继续或撤销的决策过程是一个渐进的过程（是一个购买期权的概念）；所有的货币量都折现到“今天”（不是折现到上市期），这样就使离上市还有很长时间的项目处于不利地位；该模型解决了资源约束的问题，试图在这种限制下使产品组合的价值最大化。

这种方法的第一个缺点是依赖大量的财务数据和其他定量数据。必须准确估计出所有项目的未来收入流、商品化（和资本）费用、开发成本及成功的概率，然而估计往往是不可靠的，或者在项目生命周期的早期阶段根本就得不到。第二个缺点是这种方法没有注意到产品组合的平衡——产品组合是否在高、低风险项目之间，或在所有市场和技术领域实现平衡。第三个缺点是这种方法只考虑了将一个单一的财务指标作为最大化目标。

3．生产力指数

生产力指数（Productivity Index, PI）和前面介绍的 ECV 方法相似，有许多与 ECV 相同的优点和缺点。PI 试图在给定的资源约束条件下使产品组合的财务价值最大化。

生产力指数公式如下：

$$\text{PI} = \text{ECV} \times P_{ts} / \text{研发成本}$$

这里的预期商业价值不同于前面使用的 ECV。在 PI 中，ECV 是一个概率调整的 NPV。更具体地说，它是对项目现金流的加权概率，折现到现在，并假设技术成功，较少地保留研发成本。有若干种不同的根据风险或概率调整 NPV 的方法：用一个风险调整的折现率乘不确定性的概率来估算 NPV，或用蒙特·卡洛模型来确定 NPV。用这个概率调整的 NPV 乘 P_{ts}，再除以研发成本，就是保留下来用于项目的研发支出（注意，已经使用在该项目上的研发资金是沉没成本，因此，与项目的优先级决策无关）。项目根据这个 PI 排序，以达到预期的产品组合，在列表下方的项目则处于等待状态。

4. 用作产品组合工具的评分模型

评分模型很早就被用在各个关口上制定继续或撤销决策。另外，这种模型也适用于项目的优先级排序和组合管理。管理人员根据每个指标对项目打分。主要的指标包括：

- 战略一致性。
- 产品优势。
- 市场吸引力。
- 提高核心竞争力的能力。
- 技术可行性。
- 回报和风险。

项目吸引力的评分是对各项指标打分后加权求和，然后作为形成一个排序的项目列表的基础。表 13-2 说明，运用了以上列出的 6 个指标进行项目排序，直到没有多余的资源为止。这个案例中用 FTE（全日制等效）人员来评估。一个同样的评分模型也显示在表 13-3 中，该表展示了一个更详细的指标列表。

通常，评分模型都会得到称赞，尽管它的普及有限。项目选择方法的研究表明，评分模型产生了和战略一致的产品组合，该产品组合反映了企业支出的优先级。这些模型产生了高效率和有效果的决策，并可以形成一个由高价值项目构成的组合。

表 13-2　项目的优先级打分列表：一个排序列表

项目	领导	战略一致性	产品优势	市场吸引力	提高核心竞争力的能力	技术可行性	回报和风险	项目吸引力评分	人员 FTE	累计 FTE	状态
Epsilon	Peters	9	9	10	10	9	9	93.3	20	20	执行
Gamma	Cooper	10	10	7	7	7	7	80.0	20	40	执行

续表

项目	领导	战略一致性	产品优势	市场吸引力	提高核心竞争力的能力	技术柔性化	回报和风险	项目吸引力评分	人员 FTE	累计 FTE	状态
Alpha	Smith	8	7	7	8	8	9	75.0	15	55	执行
Delta	Scott	7	7	9	9	8	5	74.0	12	67	执行
Beta	Jones	7	7	6	6	8	6	66.7	20	87	等待
Omicron	Baily	8	6	6	8	7	5	66.7	20	107	等待

（资源限制：70 个 FTE 人员）

注：（1）建立一个电子表格——列出你正在进行中、等待中及申报中的项目。

（2）根据某些指标对这些项目排序。（例如，项目吸引力得分或 NPV 等）

- 在这个例子中使用了 6 个指标（见表头文字）——战略一致性、产品优势等。
- 项目吸引力评分（上述 6 个指标的平均值，但是要排除 100 分）用作指标排序。
- 所有 6 个项目都是好项目，得分在 65 分以上。

（3）项目累加直到超出资源（这里用 FTE 人员来评估）。

- 在此，前 4 个项目是进行中的（注意，资源限制是 70 个 FTE 人员），最后 2 个项目要等待。

资料来源：Robert G.Cooper, Scott J.Edgett, and Elko J.Kleinschmidt, *Portfolio Management for New Products*, Second Edition (Cambridge: Perseus Publishing, 2001), with permission from the publisher.

表 13-3　典型的项目选择评分模型

要素 1：回报

- 对盈利的绝对贡献（5 年现金流：累计现金流减去所有的现金成本，不包括利息和税收）
- 技术偿还期。累计现金流等于在开始期之前支出的全部现金成本所需要的年数。
- 启动商品化的时间

要素 2：经营战略一致性

- 一致性。项目和产品线战略、经营战略和（或）公司战略的吻合程度
- 影响。项目对生产线、经营和（或）公司财务和战略的影响

要素 3：战略杠杆

- 所有权地位
- 面向成长的平台（从“单一品种”到“打开新技术和商品领域的新品”）
- 持续期。产品在市场上的生命期（年）

续表

• 与企业内其他运营业务的协同
要素 4：商品化成功的概率
• 市场需求的存在
• 市场成熟（从“下降”到“快速成长”）
• 竞争激烈度
• 商品化应用开发技能的存在（从“新颖”到“已经存在了”）
• 商品化假设（从“低概率”到“较高可预测性”）
• 规章制度/社会/政治的影响（从“消极”到“积极”）
要素 5：技术成功概率
• 技术空白（从“大的空白”到“渐进式改善”）
• 项目复杂性（从“很高或有许多障碍”到“畅通无阻”）
• 技术技能基础的存在（从“对我们而言是新的”到“在企业内广泛地应用”）
• 人员和设备的可获得性（从“必须招聘或建立”到“立即可获得”）

资料来源：Cooper 1998; Cooper, Edgett, and Kleinschmidt 2001.

13.4.2 目标 2：平衡产品的组合

第 2 个主要目标是平衡产品的组合——根据一些关键参数来平衡一系列开发项目。这可以类比为投资基金，基金经理根据高风险和蓝筹股的对比及所有行业的平衡来寻找平衡，以达到一个最优的投资组合。

可视化图表在显示新产品项目组合的平衡时很受欢迎。这些可视化图表包括产品组合图或气泡图，另外还有通常所用的圆饼图和直方图。

由于这些新的模型不比旧的战略气泡图更好，所以偶尔的一次产品组合气泡图评审将会产生某些抱怨和不满。与 BCG 的战略桶模型极其类似的模型（如 McKinsey/GE 模型）是将业务单元标在一个市场吸引力与企业地位的网格中。需要注意的是，分析的单位是战略业务单元（SBU），这是一个现有的业务，它的表现、优点和缺点都是已知的。相对而言，今天的新产品组合气泡图是标注单个新产品项目（未来的业务，或可能会成为未来的业务）的，尽管它们在表现上可能是相同的。至于网格的维度，用于现有 SBU 的市场吸引力和企业地位在这里可能不适用于新产品的可能性分析，所以，这里广泛使用其他的维度或数轴。

1. 考虑哪些维度

为了寻找平衡，你的企业应该在气泡图上标注哪些参数？不同的学者推荐不同的参数和列表，甚至建议使用“最佳标注”。表 13-4 提供了一个常用的气泡图标注列表。

表 13-4　常用的气泡图标注（根据流行程度排序）

排序	图表类型	第一个标注维度	第二个标注维度	使用气泡图的企业比例
1	风险—回报图	收益：NPV、IRR、上市之后年度的收益、市场价值	商品化成功概率（技术的、商业的、整体的）	44.4%
2	新颖性	技术的新颖性	市场的新颖性	11.1%
3	简易度和吸引力	技术可行性	市场吸引力（成长、潜力、消费者需求、产品生命周期）	11.1%
4	优势和吸引力	竞争地位（强势）	吸引力（市场成长、技术成熟、达到实施的年数）	11.1%
5	成本和时间	实施成本	实施时间	9.7%
6	战略和收益	战略焦点或契合点	商业意图、NPV、财务配合水平、吸引力	8.9%
7	成本和收益	累计回报	累计开发成本	5.5%

注：在所有使用气泡图的企业中，有 44.4%的企业使用风险—回报图。

资料来源：Cooper, Edgett, and Kleinschmidt 1997b, 1998. Used with permission of *Research-Technology Management*, ©1997, 1998 Industrial Research Institute.

2. 风险—回报图

最流行的气泡图就是各种各样的风险—回报图（见图 13-3 和表 13-4）。在此，一个坐标轴表示企业的收益，另一个坐标轴表示技术成功概率。

- 一种方法是用定性的方法估算回报，从“适度”到“卓越”。过多地将重点放在财务分析上会产生严重的危险，特别是在项目的起步阶段。
- 相反，其他的企业依赖精确的定量分析和财务回报指标，即项目概率调整的 NPV。在这里，纵轴表示技术成功概率，商品化成功概率已经在 NPV 计算中计入。

如图 13-3 所示，这是一个重要的化工企业的气泡图。图中每个气泡的大小表示在每个项目上的年资源消耗（每年美元数，它也可以是分配给项目的人员和工作月数）。

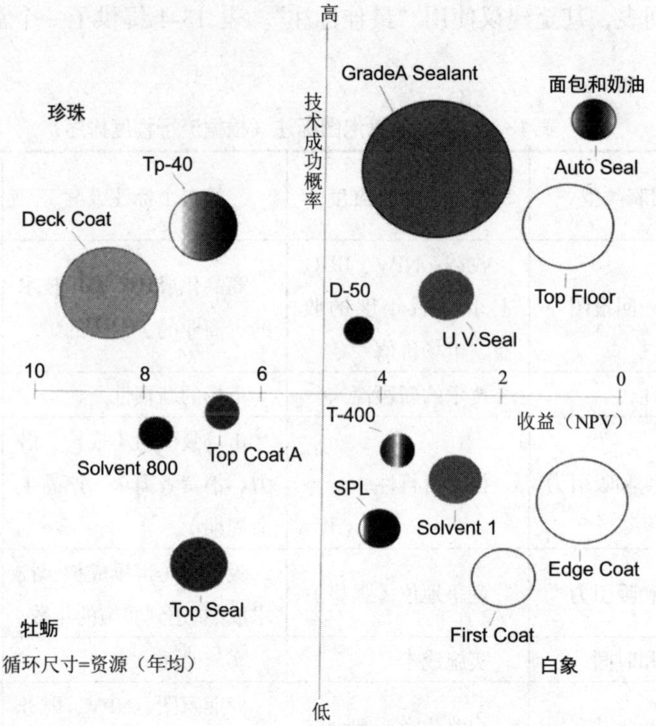

图 13-3 风险—回报图

资料来源：Robert G.Cooper, *Winning at New Products*, Third Edition (Cambridge: Perseus Publishing, 2001), with permission from the publisher.

图 13-3 所示产品组合模型中的 4 个象限的内容介绍如下。

珍珠（左上象限）：这些是潜在的明星项目——有较高的成功可能性，而且预计将产生非常高的回报。大多数企业都渴望获得更多的这种项目。图中有两个这样的珍珠项目，其中一个已分配了可观的资源（由圆圈的大小计量）。

牡蛎（左下象限）：这些是风险大的项目——具有高期望收益，但是技术成功概率低。它们是那些以技术突破为基础的项目。图中有 3 个这样的项目，但都没有获得很多的资源。

面包和奶油（右上象限）：这些是小的、简单的项目——具有较高的成功可能性，但是回报低。项目的调整、扩展、修改及更新都属于这类项目，大多数公司都拥有太多的这类项目。图中 50%以上的支出都投入在这类项目上。

白象（右下象限）：这些是低成功率和低回报的项目。每个企业都有几个白象项目（显然，它们是难以扼杀的），但是图中有太多的这类项目。图中 1/3 的项目和差不多 25%的支出都落在右下象限中。

由于该化学制品是一个寻求快速成长的明星业务，对图 13-3 中的产品组合模型的快速审查揭示了很多问题。有太多的白象项目（现在到了认真筛选的时候了），太多的金钱花费在面包和奶油（低价值）项目上，珍珠项目不足，牡蛎项目则严重缺少资源。

气泡图模型的一个特点是该模型将高层管理者的注意力集中在处理资源问题上。给定有限的资源（如有限的人员和资金），圆圈面积之和必须是一个常数。这就是说，如果你在图中加一个项目，一种做法是删除另外一个，另一种做法是你可以缩小几个圆圈的尺寸。这个模型的精确之处在于，该模型迫使管理人员去考虑如果在列表中再增加一个项目对资源意味着什么——某些其他的项目必须为此付出代价。

这个气泡图还展示了与每个项目有联系的产品线（通过阴影部分或坐标十字线）。最后的突破是通过色彩来表示时间（不是我们的黑白图上所表示的）。在这里，火红色的意思是"马上投放"；而蓝色是冷色，其意思是"早期阶段的项目"。显然，简单的风险—回报图比简单的风险和概率数据展现了更多的信息——它还传达了资源分配、时间，以及跨域产品线的支出分解。

3．风险—回报图的变形：处理不确定性

（1）3M 公司的椭圆图形。图 13-3 所示的气泡图中的一个问题是它需要同时对回报（如 NPV）和成功概率进行重点估计。在 3M 公司中，一些业务也会使用气泡图的变形来有效地描述不确定的估计。在 NPV 的计算中，常用乐观估计和悲观估计两种方法估算不确定性变量，每个项目都得到一个 NPV 值的范围。类似地，对成功概率也有相应的估算。结果如图 13-4 所示，其中气泡的大小和形状体现了项目的不确定性，非常小的气泡意味着在每个维度都有高确定性的估计，而大的椭圆则意味着那个项目存在着相当大的不确定性（在最坏和最好之间）。

（2）蒙特·卡洛模型。P&G 公司用蒙特·卡洛模型的方法处理不确定性。P&G 公司的产品组合模型是一个三维的产品组合模型，可以用 CAD 软件去生成（见图 13-5），3 个坐标轴表示的内容如下所示。

- 距离上市的时间：时间越长，风险越高，回收期也越长。
- NPV：项目的期望回报（概率调整后的）评估值。
- 商品化成功概率：根据 P&G 公司的模型计算。

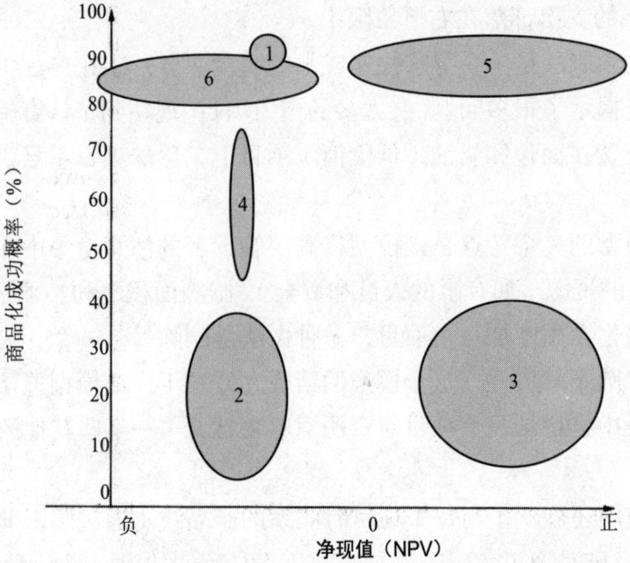

图 13-4　3M 公司表示不确定性的风险—回报图

注：1. Alpha；2. Beta；3. Gamma；4. Delta；5. Epsilon；6. Zeta

资料来源：Robert G.Cooper,Scott J.Edgett, and Elko J.Kleinschmidt, *Portfolic Management for New Products*, Second Edition (Cambridge: Perseus Publishing, 2001), with permission from the publisher.

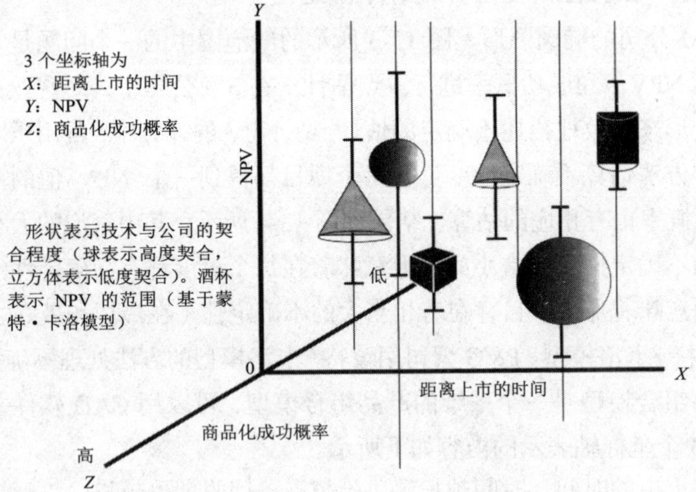

图 13-5　P&G 公司三维风险—回报图

资料来源：Robert G.Cooper,Scott J.Edgett, and Elko J.Kleinschmidt, *Portfolio Management for New Products*, Second Edition (Cambridge: Perseus Publishing, 2001), with permission from the publisher.

在两个企业中，为了解决商业上的不确定性，每个变量（年收入、成本、上市的时间等）都需要给出 3 个估计值：高估计值、低估计值和最可能估计值。基于这 3 个估计值计算每个变量的概率分布曲线。接下来，用上述概率分布曲线作为输入项生成项目的随机情况。计算机生成数千次的随机情况，其结果是财务产出的一个分布。由此，确定了期望的 NPV 及其范围（一个包含了所有的商品化产出及其概率的 NPV 图）。P&G 公司展现了这个 NPV 范围，外形就像一个“工”字。

4. 由评分模型导出的产品组合坐标图

Speciality Minerals［一个从辉瑞制药（Pfizer）分离出来的公司］公司使用了一种将评分模型和气泡图相结合的方法。评分模型用来决定项目的继续或取消，还可以用于将项目在一个优先级列表上排序。在这里，公司的评分模型考虑了 7 个因素（见图 13-6），这些相同的因素提供了构建气泡图的数据。

- 横轴，表示对公司的价值。
- 纵轴，表示商品化成功概率。

这里的独到之处是，公司的评分模型的 7 个因素具有双重功能：它是继续或撤销项目决策或关口评审的基础；它同样也提供了构建气泡图坐标轴的 5 个因素。

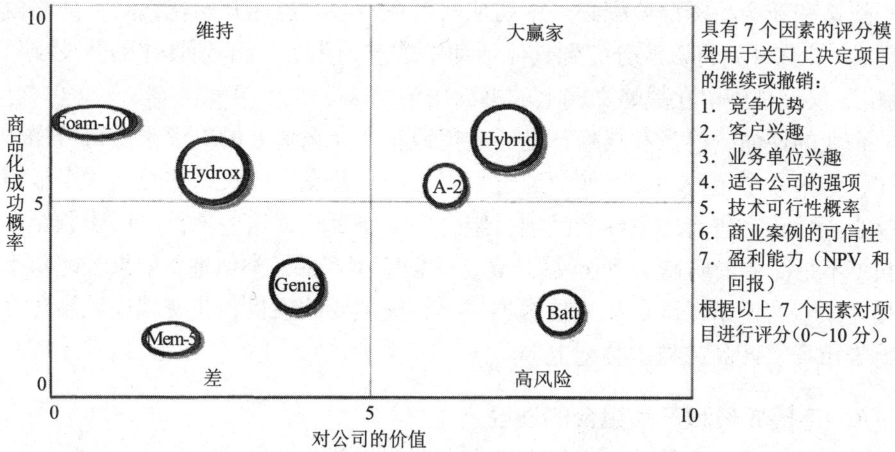

图 13-6 使用评分模型的风险—回报图

注：两个坐标轴（对公司的价值和商品化成功概率）上的值根据评分模型的结果计算（0～10 分）。计算公式是：

对公司的价值 =6.6（盈利能力）+3.4（竞争优势）

商品化成功概率 =2.5（客户兴趣）+2.5（技术可行性概率）+2.5（适合公司的强项）

资料来源：Robert G.Cooper,Scott J.Edgett, and Elko J.Kleinschmidt, *Portfolio Management for New Products*, Second Edition (Cambridge: Perseus Publishing, 2001), with permission from the publisher.

5．产品组合管理的传统图表

人们希望在众多的参数、维度和变量上寻求项目的平衡，有很多种直方图和圆饼图可以帮助人们描绘产品组合的平衡。

时间是寻求平衡中的一个关键问题。人们绝对不愿投资一些短期项目，但是也不愿将资源全部投于长期项目。其中，一个时间目标是要使各个年度都有持续的新产品投放市场，每年都会有好消息，且新产品上市不会突然停滞；另一个时间目标跟现金流有关，管理者希望的是建立一个结构化的项目部署，用这样的方法可以适度地平衡企业内的现金流入和现金流出。

项目类型是另一个重要的关注点。你在全新产品和产品更新（改善或取代）或产品扩展、产品维护、成本下降和流程改善上的支出是什么？它应该是什么？圆饼图能有效地捕捉费用在所有项目上的分摊情况——实际和理想状况下的分摊。市场、产品和技术提供了另一些维度，管理者可以在这些维度上寻找平衡。面临的问题是：你的研发支出在不同产品线上的分配是否恰当？或者在你经营的市场或细分市场上研发支出分配是否恰当？或者在你拥有的技术上分配是否恰当？圆饼图对于捕捉和显示这类数据也是适用的。

13.4.3 目标 3：在产品组合中体现战略

战略和新产品资源分配必须密切地联系在一起。当你开始花钱时，战略就成为现实。在你开始将资源分配到具体活动中之前，例如，分配到具体的开发项目，“战略”仅仅是停留在战略文档上的书面用词。

企业的使命、愿景和战略都是通过把钱花在什么地方的决策来变得可操作。例如，如果一个企业的战略使命通过领先的产品开发来成长，那么，这个战略使命就必须在正在进行中的新产品项目组合中有所反映，这些项目可以引领企业的成长（不是简单的防御），而产品是真正的创新型产品。类似地，如果战略重点是聚焦在某些特定市场、产品或技术类型上，则主要的项目和花费就应该聚焦在那些特定市场、产品或技术类型上。

1．连接战略和产品组合的途径

实现产品组合和战略一致性有两个主要的问题：

- 战略一致性。你的所有项目是否和你的公司战略一致？例如，如果你已经确定了将某些技术和市场作为焦点集中的关键领域，那么你的项目是否符合这些领域？它们是在范围之内还是在范围之外？
- 支出分配。你的支出分配是否反映了你的战略重点？简而言之，在将你所花钱的领域都加到一起时，这些领域是否全部都与你已经提出的战略一致？

有两种实现战略一致性的方法：

（1）自下而上的方法——把战略标准纳入项目选择工具中。这里战略一致性的达成，可以简化为将一系列的战略标准纳入继续或撤销决策，以及优先排序工具中，然后通过对这些战略标准进行项目选择与排序来实现。

（2）自上而下的方法——战略桶模型。该方法由企业的战略开始，之后进入预留资金阶段（资金储备），把资金放在“信封”或“桶”里，为不同类型的项目预留资金。

2．自下而上的方法——将战略标准纳入项目选择工具

评分模型不仅是最大化产品组合价值的有效方法，它还可用于确保战略一致性。在一个评分模型中考虑的多重目标之一（伴随着盈利能力或成功的可能性）就是最大化战略一致性，这可以通过将一系列的战略问题嵌入评分模型来做到。

在本章前面已经介绍的评分模型（见表 13-3）中，5 个要素中的 2 个主要的要素是战略要素。而用于对项目优先级排序的 19 个指标中有近 1/3 的指标，即 6 个指标，涉及战略问题。因此，符合企业战略和具有战略杠杆效应的项目最有可能排列到列表顶部。确实，这是难以令人相信的，绝对不能让那些“偏离战略”的项目进入执行项目列表。因此，评分模型自然会将它们排除在外。

3．自上而下的方法——战略桶模型

虽然战略一致性可以通过评分模型来实现，但是自上而下的方法仍然是唯一确保最终的项目组合（钱要用在哪里）能够真实反映企业战略的方法。

战略桶模型的运用遵从实施战略就等于在特定的项目上花钱的简单原则。因此，设定产品组合的要求实际上意味着设定花钱的目标。

这个方法从企业战略出发，要求企业高层管理部门沿着每一个维度做出符合要求和如何分配稀缺的资金资源的选择。这样就会建立一些包含一定资金的战略桶。已经存在的项目被分类归入战略桶内。于是人们需要确定每一个战略桶内的实际支出是否与理想的支出一致。最后，项目在战略桶内排出优先级以得到最终的项目组合——该组合反映了管理者的经营战略。

虽然这些看起来非常简单，但是细节会有一点儿复杂。高层管理部门首先为企业制定愿景和战略。这包括确定战略目标和努力实现这些目标的总计划——一个非常标准的经营战略练习。接下来，高层管理部门做出符合关键战略维度且符合要求的选择。那就是基于这个战略，企业管理部门将研发和新产品市场资源分

配到每个维度上。一些通用的维度是：

- 战略目标。要求管理部门在所有具体的战略目标上分配资源。例如，应该花费多少百分比在防御型产品种类上？多少百分比在多样化上？多少百分比在扩展产品种类上？
- 产品线。资源在所有产品线上进行分配。在 A 产品线上该花多少？B 产品线呢？C 产品线呢？产品线在产品生命周期曲线上标注的位置有助于确定该分配。
- 项目类型。应该分给 NPD 多少百分比的资源？分给维持类的产品多少百分比的资源？分给工艺改进、基础研究方面多少百分比的资源？
- 熟悉矩阵。应该如何根据企业对市场和技术的熟悉程度将资源分配给不同的市场类型和不同的技术类型？可以使用罗伯茨提出的“熟悉矩阵”（两个维度分别为技术新颖程度和市场新颖程度）来帮助分配资源。
- 地理。应该将多少百分比的资源用于主要针对北美市场、拉丁美洲市场、欧洲、太平洋乃至全球市场的项目？

现在，管理者们开发出了战略桶。上面列出的各种战略维度都被装入一个便于处理的桶里。例如，桶里可能是 A 产品线和 B 产品线的产品开发项目、所有产品线的成本降低项目、C 产品线和 D 产品线产品更新项目等（见表 13-5）。

表 13-5 战略桶中的项目优先级排序 单位：百万美元

1 号桶：A 产品线中的新产品，目标支出 8.7	2 号桶：B 产品线中的新产品，目标支出 18.5	3 号桶：A 产品线和 B 产品线中的维持业务，目标支出 10.8	4 号桶：所有产品线中的成本降低项目，目标支出 7.8
项目 A 4.1	项目 B 2.2	项目 E 1.2	项目 I 1.9
项目 C 2.1	项目 D 4.5	项目 G 0.8	项目 M 1.4
项目 F 1.7	项目 K 2.3	项目 H 0.7	项目 N 0.7
<u>项目 L 0.5</u>	项目 T 3.7	项目 J 1.5	项目 P 1.4
项目 X 1.7	**缺口 ＝5.8**	项目 Q 4.8	<u>项目 S 1.6</u>
项目 Y 2.9		<u>项目 R 1.5</u>	项目 U 1.0
项目 Z 4.5		项目 V 2.5	项目 AA 1.2
项目 BB 2.6		项目 W 2.1	

注：在这个例子中，定义了 12 个桶或项目类型，这里只列出其中的 4 个。项目根据桶进行分类，然后在每列中用最大化 ECV 的方法排序，一个如 NPV×商品化成功概率的财务指标，或者（最好）使用评分模型。表中各列的数字表示要执行每个项目所需的资源（百万美元）。需要注意的是，1 号桶在项目 L 后用完了资源，而 2 号桶缺少好的项目。

资料来源：Cooper, Edgett, and Kleinschmidt 1998. Used with permission of *Research-Technology Management,* © 1998 Industrial Research Institute.

接下来，确定各桶的目标支出（计划数）应该是多少。这里要考虑到前面的战略资源分配中所给出的理想支出分配。

在缺口分析出现之后，现有的项目按桶分类，并把各桶中的总费用用累加起来（实际数）。这样，就可以确定每个桶的计划数和实际数之间的缺口了。

最后，为每个桶里的项目排序。你可以用评分模型或财务指标来对桶内的项目排序（见表 13-5）。这样就可以对产品组合做出调整，立即精简项目，或为未来的项目调整审批流程。

你会发现以上介绍的许多维度和分配变得太复杂和太烦琐。在霍尼韦尔–联合信号公司用于分配资源的"梅赛德斯–奔驰之星"（Mercedes-Benz star）方案（见图 13-7）中可以发现某种更简单的分解方法。企业的领导小组从企业的战略出发，使用梅赛德斯–奔驰标志（一个三分叉的星）帮助划分资源。有 3 个战略桶：基础研究和平台开发项目，主要进行技术突破和新技术平台开发；NPD 项目；其他项目（拓展、改进、定型、降低成本）。管理者将研发资金划分到这 3 个战略桶中，之后对每个桶中的项目通过相互比较进行打分和排序。实际上，这就已经创建和管理了 3 个部分的项目组合。支出在所有项目上的分配反映了战略的优先级。

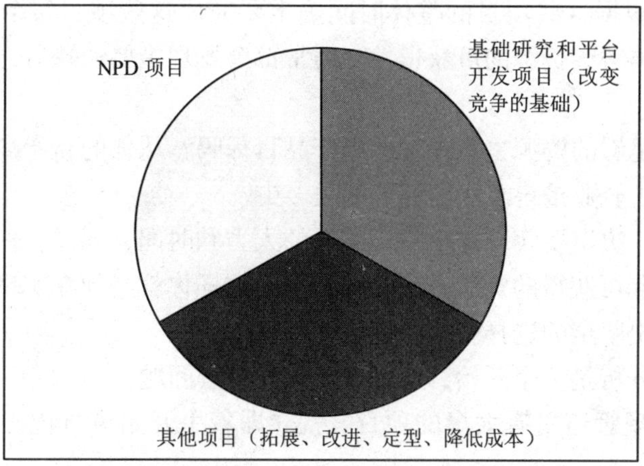

图 13-7　产品组合管理的战略桶模型

注：企业战略决定了将资源分配到桶中的比例；对桶中的项目排序，在每个桶中都用不同的指标评分（霍尼韦尔–联合信号公司使用的方法）。

资料来源：Reprinted from Robert G. Cooper, Scott J.Edgett, and Elko.J., Kleinschmidt, *Portfolio Management for New Products*, Second Edition (Cambridge: Perseus Publishing, 2001), with permission from the publisher.

战略桶模型的一个主要优点是它能紧密地将支出和企业战略联系起来。随着时间的推移，项目组合和战略桶上的支出将等于管理者在战略桶上的理想支出目标。战略桶模型的另一个优点是承认这样的事实，即所有竞争相同资源的开发项目应该用组合管理的方法来考虑。最后，不同的指标可用于不同的项目类型。也就是说，你不需要在不同类型的项目之间做相互比较和排序，例如，全 NPD 项目与维护型项目。因为这是分两个步骤的方法，第一步是把资金划分给战略桶，第二步是给战略桶中的项目排序。没必要创建一个适合所有项目且普遍适用的评分或排序标准。

13.4.4 目标 4：确保正确的项目数量

以上 3 个目标共同关注的问题是资源限制。这就意味着，管理者必须努力去实现这 3 个目标，但是要永远警惕这样的事实：面对有限的资源，如果提出了太多的项目，就会导致管道的严重阻塞。

过多的项目和过少的资源之间的问题，可以利用资源能力分析来解决。这个分析试图量化项目对资源的需求（通常是人员，以每人每天的工作量来表示）和这些资源的可获得性（见图 13-8）。

（1）在你的管道里是否有足够合适的资源提供给目前的项目？从目前进行中的项目开始，根据这些项目的整体时间确定要完成这些项目每个月所需的人力和时间。然后再考察资源的可获得性。通常都会发现主要的缺口，这就是潜在的瓶颈。

（2）你有足够的资源去实现你的新产品目标吗？从你的新产品目标开始，新产品的销售额占企业销售总额的百分比是多少？

（3）现在，决定要实现这个目标需要的人力和时间，同样，你将可能发现期望的需求和实际可获得的资源有较大的差距。这样你就必须在实现目标和寻求更多资源之间做出坚定的选择。

这个能力分析是一个开始，通常重点关注关键问题：

- 只要发现管道里有太多的项目，就立即着手开始进行优先级排序和筛选工作。
- 让高层管理部门重新思考随意性较大的新产品收益和利润目标。
- 识别创新流程中存在主要瓶颈的职能领域，引导增加或转换人员的决策。

图 13-8 所示的能力分析图也可以用在产品组合和关口评审会议上，以展示增加一个新产品项目对正在实施的项目列表的影响——增加项目对资源的承诺和约束意味着什么。

方法 1. 根据现有的项目生成资源需求

确定资源需求：

- 从你目前执行的开发项目列表开始，由最好到最差进行优先级排序（运用评分模型对项目优先级排序，或用财务模型，如 NPV 或 ECV 等）创建一个优先级排序的项目列表（在这里，Alpha 是最好的项目，Foxtrot 最不吸引人）
- 之后考虑每个项目的详细活动计划（使用项目管理软件，如 Microsoft Project）
- 对计划中的每一项活动，注明每人每天（或每人每月）和小组（或部门）将要做的工作。这些内容在“工时”列中表示
- 在优先级排序的项目列表中记录这些工时需求——每个部门记录一列。在其他的列，按部门计算出累计工时
- 每月生成一个表

举　例

项　目	产品管理		市　场		调查小组 A		调查小组 B	
	工时	累计	工时	累计	工时	累计	工时	累计
Alpha	3	3	2	2	10	10	5	5
Beta	4	7	2	4	10	20	5	10
Gamma	3	10	2	6	15	35	5	15
Delta	5	15	3	9	15	50	8	23
Epsilon	6	21	3	12	5	55	8	31
Foxtrot	6	27	2	14	5	60	5	36
累计工时		27		14		60		36
实际工时		20		10		60		40
利用百分比		135%		140%		100%		90%

你的实际可获得资源是什么

- 着眼于可获得的资源——每个小组（或部门）总共有多少可获得的工时。[这些工时着眼于小组（或部门）内的所有人，以及在他们可获得的时间中能为新产品项目提供的时间比例。一定要考虑他们在这个部门的“其他工作”——例如，事实上市场部门很可能在他们的日常工作安排中要消耗 90%的时间]
- 在已排序的项目列表中对用完资源的项目做上标记（在上面表中用粗斜体数字表示用完资源的项目）
- 确定利用百分比——累计工时除以实际工时——最后一行

在上面的表中，注意有两个部门超出承诺的资源，是由 Epsilon 和 Foxtrot 项目导致的

图 13-8　能力分析图

结果

你将可能从上面的练习中学到以下 3 点知识：

- 你确实拥有过多的项目，通常多出 2 或 3 个项目
- 你可以看到哪个小组（或部门）是瓶颈
- 你还可以询问某些部门它们把时间用到哪里去了（和为什么只有很少一部分时间用在新产品上）

方法 2．根据企业的新产品目标生成资源需求

确定资源需求：

- 从你的新产品目标出发——你预期从新产品得到的销售额或销售额的比例是多少
- 将这些目标转换成每年要投放上市的主要和次要的新产品数量
- 根据趋势曲线判断，在每个阶段有多少项目有成功上市的可能？——由此确定每年的项目数量
- 接下来，根据职能和部门分解，考虑每个阶段的工时需求量。每个阶段的项目数量与工时需求量合并生成资源需求——为达到企业新产品目标的工时需求，再按部门分解

你的资源能力是什么

- 现在转向可获得性——每个部门可提供的工时（和方法 1 的第二部分相同）

结果

- 你可能再次发现需求和能力之间的主要差距
- 在这一点上，要么调整你的目标，使这些目标稍微更实际一些；要么做出坚决的选择，追加资源或重新分配人员以达到你的目标
- 既可以用工时，也可以用货币作为资源的评估指标

图 13-8　能力分析图（续）

资料来源：引自 Cooper 1999.

13.5　产品组合管理方法的普及和效果

在实践中，根据前面引用的最佳实践研究结果，财务模型在产品组合管理中占据统治地位。财务模型包括各种盈利能力和回报指标，如 NPV、ECV、ROI、EVA 和回收期等，这些指标可以用来评定等级、排序，以及最终选择项目。共有 77%的企业在产品组合管理中使用这些指标（见图 13-9），在 40.4%的企业中这是主要的方法。

其他普遍使用的方法：

- 战略桶模型。在确定了企业的战略后，将资金在所有不同类型的项目上分配，并分配到不同归类桶中。然后，将桶内的项目排序或评定等级。共有 65%的企业使用这种方法，该方法在 26.6%的企业中占主导地位。
- 气泡图。共有 41%的企业使用气泡图，但只有 8.3%的企业将其作为主要方

法。最普遍的是图 13-3 所示的风险—回报图，但是也有许多其他气泡图在使用。

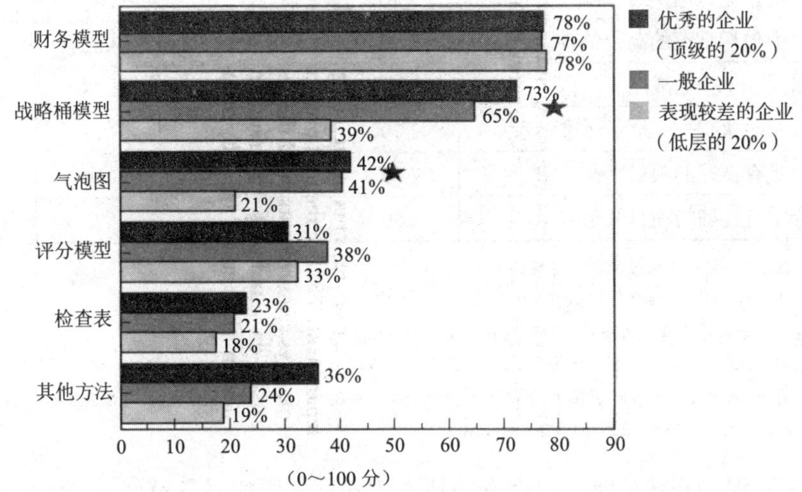

图 13-9 产品组合方法使用的普及程度

注：图 13-9 展示了使用各种产品组合方法的企业的百分比。数字相加后大于 100 是因为企业会使用多种方法。注意，最好的执行官趋向于使用战略桶模型，而差者不使用气泡图（用星号标注）。

资料来源：Cooper, Edgett, and Kleinschmidt 1997a, 1998. Used with permission of *Research-Technology Management*, ©1997, 1998 Industrial Research Institute.

- 评分模型。将评估得到的等级加起来生成一个项目的吸引力得分，该得分成为用于项目选择和（或）排序决策的标准。有 38%的企业使用这种方法，该方法在 18.3%的企业中占主导地位。
- 检查表。根据一系列“是/否”问题来评价项目。每个项目都会得到某个数量的“是”。“是”的数量可用来制定继续或撤销和（或）优先级排序的决策。只有 21%的企业使用检查表方法，该方法仅在 2.7%的企业中占主导地位。

然而，普遍程度不一定等同于有效性。在这项研究中，当企业的产品组合的绩效用这 6 种指标评定等级时，那些强烈依赖财务模型并将其作为主要的产品组合选择模型的企业将遭遇到最坏的情况（见表 13-6）。财务模型产生了不平衡的较低价值的项目组合，并且项目与战略之间缺乏相互关联。相对而言，战略桶模型产生的是与战略一致且平衡的产品组合。同样，评分模型显示出选择高价值项目的最好方法，也能生成一个平衡的产品组合。最后，企业用气泡图获得了一个平衡且与战略一致的产品组合。

表 13-6 各组合方法的优/缺点

性能指标	财务模型	战略桶模型	评分模型	气泡图
项目与企业目标一致	3.76×	4.08	3.95	4.11√
组合中包括真正的高价值项目	3.37×	3.77	3.82√	3.70
支出反映了企业战略	3.50	3.72√	3.59	3.00×
项目及时执行——没有严重阻塞	2.79×	3.22√	3.13	2.90
组合具有良好的项目平衡	2.80×	3.08	3.20√	3.20√
组合中有正确的项目数量	2.50	2.93√	2.70	2.25

注：√=相对于该性能指标最好的方法
×=相对于该性能指标最差的方法
分数等级意味着当用某种方法作为主导的方法时对该方法的评分。
在此，1= 差，5= 优秀。

资料来源：Cooper, Edgett, and Kleinschmidt, 1998. Used with permission of *Research-Technology Management*，© 1998 Industrial Research Institute.

极具讽刺意味的是，最严密的技术（各种各样的财务模型）产生的竟是最糟糕的结果。与其说是因为方法本身有缺陷，不如说是因为在一个项目的关键点上（在这里要做出重要的项目选择决策）经常缺少可靠的财务数据。

13.6 将产品组合管理工具应用到实际工作中①

你应该如何使用这些不同的产品组合管理工具？在这里我们做一个假设，你已经有了一个 NPD 流程——一个关口或门径流程，如图 13-10 所示。（注意：PDMA 最佳实践研究表明，绝大多数的 PDMA 成员都有这样的流程；如果没有，你的第一步就是要建立一个这样的流程。）

这里有两种完全不同的将产品组合管理工具融入 NPD 流程中的方法：

（1）“关口控制”方法对于较大型企业的成熟业务是最好的，成熟业务中的项目组合是相对稳定的。一个可靠的、将资源分配方法集成到关口的流程很有可能是最好的。这里不必每隔几个月就对所有的项目重新进行优先级排序；而是更多地将焦点集中在对单个项目的深层次评审，并做出继续或撤销的决策。产品组合管理只需通过对关口做一些修改就可以简单地加入流程中（例如，在关口处显示产品组合列表和图表），并保持每年几次对产品组合进行审查和必要的修正。

① 本节的各部分引自 Cooper, Edgett and Kleinschmidt, 2000.

（2）“产品组合评审控制”方法最适合在多变的市场中快速变化的企业，这些企业中的产品组合很可能是更动态化的。在这里，对项目组合不断地重新排序是非常必要的，因为在这样的市场中情况变化太快。几个月前还是非常好的项目如今突然变得不再那么好了——整个市场已经变了。在这个方法中，所有的项目每年都要经过大约 4 次评审。无论是在一个完整的项目过程中，还是在大量的关口会议中，产品组合评审会都是关键的决策会议。在产品组合评审会议上，所有的项目和所有的资源都放在桌面上进行讨论。

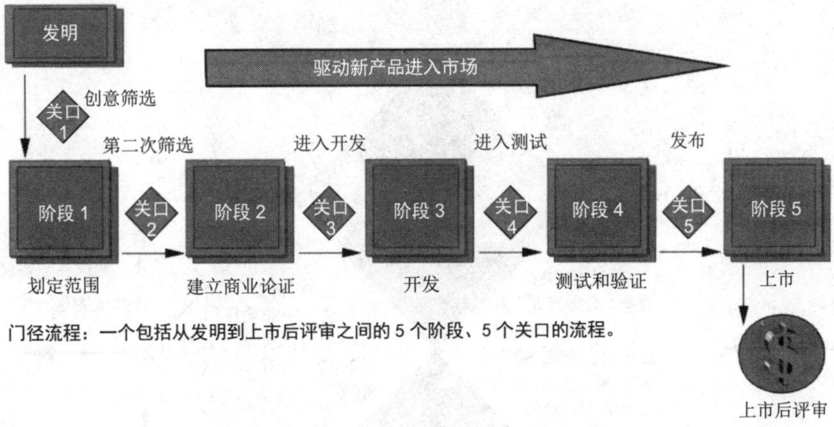

图 13-10　典型的门径流程：从发明到上市

资料来源：Reprinted from Robert G. Cooper, *Winning at New Products*, Third Edition (Cambridge: Perseus Publishing, 2001), with permission from the publisher.

13.6.1　方法 1：关口控制

如果你的关口或 NPD 流程正在顺利进行，那么产品组合就会自我修正。因此，需要在关口处做出正确的决策。该方法的重点就是在具体项目上做出清晰的关口决策。

在这个方法中，高层管理者和关口把关者在关口处对具体项目做出继续或撤销的决策。同时还是在关口处，对项目进行优先级排序并分配资源。这样，关口提供了对项目的深层次审查，一次一个项目，项目团队带着承诺的资源离开会议——手中拿着一张支票。这是一个实时决策过程，每年需要多次启动关口。相对而言，周期性的产品组合评审（可能一年组织一到两次）主要是用于核查并确保实时的关口决策是正确的。

那些已经拥有很好的门径流程的公司通常使用关口控制方法。然后，它们将产品组合管理加入它们的门径流程，这基本就是一个完整的决策过程。这个方法通常用在较大的公司、科研单位，以及一些长期的项目中。

“关口控制”方法的工作原理：项目通过一个门径流程（见图 13-10），在关口处对项目评定级别和打分（通常由高层管理者进行），尤其是在较关键的关口处（关口 3 及以后的关口）。

为了引入产品组合管理，关口变为两个决策（见图 13-11）。第一部分或关口的一半是一个通过/否决决策，这里会用到财务模型、检查表及评分模型等前面介绍的工具进行评价。

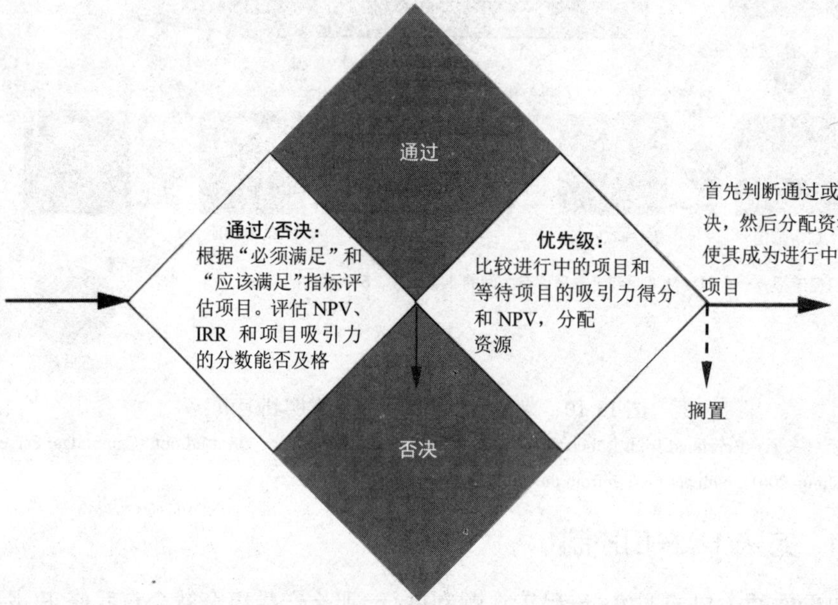

图 13-11　关口中的两个决策

资料来源：Cooper, Edgett, and Kleinschmidt 1998. Used with permission of *Research-Technology Management*, ©1998 Industrial Research Institute.

关口会议的第二部分是经过对所有其他项目的讨论后，对项目的优先级排序（见图 13-11）。在实践中，这意味着制定继续或搁置决策，如果决策是继续，就给项目分配资源。对于处于搁置状态的项目，可以用一个列表对项目进行排序来比较这些项目的相对吸引力（见表 13-2）。在这里，可以用财务模型（如 NPV 或 ECV）或者用由评分模型计算得到的项目吸引力评分对项目进行排序。

此外，还要评估提议的项目对整体项目组合的影响。问题是：经过讨论的新项目是否改善了项目的平衡（或偏离的平衡）？该项目是否改善了产品组合的战略一致性的情况？如前所述，气泡图和圆饼图是用于将平衡和战略一致性的成果进行可视化的工具。

注意这个方法中的关口控制决策流程的方式：实时做出通过/否决、优先级决策，以及资源分配决策，并在关口会议上做出正确决策。但是，其他的项目在关口处并没有被讨论和被重新确定优先级，只是那些受质疑的项目被重新确定了一个比其他项目较高的相对优先级。

1. 方法 1 中的产品组合评审

一起关注所有项目将会怎样？那就是产品组合评审的作用所在。在这个方法中，产品组合评审所起的作用很像在关口所做的一次检查。高层管理者大概每年举行两次会议，使用各种圆饼图、气泡图和前面介绍的其他工具等来审查所有项目组合。

- 是否有正确的项目平衡？
- 项目组合是否正确？
- 是否所有的项目都和企业战略一致（符合企业的战略）？
- 所有的项目是否有正确的优先级？

如果关口工作正常，则在产品组合评审中不需太多决策和修正的工作。一些公司的高层管理者指出，他们在产品组合评审中甚至都不关注单个的项目，只从所有项目的总体上来考虑。

2. 方法 1 回顾

简单回顾一下，关口是用来对项目进行继续或撤销决策的评审环节。关口的焦点在单个项目上（一次一个项目）是一次深入的审查。在关口处，在每一个项目进入下一个阶段之前，都要对其评价和打分，这是一个实时决策过程。在关口处，可以挑出不好的项目并将其清除出去，并识别出好的项目对其进行优先级排序。注意，在关口会议上要做出正确的资源决策（对项目所承诺的人员和资金）。这样，关口就变成了一个包括两部分的决策过程：第一部分，根据标准对项目进行评价（见图 13-11）；第二部分，与其他进行中的项目和等待的项目进行比较（继续/搁置决策）。

相对而言，产品组合评审是一个定期的会议，或许每年召开两次。它的作用是检查产品组合，并监督关口的决策。如果关口工作顺利，产品组合评审更多只是一个橡皮图章。

需要注意的是，产品组合评审人员和高层管理者大多是企业内的相同人员。

门径流程同产品组合评审串联进行是一个有效和协调的产品组合管理过程（见图 13-12）。

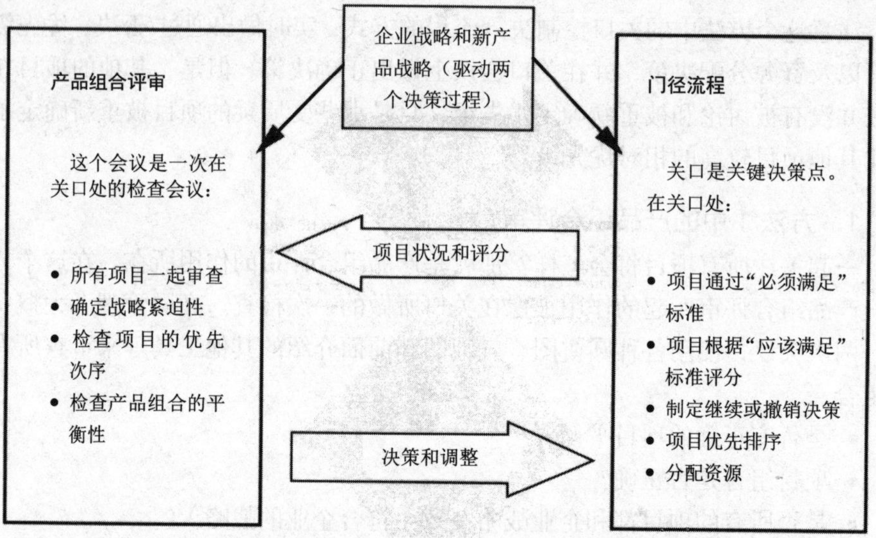

图 13-12　方法 1 中整合的产品组合管理过程（带有产品组合评审的门径流程）

资料来源：Cooper, Edgett, and Kleinschmidt 2000. Used with permission of *Research-Technology Management*, ©2000 Industrial Research Institute.

13.6.2　方法 2：产品组合评审控制

方法 2 的原则是每个项目必须和其他项目竞争。一个单一的对所有项目的决策代替了门径流程中关口的决策。

在这里，高层管理者在产品组合评审中做出继续或撤销和排出优先级的决策，对所有项目进行讨论，并放在一起公开考虑。这种产品组合评审通常每年组织 4 次。门径流程中的关口仅检查项目——确保项目的财务正常并且按计划进行。

这种“产品组合评审控制”方法的结果是得到一个更加动态的、不断变化的项目组合。该方法可能适合快节奏的公司，如软件、信息技术、电子企业等，但是该方法需要高层团队对决策流程承担较大的责任，每年需要投入较多时间对所有项目进行深度审查。

该方法使用了许多前面介绍的产品组合工具和模型，但是方式不同，其结果是得到一个更加动态的项目产品组合。在这个方法中，项目通常在第一个阶段后（如图 13-10 所示的关口 2）进入产品组合流程中。

方法 2 与方法 1 的主要不同之处是在项目生命周期的早期，那时会有一个关口 2 和产品组合决策会议相结合的工作。所有进入关口 2 的新项目与所有通过关口 2 的项目一起进入评审并相互比较进行优先级排序。这样，在关口 2 或通过关口 2 的每一个项目都处于待评阶段，并且所有这些项目都可以通过相互比较进行优先级排序。进行中的项目（沿着它们的开发计划正常进行的项目）在这里可能被否决或重新被根据优先级排序，资源在这里分配，而不是在关口处。

在该方法中，关口的作用与它们在方法 1 中的作用有很大不同。后续的关口（关口 2 以后）仅仅是检查点或审查点。

- 它们检查项目是否按时、按进程、按预算进行。
- 它们检查完成工作的质量——可交付成果的质量。
- 它们检查商业论证和项目是否仍处于良好状态。

如果上述检查的答案是“不”，则项目可能在关口处被否决，并重新返回上一阶段或被做上标记等待下一次产品组合评审或关口 2 会议。

1. 关口 2 会议

然而，主要的决策发生在关口 2 和产品组合评审相结合的决策点，这是一个比第一种方法中的产品组合评审更加扩展、更为积极的会议。尽管这是一个周期性的过程，但它几乎是实时的，因为这个产品组合或关口 2 会议通常每 3 个月举行一次。

这个极为重要的每季度一次的产品组合或关口 2 会议提出的是：所有处在关口 2 及通过关口 2 的项目都放在桌面上。产品组合管理者（高层管理者）首先确认“必须做”的项目——动不得的项目。这是那些进展顺利、仍然状态很好的项目，并且也是战略上必需的项目。然后，投票并确定“不再做”的项目，即那些要被彻底撤销的项目。

接下来，评价处在中间位置的项目。这里有几种不同的方法。

- 一些企业使用它们在关口会议上使用的标准，在某些情况下，大部分关口一般是 0～10 分制，即根据每个项目在最近关口会议上的项目吸引力得分来进行项目优先级排序。
- 其他管理人员在产品组合或关口 2 会议上重新对项目进行正确的评分（采用精简的评分标准表）。
- 根据标准强制排序。在这里，管理者根据项目在每一个指标上相互比较的结果对项目排序。再重申一次，采用重要的指标，如柯达公司在其产品组合评审中使用的指标：
  — 战略一致性。
  — 产品优势。

— 技术成功概率。

— 市场吸引力（成长、利润）。

— 对企业的价值（基于 NPV 的可盈利能力）。

我们推荐强制排序的方法是因为它具有比传统的评分模型更好的辨别能力，强制性地将某些项目放在排序序列的首位，而将其他的项目放在序列的尾部。评分模型的缺点之一是倾向于给项目评为中间分——每个项目的评分都在 60～100 分之间。但是，三种方法中的任何一种方法都会根据目标评分生成一个排序的项目列表。排序的项目列表一直列到某项目用完全部资源为止。这个排序的项目列表是第一次削减项目，也是暂定的产品组合。

接下来，有必要检查产品组合平衡性及战略一致性：将提及的产品组合用某种气泡图、优先级排序列表，以及圆饼图等前面介绍的方法（见图 13-13）展现出来。这样做的目的是使产品组合的平衡性可视化，并检查战略一致性。如果暂定的产品组合平衡性很差，或在战略上不一致，就将这些项目从列表中剔除，再将其他的项目提上来。重复这样的过程，直至达到平衡和一致。

进行中和等待中项目优先级排序的评分列表

项　目	优先级排序	项目总得分	组合平衡系数	调整的项目总得分
Soya-44	1	80	1.10	88
Encapsulated	2	82	1.00	82
Legume N-2	3	70	1.10	77
Spread-Ease	4	75	1.00	75
Charcoal-Base	5	80	0.90	72
等待的项目				
N2-Fix	1	80	1.00	80
Slow-Release	2	70	1.10	77
Multipurpose	3	75	0.90	68
…	…			

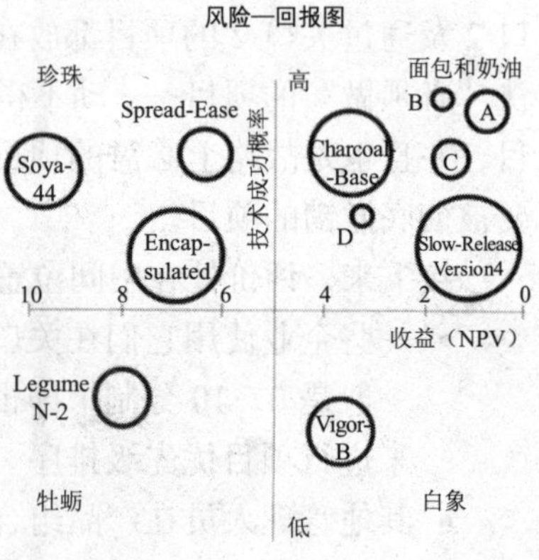

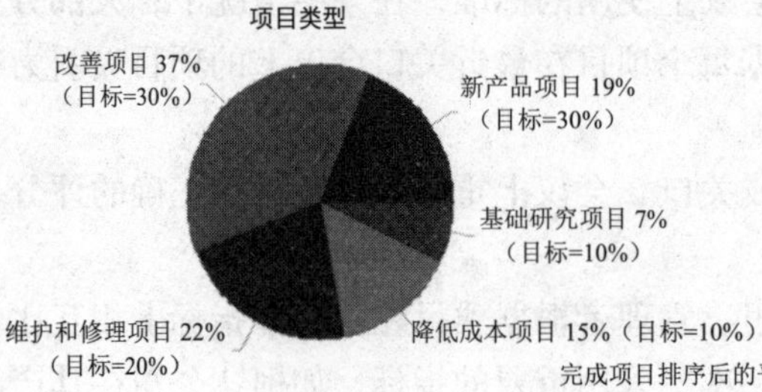

完成项目排序后的平衡和一致性检查

图 13-13　完成项目排序后的项目组合展示

资料来源：Cooper, Edgett, and Kleinschmidt 2000. Used with permission of *Research-Technology Management*, ©2000 Industrial Research Institute.

2. 方法 2 回顾

产品组合或关口 2 会议是方法 2 中的关键决策点。产品组合评审将关口 2 和组合评审整合为一项工作，这项工作大概每年要做 4 次。正是在这里做出继续或撤销的决策，因此，这是一个高层管理者的会议。在会上，将所有处在及通过关口 2 的项目都放在桌上进行讨论，要做的工作如下：

- 圈定"必须做"和"不必做"的项目。
- 对处在中间位置的项目进行评分（经过强制排序）。
- 检查平衡和战略一致性（使用各种组合图表和气泡图）。
- 定组合：哪些项目、优先级排序、多少资源。

关口的主要任务就是评审。关口随着项目从一个阶段到另一个阶段的推进对多个项目进行评审，以确保项目符合时间和预算要求，以及项目的性质稳定。在关口处做出继续或撤销决策，剔除不好的项目。关口需要依赖一些标准进行评分，而这些评分通常被作为组合评审会议的依据。

方法 2 同时驱动两个决策流程：门径管理流程和产品组合评审流程。关口 2 是整个流程中真正的决策点，并且是两个决策流程的交叉点（见图 13-14）。

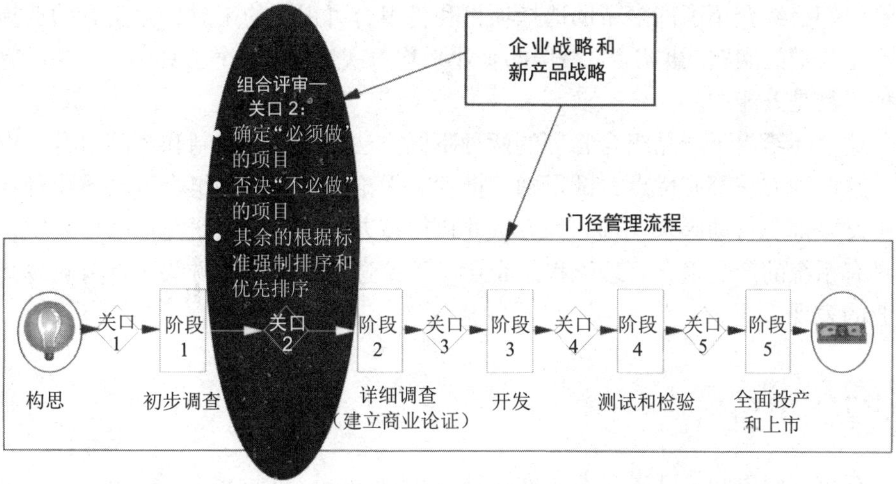

图 13-14　方法 2——产品组合评审流程和门径管理流程的交叉点

资料来源：Cooper, Edgett, and Kleinschmidt 2000. Used with permission of *Research-Technology Management*, ©2000 Industrial Research Institute.

13.6.3 利弊分析：方法 1 和方法 2

方法 2 与方法 1 相比，有一些优点和缺点。高层管理者认为，方法 2 在同时考察所有项目时，对项目排序较为容易（相对于在关口中考察一个项目而言）。而有些人会认为实施方法 1 有些困难。例如，在会议上只考虑一个项目时，如何为这个项目寻找资源？最后，有些管理者喜欢定期地重新对所有项目做优先级排序——没有哪个项目一直是永恒不变的。

同样，方法 2 也有缺点，而方法 1 在这些方面是优点。许多高层管理者相信，如果某个项目要被否决，那么项目团队会极力保护那个项目（或至少提供更新的信息），这样的情况会发生在更为深入的关口会议上。方法 2 的另一个缺点是，需要高层管理者预留出大部分的时间，因为每个季度召开这种产品组合或关口 2 会议时通常都会占用几天的时间。

方法 1 的另一个优点是，相比在一次会议中考虑所有项目，方法 1 的关口评审提供了更为深入的评估考察。

13.6.4 产品组合管理方法的灵活选择

产品组合管理已经成为一个至关重要的关注点，特别是在那些领先的企业中。尽管我们已经介绍了许多帮助选择项目和将组合可视化的工具，但工具的选择可能不是关键的问题。事实上，最佳的企业平均每次使用 2.4 个工具——因为没有哪一种工具是万能的。

这里还给出了产品组合管理的两种不同方法——关口控制和产品组合评审控制。这两种方法都有优点，都得到了推荐。无论你偏爱哪种组合方法或哪种特定的工具，都要行动起来：选一种方法并执行该方法。我们的研究清晰地表明，那些具有系统的产品组合管理流程的企业，不论选择哪种具体方法，都有超越其他企业的表现。

13.7 小结

本章内容参阅了许多参考文献（参见 www.prod-dev.com）。

对本章介绍的工具的总结如下。

（1）尽管这里的焦点是在新产品的组合管理上，但是，其他类型的项目也需要使用 NPD 的技术资源，产品组合管理必须考虑 NPD 项目及流程开发和产品项目改善，甚至是与基础研究项目竞争资源这一事实。

（2）根据最大化的目标与受限的资源的比值来确定排序规则，是一种有效的决策方法。大量数据表明，这种决策方法非常有效，确实能够以最小的代价取得最佳的决策效果。

参考文献

[1] Cooper, R. G. 1987. "Selecting Winning New Products: Using the NewProd System." *Journal of Product Innovation Management* 2: 34–44.

[2] Cooper, R. G. 1998. *Product Leadership: Creating and Launching Superior New Products*. Reading, MA: Perseus.

[3] Cooper, R. G. 1999. "The Invisible Success Factors in Product Innovation." *Journal of Product Innovation Management* 16, 2: 115–33.

[4] Cooper, R. G. 2001. *Winning at New Products: Accelerating the Process from Idea to Launch,* 3rd ed. Reading, MA: Perseus.

[5] Cooper, R. G., S. J. Edgett, and E. J. Kleinschmidt. 1997a. "Portfolio Management in New Product Development: Lessons from the Leaders—Part I." *Research Technology Management,* September-October, 16–28; Part II, November-December, 43–57.

[6] Cooper, R. G., S. J. Edgett, and E. J. Kleinschmidt. 1997b. *R&D Portfolio Management Best Practices Study.* Washington, DC: Industrial Research Institute.

[7] Cooper, R. G., S. J. Edgett, and E. J. Kleinschmidt. 1998. "Best Practices for Managing R&D Portfolios." *Research Technology Management* 41, 4: 20–33.

[8] Cooper, R. G., S. J. Edgett, and E. J. Kleinschmidt. 1999. "New Product Portfolio Management: Practices and Performance." *Journal of Product Innovation Management* 16, 4: 333–51.

[9] Cooper, R. G., S. J. Edgett, and E. J. Kleinschmidt. 2000. "New Problems, New Solutions: Making Portfolio Management More Effective." *Research Technology Management* 43, 2: 18–33.

[10] Cooper, R. G., S. J. Edgett, and E. J. Kleinschmidt. 2001. *Portfolio Management for New Products.* 2nd ed. Reading, MA: Perseus.

[11] Day, G. 1986. *Analysis for Strategic Marketing Decisions.* St. Paul, MN: West Publishing.

[12] Evans, P. 1996. "Streamlining Formal Portfolio Management." *Scrip,* February.

[13] Faulkner, T. 1996. "Applying 'Options Thinking' to R&D Valuation." *Research Technology Management,* May-June, 50–57.

[14] Griffin, A. 1997. *Drivers of NPD Success: The 1997 PDMA Report.* Chicago: Product Development and Management Association.

[15] Heldey, B. 1977. "Strategy and the Business Portfolio." *Long Range Planning.*

[16] Matheson, D., J. E. Matheson, and M. M. Menke. 1994. "Making Excellent R&D Decisions." *Research Technology Management,* November-December, 21–24.

[17] Patton, E. 1999. "The Strategic Investment Process: Driving Corporate Vision Through Portfolio Creation." *Proceedings: Product Portfolio Management: Balancing Resources with Opportunity.* Boston: The Management Roundtable.

[18] Roberts, E., and C. Berry. 1983. “Entering New Businesses: Selecting Strategies for Success.” *Sloan Management Review*, spring, 3–17.

[19] Roussel, P., K. Saad, and T. Erickson. 1991. *Third Generation R&D: Managing the Link to Corporate Strategy.* Boston: Harvard Business School Press and Arthur D. Little.

[20] Tritle, G. L. 1997. “New Product Investment Portfolio.” Internal 3M document.

第 14 章

新产品组合管理的评价指标

罗伯特 · J. 梅尔策（Robert J. Meltzer）

14.1 引言

在 17 世纪时，奥利弗 · 克伦威尔就曾说过："不再进步的人就不再优秀。"他的话如今仍然适用。当然，这句话在 NPD 流程中同样起作用。除非一个公司持续努力地改善它的 NPD 流程，否则它在竞争环境下的生存能力将会"不再优秀"，以致不能生存。

但是，一个公司如何才能知道它的 NPD 流程是否需要改善呢？判断一个公司 NPD 流程的健康状况的一种方法是看看其他类似的流程，并通过该流程来对比和诊断公司的财务状况。为了评估公司的财务状况，会计要审计账簿。审计是一个发现问题的过程，通过该过程，会计会发现公司财务的实际情况。为达到这个目的，审计人员要对管理部门提供的数据进行测试。对 NPD 流程的审计也是一个发现问题的过程，但是与审计账簿的目的是不同的。对 NPD 流程进行审计的目的是开发流程的持续改善，以确保公司不是处在"止步不前"的状态。如果有持续改善的愿望，则必须先有一个能将现在 NPD 流程的绩效和过去的绩效进行比较的衡量基准。

任何负责 NPD 组合的人员（如 NPD 经理）都会发现，找出评价单项产品开发成功的指标与评价整个 NPD 流程的指标之间的差别是很有价值的。这种差别的价值在于一些衡量方法可以显示一个独立的产品是非常成功的。但是，按照整个流程建立的 NPD 组合最终被带到市场上可能是失败的。本章将探索能够评价单个产品开发成功与否的方法，并介绍衡量整个 NPD 流程的指标体系。

14.2 单项产品开发的评价指标

在历史上，曾有许多不同的指标被用来评价单项产品开发的成功程度。这些指标之一可能表示了成功的信号，并且也许确实是一个公正的衡量指标，但是，确保这个指标的有效性是最重要的。也就是说，确保该指标的使用标准是统一的，以至于能够在开发活动之间进行有效的比较。

还没有哪个单项指标能够精确地将现在的 NPD 绩效和过去的相似产品的开发绩效进行比较。有一个相似性的问题——这个新产品是否与过去开发的新产品足够相似来保证能够进行比较？除了这个问题，我们还应该意识到许多用于衡量单项产品开发的指标都会遇到内在模糊性的问题。

产品上市时间是一个建议的指标，但是，除非用同样的方式定义所有的产品开发，否则，衡量产品上市时间的指标可能是模糊的。任何一个特定项目的开始日期也许根本就不清晰，除非对开始日期有一个统一的应用定义。项目是在高层管理者下达继续的指示并配置资金时就开始了？还是在研发和市场部组成一个团队，并生成一个产品概念、准备市场潜力预评估、编写一个建议书提交给管理层时就开始了？还是产品上市时间周期的结束是在开发工作完成、当货架有了一件新产品存货或在第一件新产品销售给一位实际客户时到来的？如果将产品上市时间作为一个指标，那么一个良好的、能统一使用的开始和结束的定义就是基础。但是，开始和结束的定义不如一个适用于所有新产品开发的统一流程更为重要。

也有人建议将新产品销售额的贡献作为一个指标。但是，如果没有详细的定义，该指标可能也是模糊的。如果新产品是一种已有产品的配件，并能提高该已有产品的销售量，那么，是否应该将新产品销售额的贡献归功于这种新的配件呢？如果产品线的扩大增加了现有产品的销售量，那么新产品的利润增长又有多大呢？或者，如果一个新产品挤占现有产品，已有产品销售额的损失是否要扣除新产品的销售额？这些会计问题是很难准确地回答的。但是，如果有一个衡量新产品销售额贡献的一致性的规则，那么这个指标就是非常有用的。一致性比正确性更重要。因为成功程度的衡量是改善 NPD 流程的一个有用的工具，因此，需要一个相对的衡量，而不是绝对的衡量。

新产品的利润和研发支出费用的比值是另一个评价单项产品开发效率的指标。但是，这个指标假定研发组织独立对新产品在市场上的盈利能力负责。人们可能构造一个具有同等效果的新产品利润与营销支出市场费用或制造成本的比值。在研发部的任何一个人都知道产品开发失败的例子，产品开发，营销批准，通过试点生产，结果产品被市场营销取消了。被取消的原因也许非常充分，但是，如果该指标应用于整个研发支出，取消就会对这个指标产生负面的影响。如果研发支出只考虑进入市场的新产品，则这个指标就是有价值的。以这种方式，该指标衡量了研发部门对其投入成本的估算、市场部门对产品利润的估算，以及制造部门对制造成本估算的有效性。

产品目标达成作为一个指标或许也是模糊的。与其他产品开发相比较，只有当目标和优先级相同时才是可能的。对产品目标达成的衡量可以依赖谁来衡量，以及在众多可能的目标中，哪个目标达成了，哪个目标没有达成？产品绩效目标也许已经达到，但那是以损失进度计划完整性为代价的。规划的产品上市时间的目标也许已经达到，可以做短暂的庆祝。但是，如果新开发的产品的销售额比预计的少，在市场部、销售部，以及财务部的人员中就会留下许多阴影。如果这个指标是有效的，那么对目标的优先级排序必须是衡量工作的一部分。对开发目标的优先级排序是产品组合经理的责任，最好也作为产品需求文档的一部分。

14.3　实用的 NPD 流程指标的特征

任何可能应用于单项产品开发的指标，通常都会聚焦于 NPD 流程中的一个或另一个职能。但是，没有一个单项职能（如研发、营销或制造）是对生产新产品流程的独立贡献者。一些生产率指标（如研发组织的生产率指标），可能有持续的改善。尽管在研发组织内有改善，但是在新产品进入市场的速度方面可能没有改善。如果要改善整个流程，就需要一些衡量整个流程效率的指标。

对企业所有 NPD 流程都有效的衡量指标，需要具备以下几个特点：

（1）该指标利用历史数据。该指标应该能够利用现有的历史数据将现在的 NPD 流程实践效果与过去几年中实践的流程进行比较。我们要衡量的是正在实践中的流程的效果，而不是像某些文献中描述的公司开发流程手册中的东西。

（2）该指标不是用来指责的。衡量指标的目标是要改善流程，而不是对某个特殊的个人或职能组织进行指责。开发流程的改善方式才是重要的，且改善方式要与改善的必要性分开。接下来就是独立贡献者或高层管理者为流程改善寻找相应的方法。

（3）该指标具有广泛的适用性。这个指标应该同样适用于类似产品和包含技术不断发展的产品。对于某些产品线而言，市场份额可以衡量其成功程度；而对于其他的产品，其成功程度则由进入市场的速度来衡量。用新产品进入市场的速度来衡量一个新产品进入市场的企业战略是重要的。但是，即便是一个将主要目标指向新产品进入市场战略的公司，可能也有现在是现金牛产品（也称摇钱树产品）的相似产品。对于这些现金牛产品来说，传统的开发投入几乎是不合适的。一个好的、用于开发流程的指标应该同样适用于下述两种情况：

- 该指标不需要绝对的含义。该指标仅需要作为一种内部使用的逐年比较的工具。
- 该指标易于理解和使用。公司中的所有职能部门都能够应用该指标。

14.4 贬值的产品价值的评价指标

14.4.1 如何确定贬值后的销售额

本章介绍的 NPD 流程评价指标称为降低产品价值的指标（DPVM）。指标通过旧产品的销售额的货币值随着时间的贬值来计算。即使产品销售额的货币值增加，并且来自旧产品的利润仍然很高，销售额的货币值仍然会贬值。

销售额的货币值的贬值是因为产品越老，其销售数量损失和盈利能力下降的危险性就越大。这种危险可能是由于竞争性产品的进入、技术变化、市场的饱和，以及客户认为“那种产品是‘旧东西’”的看法，或是由于消费者偏好驱动的经济、社会、政治趋势的变化而产生的。

所有的产品都不会以同样的速率贬值。在技术快速变化的领域，产品贬值会更快。计算机技术是一个明显的例子。一种计算机产品很容易在 8 个月内就成为濒临退市的产品，并且在 12 个月内彻底被淘汰。但是玉米片则是一种技术稳定型的产品，可以预计它的价值贬值将比较缓慢。

DPVM 计算产品价值的应用公式为

$$\text{贬值后的销售额}=\text{当年销售额}\times\text{贬值率}^{\text{上市年数}} \quad (14\text{-}1)$$

表 14-1 给出了一个计算的例子。这个例子将该指标应用于第 1 年销售额为 1.2 亿美元的产品。产品的贬值率为 0.6。在第 2 年，当年的销售额应该乘 0.6 的平方（0.36）。第 2 年销售额的贬值价值为 1.7×0.36≈0.61（亿美元）。依此类推，尽管该表格显示了该产品在全部年份中的表现，但是并不意味着不能在任何时间点快速得到近似值。例如，一个在 2 年 3 个月前进入市场的产品年龄为 2.25 年。

表 14-1　计算贬值后的销售额

	当　年	第 1 年	第 2 年	第 3 年
年销售额（百万美元）	120	160	170	130
贬值后的销售额（贬值率以 0.6/年计算）	120	96	61	28

14.4.2 如何设定贬值率

对于任何一种特定的产品或产品线来说，总是遇到关于如何设定贬值率的问题。一种方法是简单地设定一个近似的数字，并观察其产生的效果。但是，这并不是必需的。

DPVM 的优点在于，该方法可以利用历史数据来观察过去的贬值率是多少，以避免产品出现与过去类似的销售额下降的现象。如果仅通过了解在出现销售额的货币值减少（如减少了产品投入市场时价值的 1/10）之前会有多少年时间，就来确定贬值率，那就会得到一个近似的贬值率。一个在 5 年后价值将会降到其原值 10%的产品的贬值率将为 0.65。其他在 10 年后价值降到其原值 10%的产品的贬值率为 0.8。

如果没有内部的历史数据，例如，一种产品对公司来说是全新的，则需考察潜在竞争对手的产品生命周期，或考察在类似业务领域内的公司，这样会得到一些线索。看看那些拥有类似产品的公司改变它们产品的技术或改变它们的营销或广告策略有多频繁！

一些人提出采取更量化的方法。更量化的方法的一种提议，是在下降的销售额曲线上提取某个负的斜率来定义合适的贬值率。这种过于数字化的努力似乎没有多大价值。毕竟，贬值率并不是一个精确的数字，它是一个有用的工具，但仅仅是一个工具而已。

14.5 危险指数指标：贬值率的另一种用法

即便那些看上去在近期不太可能遇到挑战的产品，也会存在竞争的风险。产品上市的时间越长，我们就越有可能在竞争中把握发现产品弱点的机会，并用另一种更优秀的方法来改善这个弱点。或者，竞争对手可能已经发现了降低制造成本和价格的途径。产品上市的时间越久，就越有可能发现新的技术或客户的期望发生变化。还有另一个事实，一种产品的销售数量越高，就越有可能引发竞争，就像兔子越多，就会引来越多的狐狸一样。利用公式（14-2），将贬值率与当前销售额、产品上市年数相结合，然后得到一个危险指数。表 14-2 所示是如何计算产品的危险指数。拥有最高销售额的 C 产品，处于最不稳定的市场之中，它已经上市 2 年了，毫无疑问，它处于极大的危险之中。

$$\text{危险指数}=\text{当前销售额}\div\text{贬值率}^{\text{上市年数}} \quad (14\text{-}2)$$

表 14-2 危险指数的计算

产　品	贬 值 率	当前销售额	上市年数	危险指数
A	0.6	160	2	444（$160 \div 0.6^2$）
B	0.8	220	3	429（$220 \div 0.8^3$）
C	0.5	350	2	1 400（$350 \div 0.5^2$）
D	0.9	180	1	200（$180 \div 0.9$）

14.6 应用 DPVM 评价新产品组合管理的健康状况

利用公式（14-3）确定 DPVM，其输入数据很容易获得。

逐年组合管理比值=当年贬值后的销售额 ÷ 上年贬值后的销售额　（14-3）

（1）公司当年和以前销售的每件产品的货币值，对营销部门、销售部门和财务部门都是可用的。

（2）每种新产品的贬值率最好在开始时就确定，并作为市场和研发部协商后产品需求文件的一部分。如果没有现存的贬值率，可以分析历史的销售数据，看看过去产品的贬值率是多少，以确保新产品被及时投入市场并防止销售额下降。

（3）当年公司产品贬值后的销售额总值除以去年贬值后的销售额总值，如公式（14-3）所示。这个比值越高，该新产品组合管理的效率越高。需要注意的是这个比值是否在逐年提高。当然，一个下降的比值表明需要采取一定的行动，但比值本身并没有指定要采取什么行动。

还有另一种应用 DPVM 的方法，是设定一个贬值后的销售额和实际总销售额的比值，如公式（14-4）所示，并将当年的比值与上一年度的比值相比较。由公式（14-4）得出的比值越高，表明新产品组合管理的效果越好。通过由公式（14-4）得出的当年的比值与上一年度的比值的比较，可以评价产品组合管理的状况。

指定年份的组合管理比值=贬值后的销售额/总销售额　（14-4）

一旦形成了评价指标，该指标的使用就成了公司政策要考虑的问题。一些公司比其他公司更开放。没有直接的明显的理由，为什么某一年的贬值后的销售额不能对全体公开；也没有一个明显的理由，为什么不能知道当年贬值后的销售额与上一年度贬值后的销售额的比值。任何一种产品的敏感的销售数据都不能从总量或比值中发现。但是，总量和比值确实都向所有员工传达了这样的信息，即公司在将新产品投入市场方面做得更好，或者必须要有所变革。另外，应用于给定产品的贬值率也容易被认为是公司内部拥有的信息。这个比值将给出竞争的信息，即公司计划以什么速度取代现有产品。

14.7　DPVM 的优点和缺点

- DPVM 避免了那些与衡量工作相关的指标（这些指标衡量单个产品比衡量总体开发流程更合适）被错误使用的可能。
- 使用 DPVM 的开始日期是明确的。它是新产品获得第一次销售收入的日期。
- 如果该产品不能获利，它将被取消。缺乏来自产品的销售收入会降低衡量的效果。项目组合管理的某些缺点会导致客户对产品的不满意。
- 没有明确的责任主体承担项目组合管理失败的责任。衡量是一个完整的流程，不能缺少任何一个贡献者。衡量结果指出它是一个需要改善的过程，但是它没有说明如何去改善。
- 与旧产品的销售收入相比，新产品在今年的销售收入贡献越高，就越能衡量过程的有效性。一种增加了某种旧产品的销售额的配件产品将会提升这种效果。如果这个配件产品并没有充分地提高旧产品的销售额以克服与贬值率相关的损失，那么，该配件产品的开发可能就不是一个有价值的项目。

案例

DPMV 在 GPI 公司的应用

GPI 公司（Generic Products International）是一家销售额在 5 亿美元以上的公司。尽管销售额在增加，CEO 仍然对公司的新产品组合管理感到不安。他没有直接的证据表明组合管理正处于困难中。他说："这是一种内心的感觉，并且我相信我的内心感觉。"

CEO 在一次员工会议上表明了他的不安。销售部和营销部试图打消他的疑虑。毕竟，销售额在上升。而研发人员不那么乐观。在公司的某些产品领域中，技术发展迅猛。COO（运营总监）从一个同事那里听说了 DPVM，并建议使用 DPVM 来向 CEO 表明事实要比他的内心感觉告诉他的更好。CEO（愿意尝试所有的事情）委派了一个委员会利用 DPVM 来评价正在管理的新产品的情况。这个委员会由一位营销部员工、一位研发部员工和一位财务部员工组成。CEO 要求两周内得出报告结果。

GPI 公司的大约 90%的销售收入来自 5 种产品线。这个委员会很快达成一致，他们将在这 5 种产品线中应用该指标。

各产品线的销售数据可以直接得到。唯一有争议的问题是如何为这 5 个产品线选择贬值率。总销售额在增加，所以营销部的员工坚持用一个销售额价值贬值缓慢的贬值率。研发部员工提出不同意见，认为技术在快速变化，要求用一个贬值较快的贬值率。看上去似乎没有办法统一这两种观点。计划的报告看来不能如期完成。在解决这个问题的努力中，委员会成员向最初提出该建议的 COO 寻求建议。接下来，COO 找到第一次告诉他 DPVM 的那位同事。从那位同事那里，COO 了解到这是一个普遍的问题，通常要在委员会中增加一位主持人。COO 的这位同事推荐了一位主持人，他曾经在其他公司解决过类似问题。经过 CEO 的批准，主持人被拉入了委员会。

主持人分别召集了营销部和研发部的员工进行讨论，没有发现真正的意外状况。研发部对营销部的看法是营销部没有远见，不了解现在的技术水平及技术最可能向哪里发展，他们绝不可能在一种新产品开发开始之前决定产品的需求。这些都是一般的抱怨，与主持人听到的在其他公司出现的问题没有区别。营销部站在自己的立场上，对研发部也有一大堆抱怨。主要是这些要做的事情没有满足项目的进度计划和预算目标。研发部也被指责在推动新技术方面比在满足客户愿望能带来的销售额上投入了更多的兴趣。这些都是主持人熟悉的问题。他也意识到迫使任何一方接受另一方对贬值率的选择都会恶化双方的敌对关系——这是另一个需要处理的问题。

主持人的第一个建议，是让营销部选择一个他们最想要确定贬值率的产品线。然后，研发部将得到一次选择机会，然后又是营销部等。研发部不想要第二次选择机会，他们抱怨这个方法根本毫无意义。营销部站在自己的立场上，不想让研发部为任何一种产品确定贬值率。因为第一个想法并没有传播到任何地方，主持人对此并不感到惊奇。此外，主持人并没有更多地思考这个问题，他可能已经有了一个想法：研发部和营销部是否能够统一意见。庆幸的是，主持人最后找到了研发部和营销部的共同点——双方都没有想到用这种方法来解决问题。策略奏效了。

“好吧，因为没有任何一方想成为第二个，那么就让双方都来确定他们自己认为的各种产品线最合适的贬值率。然后，我们将做数学计算，并看看会发生什么。”

这种方法解决了问题。营销部和研发部双方用了同样的财务部提供的销售数据，但是，来自营销部和研发部的委员会成员，在咨询了他们各自的组织内的其他人员之后，将会分别为每一种产品线选择一个贬值率。之后计算的指标的结果将被比较。因为双方同时计算，如果指标显示出组合管理效果呈现出相同的趋势，而不考虑在选择贬值率中的差别，这都明显地说明是否有必要采取行动。但是，如果由一方计算的指标显示出在效果上的改善，而由另一方衡量的指标表明效果在下降，并且这个差别很大，那么导致一方安心而另一方焦虑的原因就需要认真地考察。

表 14-3 给出了 GPI 公司 5 种重要的产品线的当年和刚刚过去的一年的销售数据，四舍五入到百万。

表 14-3　GPI 公司 5 种产品线的销售额和市场年龄　　单位：百万美元

产品线	上一年销售额	当年销售额	当年市场年龄
A	117	124	4
B	79	81	3
C	131	141	1
D	96	101	2
E	99	109	2
合计	522	556	

表 14-4 给出了研发部和营销部各自为每一种产品线选取的贬值率。注意，在营销部通常给出的贬值率远低于研发部的情况下，产品线 B 是一个小例外。同样，研发部和营销部一致认为产品线 D 是贬值速度最快的产品线，尽管贬值率不同。

表 14-4　研发部和营销部选取的贬值率

产品线	研发部的贬值率	营销部的贬值率
A	0.6	0.8
B	0.7	0.65
C	0.55	0.75
D	0.35	0.5
E	0.4	0.7

营销部计算的结果如表 14-5 所示。研发部的计算结果如表 14-6 所示。尽管贬值率不同，但是结论相同：当年的新产品组合管理的效果不如上一年的新产品组合管理的效果。

表 14-5　营销部计算的结果　　单位：百万美元

产品线	贬值率	上一年销售额	市场年龄（年）	贬值后的销售额	当年销售额	市场年龄（年）	贬值后的销售额
A	0.8	117	3	60	124	4	51
B	0.65	79	2	33	81	3	22
C	0.75	131	0	131	141	1	106
D	0.5	96	1	48	101	2	25
E	0.7	99	1	69	109	2	76
合计		522		341	556		280

效果（年对年）= 280÷341≈0.82

效果（上一年）= 341÷522≈0.65

效果（当年）= 280÷556≈0.5

表 14-6　研发部计算的结果　　单位：百万美元

产品线	贬值率	上一年销售额	市场年龄（年）	贬值后的销售额	当年销售额	市场年龄（年）	贬值后的销售额
A	0.6	117	3	25	124	4	16
B	0.7	79	2	39	81	3	28
C	0.55	131	0	131	141	1	78
D	0.35	96	1	34	101	2	12
E	0.4	99	1	40	109	2	17
合计		522		269	556		151

效果（年对年）= 151÷269≈0.56

效果（上一年）= 269÷522≈0.52

效果（当年）= 151÷556≈0.27

CEO 的内心感觉是正确的。DPVM 使得高层管理者认识到产品组合管理需要一次全面检查，以保证一个稳定的新产品流。而且，在现在的情况下，选择的贬值率的差异还没有影响到结果。

DPVM 恰好没有提供 GPI 公司的 NPD 流程在哪里不适当的信息。它或许是因为产品需求不断地在变化而没有满足项目计划，或计划工具不适当；或研发部的努力严重缺少资源，或他们的努力被那些非开发性工作冲淡。根本性原因可能就是研发部和营销部之间的敌对关系，或者是大量的管理上、程序上或文化上的问题阻碍了新产品的开发。在所有情况下，发现原因并实施治疗都是高层管理者的责任。

14.8 小结

如果我们认为 DPVM 有一个缺点的话，那就是在产品需求文件中定义产品时，贬值率会受到操纵。在项目生命周期的某个时点上，营销部通过设定一个不切实际的贬值率，将 DPVM 作为挥向研发部的一条鞭子。因为具有其他产品属性，在研发部和营销部之间没有自由的协商。同时，如 GPI 公司的案例所介绍的，指标对于贬值率的选择并不非常敏感。

第 15 章

风险管理工具：项目集经理的视角

戴维 · J. 邓纳姆（David J. Dunham）

15.1 引言

本章从项目集经理的视角展示了在 NPD 流程中管理风险的工具。本章包括以下 3 个部分：

（1）描述了项目集经理作为把关者与决策者的作用和责任，并定义了他们在工作中可能遇到的风险。

（2）探索风险的关注焦点如何随开发阶段而变化，并解释在关口会议中进行有效风险管理的 6 个步骤。

（3）以那些被一个公司的开发团队的项目集经理使用的方法为基础，给出了一系列模板，以推动有关风险管理的讨论。

首先，应该说明的是，本章所给出的工具仅仅是一系列辅助工具，用来推动项目集经理与开发团队之间有关风险的讨论。同任何一种工具一样，其价值取决于参与者的实际行动。开发经理准备不足会使讨论混乱而缺乏重心。项目集经理漠视开发团队的风险分析，再加上任意决策，就会产生负面影响。从项目集经理的行为方面来说，在许多高层管理团队中，似乎均有一种占据统治地位的倾向。在准备本章写作的过程中，笔者对来自 15 个公司的项目集经理（同时又是高层管理者）进行了高质量的调查，这 15 个公司中既有来自财富 100 强的公司，又有刚刚起步的公司。从访谈中似乎可以得到这样的结论：在总体上，越来越多的高层管理者参与到 NPD 流程中（或者是更多亲自动手的行为），尤其是参与到 NPD 流程的风险管理中。引起这种更密切关注的原因是可以预知的，其中包括更大的投资风险、更模糊的市场空间、加速的产品开发周期、多主体的联盟与伙伴关系，以及开发团队的年轻化。

总之，开发的风险正在日益增加。尽管许多高层管理者争辩说这种参与对他们来说并不是新的行为，但访谈中的一些有趣的迹象表明了一种提高了的意识和一种主动管理产品开发的要求。说到底，“胡须半白的老人”（有经验的人）正在越来越关注 NPD 流程中的风险管理。

通过参与，管理者们正在改变 NPD 流程中风险管理的动态性。以前，项目集经理与项目经理可能都被说成站在风险管理的对立面上，至少有的时候是站在对立面上的。现在，正如风险投资家们定义的模型中所描述的，对话越来越具有合作性，如图 15-1 所示。

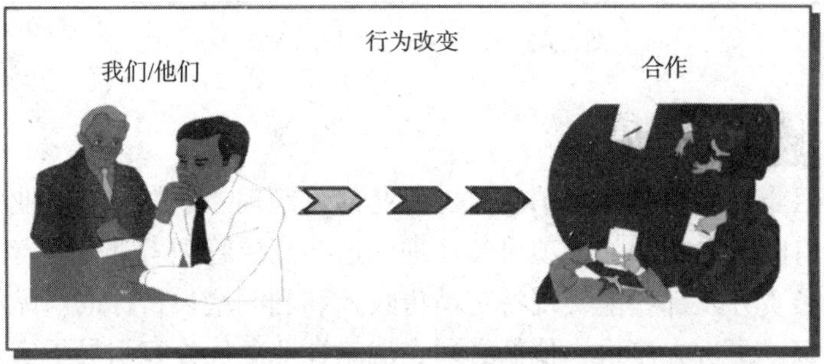

图 15-1　风险管理的对话更具有合作性

15.2　项目集经理的角色

你是一位关口把关者，并且你正在参加一个评审会，听取项目领导介绍一种新产品的机会。在会议的前一天，你收到了关于该项目的简介，在这个简介资料中有一个很短的小节是关于“风险和应急计划”的内容。该汇报将持续 1 小时，人们希望你在这次会议上决定下一阶段的拨款。在这种情况下，你如何考虑风险管理问题？你将向开发团队问哪些问题才能得到过去的数据并发现真正的问题？你需要在汇报中看到什么才能真正了解项目的风险？你怎样才能对团队的风险管理规划的洞察力贡献你的智慧？你如何加速开发进程，而不是建立一个瓶颈（有关项目集经理在决策会议上的信息需求的更系统化的描述，如图 15-2 所示）？要回答这些问题，我们必须首先明确项目集经理在 NPD 风险管理中所扮演的多种角色。

你正在参加一个关口审查会议，思考你需要听到哪些信息才能在风险管理的讨论中有效地参与。一些建议如下：

- 预先清楚地了解该新创意。这个新创意作为一种商业主张对你必须有意义。它是什么？为什么客户会买它？我们如何靠它赚钱？
- 了解一些事实，而不是团队观点。客观地讲，包括客户的需要、我们生产和销售该产品的能力等，我们知道什么？我们的假设是什么？
- 你希望避免团队内的偏见和冲突，你是否在听一名熟悉产品却不懂市场的工程师的观点？你是否在听一位熟知客户需要但没有看到交付产品和解决方案的技术困难的市场人员的观点？
- 你当然想了解财务状况，但还要思考数字背后的事情。这些数字是否为了满足我们的新产品最低收益率而被加工过，或者这真的是一个好的商业机会吗？
- 你希望跟踪从一次会议到另一次会议的风险管理。自从上次团队汇报以来，我们是否已经关注了上次会议识别的风险及与上次比有哪些变化？正如某高层管理者所说："这是我们在上次会议上同意的吗？"

图 15-2　项目集经理的信息需求

15.2.1　3 个潜在的角色

一个项目集经理可能是营销总监、事业部总经理、研发副总、业务开发副总等。无论持有哪种头衔，作为项目集经理的这些高层管理者都分担着一种共同的责任。他们负责开发那些能实现特定销售收入和利润增长目标的产品和服务，并将其投入市场。更进一步讲，他们必须在战略性业务优先权引导下实现企业的销售与利润目标。这些优先级排序可能包括那些填补现有产品线空白、进入该业务单元的新市场，以及开发一种成本较低的满足客户要求的解决方案。牢记这个责任：项目集经理有 3 个与 NPD 风险管理相关的角色。

1. 角色 1：投资者

如前所述，项目集经理是投资关口把关者与产品组合管理者。他们寻求通过一组投资实现财务和战略增长目标；他们负责实现对 NPD 投资的特定回报；他们必须根据各种新的信息和新的优先级排序（当年新出现的优先级。例如，来自高层管理者的紧急需求，或已经在开发管道中的一个项目的终止）对项目组合进行平衡，或再次平衡。

保证开发组合效率的主要工具是分配资源。项目集经理决定投资哪些项目、何时投资，以及如何分配资源。他们也通过分配资源来平衡产品组合及特定开发项目的方向和速度。项目集经理扮演的角色与项目经理不同，他们之间是相互依赖和相互补充的关系。项目集经理是投资决策者，而项目经理是企业家型的开发团队的领导。人们希望项目经理成为新商机的推介人、鼓舞士气的团队领袖，对新机会持有坚定信心，以推动项目不断前进。但是根据定义，项目经理是项目的提议者。他们必须保持一种源于机会重要性的信念，他们必须向投资方证明该项目的价值，并请求获得项目后续阶段的资源以保证项目成功推进。

这种推介人的角色使项目经理们很难迅速了解那些会威胁到项目继续进行的风险。确实，正是因为许多项目经理如此热情地拥护，项目集经理经常难以取消那些应该被停止的项目。项目集经理们可能也不情愿地扮演这种坏警察的角色，他们不是明确地做出终止一个项目的决策，而是允许该项目在没有正式承诺资源的情况下艰难曲折地继续前行。以下内容是 Eastman Kadak 公司的一个高层管理者表明他对有效风险管理方式的态度。那时正在为公司开发用于整个 NPD 流程的风险管理的一揽子培训计划，培训的一部分内容就是一个实际的案例分析，该案例是在开发后相对短的时间内被终止的项目。作为项目集经理的高层管理者，被问到这个案例是否能够适用于展示项目从开始直到上市的全过程，以说明贯穿整个开发生命周期的风险管理，他回答道："绝对不能，展示这个在第 2 个关口的风险分析之后被砍掉的项目的例子，是因为这是一个我希望全部团队成员都清楚的信息——建议某个项目中断是可以的！"

在直觉上，项目集经理就应该首先关注新产品项目的风险。他们必须知道何时钓鱼（开始项目）、何时切断诱饵（中断项目）。如果项目出了问题，项目集经理需要有处理问题的智慧。他们要在真正出现危险之前看到项目的危险信号（及时发现项目风险）。他们关心的是，他们如何得到一个清晰、坦诚的有关风险（随着风险的发展）和风险减轻计划（随着该规划的执行）的看法。他们需要那些来自开发前线的项目经理的信息。

2．角色 2：指导者

除了项目组合经理和投资经理，项目集经理还是开发团队的指导者。他们作为指导者的角色是基于他们具有更宽广的关于商业机会的视野和更广泛的业务经历。他们带着这些经验进行风险识别。例如，他们需要了解客户愿意为提议的新产品多支付 30%的可能性。同样重要的是，他们将这些经验用于如何最好地管理项目风险，例如，用于管理由于资源短缺而造成的公司内部的风险。作为高层管理者的项目集经理，也对围绕着开发流程的战略、政治，以及文化等问题有更敏锐的洞察力。

这种洞察力必须与开发团队分享，使得项目集经理在推进项目时能掌握相关情况。例如，许多开发团队没有强有力的销售代表，尤其是在开发的早期阶段。结果是一个聚焦于客户与技术风险的团队就不会注意到这样的事实，即销售部以前从未销售过这类产品。然而，没有一个强有力的销售部可能导致一个受到好评的项目因为战略、费用，以及错过市场机会而停止。因此，项目集经理应该代表开发团队仔细观察道路，并指导开发团队克服预期风险。

然而，需要的信息流不是一条单行道。项目经理有其自己的内部信息追踪路径。在开发新产品时，他们更熟悉新产品概念，他们能更迅速地获取最新信息。例如，客户调查的结果数据。他们也更有可能第一个遭遇正在涌现的项目风险。

在关口会议上，信息在人们之间的相互交换是在 NPD 流程中进行成功的风险管理的核心①。从根本上说，风险管理是项目经理与项目集经理之间协同工作的过程。这是一个共担责任、各方贡献各自的独特看法的学习过程。在很多时候，频繁的风险管理反而使风险管理变得更加困难，是因为团队没有将风险管理作为一项团队工作。双方都需要将风险的讨论放在桌面上，并就如何最好地降低风险达成一致。另一位高级经理把这个问题描述成一种信任问题："如果我已经与一个开发经理一起工作过多年，我就知道他能掌握一个新产品项目的风险最有可能在何处。我不必花大量的时间去查明潜在风险，因为我相信这个经理对风险的观点是没有偏见的。"一个风险管理流程能够通过帮助检验风险分析的有效性来缓解偏见。

3．角色 3：把关团队工作的主持人

项目集经理的第 3 个角色是把关团队工作的主持人。项目集经理处于一个由高管组成的多职能决策小组的中心，这个小组通常包括各职能部门的领导。项目集经理的工作是帮助团队制定高质量的投资决策。

这些职能团队的成员需要在决策会议上帮助解决项目计划中的权衡问题。如果关键人员不在场，并且他们的参与没有被项目集经理发现，就会出现联系中断、应急计划破产的问题，并且项目面临着风险。例如，《华尔街日报》报道的一则消息描述了惠普在克服它的业务单元局部利益割据的文化之前面临的挑战。"惠普输给了竞争对手 IBM 一单价值约 5 000 万美元的中国银行系统的生意。其主要的绊脚石就是，惠普在美国的一名中层管理者拒绝提供 5 万美元为潜在客户建立系统模型原型。"

因此，在关口会议上，项目集经理周围应该有那些能够处理和解决这些内部风险，并且，除此之外，还能为外部的、与市场相关的风险讨论提供见解的高层职能经理。如何在关口会议上得到使有关风险的对话更有成效的建议，如图 15-3 所示。

---

① 在许多公司，一旦一个高利润项目通过商业案例关口进入开发阶段，关口会议就会转变为针对高利润项目的月度董事会议。称其为董事会议是因为高层管理者要参与会议并在风险的讨论环节中发挥积极的作用。

在一次评审中，那些面对被考虑的机会经常无计可施的因素，使有关风险的讨论更加困难，这些因素包括：

- 个性。关口把关者可能包括概念的倡导者，他们对销售这个概念的热心程度和开发团队表现出来的热心程度一样。比较而言，关口把关者团队可能包括“魔鬼倡导者”，他们强调要怀疑任何提出的构思，并且在哪里都能见到风险。
- 隐藏的议程。不同职能小组或不同业务单位的领导可能对新产品有偏见，这些偏见可能源于政治的、组织的或战略担忧等方面。这些担忧通常不会出现在开发团队报告的内容中，并且会阻碍一次客观的风险探索。
- 缺乏专门经验。一个负责为一个合资企业审查一种新服务的高层管理者承认，因为他没有技术背景，所以有时“他缺少推动开发团队应对风险的信心，尽管他的意识告诉他某些地方出问题了。”
- 缺少对话时间。陈述耗费了可用的会议计划时间，留出的时间仅够关口把关者匆忙地做出决策或者推迟该决策。

为了主持一次高质量的有关风险的讨论，并得到更有成效的结果，一个通信公司的项目集经理曾经采用了以下方法：

- 限制陈述时间。开发团队必须将它们的陈述时间控制在不超过计划时间的 50%以内。剩下的时间留给讨论。
- 将风险包括在陈述里。每个团队必须在幻灯片中展示以下问题：① 主要感到的风险是什么；② 风险缓解和计划；③ 执行计划（如客户调查、原型测试等）需要的资源（人员、资金等）。
- 分离管理问题。鼓励在团队的陈述中将问题分类，尽管听起来有些幼稚。在后续的讨论中，要求关口把关者分别讨论担忧的问题、他们建议的改善问题，以及开发团队提出的风险管理规划。
- 掌握每个人的观点。无论他们是项目的倡导者还是“魔鬼倡导者”，询问每一位关口把关者他们自己对风险的看法和解决风险的最好方法。
- 使用主持人。正如库珀在《赢在新产品》（*Winning at New products*）中指出的那样，最佳实践的公司都有一位在关口会议进行中担任导演角色的人，以保证流程按计划进行，并且，在这种情况下保证一种开放的针对风险的讨论。项目集经理可担当主持人。
- 记录决策。让项目经理重述他们将要从这个会议带回去执行的决策和行动条款。特别要让他们确认他们下一步将需要管理的风险、达成一致的减轻计划，以及为了执行计划而要支出的必要资源的授权等。那些被记录的决策成为下一次会议中风险管理讨论的开始点。

图 15-3 在关口会议中讨论风险

15.2.2 风险讨论中的挑战

讨论 NPD 流程中的风险看起来的确是一件难事。尽管 NPD 流程的高风险本质这一事实已经深为大家所知，但仍有很多公司对管理风险采取听其自然的方法。漠视风险的原因因职位的不同而有所差异。

1. 项目集经理

- 在风险评估和管理上花时间与许多企业现行的运行习惯相冲突。引用一个管理者的话说：“风险管理不能创造资产。”

- 管理者觉得学习可以或应该在市场上进行。

2．项目经理

- 在开发过程中存在天然的厌恶关注不利因素的情绪。
- 突显风险是违反开发团队直觉的，因为开发团队在竞争 NPD 资金时总是想促成机会。

风险管理的执行也是需要消耗时间的，并且需要很多开发者并不具备的技能（如财务建模技能）。然而，尽管有资源、时间、技能等限制，系统化的识别、按照大小排列，以及缓解 NPD 风险的流程带给项目集经理们的好处还是很明显的，这些好处包括：

- 更低的在后续开发阶段中的返工和危机管理的概率。
- 更高的市场成功概率。
- 更快地终止决策，更快地资源再分配。
- 更好地将开发资源集中于几件关键的、对开发项目有重要影响并且可以加速开发的事情。

15.2.3　风险管理：项目集经理的视角

NPD 风险可以定义为这样的事件：该事件会给一个新产品或一项服务在其市场上带来负面影响。

NPD 风险的深层概念是指，一种在商业机会孕育期间就提出对其造成威胁的事件。换句话说，特定的或多种风险将如何威胁提出的商业机会？由此得到，所有的 NPD 风险都可以最终被定义为对销售收入（例如，销售收入没有达到要求或没有如期获得）或成本（例如，开发、营销、销售支出或资本投资过高）的威胁。

项目集经理应该很好地将这种业务导向融入每次与团队成员的讨论中，指着盈亏表中某一行的内容，问一个开发团队："这些担忧（风险）到底是怎样影响商业机会的？"（见图 15-4）。例如，一个开发团队可能会描述这样一种担忧："我们听到传言说，当我们向市场投放我们的新产品时，竞争者会降低它们产品的价格。"这可能被理解为"我们将不能得到我们最初预期的市场份额"。现在，风险讨论可以转变到更具体、更富有成效的问题上。项目集经理问："我们会丢掉多少市场份额？"项目经理答道："这取决于他们降低多少价格。"项目集经理说："好，那么它们能接受多大幅度的降价，同时仍然保证合理的利润？让我们做一个分析。"谈话已经从模糊变得具体而量化。已经明确了风险，下一步就是确定团队的具体行动内容。因此，项目集经理应该要求开发团队将一般陈述的担忧转化为企业的风险陈述（盈亏表各行的内容），然后再反复提问“为什么是那样”来进一步深入分析。

风险事件	商业影响
在这个价格上，没有足够的客户想要我们的解决方案	销售收入减少
供应商正在开发的产品成本超过了开发支出	增加开发费用
产品不能及时完成开发，打乱了计划投放日期	延迟销售收入
在大量上市时，达不到质量规格要求	延迟销售收入
我们低估了塑造市场认知度的成本	增加市场营销费用
我们需要更多的人走出去	增加销售支出
我们进入市场晚了	延迟销售收入（或延迟了占有市场份额）
我们没有我们需要的营销资源	延迟销售收入或增加市场营销费用

图 15-4　风险事件的商业影响

如果风险应该用对收益或成本的影响来表达，那么它也符合这样的原则，即带着战略标签的项目不应免予详细的风险审查。不顾显而易见的风险而将某新产品分类为战略性新产品的事在公司内是常见的。高层管理者和项目集经理被认为不顾开发团队面临的担忧。高层管理者对这个担忧的一个回应可能这样表示：“我们需要这个产品来保持竞争力”或“我们必须让该产品在 9 个月内上市”。

识别那些真正超出开发团队职责范围的战略命令，并使它们处于可控制的假设之中是项目集经理的责任。例如，“产品必须在 9 个月内上市”的主张可能是高层管理者发出的一个实际的声明，但这个声明要依赖于一系列能够或不能够被证实的假设条件，如图 15-5 所示。

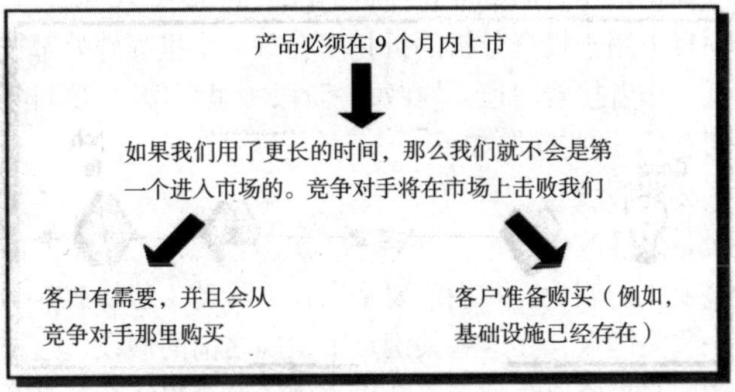

图 15-5　假设条件

在这些情况中，项目集经理首先应该通过澄清所有来自上级的战略指令来向团队提供“空中掩护”（Air Cover），然后将它们分类成隐含假设，并且如果有必要，向最高管理部门确认他们觉得隐含假设很合适。

15.3 风险管理的门径流程

管理大型开发项目的门径流程将 NPD 流程划分为若干具有决策点的活动，在这些决策点通常是召开关口会议。在这些会议上审查项目进展，如果有项目正在脱离航线，则调整方向或终止项目。为简单起见，这里给出 4 个决策关口，尽管有些公司在开发过程中使用 6 个以上的关口，如图 15-6 所示。

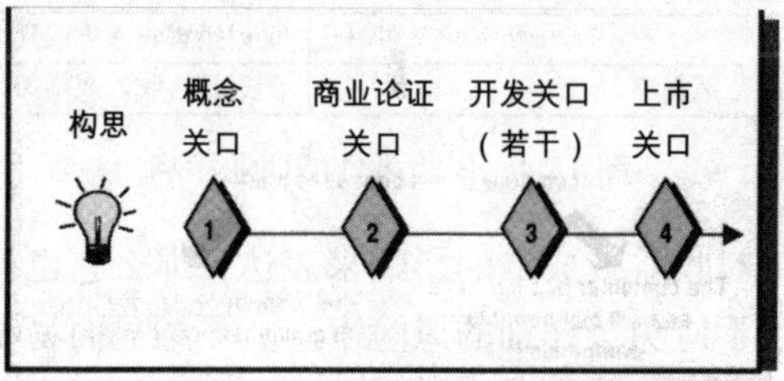

图 15-6　开发过程中的决策关口

相比随意的检查，这些关口检查更多地告诉项目经理已完成的活动是否符合进入下一阶段的要求。关口检查具有前瞻性，并且为项目集经理和关口团队设置了投资里程碑。

正如在《公司风险》（*Corporate Venturing*）中描述的那样，从最初构思到商业化成功的路上有很多里程碑，每一个里程碑都给公司提供了一个做出是否按计划继续这项业务、纠正工作方向或停止项目的决策的机会。的确，在风险投资中，在新风险投资项目中用于投资分析的折扣率在每一个里程碑处都按比例下降，以反映风险的降低。作者接着写道："在每一阶段（里程碑），项目集经理应提出一些有关业务的问题。"这些问题如下。

- 我们做了哪些假设？
- 这些假设是怎样改变的？
- 根据这些变化的假设，我们需要采取什么行动（包括放弃构思）？

里程碑是一些关键点，在这些关键点上检验之前的假设，这样就可以降低风险，并且提供方向与投资以达到下一个里程碑，这个想法在产品开发中的期权定价理论（Option Pricing Theory, OPT）概念中也有反映。正像库珀和他的同事在《新产品组合管理》（*Portfolio Management For New Products*）中所言："OPT 承认在每一次增加的投资之后，管理者都能够裁掉一个项目。"

由于 OPT 允许管理者以逐个关口为基础分配资源，在任何给定的时间，随时都可支付绝对的投资是有限的，所以，风险是限制财务公开来管理的。不管项目集经理是否在他们的投资战略中应用 OPT，一次只投资一个里程碑的原则是很有价值的。例如，某高层管理者正在抱怨，研发预算似乎是一个融资计划。在他的公司中研发项目预算分配每年只做一次，之后在这一年中调整那些资源会非常困难。在研发组合中几乎没有灵活性。为了避免年度开发预算的刚性，项目集经理应该采取按里程碑分配资源的方法。

15.3.1 按阶段的风险管理

随着开发流程的进展，风险管理的性质也在变化（见图 15-7）。项目集经理将要根据变化改变他们的关注焦点和工具。

	概念阶段	商业论证阶段	开发阶段	上市阶段
业务风险	• 不在战略领域（如太小以致不能形成差异；并且会消耗资源和使得新产品组合混乱）	• 概念存在缺陷，不可接受的风险 • 机会成本（更强的期权）	• 商业论证比预期差 • 进入市场晚	• 市场投放没能坚持到预期效果
风险指标	• 战略一致性	• 折现的净现金流（NPV、IRR）	• 折现的净现金流（进度计划、绩效、成本）	• 盈亏平衡实现的时间
下一步投资	• 为执行既定的努力和准备商业论证所需的资源	• 开发费用和成本	• 产品改进 • 检验市场	• 销售和市场营销费用
风险管理	• 使概念清晰化 • 确认高水平风险 • 填补信息缺口	• 降低有关“被赞美冲昏头脑导致项目中断”的不确定性	• 持续测试大项目 • 应急计划（权衡）	• 市场投放准备项目（如产品、渠道）
项目集经理风险管理的作用	• 提出战略标准 • 评估战略一致性 • 推动企业接受 • 分配资源	• 指导团队管理风险 • 分配资源	• 指导团队（MBWA）管理风险 • 帮助生成应急计划 • 分配资源 • 跨职能推进	• 指导团队管理风险 • 跨职能推进

图 15-7 分步骤的风险管理

1. 关口 1：概念阶段

在这个关口考虑一个新产品概念是否纳入开发项目组合。根据概念自身的优点（根据战略一致性和高层的财务指标，以及与组合中的其他项目的比较来判断）来考虑该概念。要问的问题是“在我们正在（或可能要）从事某项给定的工作时，我们是否应该从这个构思重新开始”和“这个概念是否有助于改善我们的整体开发项目组合，并使我们达到我们的增长目标”。

这里的风险通常可以从广义上来审查。例如，财务风险可能是：这个概念是否能满足公司“只投资那些超过 1 亿美元的商业机会”的要求。战略风险则可能与公司是否感觉到它具有在新市场成功的能力有关。在这个概念关口会议上的决策可能是基于有限的事实，这些事实与管理者的经验交织在一起。

在这个关口，决策有可能是基于不真实的信息做出的。这又会加大概念的内部风险。战略必要性的意识可能驱动高层管理者去做这个项目。例如，在启动项目时，过分乐观的销售收入目标可能使开发团队兴奋（对于后者而言，一个审查过需持续若干年度的项目组合的项目集经理观察到，从第一次在概念关口的粗略的销售收入估计到实际进入市场，新产品销售收入计划有一个在每个关口都缩减50%的习惯）。

对于项目集经理来说，可能存在某种诱惑使其放弃对这个早期系统的风险分析。一种原因是他们认为下一阶段（商业分析、财务建模，以及客户调查）相对低的投资需求意味着推动这个构思几乎不需要成本。然而，有一个真实的危险，即这个决策可能产生开发项目中的瓶颈。例如，在大部分企业中，进行下一阶段商业论证开发的资源是稀缺的。对营销和财务人员通常有很大的需求。过度使用这些职能部门的人员会导致风险分析不足。另外，在概念关口处推迟风险讨论的原因是项目集经理们倾向于在早期阶段对构思持“等等看”的想法。“这么做可能风险很大，让我们先着眼于商业论证并看一些数字，然后我们再决定是否继续下去”。这将导致风险管理的延迟，但是，在进入下一阶段之前的前端，确实有一些需要解决的问题（一个典型的公司内部风险的例子可能是建立相关业务单元“买入”产品概念的决策机制。的确，在某些公司，在进行商业论证之前，参与跨业务单元活动的所有业务单元都要做出一个清晰的承诺）。

项目集经理在概念关口应该承担指导者的角色，并帮助开发团队关注下一个阶段的关键问题。作为一个项目集经理，你要问自己假如自己是那个既没有时间也没有资源的项目领导者，你最关心的问题和风险是什么？

2．关口 2：商业论证阶段

现在，关口把关者要从更全面的视角考虑摆在他们面前的机会。商业论证阶段的风险讨论可以在了解了风险对企业的财务影响的基础上进行。更加量化的机会及其伴随风险的评估也可以根据财务标准审查，例如，它能否在 5 年内带给我们足够的净现值（NPV）？风险管理包括用于降低不确定性和准备应急的专门计划。当然，风险评估的努力程度将与利害攸关的投资成正比。在一个半导体公司，一个具有量化风险评估的完整的风险管理规划占了业务提案的一半。显然，对于一个业务单元或公司而言，概念创新性越强、投资越高，就要用越严格的方法管理。

将一个全面的不确定事件的清单书面化并排列出来。项目集经理的经验对于用真实性代替不确定性很重要。在某财富 100 强公司，一位负责电子零件部门的高层管理者这样描述其用于深入分析开发团队准备预测结果的技术："请准确地告诉我客户说了什么（关于这种新产品）。"他解释道，通过这样的提问，"我是在寻找能证明预测结果是建立在与客户实际联系的基础上的证据"。

3．关口 3：开发阶段

开发阶段是由原型开发到逐步量产和试销等一系列活动组成的一个复杂的阶段。从项目集经理的视角看，对风险的焦点从"这个机会是否能保证投入必要的开发资源"转移到"我们已经分配了资源。现在让我们确保我们按计划工作"。项目集经理和项目经理之间的互动不再只是买卖概念的活动，而是及时地在预算内将产品推向市场，并达到规范的要求。在这个环境下的风险管理是有规律的更新与审查，或以一系列关口会议或非正式的交流来进行。风险管理过程集中于持续的权衡，在挑战现实机会的时候需要这些权衡，而在机会最初形成的过程中就面临着这样的挑战。客户需求变得更明确了，于是，产品规范就要跟着改变。供应商无法按预期交货，规范的批准在需要的时候没有发生作用，现有的渠道在销售新产品时不像最初想象得那样顺畅等。

对于项目集经理来说，在开发关口或审查会议上的风险管理分两个层次进行：

第一，项目集经理作为投资者，他需要确保企业的主张是持续可行的。这要求对以前已识别的风险和正在发生的风险的了解要进入业务方程。对于柯达的健康影像（Health Imaging）公司的新业务开发小组来说，这意味着在月度董事会上更新盈亏表并对其进行敏感性分析和审查。

第二，作为指导者，项目集经理变得积极参与应用过去的经验以预测潜在风险并阻止风险的发生。正如本章开头所言，这个应用于风险管理的预测方法显示出在管理态度上的变化。工作在软件、电子、化工、通信和医疗设备等行业的经验丰富的项目集经理们，将这个变化描述为从危机管理到事前主动防范的风险管理。看上去，高层管理者们不再厌恶讨论和管理风险，他们中的很多人正在采取一种主动的方法去管理它。这种积极的参与可以采取严格地按计划参加审查会议的方式。例如，在某领先的无线服务提供商中，关键职能部门的领导总是参加审查会议，并强烈反对只派出授权代表来出席会议。

4．关口 4：上市阶段

在开发阶段的结束期，随着开发团队准备向产品管理部门和产品渠道提交新产品，一类新的风险可能出现。这些风险反映了在一个小组向另一个小组传递大量的数据时出现的潜在误差。假设的内容可能没有被充分共享，并且在市场上令人失望的执行情况是真实的。项目集经理不得不再次扮演围绕这些问题的主持人的角色，并主持市场部和销售人员之间的对话。作为最初就资助新产品的投资方代表，项目集经理现在担心客户的实际采用率、实际供应问题，以及实际的渠道绩效等。风险可以总结为我们是否能实现在产品投放上的收益目标和我们是否能按期实现盈亏平衡。

下面是欧洲一个通信设备制造商的副总裁描述的她在管理产品投放风险中所遇到的尴尬。

- 客户感觉到紧张。由于他们的通信采购的复杂性，他们正在面临升高的风险。他们需要许多和销售人员之间的联系。因此，销售人员需要理解风险管理的原则。
- 从上一点看出，我们就会面临长期客户服务合同，以及在直接销售人员中有高达 30%的人员调整率的风险。
- 我们必须在一个年轻且有些缺乏经验的销售渠道内使风险管理制度化。
- 拿出一套事先确定的准则（一个风险检查表）去教育销售人员行不通，因为没有风险表能代替实际。
- 我们已经发现最有效的风险管理方式就是挑选一些“有实践经验的人员构成团队”，通过持续的直接交流传播他们的知识。

15.3.2 风险管理的 6 个步骤

为了实现有效的风险管理，项目集经理会希望开发团队在准备关口会议上的风险讨论时要采取以下 6 个步骤（第 1 步应用于概念关口，全部 6 个步骤应用于其他的关口）：

1. 概念澄清

很奇怪，风险管理中的第 1 步经常是糟糕的一步。新产品项目基于技术能力或一系列特性的描述取得进展。但是如果没有对企业概念的清楚描述，项目中最大的风险就可能是开发团队与管理者之间的错误沟通或误解。项目集经理应该要求得到一个简明的商业机会的概念描述。要问的一些特定的问题包括“对客户来说，这个价值主张是什么”“我们如何获得收益”“为什么我们现在要做这些事情”。

2. 确定全面的不确定因素清单

开发团队是否已经确定了一个合理的包含全部不确定因素的清单？对于项目集经理来说，他们担忧的是项目团队会忽略关键的风险。一些工具可以帮助这个流程（参见本章后面介绍的工具），但是许多项目集经理也想好了他们自己的一系列问题，以查明开发团队分析风险的完整性。例如，一家小型医疗设备公司的管理部门在预测一次新商业机会的风险时，会问以下 4 个基本问题：

- 市场可行性。（客户会买吗？）
- 技术可行性。（我们能做到吗？）
- 受规章制度制约的批准过程。[通向 FDA（美国食品药品管理局）批准的路径是什么？]
- 补偿构成。（价格中的多少能由公共或私人保险机构补偿？）

经验已经使这个管理团队明白，很有可能将存在若干与这些领域的一个或多个方面相关联的主要风险，并且他们知道在项目经理审查一个新机会时如何系统地应对这些风险。美国一家主要的通信设备制造商的新投资集团的一般合作伙伴在执行一项新投资的评估时，会用到一个包含 20～30 个准则的风险检查表。该风险检查表包括诸如技术和市场的风险，以及知识产权（IP）风险等。当他们在考虑是否开始投资时也将新投资团队的质量视为一种潜在风险的类型（如同进行风险投资）。

这些项目集经理正在用定制化的检查表来系统地搜寻风险隐藏在新机会中的哪里。这些问题被用在项目前端，以使开发团队全面地思考可能的风险。如果提出的风险在项目开始时就让大家都知道，项目团队则更有可能在开发过程中更重视它们。

3. 识别不确定性的“根本原因”

项目集经理需要知道项目团队是否正在越过表面的不确定性，来深入挖掘那些需要管理的核心问题。因此，他们可能问“我们是否已经正确地阐述了风险”。例如，开发团队可能会将一个担忧描述为“我们觉得难以在 3 年内达到 3 000 万美元的销售收入。”项目集经理意识到对这个担忧的描述太宏观、太含糊，以至于不能有效地管理。这个描述需要分解。项目集经理可以通过要求团队像“剥洋葱”那样进行工作来指导团队。例如，不能实现在 3 年内达到预测的销售收入的风险可分解为两个分离的假设。第一个假设与销售能否足够快地达到 3 000 万美元有关，也就是说，客户能否像我们计划的那样采用我们的产品？第二个假设与这个机会的绝对市场规模有关，市场上是否有 3 000 万美元的需求？项目集经理的经验能够有助于进行这种深入的分析。

4．评估那些不确定性的影响

下一个问题是“哪些风险是我们必须要紧急处理的”。想知道一种风险到底会有多危险，有必要衡量它对企业的影响。第一步是要确定不确定性的最高与最低值。例如，如果假设新产品的价格为 1 200 美元，那么最低价可能是 600 美元，最高价可能是 1 400 美元。第二步是评估每个价格发生的概率。第三步是衡量这个假设对财务的影响。项目集经理的作用就是在讨论中注入事实和经验。正如一些项目集经理用这些工具已经观察到的，要注意到基本值（1200 美元）与最高值（1400 美元）接近，而基本值（1 200 美元）与最低值（600 美元）之间的差距要大得多，这些比值通常表明基本值的假设过于乐观。

5．制订降低不确定性的计划

要管理风险，我们必须先发现怎样做才能降低不确定性。项目集经理向开发团队提出的结构化问题为“我们能够找到哪些能快速缩小这个假设的不确定性范围，并由此将基本状态水平提高至我们认为合适的程度”。项目集经理开发出测试在项目中反复出现的假设和不确定性的方法。对于那些前面提到的财富 100 强公司中的管理者而言，降低与客户接受新产品相关的风险意味着让一位消费者成为开发团队的伙伴。实际上，这位管理者已经将基于客户假设的测试过程标准化了。市场需求（客户接受）的唯一证据是客户表示出产品一经开发出来就会购买的意愿。因此，与客户在开发过程中自始至终一起工作成为拓展市场接受程度的手段。

项目集经理要很好地将这种企业家精神传递给开发团队，并要求项目经理提出快速、节约的测试那些假设的方法。

6．制订应急计划

一旦用于降低不确定性的计划准备就绪，管理风险的下一步行动就是要制订一个备用的缓解风险的应急响应计划。对于项目集经理来说，这意味着用一些问题来指导团队，这些问题如“如果我们的假设出错，我们开发的项目下一步该走向何处”。这对一般的项目经理来说都是一个非常困难的练习，因为他不关注什么东西会出错。正如某电信公司的高层管理者指出，关口把关者有经验也有责任知道一个可行的业务计划需要考虑的是什么。例如，是到外面获取一项技术还是继续独自在内部开发。

这个步骤现在已经设定。项目集经理在风险管理流程中的角色和责任也已经明确，他们关于风险的看法也已经做了概述。现在我们来看一套工具，这些工具能够帮助推进项目集经理和开发团队之间在关口会议上关于风险的对话。

15.4 风险管理的工具

这里有一系列的模板被用来介绍风险管理的工具，项目经理将这些模板准备好，然后向项目集经理介绍情况。每个工具的应用目的都是为了促进所有干系人之间关于风险的对话。工具是动态的。单个模板在整个开发过程中被反复使用，在使用中被更新，为每一次关口会议获取新的知识。采用这种方式，这些模板抓住了连续学习的过程，这种连续学习的过程使一个在开始时具有最大不确定性的概念，到产品投放时在商业主张中具有合理的置信水平。

这个工具主要是基于一种风险管理的方法，这种风险管理方法是由 Eastman Kodak 公司的 Health Imaging 团队的新业务开发小组提出的。这个工具不包括任何特定公司所有权的内容，许多公司都用类似的工具。我们仅仅选择了那些将会被开发团队用于关口会议的模板。也就是说，每个模板都是针对有关 NPD 项目中的风险讨论而设计的。

任何类似于后面提到的模板工具都应带着一个警告，也就是"警告项目集经理"。需要注意的是，一旦开发团队掌握了填写这些模板的技能，他们就会把填写模板变成陈述准备中的一次练习，进而形成捷径。工具不能代替人的思考，就如某保健产品制造商的副总裁所说的那样："如果我必须在好员工与好流程之间选择一种，我将会选择好的员工。"使用工具的目的是要捕获开发团队对风险的想法，并让项目集经理和他们的关口把关者了解这些想法，这样才能够快速而有效地加入风险讨论之中。牢记这一点很重要。

15.4.1 概念关口

1. 模板 1：概念陈述

概念陈述（见图 15-8）是几个模板中的第一个，旨在获得对新机会的全面了解。它生成于概念阶段的第一天。但是，像其他几个模板一样，它在整个开发流程中被不断更新，并在每一次关口会议上都要被介绍。所以要尽快得到一个对构思的全面了解，以使任何正在开发概念的人都有一个对风险的全面了解，然后才能够聚焦那些最需要关注的风险。

模板需要对概念进行描述。在早期阶段，只填入主要的标题（目标市场识别和 3 个被填在模板中的子问题）。开发者（任何对这个初始概念陈述负有责任的人）可能做出这样的反应，他们在开始时没有充分地了解如何填写模板的各个部分。他们不知道所有条目的答案，这是事实，但是他们能够给出一个精明的猜想。通过做这件事他们真正掌握了为什么公司会努力抓住这个机会（战略）、目标（客户）是谁、为什么产品能够响应客户的需要，以及它比备选商品有何优势等。正是记录下的这些事实和假设，使项目集经理与开发者之间的对话成为可能。

企业目标
- 该项目如何与企业战略优先级保持一致
- 公司如何用新产品赚钱？为什么应该努力执行该项目
- 该项目将对 NPD 组合中的其他商业机会产生哪些影响

市场分析
- 哪类细分客户是我们的潜在客户
- 目标地理区域/国家在哪里
- 谁会用及谁会购买这个解决方案

客户需要和价值
- 被关注的客户需要是什么
- 针对客户的需要，目前的解决方案是什么

市场潜力和增加前景
- 市场的近似规模有多大、如何确定，以及增长率有多大

竞争
- 对手是谁？他们会造成何种威胁
- 我们的产品有哪些超过竞争对手产品的优势

产品特性与性能
- 给出简短的描述：产品是什么（硬件、软件等）和它能做什么
- 产品的关键特性和益处是什么
- 产品作为一种客户要求的解决方案，将向客户提供什么
- 我们的开发成本是多少

交付和支持
- 我们将如何生产我们的产品/服务

市场营销战略
- 价值主张
- 价格
- 销售渠道
- 认可度

联盟伙伴
- 战略联盟候选人（如果相关）
- 他们正在卖什么产品
- 他们是谁
- 他们需要什么

图 15-8　概念陈述

风险讨论　概念关口会议在两个层次上管理风险。

第一层风险是项目集经理与项目经理可能对新产品所服务的战略目标的理解不一致。例如，开发者是否理解产品如何配合更多的产品组合（建立新的市场份额而不会侵蚀核心业务）。项目经理是否对公司准备如何用新产品赚钱有一个清楚的判断？例如，对于一个软件产品来说，是按每个用户向公司付款、按每次交易向公司付款，还是采用固定费用付款？项目集经理站在产品组合的视角上，有责任事先向开发团队解释清楚任何战略假设。

第二层风险是，概念陈述提供了可以用来确认未来风险的工具。例如，项目集经理可以向开发者提问："凭你的直觉，在描述中哪个条目带来了最大的担忧？"通过提这类问题风险讨论就开始了，定量的风险分析还没有开始。

2. 模板 2：概念筛选矩阵

概念筛选矩阵（见图 15-9）为开发者们提供了识别开发流程中早期风险领域的结构化方法。该概念筛选矩阵也是为概念关口准备的。它显示了概念的哪些领域是可靠的，哪些方面对于团队来说是风险或是未知的。因为在概念阶段几乎没有数据来支持概念筛选矩阵评分，所以，如技术可行性或客户需要的类别是讨论的焦点，而不是对某个具体产品线的特定评分。项目集经理应期望矩阵中的得分随着团队得到更多的有关产品和市场的知识而改变。在这个样本模板中，为矩阵每一行的打分为 1 分、4 分、7 分或 10 分。对矩阵中的每个元素都给出描述，这些都被设定为与业务单元的优先级契合。

关键要素	1	4	7	10	得分
战略一致性					
产品体现了企业的领先地位	没有体现产品领先地位	显示了少量的产品领先属性	体现了主要的产品领先属性	在细分市场上体现可持续的领先地位	4
所有权地位	易被复制	被保护，但无威慑力	保护很好，有商业机密、专利	具有行业机密、原材料来源的保护	4
成长的平台	死胡同，一类中只有一种	有另外的商业扩展机会	多样化的潜力	开放的新技术和商业领域	1
与公司协同	与公司当前的工作不是直接协同	与公司有限的协同	对公司的一项或多项工作有增加价值	与公司现在和未来的工作协同	7
技术可行性					
技术技能基础	对于公司来说是新技术，几乎没有技能	有某些研发经验，但是或许不够	在公司内有选择地实践	在公司内广泛地实践	7
技术“空白”	需要多项发明	需要单项发明	有技术挑战	没有技术障碍或工程问题	7
制造成功概率	低，对于我们来说是新的。需要购买或建立	适度的，可操作的，但是意味着主要的修改	良好，可操作的、仅需做少量的修改	高，可用现有的员工和设备执行	10
新技术	现有技术	新技术	新的，难以模仿的	新的，突破性的	4
客户需要					
清晰的目标市场	不清楚谁将购买	对目标细分市场有某些感知	有充足的理由相信可以确定目标市场	特定的客户已经确定他们自己的意图	4
清晰的市场需要	尚无需要的迹象	相信有一些需要	相信有广泛的和紧迫的需要	客户正在寻找这样的概念、产品、服务	4
价格、价值主张	低	适度	高	很高	4
财务					
公司销售收入估算	<5 000 万美元	5 000 万～1 亿美元	1 亿～2 亿美元	>2 亿美元	4
距商业化启动时间	>5 年	3～5 年	1～5 年	<1 年	10
有吸引力的商业模式	包括不重复的销售收入流或服务组成部分	产品是可随意使用的	产品是可随意使用的，具有可能的附件	来自基本组成部分的高重复性的销售收入	4

图 15-9　概念筛选矩阵

风险讨论 在这一点上，不要太看重数字，因为它们可能仅仅是开发者的最好猜想。然而，所列条目和评分都是对有关重大风险领域的讨论的开始，最终使项目集经理将开发团队的注意力集中到最亟待分析的特殊领域。例如，项目集经理会希望通过查明得分为 1 或 10 的条目来确认团队认为概念在哪些领域很弱或很强。

为了说明问题，我们已经通过案例分析来说明在这个关口会议中使用的几个模板的内容。这个案例包括一个实际的在商业化之前被中断的开发项目。图 15-10 展示了在商业论证关口会议上可能被介绍的详细的概念陈述。

背景

20 世纪 90 年代初，电话还是主要的台式通信设备。个人计算机（PC）还不是办公室工作人员的标准工具。有一些数据通信要通过 PC 或调制解调器完成，传真机也是办公室中普遍存在的一种共享的设备。以前的 ATT 全球通讯系统的一个业务部门受命保持其对台式电信设备的控制力，并开发大量不同的基于电话的音频或数据传输方法。

Docfon（通过电话的文件共享）支持同步的、交互的通讯。在概念阶段之后，最初的、实验性的客户调查表明，工程类企业会成为对 Docfon 概念产生兴趣的第一个市场。

面向商业论证关口的概念陈述

企业目标

- 与商业参与和投资战略一致
  - — Docfon 概念与公司"拥有在桌面上的电话"的战略一致。
  - — Docfon 是几种在开发早期阶段互补的项目之一，这些项目探索台式的音频或数据电话的集成。
  - — 这个项目没有对企业现有业务存在明显的影响。
  - — 我们靠销售硬件设备赚钱。另外，我们期望增加长途电话用途。

市场分析

- 目标市场确认
  - — 潜在客户是那些为十几种专业公司工作的工程师及他们的客户。
  - — Docfon 预计将在第 1 年内投放美国市场，第 2 年投放欧洲市场。
- 客户需求和价值
  - — 这个需求是针对那种在两个不同的地区要进行瞬时（节省时间）的、交互方式的实际工作。
  - — 客户必须首先用传真或快递发送文档，呼叫对方接收器（电话）、讨论文档，然后寄出改变的文档。
- 市场潜力和增长前景
  - — 在 10 个以上的专业目标企业中，有大约 40 万这样的工程师。
  - — 其他的专业客户群体（如广告代理）将在第 2 年或以后使用。

产品特征与性能

- 产品概念化
  - — Docfon 是一款卓越的台式仪器，它允许语言和数据由标准的模拟电话线同时传播。特别是它包括文件扫描仪、14 英寸 LCD 显示器、电子笔、扬声器和调制解调器。
- 与客户需求一致
  - — Docfon 允许用户在用笔修改文件的同时讨论和共享同一个文件。

图 15-10 Docfon 的商业论证关口研究

产品特征与性能

- 关键的特征与益处
  - — 在不同地区的两个或更多的用户可以同时互动地用声音或文件交流有关设计、绘图、布局或文本等内容。
- 技术可行性
  - — Docfon 可以使用现有的 DSP 技术，并在一年内开发出来。
  - — 主要的技术挑战是用提出的协议确认数据传输速度。
  - — 产品增强了 ATT（贝尔实验室）在模拟电话领域的优势。
  - — 在产品投放时，ATT 的知识产权是软件协议产权，但这个产权仅仅能使公司领先竞争对手 9～12 个月。
  - — 所有的开发工作均将在公司内部完成，但是 LCD 屏幕将从外部采购。
  - — 估算的开发成本占销售收入的百分比是适度的（主要是软件）。
  - — 维修、保养由 AT&T 来管理。

竞争

- — 竞争性产品包括文件协同与会议系统。这些单位使用两条电话线或一条宽带线，其价格在 5 000～10 000 美元之间。
- — Docfon 的竞争优势在于，不存在现有的、可替代的或已提出的能充分满足客户需要和价格范围的产品。
- — 我们的竞争优势将来自 ATT 在电话技术领域的专家和 AT&T 的支持。

商业化计划

- — 为生成足够的利润边际，产品价格将在 3 000 美元以上。
- — 我们现有的直销能力能将产品销售给客户公司。
- — 第一年的广告支出估计占销售额的 25%，3 年后降至 15%以下。

图 15-10 Docfon 的商业论证关口研究（续）

3. 模板 3：假设生成

通过使用以上介绍的模版（概念陈述和概念筛选矩阵），一个开发团队已经能够从假设中分离出已知的事实了。他们必须问自己一个问题：我们怎样判断是否已经识别了最关键的风险。在商业论证阶段，一个开发团队将在每一个模板标题下列出相应的假设作为管理风险的一种方法（见图 15-11）。他们可能列出 20～30 个不同的假设。显然，他们的风险不是相同的，但是，至少团队已经从每一个主张的角度考虑了风险。

	假 设
1. 企业目标 • 与战略优先级吻合 • 与其他业务吻合 • 与组合优先级吻合	（1）ATT 将接受一个少于 60%的毛边际利润。 （2）我们必须在 12 个月内进入市场，以先于类似产品。 （3）我们不准备与其他 ATT 产品争夺台式计算机市场。 （4）ATT 没有兴趣继续将 PC 解决方案用于这项客户要求。
2. 市场分析 • 选择要解决问题的市场 • 接受的工程公司的数量	（1）20%的预期的工程公司会买 Docfon。 （2）客户会接受另一种桌上仪器设备。 （3）客户可以同我们实时互动。

图 15-11 Docfon 的假设生成

• 客户需求 • 市场潜力 • 竞争 • 训练过程 • 标准	（4）销售部门邀请的潜在客户中有 20%会买 Docfon。 （5）工程专业人员能说服他们的客户使用 Docfon。 （6）平均每个客户会买 5 件。
3. 产品特征与性能 • 技术的/IP 可行性 • 客户的作用 • 开发成本 • 制造	（1）技术能够满足技术性能规格的要求。 （2）产品在第 1 年将能满足客户要求的 COGS（主营业务成本）为 1 200 美元。 （3）我们的技术性能规格将能匹配或超过客户需求。 （4）COGS 每年会降低 20%。
4. 产品定位 • 差异化	（1）新技术不会使我们的产品在 5 年内落伍。 （2）客户更喜欢笔式的而不是鼠标式的解决方案。 （3）AT&T 品牌给了我们超过竞争对手的优势。 （5）客户感知到我们的解决方案比竞争对手的更有价值。
5. 商业化 • 价格 • 渠道 • 交付与支持 • 广告和促销	（1）客户在第 1 年愿意支付每件 3 000 美元的价格。 （2）每名销售人员在第 1 年都将拜访 500 个潜在客户。 （3）我们的现有渠道是投放该产品的最有效的途径。 （4）现有渠道将愿意把时间转到新产品上。
6. 联盟伙伴（如果可行） • 合作者的期望 • 合作者的可靠性 • 计划	无

图 15-11 Docfon 的假设生成（续）

风险讨论 这个假设列表可以在关口会议上提出，以说明团队的风险分析的广度，或者把该列表变为一个备份的工作表。应该像做一次陈述一样提出一个假设。例如，在“目标市场”一栏，假设应写成“2 000 家提供汽车售后服务的公司。”一个说明了具体业务的假设可以避免混乱的发生，并有助于后面测试计划的制订。

4．模板 4：不确定性分析

龙卷风图（Tornado Chart）（见图 15-12）是对最重要假设的不确定性范围的一种图形化描述。它评估了每个假设中的不确定范围的上下界对 NPV 的影响。对 NPV 的影响根据个别的假设来评估，并要谨慎地避免评估多个变量的情形（例如，如果 COGS 的价格低、客户数量少，以及成本高的情况同时出现，我们怎么办）。龙卷风图根据以下两个指标显示了哪个假设是最危险的。

- 一个假设的低价值将导致负的 NPV。
- 不确定性范围的低和高之间的展开界限所引起的 NPV 范围的宽度。这表明了对进一步研究以降低不确定性要求的优先级。

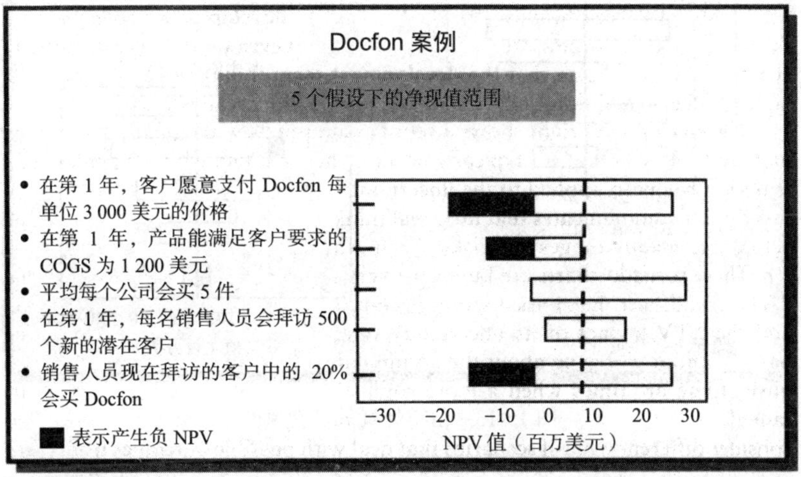

图 15-12　Docfon 龙卷风图

风险讨论　Kodak 公司的 Health Imaging 团队和其他公司的关口把关者也是一样的，在推动项目集经理或项目经理的讨论中这是一个有价值的工具。管理者在见到这个模板时会问两个问题：

- “我是否知道任何明显遗漏的假设？例如，团队还没有提到将 COGS 作为一个主要的担忧，但我们上次订过这些 VLSL 芯片，它们比预期的贵 20%。”
- “团队已经在假设中给出的不确定性范围合适吗？例如，团队估计 FDA 清理会延迟 6 个月。经验表明，如果 FDA 需要再加一次诊断实验，则可能会延迟 12 个月或更长。”

在看这样的龙卷风图时，项目集经理要在头脑中保持一个总体的观察。与显示了假设的负 NPV 影响的 Docfon 龙卷风图（见图 15-12）相比，应该认为图 15-13 所示的两个龙卷风图值得怀疑。

在图 15-13 的左侧，全白的龙卷风图表明开发团队认为识别出来的风险中没有任何风险能大到（例如，可能有一个足够低的价值或最坏的情况）会导致项目产生负的 NPV。这在理论上有可能，例如，如果一个新产品的成本大部分用在了一项优先开发项目中，这样，对新产品的投资是最小限度的。然而，更典型的龙卷风图表明，开发团队认为新产品是“板上钉钉”的，没有风险，并且注定会商业化成功。图 15-13 右侧的龙卷风图则显示出一系列高低值分布均匀的假设。这可能是以团队为标准加减 10%而得出的，这表明未做深入思考，也需要改正。

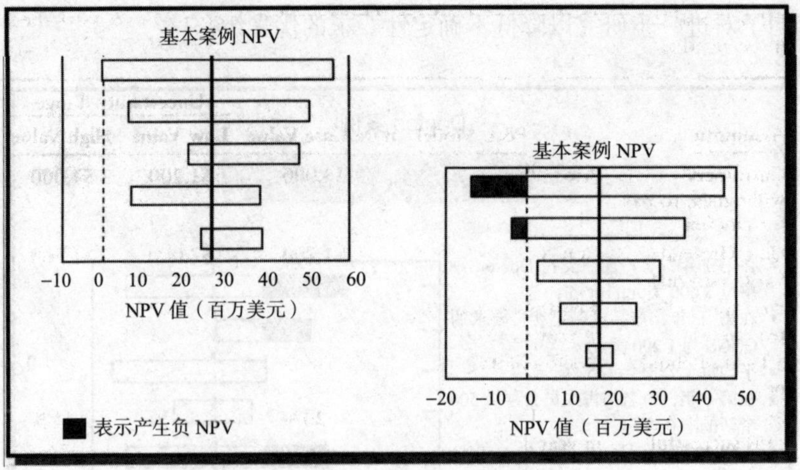

图 15-13　值得怀疑的龙卷风图

每个假设都被认为是一个独立变量，不确定性范围对 NPV 的影响的计算是单纯的，没有顾及所有假设的累积风险。显然，如果顾及更精确复杂的敏感度分析，要进行多次计算。对于一个重要的大型开发项目或购买活动，团队将希望考虑到不同的涉及来源于假设组合的可能结果的假设情形。这种简化的敏感性分析的优点是，它是友好地对待用户的手段，该手段可以使双方同时参与有关风险的讨论，并计算风险的结果。

5. 模板 5：假设不确定性范围

该模板（见图 15-14）展示了那些被认为是危险假设的不确定性范围，并指出哪种假设对 NPV 的影响需要评估。将这些不确定性范围填入盈亏表以衡量它们的影响，然后再填入龙卷风图。如做一张表和生成龙卷风图的输入那样形成这个模板。然而，和假设生成（见图 15-11）一样，它也可以用来展示团队在关口会议期间的思考，因为它描述了每个假设的不确定性范围，并且，关口把关者可能想要讨论这些假设。

风险讨论　关口把关者是否应该和开发团队一起选择探索假设的不确定性范围，对话的焦点将趋向于潜在的下限。例如，他们可能问："Docfon 的团队是否已经真正地了解，为了吸引广泛的市场，产品的价格必须下降的底线是多少？"有时，某个假设的潜在上限也会构成风险。例如，一个开发团队过分地低估他们新产品的需求，导致缺货、损失客户及失败的产品引入。

假设	联系到盈亏表	基本案例价值	不确定因素界限	
			低值	高值
客户购买 Docfon 的意愿	价格	3 000 美元	1 200 美元	4 200 美元
第 1 年的单位材料成本	COGS	1 200 美元	1 000 美元	2 000 美元
每名销售人员拜访客户的数量	第 1 年访问的客户数量	500 个电话访问	200 个	500 个
每个客户买 5 件 Docfon	Docfon 数量	5 件	2 件	10 件
20%的销售成功	客户在第 1 年购买的数量	20%	5%	25%

图 15-14　Docfon 假设的不确定性范围

当一个跨职能团队正在工作时，管理者应该抓住机会来检查是否有任何对不确定性范围的不同意见者，这项工作可以通过向相应职能部门的代表提问他们觉得有关某个特定假设的范围是否合适来完成。

6．模板 6：测试大型项目

为了降低围绕关键假设的不确定水平，团队应该测试大型项目（见图 15-15）。测试大型项目的目标是以尽可能经济的方式（在金钱和时间上）减少不确定性。在测试大型项目时，考虑几种备选的方法来找到最有效的执行途径（如速度、成本及不确定性降低的水平）很重要。在 Docfon 的例子中，团队推荐了备选方法 2。因为他们认为用小册子的形式向客户展示产品很重要，目的是给出客户心目中对产品的真实感觉。

假设	平均每个地点将购买 5 件		
NPV 范围	46.3 亿美元		
测试项目	备选方法 1	备选方法 2	备选方法 3
描述	项目经理对 5 个客户进行电话访谈	带着小册子做 30 次每个客户仅谈一个问题的客户访谈	借给客户 100 件产品 3 个月
所需资源	2 100 美元	65 000 美元	15 万美元
时间	2 周	4 周	4 个月

图 15-15　Docfon 测试大型项目备选方法

风险讨论　测试大型项目（如那些针对 Docfon 的项目进行说明的大型项目）通常不是相互排斥的。这就是说，全部 3 个测试可以在时间上相继进行，因为每个测试都以不同的精确程度（成本和时间）研究了假设中的不确定性。对于准备在执行测试大型项目的资金单上签字的项目集经理来说，问题是哪种测试最适合产品的开发阶段。例如，项目集经理可能已经对 Docfon 的团队说过：“我同意你们想要和客户一起开展一项适当规模的研究，并且，编制一本小册子在那种情况下可能更有意义。但我们现在处在开发初期，并且我觉得假设平均每个客户将要购买 5 件产品不太合适。因此，作为马上就要开始的下一步，我希望你们通过电话采访几位客户，并做一次快速的真实检查。然后我将考虑花费 65 000 美元用于你们推荐的备选方案。”

一般来说，项目集经理应鼓励团队在同一个测试项目中综合一个以上的假设——实际上，这在他们的方法中会使测试尽可能经济和有效。另外，给他们提一些难题，让他们考虑难以预测的方法，例如，问他们：“如果我们必须在一周内测试这个项目，我们应该怎么办？”最后，在执行这个测试前设定一些决策规则，例如，“除非 20%的医师在 200 美元价格上表示出对我们产品有明显的兴趣，我们才会建议继续现在定义的这个商业机会。”或者，如同在 Docfon 的例子中那样，“只有至少 20%的客户愿意支付至少每件 3 000 美元的单价，我们才能去建议继续现在定义的这个商业机会。”提前用量化的术语陈述测试结果将会减少在必要时要对测试结果进行解释的危险。

7．模板 7：应急计划

对于每个假设，项目集经理都需要保证开发团队知道下一步的行动方向和工作。应急计划模板因为系统地展示了每个应急计划的成本（权衡），所以对项目集经理很有用，如图 15-16 所示。

应急分析			
原始风险	应急计划	权衡	可接受的商业结果
3 000 美元的价格太高	再次审查成本，除去一些产品特征	客户吸引力损失	客户兴趣减少 30%
占用现有业务的资源	提高价格，以阻止自发转变	新产品的市场份额下降	第 2 年市场份额下降 5%
内部开发项目进展速度太慢	开发业务外包	更高的开发成本	研发费用上升 10%

图 15-16 应急分析

风险讨论 应急计划是关于预测新的问题和产生其他解决方案的计划。因为将频繁地涉及重新分配资源，所以，项目集经理在这个过程中的作用至关重要。例如，决定在后续两个月为项目增加 1 倍的工程师数量，或决定重构销售部门的薪酬以支持为新产品上市所做的努力拼搏，都是需要高层管理者参与的应急方案。事实上，在一次典型的关口会议审查中，关于应急计划的讨论是最重要，也是耗时最多的。

15.5 小结

在本章的开始，我们要求你（一个项目集经理）想象你正在出席一次关口会议，听取有关新产品机会的介绍。我们提出了一系列的问题，例如，你将向开发团队提哪些问题才能得到过去的数据，并真正发现风险问题？你需要从项目介绍中了解什么才能真正理解项目风险？你如何为提高团队对风险管理规划的领悟力做出你的贡献？

我们的希望是前面介绍的工具能对你解决上述问题有所帮助。然而，重要的是，伴随着设计良好的工具，你还要对开发流程中的决策者和关口把关者的角色有一个明确认识。

（1）关键是要让“胡须半白的老人”和“身带伤疤的人”在有关风险的对话中有所贡献。无论是在会议上还是在不太正式的讨论会上，拉动管理团队一起相互讨论有关风险问题的议题。

（2）牢记你的第 1 个角色是一名投资者。不要害怕对项目说“不”，也不要被强势力量吓得草率做出决策。当你确实要说“是”时，合理地分配资源进行风险管理。电话服务提供商的开发团队在没有进行任何财务或定量的风险评估的情况下很好地进入了项目开发阶段。原因是什么？资金被用在了为公司获取价值的分析上，财务部门是唯一能计算 NPV 的部门［已经有正式的开发流程、并运行了一段时间的公司发现，一旦项目被公司公认为是高风险（高回报）的机会，就要为项目配置一位全职的财务人员，这是必要的］。

（3）记住你的第 2 个角色——指导者。帮团队识别并指出管理风险的方法，同时还要考虑应急计划。项目集经理的经验在风险管理过程中的价值是无法衡量的。从风险投资商的手册中学习方法，并亲自去帮助识别和解决关键的问题。

（4）记住你的第 3 个角色——把关团队工作的主持人。在风险管理中，问题的升级是不可避免的。你是连接职能部门同事们的桥梁，需要他们的经验与资源。如果一次机会需要公司内不同业务部门的合作，没有你提供的“空中掩护”，幸运是不会自己飞起来的。

（5）智慧地使用风险管理流程。不是所有 NPD 流程的风险都同等危险。任何一个认真的风险分析都是开发团队需要的。正如某半导体公司的管理者提到的那样：“当开发团队听说我们准备进行全面的关于项目风险管理的分析时，他们就要叫苦了。”例如，产品改进和产品线扩展不需要同样的风险分析方法。有效的、适当的、细致的风险分析确实需要时间和才能。在速度和适当的流程之间保持平衡是永远需要的。另外，不要仅仅因为时间限制而回避适当的风险管理的严格性。引用一名高层管理者在访谈时说过的话："正式的风险管理可能是新产品上市速度的减速器，但它绝不会影响最终的成功。"

参考文献

[1] Block, Zenas, and Ian McMillan. 1993. *Corporate Venturing*. Boston: Harvard Business School Press.

[2] Cooper, R. G., S. J. Edgett, and E. J. Kleinschmidt. 1998. *Portfolio Management for New Products*. Reading, MA: Addison-Wesley.

[3] Smith, Preston, and Donald Reinertsen. 1995. *Developing Products in Half the Time*. New York: John Wiley and Sons.

第 16 章

NPD 流程建模

保罗·邦奇（Paul Bunch），加里·布劳（Gary Blau）

16.1 引言

将新产品带入市场是一个涉及许多复杂决策的挑战性流程。使这个流程具有挑战性的原因包括从概念提出到产品上市的时间、贯穿整个开发过程的高消耗及高开发成本等。例如，开发一种新药通常要超过 12～15 年，而每种混合物的相关成本则超过 5 亿美元。实际上，那些进入临床实验的药物中能真正投入市场的不到 25%。除了独立地发现和开发新产品，许多参与 NPD 的公司试图通过依赖与外部伙伴的合作开发和在市场上销售他们的产品，使它们的开发项目组合多样化。此外，许多公司正在尝试在目标市场或细分市场上销售用于多种用途的产品。这些多样化的战略在创造了更多可追求的机会的同时，也产生了对将产品带入市场所需要的稀缺 NPD 资源的需求。显然，那些能够最有效地使用它们的 NPD 资源的公司将会在市场中得到回报。

在本章，我们将主要关注模型的应用，以帮助 NPD 经理解决一些高层次的问题，包括 NPD 战略计划及项目筛选，并提出一种稳定状态的战略计划模型，该模型可用于估算项目和资源应该如何按照 NPD 流程配置以达到在市场上的稳定产出。稳定状态模型假设项目沿着研发链是完全平衡的。尽管这显然是一个理想化的模型，但它的价值在于帮助确定现在可获得的资源中的哪个部分（或哪些部分）对于实现既定的研发产出是必要的。

关于项目选择与剔除，稳定状态模型不足以解决这类问题，特别是这种模型没有考虑影响 NPD 整个过程绩效的资源约束和时间变化因素。例如，人们必须要清楚地考虑真正的（不平衡的）项目组合。通常，这种分布将是不平衡的，所以，稳定的产出可以通过 NPD 达到。甚至是，人们必须一直考虑增加和删除项目：由于不理想的产品质量（如不令人满意的安全或质量结果），一些项目要被删除；由于内部开发工作、许可工作或产品线扩展项目的启动，要增加一些项目。我们将给出一些考虑到这些问题并能用于指导项目选择、预测一个既定的项目集将如何表现，以及改善结果的模型。

16.2 NPD 建模的背景

16.2.1 过程描述

我们认为，研发过程由一系列的任务构成，每项任务都会消耗资源，并且它们的功能要么是筛选出各种不同的机会，要么是消除某些产品特征中的不确定因素，例如，药物产品中的安全性和药效。在这种观点下的研发过程是一个如罗西瑙描述的那种门径流程，图 16-1 展示了这个流程。注意，在这个抽象的研发过程中，每个阶段都包括任意数量的细分阶段。简单地说，在随着项目从概念到商业化的进程中，它们要么因为某些不理想的特征而被删除，要么继续进行到开发的下一阶段。于是，我们假设所有的项目要么作为商品化的产品被投放市场，要么被终止。在任何情况下，及时地确定项目在这个流程中的资源需求就是简单地对该流程中所有项目的资源需求汇总。这种方法需要了解每个项目的开发阶段和为了执行开发流程中的每个阶段对单个项目的资源需求。如果可能，应该用项目计划数据来估算流程中每个项目的每个开发阶段的资源需求。如果不可能，那么在开发的每个阶段，都应该使用过程中每个项目的平均历史资源需求。

图 16-1 所示的对研发流程的抽象描述可以作为一个好的开端，但是它还不够详细。特别是，除了致力于那些将要生产出由内部开发人员开发的新产品，许多大型研发项目还承担了拓展现有产品用途的工作。例如，在药物研发一例中，这种扩展可能包括用单一产品（分子）治疗多种疾病，或用多种剂量，或使用其他方式（胶囊和静脉注射）。更进一步，一个大型的研发项目可能集中派生一些小的项目，这些项目是从合作伙伴那里获得项目或技术的许可证，是之后必须进一步开发的项目。此外，一个大型研发项目在它的项目集合中就可能有多种来源的多种类型的项目。图 16-2 展示了这种情况。同前面一样，在这个图中的每个阶段都有若干更具体的阶段。注意，项目的特征将最可能依赖于它们的类型。也就是

说，产品迭代更新开发对资源的需求可能不同于（少于）内部新产品开发对资源的需求。

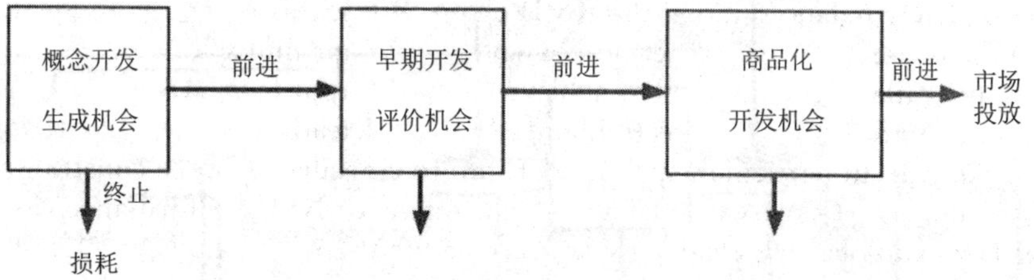

图 16-1 NPD 项目从概念开发到商品化的一系列流程步骤

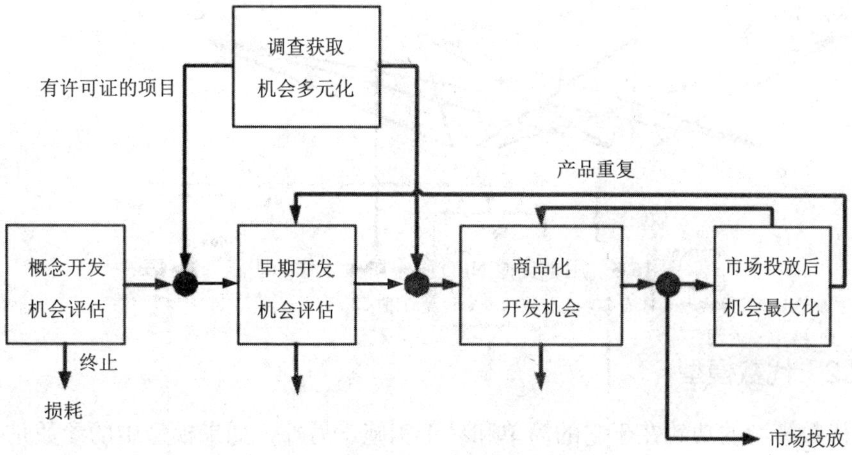

图 16-2 NPD 项目组合

注：NPD 项目组合包括一系列来源的各种项目。每一类项目可能需要不同层次的资源。

在开发周期的每个阶段都需要一些关键的职能资源。在药物研发过程中，这些职能资源包括临床药理学家、毒物学家、化学家、统计师，以及临床研究医生等。在大多数情况下，这些资源要从职能领域抽调，在这些领域内集中了技术专家的意见。完成一个给定阶段的工作需要一个资源池，该资源池通常包含多个职能领域的资源。于是，任何特定的职能资源都能被召集来支持包括一系列开发阶段的多个项目。这个情形如图 16-3 所示，图中实线代表项目走向，虚线代表在一个给定阶段完成一个项目的资源投入。在本节的剩余内容中，我们将描述可用于估计执行一组 NPD 项目所需资源的模型。

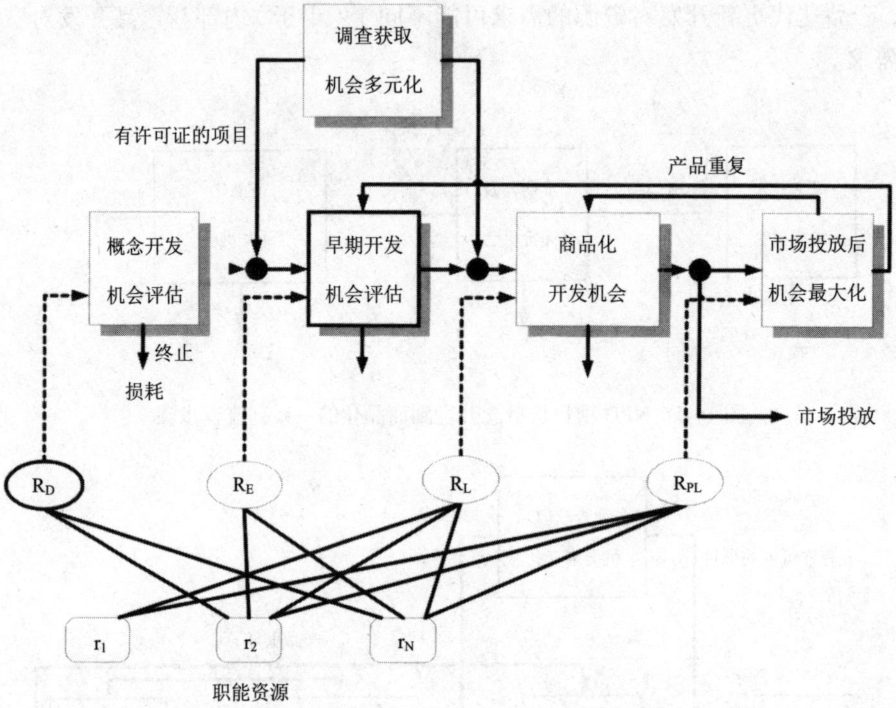

图 16-3　用于支撑 NPD 每个阶段工作的职能资源

注：职能资源通常包括由来自各职能领域的专家构成的团队。

16.2.2　代数模型

代数模型的功效在于它的简单和易于实施。另外，如果模型中的参数是不确定的，代数模型可以容易地用蒙特·卡洛模型仿真①。如果人们愿意假设存在一个一般项目，就可以估算在任一时刻用于执行一系列项目所需的资源。具体而言，通过了解 NPD 流程每个阶段的各类项目的数量和各阶段各类别中每个项目所需要的资源，全部资源需求可用下式确定：

$$r_{i,Tot}(t)=\sum_{S}\sum_{T}WIP_{S,T}(t)\times r_{i,S,T} \tag{16-1}$$

式中　$r_{i,Tot}(t)$——在 t 时间区间需要的第 i 类资源的总量

① 蒙特·卡洛模型仿真是一种有用的描述模型输入的变化对输出的影响的技术。该技术使我们能够估算输出的整个取值范围及达到每个值的可能性。想了解该技术的细节请参阅有关统计分析的介绍教材。

S, T——分别表示不同开发阶段（如概念开发、早期开发，以及商品化等）和项目类型（如新产品、产品迭代更新等）

$WIP_{S,T}(t)$——在 t 时刻开发阶段 S 的 T 类型开发工作的数量（项目的数量）

$r_{i,S,T}$——在开发阶段 S 为了完成一个单个类型 T 的项目所需要的 i 类资源数量

假设资源需求能被确定，则在 t 时刻需要的资源估算值就等于 $WIP_{S,T}(t)$。注意，公式（16-1）可用于确定在任何时刻 t 或在某个时间区间 t 的资源需求，其间 $WIP_{S,T}(t)$ 的值保持不变。

如果人们不愿意使用一般项目的假设，则资源需求就必须基于个别项目来估算。惠尔赖特和克拉克于 1992 年提出了一种总项目计划方法作为随着时间针对各项目估算和分配资源的途径。他们的方法是提出一个正在考虑之中的项目列表和他们随着未来时间展望的资源需求。因为在 NPD 过程中有些项目可能被终止，人们应该考虑一个用于修正其资源需求的计划。这样的方法可完整地描述如下：

$$r_{i,Tot}(t)=\sum_{np\varepsilon NP}\sum_{u\varepsilon U}\overline{r}_{i,np,u}\times d_{np,u}(t)\times p_{np,u} \tag{16-2}$$

在公式中，$r_{i,Tot}(t)$—时间区间 t 需要的第 i 类资源的总量

NP、U—分别表示新项目和新项目要执行的任务

$\overline{r}_{i,np,u}$—在项目 np 的任务 u 上单位时间工作所需的 i 资源数量

$d_{np,u}(t)$—在时间区间 t，项目 np 用在任务 u 上的持续时间

$P_{np,u}$—项目 np 从它在时刻 t=0 进展到任务 u 的概率

此公式简单地表明，人们应该计算执行一项按概率发生的任务所需的资源，该概率是指任务真正发生的概率，资源应该按照仅用于在时间区间 t 的任务持续时间估算。为了说明公式(16-2)的应用，在图 16-4 中给出了 3 项任务：概念(u1)、样品（u2）以及规模生产（u3）。我们考虑在时间区间 t=12 个月中的资源估算。该时间区间的开始任务是 u1。在这个区间，用在 u1 上的时间是 2 个月，用在 u2 上的时间是 6 个月，用在 u3 上的时间是 4 个月。此外，实际执行任务 u2 的概率为 75%，执行任务 u3 的概率仅为 25%（3/4×1/3）。在被关注的 12 个月区间内，如果我们忽略项目失败的概率，我们估算的资源需求(以人/月表示)=(2×3)+(6×4)+(4×10)=70。然而，如果我们知道项目可能在任务之间失败，则=(2×3)+(0.75×6×4)+(0.25×4×10)=34。为了更好地利用公式（16-2），人们仅需要将这种方法应用于将每一种关键的资源对应于项目组合中的每一个项目。也就是说，要确定项目集对

某种特定资源的资源需求，可将这种方法应用于项目集中的每一个项目，然后再对所有项目的该资源需求进行汇总。这种方法可以在一个表格上直接使用。考虑到 NPD 组合包括 10 个项目（见表 16-1），这是在当前时刻的项目集状态。除了表 16-1 中的项目，我们假设在概念阶段的每个季度再增加 3 个项目。模型的目的是要预测在未来时间段的组合状态。在这种情况下，我们预测在某个未来时间段的项目集状态。每个时间段代表一个季度（3 个月），我们为下一年的项目集做一个资源预测。在每个时间区间我们都要预测每个项目在每个阶段的时间消耗、在时间区间结束点上每个项目在每个阶段的剩余时间（无论从一个阶段到下一阶段的过渡是否发生），以及消耗的资源。图 16-5 展示了按照开发阶段划分的 FTE 时间框架和用该模型预测的 FTEs。

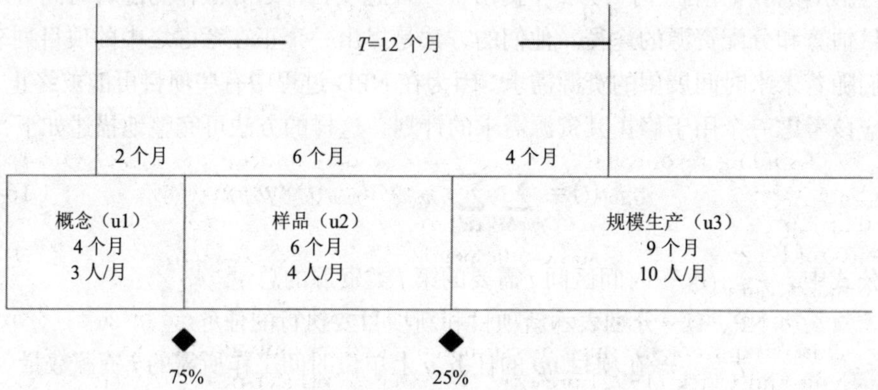

图 16-4　用公式（16-2）计算资源的过程

表 16-1　处于 NPD 不同阶段的包括 10 个项目的项目组合

项　目	参　数	阶　段		
		概　念	样　品	规模生产
1	CT	4	9	12
	P(TS)	70%	50%	90%
	FTEs	1	2	4
2	CT	4	6	8
	P(TS)	60%	70%	90%
	FTEs	1	3	6

续表

项 目	参 数	阶 段		
		概 念	样 品	规模生产
3	CT	2	9	10
	P(TS)	50%	60%	80%
	FTEs	1	2	4
4	CT	0	12	18
	P(TS)	100%	60%	90%
	FTEs	1	4	6
5	CT	0	4	10
	P(TS)	100%	70%	80%
	FTEs	3	3	7
6	CT	0	2	8
	P(TS)	100%	80%	90%
	FTEs	1	2	5
7	CT	0	1	10
	P(TS)	100%	80%	90%
	FTEs	2	2	6
8	CT	0	0	10
	P(TS)	100%	100%	80%
	FTEs	2	3	8
9	CT	0	0	5
	P(TS)	100%	100%	90%
	FTEs	2	4	6
10	CT	0	0	8
	P(TS)	100%	100%	90%
	FTEs	1	3	5

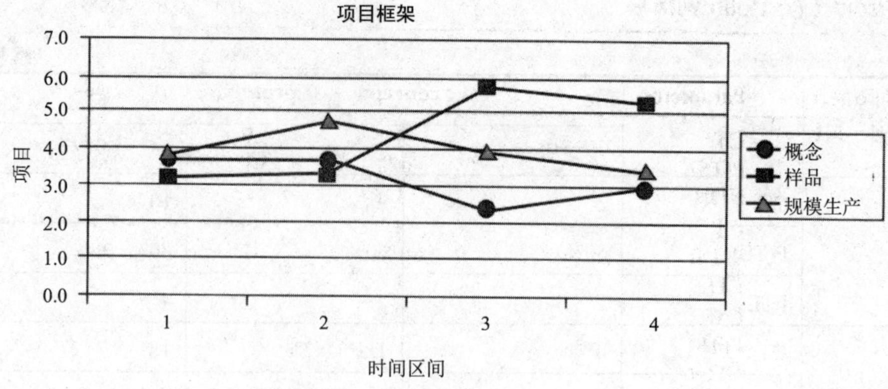

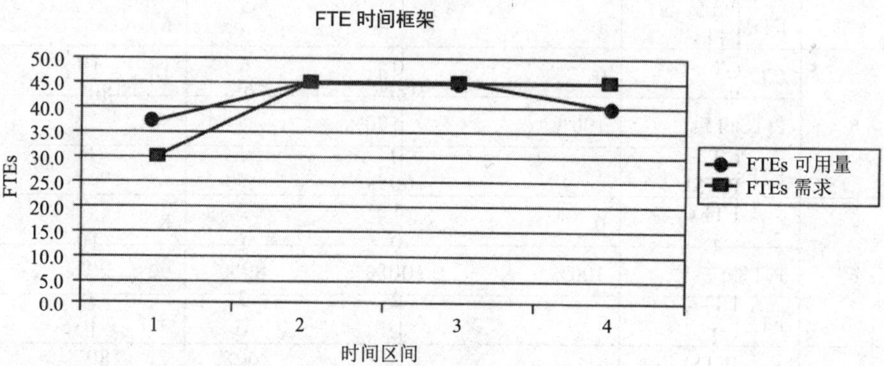

图 16-5　按开发阶段划分的和用公式（16-2）预测的跨越 4 个时间区间的 FTE 时间框架

注：组合最初包括 10 个项目。每个季度有 3 个项目加入 NPD 流程。

16.2.3　流程仿真模型

虽然代数模型的优势是漂亮和简洁，但它也有缺点——不能处理随时间变化的事件。为克服这些缺点，可以用更复杂的建模方法。这些更复杂的建模方法被广泛地称为“流程仿真模型”，包括离散事件模型和系统动力学模型。这些模型的数学细节超出了本章的范围，但是我们相信，让读者知道可以建立的模型的类型和使用模型的方法是非常有用的。

流程仿真模型在跟踪和控制单个项目通过一个流程的所有阶段的前进过程中非常有用。这些模型还可基于资源的可获得性来控制或限制项目通过流程的前进过程。该模型除了能提供一个更实际的 NPD 能力描述，还能帮助识别 NPD 流程中的瓶颈。另外，如果你能评估资源短缺对 NPD 绩效的影响程度，你就能预测不同的资源分配策略对整个 NPD 绩效的影响。尽管建立流程仿真模型比建立简单的表格模型要困难，但它能提供更多的信息。

在后面的内容中，我们将讨论这些模型的具体用途。这些模型除了能跟踪项目的进展，还能追踪隐含的资源流向，即它们能追踪项目在开发过程中的资源消耗，以及项目在市场投放后的资源生成（销售收入）。

流程仿真模型包括两个高层模型。第 1 个模型跟踪单个项目经过 NPD 流程和进入市场的进展。第 2 个模型跟踪资源的移动。项目流程模型和资源模型的概念性过程分别如图 16-6 和图 16-7 所示。流程图遵循这样的惯例，暗色的变量来自其他模型，这样就可以捕捉到模型之间的相互作用。带下画线和斜体的变量是模型输入参数。例如，在图 16-7 中所示的资源模型中，名为“阶段”的方框加了阴影，它代表项目流程模型中阶段的集合，这些阶段跟踪了在 NPD 的每个阶段中的项目数量。此外，变量“每个项目/阶段所需资源”则是来自外部数据文件的输入数据。

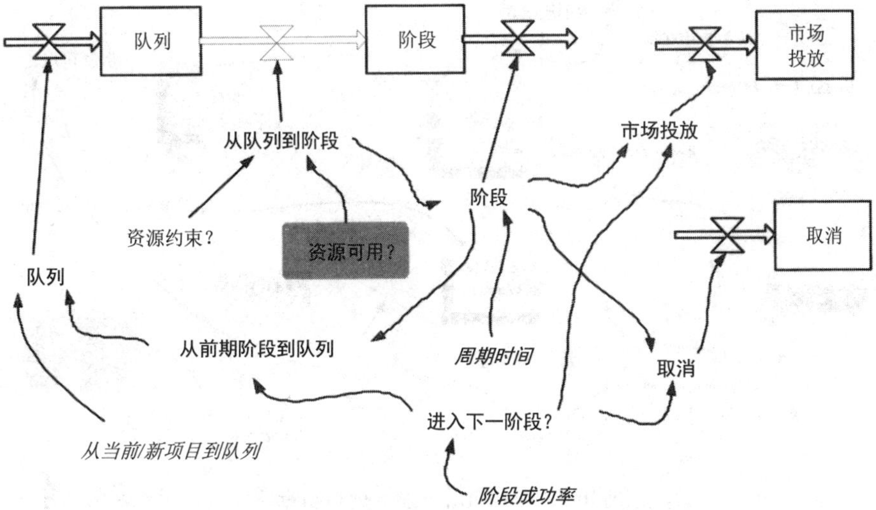

图 16-6 影响项目通过 NPD 的流程变量

注：在一个资源约束模型中，只有在有充足的可用资源时，项目才能从队列进入阶段。

图 16-6 是项目流程模型的一个概念性描述。标为“阶段”“队列”“市场投放”和“取消”的变量用于跟踪 NPD 中项目的位置。具体来说，项目在队列中将流程方案输入第一阶段。对于任何一个给定的阶段，某项目如果获得资源，该项目就会从“队列”进入“阶段”；一旦项目在给定阶段已经完成，它就可能被终止，在这种情况下，项目进入“取消”阶段。如果项目没有被终止，则该项目或者被放入成功阶段的队列，或者被投放市场（如果当前阶段是最后的阶段）。只有当有充

足的资源支撑项目时，该项目才能从一个“队列”进入一个“阶段”。要确定是否有充足的资源，就要监控变量的“资源可用值”。这个变量是因资源类型和项目而异的。因为这个变量是用阴影表示的，所以它的值需要在其他模型中确定。变量“周期时间”和“阶段成功率”采用粗体和斜体，表示的是模型的输入参数。这些参数针对 NPD 的每个项目和每个阶段是确定的。它们分别被用于特指每个项目在每个阶段将要花费的时间和每个项目在 NPD 的每个阶段将会成功的概率。所以，在流程仿真模型中的任何一点，我们都能找到每个项目的位置，从而清楚它所需要的资源。

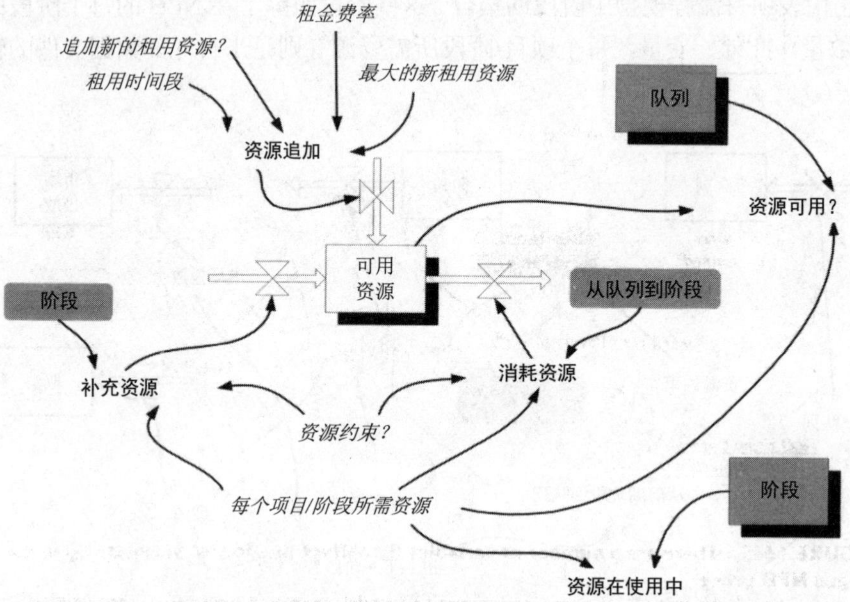

图 16-7　可用资源控制了项目的进展

注：如果可用资源控制了项目的进展，就必须跟踪资源。这里我们考虑消耗资源和来自项目工作与新租用的资源的补充。

流程仿真模型的目的是为了模拟单个项目经过 NPD 管道直到它的最终目的地。也就是说，跟踪每个项目直到该项目成为一个投放市场的产品或因某种令人不快的发现而被终止、离开 NPD 管道的全过程。被跟踪的项目应该包括那些正在筹备中的项目和那些将要加入的项目。所有项目都将要么因为成为投放市场的产品而退出，要么因为某种令人不快的发现而被终止。在每一个仿真步骤里，每个项目的位置都被跟踪。这些信息对于确定项目需要的资源或每个项目产生的销售收入来说都是必要的。

资源模型展示了流程仿真期间所有时间段的资源需求和可用性。当处在一个给定阶段的工作已经完成，以及当新租用的资源进入现场时，可将这些资源加入可用资源池。注意，我们所说的仅仅包括租用资源，也就是说，我们在这里不能准确地模拟那些因为与项目无关而离开资源池的资源。我们能够说明租用资源冻结及最大的允许租用水平，并包括明确的招聘目标。当某些项目被允许从“队列”进入开发阶段时，要从可用资源库中消耗资源。当项目完成时，它们又回到可用资源池。

注意，我们可以考虑资源限制或不限制地通过开发流程的模型。虽然资源总是限制项目的流动，但是人们想要确定在限制和不限制两种情况下的资源需求。在运行资源模型时，资源模型作为一种反馈机制起作用，因为公共资源随着研发流程进入不同阶段都会有需求。正是这种反馈让我们得到了对我们的产出能力的一个更真实的估算。

无论人们采用平均项目数据还是特定项目的数据，估算的资源需求都能用来比较可用资源和计划追加资源，以量化全部时间上的资源利用水平。在资源利用上的距离目标水平的显著性差异意味着有必要进行干预。这些干预可能包括增加或减少人力、关键业务流程重组、修正项目集达到特定水平、终止项目或外包一些业务等。

在下面几节中，我们考虑应用静态计划模型和动态仿真计划模型。

16.3 NPD 计划模型

16.3.1 静态计划模型

静态计划模型的目标是确定所需的里程碑数量，以及支撑来自研发输出所需的工作活动水平和资源。也就是说，静态计划模型可以帮助人们确定研发预算及每年在市场上投放两种产品所需的人数。驱动静态计划模型所需的数据包括特定任务的数据（周期时间、成功率，以及对每种资源的需求等）和全局流程数据［在一个时间范围内需要的新发现项目的数量，以及项目组合（新产品、合作开发产品及迭代更新产品等）］。

在静态计划模型中，$WIP_{S,T}(t)$（前面已经定义）的量化计算可直接得到。霍普和斯皮尔曼提出了 Little 法则，该法则将一个流程的产出（*TH*）和其在研项目数（*WIP*）与周期时间（*CT*）联系起来。我们用这个关系来确定研发过程中每个

阶段的 *WIP*。用于计算 *j* 阶段 *WIP* 的关系式如下：

$$WIP_j = TH_j \times CT_j \tag{16-3}$$

$$TH_j = TH_{j-1} \times SR_{j-1} + \sum_{k=\text{外部输入}} TH_{k,j} \tag{16-4}$$

在这个情况下，我们将 *j* 阶段的产出 TH_j 定义为进入 *j* 阶段准备进一步开发的项目数量。公式（16-4）表明进入 j 阶段的项目可能来自开发的上游阶段，也可能来自另一个外部输入来源（如产品迭代更新或特许机会等）。因此，对于图 16-8 所示的 N 阶段过程，可以通过设置发现、TH1 和公式（16-3）和（16-4）的期望输入速率来计算所有阶段的 WIP。

为了说明刚刚介绍的模型，我们举一个基于图 16-2 所示流程的例子。假设我们希望每年在市场上投放两次新产品，并且，我们希望这些投放的产品中有 50%是引入的新产品，而另 50%是产品迭代。注意，本例不包括特许认证项目。在这个例子中，产品迭代更新（产品线拓展）只参与早期开发和商品化阶段。另外，这个流程所需数据在表 16-2 中给出。基于产品投放总数和新产品与产品迭代更新的投放结构，我们可以计算出新产品和产品迭代更新的市场投放数量。这些数值反映了退出商品化阶段的项目数量。这些数值相当于退出商品化阶段的项目数量。通过将公式（16-4）（没有外部输入）应用于商品化阶段，我们就能计算出退出早期开发阶段的项目数量。注意，该数值与进入商品化阶段的项目数量一致。通过应用公式（16-3），我们可以计算出商品化阶段的 WIP。最后，我们用公式（16-1）计算出本阶段所需资源（成本）。现在，我们可以将同样的方法应用于早期开发和概念开发阶段。利用该模型，我们能够确定在 NPD 管道中所需的项目总数及年研发总预算。此外，我们还能了解项目数量和预算在 NPD 流程中各阶段分布的状况，以及这些项目和预算在新产品与产品迭代上如何分布。

表 16-2　应用公式（16-1）、公式（16-3）和公式（16-4）的代数模型举例

市场投放分布	
新产品	50%
产品线拓展	50%
市场投放	
总数	2
上市新产品数	1
上市升级产品数	1

续表

	概念开发	早期开发	商品化	总计
新产品				
周期时间	2	3	3	
成功概率	50%	67%	75%	
每个项目的成本*	15	25	150	
退出的项目数	6	4	1	
进入的项目数	12	6	1.3	
WIP（在研项目）	24	18	4	46
成本小计**	360	450	600	1 410
产品线拓展				
周期时间	—	3	3	
成功概率	—	80%	90%	
每个项目的成本	—	10	50	
退出的项目数	—	1.1	1	
进入的项目数	—	1.4	1.1	
WIP（在研项目）	—	4.2	3.3	7.5
成本小计**	—	42	167	209
总计				
退出的项目数	6	5	2	
进入的项目数	12	7	2	
WIP（在研项目）	24	22	7	
成本小计*	360	492	767	
在研项目总数				53.5
总成本合计**				1 619

注：*百万美元/项目/年
　　**百万美元/年

静态计划模型是一种有用的、在为了达到给定研发产出而需要的条件范围内评估资源需求的整合工具。此外，该模型还能方便地在电子表格上实现，且该模型的概念也易于交流。此外，人们还能够容易地用附加的标准蒙特·卡洛模型仿真工具评估出不确定性参数的影响。该模型的缺点在于它的简化的模型假设，特别是，假定研发价值链相对于研发项目在所有时间总是平衡的，因此，没有预测需求随时间的波动。然而，在实践中，研发项目集很难平衡，不确定某一项目是否或何时将进入下一阶段或终止。有的时候，有进展的项目比预期的多；而在其他时候，有进展的项目比预期的少。另外，静态计划模型将通过流程的项目视为连续的，而事实是有部分项目并没有从一个阶段进入另一个阶段，一个项目要么进入下一个阶段，要么被终止。还有，许多影响资源需求的因素总在变化，并且很难有效地跟踪。这些因素包括了特定的项目、参与项目的人数，以及进入研发过程的项目数和项目组合等。

成功的关键

以下建议对你开始使用模型更好地管理你的 NPD 流程应该有帮助：

- 在建模前，得到决策者对模型的使用方式的同意。也就是说，该模型是否将被用来设定未来的绩效目标、预测项目的资源需求或确定实施的流程改进要征得决策者的同意。
- 在建模时，明确假设模型的输入，并从那些将会受到模型输出影响的人那里得到数据。在建模后，要让每个感兴趣的人了解细节。这会使模型更可信，并使事后猜测最小化。不要把细节当成秘密。
- 使模型尽可能为其他人所访问。为了更好地做到这一点，如果可能，尽量使用标准的、易于使用的工具。除了有助于提升模型的可信度，这样做还能在评价模型时降低对专家的依赖。
- 在尽可能抽象的水平上建模。只有在必要时才在模型中加入细节。具有较少细节的模型通常能充分地表示你的流程需要较少的数据，并且更容易构建与他人的沟通。
- 用历史数据验证你的模型，给自己和他人树立信心，相信模型能充分地体现你的流程的关键特征。
- 在日常惯例的基础上重新考虑模型中的假设和数据，以应对业务的变化。模型更新的频率将取决于你的流程变化的速度。
- 在模型中包括可变性，人人都知道参数（例如，周期时间和资源需求）在变化。可以用蒙特·卡洛模型分析或混合项目类型来应对变化。
- 探索模型对输入参数的敏感性。如果关键的输入参数仅有微小的变化，有关流程模型的结果是否改变？

16.3.2 动态仿真计划模型

流程仿真模型的直接用途之一就是使静态计划模型的资源估算更为准确。流程仿真模型利用项目集中的当前项目列表、每个项目的当前位置（所处的开发阶段）、每个项目在每个后续阶段中将要花费的估算时间，以及每个项目将要通过后续开发阶段获得进展的可能性等信息来实现初始化。如果我们不知道集中的项目在将来的一致性，我们要对那些不同来源的、可能进入项目管道的项目的数量做出假设。另外，我们还要假设这些项目的周期时间、成功率，以及资源需求等值的范围。这些假设的值可以基于任何可以获得的绩效目标、历史数据、行业标杆数据或合理的评价结果等得出。

注意，我们是用递推的方法描绘那些通过流程的项目的。例如，在图 16-8 所示的阶段流程中，当某项目在 j 阶段的工作完成后，这个项目或被终止（取消）或进入下一阶段 j+1。如果某项目在完成了 N 阶段的工作后是成功的，则该项目退出流程成为一个成功的投放市场的产品。注意，项目可能在任何一个开发阶段进入 NPD 流程。特别是，现有产品和授权项目的产品迭代仅参与全部 NPD 流程中的任务子集。此外，当前管道内的项目仅完成 NPD 流程中的后续步骤。

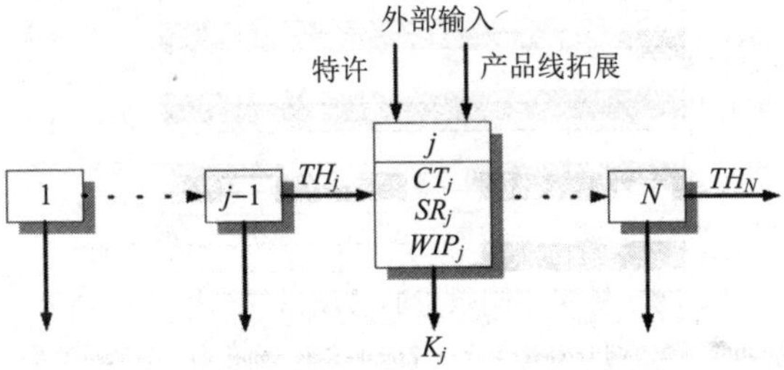

图 16-8　一般的阶段流程模型

邦奇和沙赫特（2001 年）给出了一个详细的解释：动态仿真计划模型如何能够用于预测与不同的初始管道分布相关的资源需求。他们考虑了各种不同项目管道基于时间的资源需求，展示了动态仿真计划模型如何能够用于估算各种不同 NPD 管道的资源需求。在他们的仿真过程中，每个管道都用相同的项目总量初始化。然而，在开发的各个阶段内，项目的分布是不同的。然后，他们跟踪和比较了在不同的初始条件下所需资源的时间框架。

为了说明这些结果，我们列举了一个划分了阶段的流程，如图 16-8 所示，其中 N=5。还列举了具有相同的初始项目数量和初始分布的管道，如图 16-9 所示。情况 1 表示一个在初始时完全平衡的项目集。也就是说，分配项目以便实现稳定的输出。情况 2 和情况 3 分别代表在第一阶段和最后阶段开始的管道的情况。情况 4 代表项目遍及各个阶段但没有得到适当平衡的情况。周期时间、成功率，以及资源需求因开发的阶段不同而不同，但是在这里假设对每个项目都是一样的。需要注意的是，这个假设越到后面的开发阶段消耗的资源越多。与这些初始项目分布相对应的资源需求状况如图 16-10 所示。注意，因为情况 1 中的当前项目列表是完全平衡的，所以它遵从一条静态直线。经过一个过渡期之后，其他情况的资源状况遵从静态的需求。这是一个以固定的速率追加新项目的结果。这些结果是直观的。因为早期阶段的项目需要的资源较少，所以情况 2 的资源需求在开始的时候低，然后随着项目进展到后面的阶段而逐渐增长，到那时，每个项目需要的资源要多得多。情况 3 的资源需求在开始时较高，因为所有的项目都从开发的最后阶段开始。随着项目集中地在初始阶段退出了流程，管道中的高资源消耗项目消失。因此，资源需求迅速减少，并随着新项目一路向前通过该流程而逐渐达到静态。情况 4 在本质上是前面几种情况的混合。需要注意的是，资源需求随着大量的项目最初从阶段 3 进展到管道的后续阶段而急剧上升，并随着项目退出系统而减少。

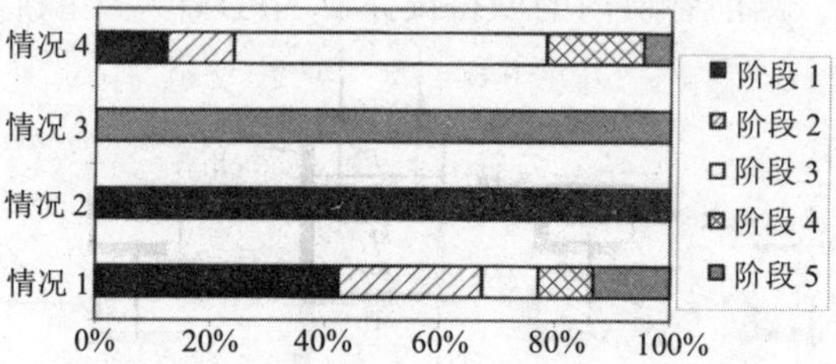

图 16-9　针对相同数量的总项目的初始项目分布

注：情况 1，静态；情况 2，所有项目都处于阶段 1；情况 3，所有项目都处于阶段 5；情况 4，在中间（阶段 3）的项目数量分布不成比例。

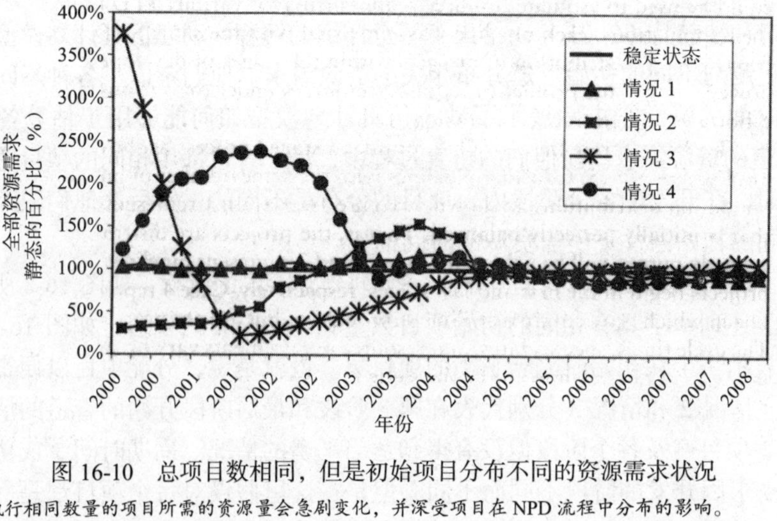

图 16-10　总项目数相同，但是初始项目分布不同的资源需求状况

注：执行相同数量的项目所需的资源量会急剧变化，并深受项目在 NPD 流程中分布的影响。

动态仿真计划模型可用来估算为了执行一系列计划的项目所需的资源。利用这个模型，人们可以将可用资源与所需资源进行比较，从而预测资源短缺的时间段。这可能会提示管理者进行干预，从而实现资源短缺的最小化。这些干预可能包括租用追加资源、改变要进行的项目优先级排序或改变项目执行的时间等。如果管理干预实施困难或实施起来需要时间，那么动态仿真计划模型可用来根据资源约束来限定项目，以提供一个更实际的管道绩效估算。

16.4 利用仿真模型对项目优先级排序和编制计划

布劳和他的同事们（2000 年）提出了一种将项目选择和计划与仿真模型相结合的框架。利用他们的方法，人们开发了一个项目的排序列表，加入列表的项目是被考虑要加入 NPD 管道中的项目。接下来，人们确定了计划规则，使在优先级排序列表中的项目可以尽快地通过 NPD 流程（按照排序列表的顺序）。一旦优先级排序列表与计划规则确定后，仿真模型就可以运行许多次，以预测项目集在整个时间区间执行的方式。绩效是用净现值（NPV）和所需资源的分配来衡量的。目标是在合理利用资源的同时，最大限度地利用净现值。人们可以容易地改变优先级排序列表与进度计划规则以发现能够改善管道绩效的项目优先次序和进度计划规则。我们在后面的内容中将回顾这种方法并提供一个实例。

例如，在 NPD 项目组合中的一系列项目。我们假设每个项目都有合理的关键点估算和可能的重要属性范围。这些属性包括产品开发信息和市场信息。产品开发信息包括所需的资源（资金和人员）、技术成功概率，以及每个开发阶段的完成日期。市场信息包括成熟的销售力量及销售和营销成本。

利用这些信息，人们能够使用仿真模型来独立地全程跟踪每个候选项目的动态过程。预计的资源需求估算值和生成的销售收入在每次仿真时都会变化，这是因为，第一，输入参数是根据分布而不是根据关键点来进行估算的。第二，项目的最终目的地在每次仿真时都会变化，这是因为每个项目在 NPD 过程的每一步都会终止的概率不为零。通过多次运行这些模型，每个项目的重要财务参数（包括总的资源消耗、总的销售收入，以及 NPV 等）的分布就可以被确定。然后，这些参数就会和其他的准则一起被用以建立项目的排序列表。

通过使用仿真模型估算财务参数的结果，人们会发现单个项目的 NPV 呈双峰分布。第一个分布与项目在投放市场之前被终止的仿真运行相关。我们将该分布的均值视为风险。风险总是负的。第二个分布与项目在市场上投放的仿真运行相关。我们将这个分布的均值视为项目的回报。在大多数情况下，回报都是正的。图 16-11 展示了某个开发项目利用仿真模型生成的 NPV 分布的情况。由该图可以明显看出，只用一种评估方法计算该开发项目的 NPV 是无效的。

项目的排序在文献中已经受到大量的关注。库珀、埃杰特和克兰施米特提出了许多通用的方法。我们在此注意到大多数方法考虑到了多重项目属性。主要的属性包括财务回报、资源需求、上市时间、成功概率、战略一致性，以及项目集平衡等。库珀、埃杰特和克兰施米特提出了几种用于集管理和项目选择的模型，包括财务模型、评分模型、气泡图和项目集图等。

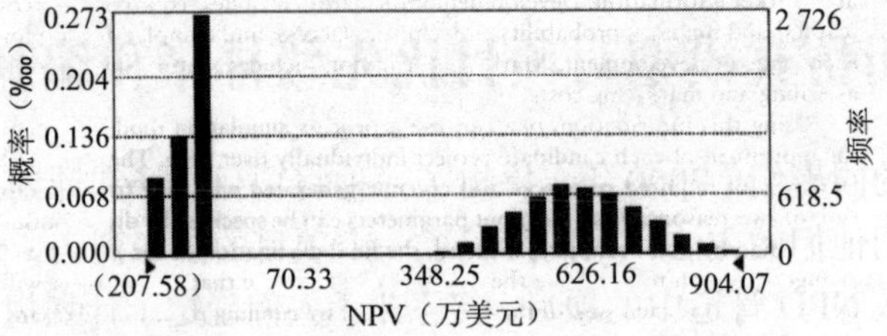

图 16-11　某开发项目的双峰 NPV 分布（实验 10 000 次）

财务模型经常利用一系列财务指标，包括 NPV、投资回报（ROI）或投资回收期等。利用评分模型，每个项目都在几个维度上被打分。接下来，用得到的各项评分乘相应的权重后再汇总就得到了一个总的项目得分。然后，用该得分对项目进行排序。利用气泡图，人们将项目标记在一个坐标系中，其中一个轴代表项目的财务回报，另一个轴代表项目的成功概率。代表各个项目的符号的大小取决于项目的某些其他评估指标，如资源消耗等。此外，这些符号可以采用不同的形状、不同的颜色，以及不同的纹理来代表某些其他参数，包括产品规格、产品类型等。大量的可用气泡图来沟通的信息使气泡图成为一种非常强大的工具，该工具可以简明地描述和传达 NPD 项目的不同维度，它的使用非常流行。库珀、埃杰特和克兰施米特还指出，某些公司基于公司战略为开发工作分配资源。采用这种方法，资源被分配给不同类型的项目，并进入不同的“桶”（bucket）。然后，在不同的“桶”中对项目进行排序。

在使用了上述方法之后，我们将得到 NPD 项目的等级顺序列表或优先次序列表。一旦得到了该列表，目标就是要确定这一系列项目经过 NPD 流程各阶段的移动速度。因为我们假设没有足够的资源来同时推进所有的有理想回报的项目，所以，必须要考虑资源限制问题。这就是说，我们必须制订一个项目计划，该计划确定了项目任务的执行顺序和时间，使得执行该计划所需的资源不超过可用资源。这是一个在不确定情况下的有资源限制的规划问题。目前，已经有了大量的理解和解决这个问题的研究成果，但是这里不介绍这些成果。有兴趣的读者可以参阅 Subramanian et al. 2000、Honkomp 1998、Schmidt and Grossmann 1996，以及 Jain and Grossmann 1999 等文献。

在实践中，在 NPD 管道管理中的规划问题可采用针对那些可能被认为是触发事件而出现的一系列决策来处理。这些决策可能包括开始一个新项目或延期开始一个新项目。触发事件是指那些会改变项目集的资源需求的事件。例如，某项目从开发的一个阶段进入下一个阶段、终止一个项目或启动某项目等。这样，触发事件可能就是终止一个现有项目并引进一个新项目的决策。该决策可能也是延迟开始某项目直至另一个项目启动。

现考虑以下例子，我们有一系列项目要加入 NPD 流程中。显然，没有足够的资源用于同时执行所有的项目。所以，我们建立一个排序的项目列表并从中选择排序最靠前的项目，直到资源全部用完。这里使用的决策规则是：随着当前管道中的项目由于终止或投放市场而退出，按照排序列表中的顺序追加新项目。在对项目通过 NPD 系统的过程进行仿真时，监控财务绩效和资源消耗。我们的项目排序系统就计划系统的绩效对实际的 NPV 和超额使用资源的时间部分进行评估。这两种评估指标都能提供有价值的信息。例如，人们可能愿意看到这样的项目进展情形：稍微多利用一些超额资源以大幅度提高 NPV。最终，实施的进展情形取决于管理层对为了达到财务目标而超出承诺的资源的认可程度。人们也许愿意提出一个计划，如果回报率足够高，该计划会超出当时可用资源的 10%。然而，在任何情况下都很难想象人们能够提出一个超出当时可用资源 50%的计划。

NPV 分布和资源需求分布的例子分别如图 16-12 和图 16-13 所示。项目的 NPV 为 540 万美元，其中选择了排名系统和决策规则。注意，在图 16-13 中，当时需要的资源需求超出可用资源 5%。可以评估备选项目排名和进度方案，以便在保持可接受的（70%～80%）资源利用水平的同时，实现最大 NPV。

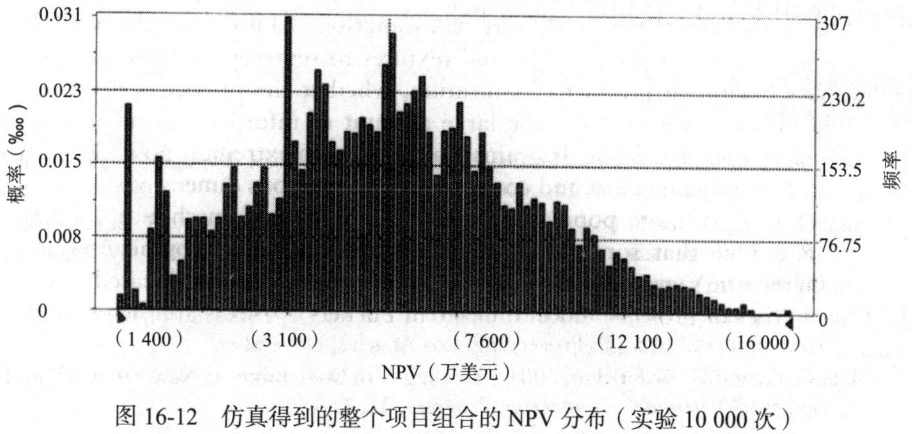

图 16-12 仿真得到的整个项目组合的 NPV 分布（实验 10 000 次）

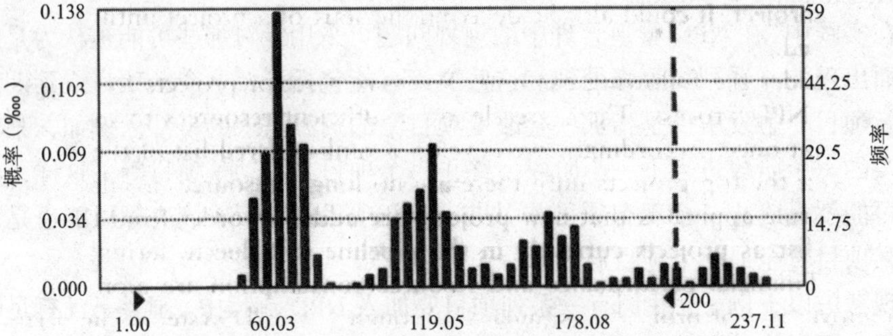

图 16-13　某项目的资源需求分布和特定的项目优先决策规则（实验 10 000 次）

注：因为可用资源是 200，所以，该计划超出可用资源 5%。

16.5　小结

我们在本章中将 NPD 视为一个流程的框架。根据这个框架，介绍了几个简单的可用于制订研发计划的模型。具体来说，一个模型可以用来预测为达到来自研发的产出目标所需要的工作活动水平和资源。另一个模型可用来预测在整个时间范围内的一系列项目的资源需求概率。这些模型可以很容易地在电子表格中实现。此外，如果数据具有不确定性，我们可以用蒙特·卡洛仿真模型来确定输出范围。

仿真模型是作为一种追踪个体项目通过 NPD 流程的运动过程的方法来讨论的。这种方法可用来计算项目集在各时间段的绩效评估的范围，包括各阶段的项目和资源需求。此外，我们还展示了仿真模型如何与项目选择方法结合来预测某个纳入计划的项目集合的绩效。这种方法可用于生成某给定项目的双峰 NPV 分布，并可用作项目选择过程的一部分。另外，这种方法还可用来确定选定的项目在执行过程中将会过度使用资源的可能性。

参考文献

[1] Blau, G. E. 1997. "A Systems Engineering Approach to New Product Development." *CAST Communications* 21, 2.

[2] Blau, G. E., B. Mehta, S. Bose, J. Pekny, G. Sinclair, K. Keunker, and P. R. Bunch. 2000. "Risk Management in the Development of New Products in Highly Regulated Industries." *Computers and Chemical Engineering* 24: 659–64.

[3] Blau, G. E., and K. Rajan. 2000. "Impact of Project Dependencies on New Product Development." AICHE Proceeding, Los Angeles, November.

[4] Blau, G. E., and G. W. Sinclair. 2001. "Dealing with Uncertainty in New Product Development." *Chemical Engineering Progress*, 21, 2.

[5] Bose, S., and G. E. Blau. 2000. "Use of a Network Model Interface to Build Spreadsheet Models of Process Systems: A Productivity Enhancement Tool for Risk Management Studies." Seventh International Symposium on Process Systems Engineering, July, Keystone, CO.

[6] Bunch, P., and A. Schacht. 2002. "Modeling Resource Requirements for Pharmaceutical R&D." *Research Technology Management*. 45, 1: 48–56.

[7] Cooper, R. G., S. J. Edgett, and E. J. Kleinschmidt. 1997a. "Portfolio Management in New Product Development: Lessons from the Leaders—I." *Research Technology Management* 40, 5: 16–28.

[8] Cooper, R. G., S. J. Edgett, and E. J. Kleinschmidt. 1997b. "R&D Portfolio Management Best Practices Study." Michael G. DeGroote School of Business, McMaster University.

[9] Drews, J. 1998. "Innovation Deficit Revisited: Reflections on the Productivity of Pharmaceutical R&D." *Drug Discovery Today* 3, 11: 491–94.

[10] Ford, D. N., and J. D. Sterman. 1998. "Dynamic Modeling of Product Development Processes." *System Dynamic Review* 14, 1: 31–68.

[11] Honkomp, S. J. 1998. "Solving Mathematical Programming Planning Models Subject to Stochastic Task Success." Ph.D. dissertation, Purdue University.

[12] Hopp, W. J., and M. L. Spearman. 1996. *Factory Physics*. Chicago: Irwin.

[13] Jain, V., and I. E. Grossmann. 1999. "Resource-Constrained Scheduling of Tests in New Product Development." *Industrial & Engineering Chemistry Research* 38, 8: 3013–26.

[14] Pisano, G. P. 1996. *The Development Factory*. Boston: Harvard Business School Press.

[15] Pritsker, A. A. B. 1986. *Introduction to Simulation and SLAM II*. New York: Halsted Press.

[16] Rosenau, M. D. 1996. "Choosing A Development Process That's Right For Your Company." *PDMA Handbook of New Product Development*. New York: John Wiley and Sons, 77–92.

[17] Schmidt, C. W., and I. E. Grossmann. 1996. "Optimization Models for the Scheduling of Testing Tasks in New Product Development." *Industrial & Engineering Chemistry Research* 35, 10: 3498–510.

[18] Sterman, J. D. 2000. *Business Dynamics: Systems Thinking and Modeling for a Complex World*. Boston: Irwin McGraw-Hill.

[19] Subramanian, D., J. F. Pekny, and G. V. Reklaitis. 2000. "A Simulation-Optimization Framework for Addressing Combinatorial and Stochastic Aspects of an R&D Pipeline Management Problem." Seventh International Symposium on Process Systems Engineering, July, Keystone, CO.

[20] Wheelwright, S. C., and K. B. Clark. 1992. *Revolutionizing Product Development*. New York: The Free Press.

附录

PDMA 新产品开发术语表[①]

偶然发现 （Accidental Discovery）：可以在组织内部或外部获得的非预期的新设计、新想法和新发展。

接受曲线 （Adoption Curve）：消费者或市场决定采用某种新产品或新技术的阶段。从个体层面看，每个客户从认知阶段（开始知道并了解）到钟情阶段（喜欢并偏好该产品）再到意动阶段或行动阶段（决定并购买该产品）。从市场层面看，新产品最初总是被市场上的创新者购买，通常认为这些创新者占产品累计接受者人数的 2.5%。随后的购买者是早期接受者（占产品累计接受者人数的 13.5%），接下来是早期接受大众（占产品累计接受者人数的 34%），再后来是晚期接受大众（占产品累计接受者人数的 34%），最后是滞后者（占产品累计接受者人数的 16%）。

亲和图（Affinity Charting）：一种用于发现数据片段之间联系的“自下而上”的技术。个人或团体从单个数据（例如，一个客户需求）入手，然后浏览他们所拥有的其他数据（例如，其他客户需求的陈述），以发现其他数据与第一个需求数据相同的数据，并将它们放在同一组中。因为这些数据来自不同的数据片段，这些数据片段不同于第一组中的数据，所以，它们构成了一个新的类型。最终结果是一个组集，其中包含的同一类型的数据是相似的，并且组与组之间的差异在某种程度上是相同的。

敏捷产品开发 （Agile Product Development）：在合作环境下，由自我管理的团队进行产品迭代开发的过程。

---

① 2002 年产品开发与管理协会获得版权。经允许在此引用。在该术语表中，某些术语的定义是根据《新产品管理》（由 C. Merle Crawford 和 C. Anthony Di Benedetto 著）中的术语表改编的。PDMA 理事会、《PDMA 新产品开发工具手册》（New York: John Wiley and Sons, 2002）的作者们、《PDMA 新产品开发手册》（New York: John Wiley and Sons, 1996）的作者们、以及其他几位在新产品开发科学、技能、技术领域中富有知识的专家为该术语表中的术语、短语及定义做了大量的贡献。我们感谢所有这些无偿的贡献者的持续支持。

联盟（Alliance）：为了实现开发的目的，与另一个独立的公司组成的正式的机构，涉及信息、硬件、知识产权或使能技术的交换。联盟包括共同分担风险和分享利润（如共同开发项目）。

阿尔法试验（Alpha Test）：为了发现和消除最明显的设计缺陷和不足而进行的生产前的产品测试，它通常包含在实验室或企业的正常开发活动中，尽管很多时候可能是在受约束的条件下和领先消费者一起进行的测试。

阿尔法测试（Alpha Testing）：设计初期关键的"第一次检查"，通常在室内完成。阿尔法测试的结果可以证明产品是否按照规格设计或者发现产品不完善的方面。测试环境应尽可能模仿产品将来的实际使用环境。阿尔法测试不能由从事开发的工作人员自己来完成。因为这是新产品的第一次"使用"，应评价产品的适用性和功能等基本问题。对参与评价的所有方面的任何有关规范的修改和调整的建议都要诚恳接受，并认真考虑。因为测试是在企业内进行的，所以必须尽可能保证测试的客观性。

层次分析法（Analytical Hierarchy Process，AHP）：一种解决复杂的多准则问题的决策工具，其中同时用到定性和定量分析方法。AHP根据若干决策要素的共性，将它们分成与家谱或亲和图相似的簇。层次分析法由T. L. Saaty首先提出。

分析者（Analyzer）：采用模仿创新策略的企业，其目标是，别人一旦打开市场，他们就非常迅速地向市场投放相同的或稍好的产品，而不是做第一个推出新产品或新技术的企业。有时被称作"模仿者"或者"快速跟随者"。

预期失效决定（Anticipatory Failure Determination，AFD）：一种失效分析法。用这个方法，开发人员从导致某一特定后果的特定失效开始，并试图设计出一些方法，使失效总能可靠地发生。然后，开发人员利用这些信息开发更好的识别步骤来避免失效的发生。

应用开发（Application Development）：为了满足用户的需求而设计和编写软件的反复过程，或改善和开发新产品的流程。

架构创新（Architectural Innovation）：颠覆式技术创新和颠覆式商业模式创新的有效整合。典型案例之一是颠覆了柯达和宝丽来等公司的数字摄影产品。

架构（Architecture）：参见"产品架构（Product Architecture）"条目。

异步组件（Asynchronous Groupware）：用于帮助人们进行分组工作的软件，但并不需要人们在同一时间工作。

属性测试（Attribute Testing）：一种定量市场研究技术，它可以用一个或多个尺度类型对一系列产品或各类属性打分排序，这些尺度类型可以是相对重要性、当前绩效、当前客户对某产品或服务的满意度等，其目的是要明确客户对产品属性的偏好，以指导设计和开发流程。在开发和确定产品属性时，必须保持密切关注和严格的态度，回答问题的时间不能太长也不能太短，太长和太短都会导致在高级管理层积压太多的创意。

审计（Audit）： 在新产品开发过程中，审计是对新产品开发和进入市场流程进行有效性的评价。

延伸产品（Augmented Product）： 核心产品及能够带来产品收益的其他来源，如服务、保修和形象等。

自治型团队（Autonomous Team）： 一个完全自给自足的项目团队，很少与基金组织有关联。通常是在市场上进行突破性创新的组织模型。有时被称作“老虎”团队。

知名度（Awareness）： 新产品的潜在客户中知道其存在的客户比例。知名度的定义很广泛，包括品牌记忆、品牌识别和对关键特征或定位的记忆。

备用项目（Backup）： 不管是同步进行还是顺次进行的项目，通常为了防止主导项目失败都有备用项目。备用项目和主导项目具有一样的运行机制。但公司不会同时推出主导项目和备用项目，因为他们之间是直接竞争关系。

平衡项目组合（Balanced Portfolio）： 一系列项目的组合，其中各种类型的项目所占比例与战略优先级高度匹配。

平衡记分卡（Balanced Scorecard）： 一种综合绩效评价技术，它平衡考虑了4个绩效领域：① 客户对我们绩效的感知；② 对我们的优势的内部评价；③ 创新和学习水平；④ 财务运行状况。

对标（Benchmarking）： 从不同组织收集过程绩效来评价它们的个体绩效或整体绩效的过程。

利益（Benefit）： 通过使用者从产品中得到的用途体现出来的产品的属性，而这些产品的属性不是产品的物理特性。利益经常会因具体的特征而增加，但不是绝对的。

最佳实践（Best Practice）： 用来提高绩效的方法、工具或技术。在新产品开发中，不能只用一种工具或技术来确保成功，而是联合使用一系列方法以提高成功的可能性。最佳实践的具体解释还要依上下文而定。有时会被称作“有效实践”。

最佳实践研究（Best Practice Study）： 通过分析成功组织来模仿他们的最佳实践方法的研究。在新产品开发中这意味着寻找最好的实践方法，通过调整在组织内加以利用。

贝塔试验（Beta Test）： 产品生产前的外部测试。在产品推向市场前，在现场环境下测试产品的所有功能以发现可能在室内测试中没有发现的系统故障的方法。

贝塔测试（**Beta Testing**）：比阿尔法测试更广泛的测试方法，由实际使用者和消费者来进行。贝塔测试的目的是判断在实际使用环境中产品的性能如何。关键是由实际消费者来完成这项测试，而不是由公司开发团队或测试公司来完成。同阿尔法测试一样，贝塔测试的结果也必须认真对待并用来修正产品设计。

大数据（**Big Data**）：规模极大的数据集，经由计算分析可揭示某种模式、趋势和关联性，尤其是与人类行为及其交互相关的方面。

自下而上的组合选择（**Bottom-up Portfolio Selection**）：经过严格的项目评估、筛选过程，从一系列独立项目中挑选并构建出与战略匹配的一个项目组合。

保龄球道阶段（**Bowling Alley**）：早期成长阶段的战略，它强调关注某一具体市场，通过推出完全差异化的"整体产品"来建立自己的优势地位，并利用这一具体市场来撬动其他市场。保龄球道阶段法的成功在于通过与消费者建立良好的关系来建立产品领导的地位。

头脑风暴法（**Brainstorming**）：经常在新产品概念生成阶段应用的利用群体的力量来创造性地解决问题的方法。这一方法还有很多种不同的叫法。这一方法的基础是让更多的人将他们具有创新性的想法列出来。在进行决定性评估之前把想法尽可能多地提出来。

品牌（**Brand**）：使生产商或服务商区别于他人的名字、称呼、设计、符号或其他任何特征。品牌的合法形式是商标。通过品牌可以识别一种、一系列或一个生产商的所有产品。

品牌开发指数（**Brand Development Index，BDI**）：衡量品牌在某一地区销售能力的指数。在计算方法上，它是某一地区的销售量占全国销售量的百分比。

面包板（**Breadboard**）：一种概念验证的建模技术，它可以用来代表产品是怎样工作的，而不是产品看起来是怎样的。

盈亏平衡点（**Break-Even Point**）：在产品的商业周期中，累计开发成本和销售利润相交的点。

突破性项目（有时也称为激进或颠覆式项目）［**Breakthrough Projects (sometimes referred to as radical or disruptive projects)**］：通过新技术向市场引入崭新产品的项目，与组织的现有项目有明显不同，且风险水平较高。

商业分析（**Business Analysis**）：对某一项目的商业环境的分析。通常包括折现现金流、净现值或内部收益率的财务预测。

商业论证（**Business Case**）：市场、技术和财务分析的结果，或事先准备工作的结果。理论上应该在"开发"决策之前执行。这个论证定义了产品和项目，包括项目的合理性和行动或商业计划。

业务目标 （Business Objective）：指针对企业特定的战略项目和其目标的文件，并在规定的时间必须完成或达到。业务目标应基于公司宗旨制定，是对战略进行目标分析并制定的包含具体措施的部门中长期规划。其策划的思路、方法以及其充分性、适宜性、有效性将对年度的工作方向及效率产生较大的影响。

事业部（Business Unit）：事业部是指以某个产品、地区或顾客为依据，将相关的研究开发、采购、生产、销售等部门结合成一个相对独立的单位的组织结构形式。

企业对企业 （Business-to-Business）：与非消费者［如制造商、销售商（如分销商、批发商、临时商和零售商）］等组织发生的商业关系。

买方（Buyer）：产品的购买者，但他不一定是最终消费者。尤其是在 B2B 市场，购买机构可能签订实际购买产品或服务的合同，但不从中获利。

买方集中度 （Buyer Concentration）：一小部分购买者的购买力占市场上总体购买者的购买力的百分比。

侵蚀效应 （Cannibalization）：对现有产品的放弃而转向对新产品的需求。

能力规划（Capacity Planning）：一种监督组织的技术和有效资源容量的前瞻性活动。对于产品开发，它的目的是保证产品新开发流程中所有的技术都不会成为阻碍项目完成的瓶颈。这对于优化项目组合是必要的。

碳信用额 （Carbon Credits）：在对外部性因素（一项产品或服务对非生产者和非使用者的影响）的商品成本计算中，无法体现出的间接成本，包括二氧化碳排放和其他对社会的影响。“真实价格”是所有外部性因素与（影子）价格之和。

现金牛（Cash Cows）：指整体增长率较低，但在市场中占有较高份额的产品。

卓越中心（Centers of Excellence）：在同一地域范围内或组织结构内的团队，他们有公认的技术、商业或竞争优势。

认证 （Certification）：承认某人已经掌握某一知识体系的正式流程。在新产品开发中，PDMA 创造和管理着新产品开发专业（NPDP）认证流程。

倡导者 （Champion）：热切希望某一过程或产品被开发并被投放市场的人。这个非正式的角色激发人们对机会的认识，使被公司政策限制或反对派反对的项目得以进行。

章程 （Charter）：用来定义项目背景、具体细节和计划的项目团队文件。包括初始商业案例、问题和目标陈述、限制和假设以及主要计划和远景。开发商的定期复查可以保证开发活动与经营战略的吻合。

核对单 （Checklist）：提醒分析师想起所有相关方面事务的要素清单。该清单经常用在概念生成过程中作为一种创新的工具，在概念筛选中作为要考虑的要素标准，以确保所有正当的任务在产品开发阶段中被完成。

结构块（Chunks）：产品结构的构成块，由不可分割的物体元素组成。结构块的其他形式可能是模块或主要组件。

循环经济（Circular Economy）：被设定为具有可修复性和再生性的经济模式，其目标是确保产品、部件和材料时刻都保持最佳效用和价值，有别于技术周期和生物周期。

时钟速度（Clockspeed）：不同行业的进化速度。高时钟速度行业，如电子行业在短时间内会有几代的进步。在低时钟速度行业，如化工，一代新产品的诞生需要 5～10 年。人们普遍认为高时钟速度行业的发展会在长时间内影响所有行业。

整群抽样（Cluster Sampling）：将整体分为多个“群”，再以群为单位从中进行抽样。

认知模型（Cognitive Modeling）：关于个体如何解决问题和执行任务的计算模型的产生方法，它建立在心理学的基础上。建模过程概括了一个人解决具体问题或完成任务的步骤，可以预测所需时间或可能发生的错误类型。认知模型通常被用来决定用户交互界面以使交互错误最小化。

认知过程走查法（Cognitive Walkthrough）：一旦构建了一个人完成任务的所有步骤，专家就可以模仿使用者“走查”产品使用的所有步骤。其结果可以帮助提高产品的人性化程度和可用性。

协同产品开发（Collaborative Product Development）：两个公司共同开发某产品并将其推向市场。小公司可以提供技术或创造性的知识，大公司可以提供资金、市场和分销渠道。两个规模相当的公司合作，他们可以在开发某些高复杂性的产品或系统时共同开发。协同产品开发有许多形式。在客户协同方面，供应商可以接触到合伙人提供的关键客户。在供应商协同方面，公司合伙人和技术组件服务提供者一起创造整合型解决方法。在协同合同生产中，公司和生产合伙人一起协同生产目标产品。协同开发依合作的深度不同而不同，他们在为目标消费者提供最终方案的过程中是联系在一起的。

集中办公（Co-location）：将项目人员集中在同一个地区，可以保证他们能够更频繁地进行交流和更快速地做出决策。

商业化（Commercialization）：新产品从开发到推向市场的过程。通常包括产品启动和持续开发、营销材料和项目开发、供应链开发、销售渠道开发、培训开发、服务和支持开发。

竞争情报（Competitive Intelligence）：将分散的公众竞争者的信息整合成竞争者的位置、规模、能力和趋势等战略性知识的方法和活动。它是指收集、分析、沟通、利用发生在公司外的竞争趋势信息的广泛实践。

计算机辅助设计（Computer-Aided Design，CAD）：可以帮助设计者和工程师在设计中应用计算机的技术。早期阶段可以使用二维设计，现阶段可以使用三维设计，也可以用在金属或固体模型中。

计算机辅助工程（Computer-Aided Engineering，CAE）：在设计、分析和制造产品过程中应用计算机。有时仅指在工程分析阶段使用计算机。

计算机辅助创新（Computer-Enhanced Creativity）：为了加速新产品开发流程，在记录、回忆和重建创意的过程中使用特殊设计的计算机软件。

概念（Concept）：对新产品形象的文字描述，包括主要的特征、可以给消费者带来的好处和对所采用技术的深刻理解。

概念生成（Concept Generation）：产生新概念、产品创意的过程。有时也称作创意生成或构思过程。

概念优化（Concept Optimization）：衡量具体产品的好处或特性能吸引消费者的程度的研究方法。优化结果用来站在消费者角度上从可选的研究中选择内容来构建最有吸引力的概念。

概念筛选（Concept Screening）：在产品开发项目的探索阶段，从经营战略的匹配性、技术可行性、可制造性和财务上的成功潜力等多个角度对潜在新产品概念进行评估。

概念说明（Concept Statement）：在开发之前，为了获得消费者的反馈，用来向消费者展示的概念的文字性描述或图示说明。

概念研究活动（Concept Study Activity）：检查概念的一系列产品开发任务，来判断是否存在市场、技术或产品开发流程的重要缺陷。

概念测试（Concept Testing）：向消费者展示概念说明以观察他们的反馈的过程。这些反馈可以用来帮助开发者评估概念的销售价值并做出相应的调整。

并行（Concurrency）：在产品开发过程中，在同一时间进行不同的独立的活动。

并行工程（Concurrent Engineering，CE）：在产品设计和制造流程中采用并行的模式和跨职能团队，并且活动不是按时间顺序进行。实施并行工程的目的是促进开发团队从配置、质量、成本、维护等角度思考产品生命周期概念，也称作同步工程。

联合分析（Conjoint Analysis）：联合分析是一种市场调研技术，它包括反馈者关于产品的系统描述，包括一系列属性和这些属性的实现程度。通过要求反馈者选择他们更喜欢的产品或指出他们的偏好，联合分析可以判断每个变量在多大程度上对产品整体做出贡献。与其他方法相比，联合分析判断重要性的两大优点是：① 变量和程度可以是连续的（如权重）或具体的（如颜色）；② 它是评价价格作用的唯一有效的市场调研方法，如具有某一特征的人们会支付什么价格。

消费者 （Consumer）：公司目标的一般性和全部的形式。通常用在 B2B 或公司内部，指公司现有客户、竞争者的客户、现有的具有相同需求或人口特征的非购买者。它没有明显的购买者和使用者之分，仅一小部分消费者会成为客户。

消费者市场 （Consumer Market）：个人为家庭使用（而不是为商业用途）而购买产品和服务。消费者的购买行为通常是个体决策行为，可以是为自己，也可以是为家庭其他成员。

消费者需要 （Consumer Need）：消费者愿意解决的问题，消费者愿意为此购买产品。

消费者监测组 （Consumer Panels）：为记录消费情况而特别挑选的消费者群体。

情景调查 （Contextual Inquiry）：利用人种学和新闻学技术进行结构化、量化市场调研的方法。情景调查是一种通过观察产品在实际环境中的表现而发现消费者需求的流程。

应急计划 （Contingency Plan）：用于应对不能预测事件的发生时间和严重程度的事件处理计划。

持续改善 （Continuous Improvement）：为了不断改善实践和流程而进行的总结、分析和再造工作。也称作凯恩泽。

持续创新 （Continuous Innovation）：不改变消费类型或行为而进行的产品性能改善。产品的整体外观和基本性能没有功能上的改变。例如，含氟化物的牙膏和高速计算机。

持续学习活动 （Continuous Learning Activity）：检查产品开发项目进展或执行情况的一系列活动，通过变更流程来简化剩余的步骤、改进正在开发的产品或进度计划。

承包开发商 （Contract Developer）：产品开发服务的外部提供商。

受控销售测试 （Controlled Store Testing）：雇用特定公司处理产品分销和审计活动（不采用公司正常销售力量）的市场测试方法。

聚合思维 （Convergent Thinking）：在创意生成阶段将大量的分歧性创意汇集成数目较少的或单一创意的技术，以后的工作和分析将聚焦在这些创意上。

合作（团队合作） ［Cooperation (Team Cooperation)］：团队成员之间努力合作以实现团队目标的活动。

协作矩阵（**Coordination Matrix**）：明确项目开发的关键阶段、目标及各阶段关键活动的概括图，并明确责任人。

核心利益主张（**Core Benefit Proposition，CBP**）：消费者购买产品的主要用途。核心利益主张可能来自有形产品或服务，可能来自延伸的产品领域。

核心竞争力（**Core Competence**）：比竞争对手强的能力，它可以提供竞争优势并吸引和保持消费者，包括技术、组织、供应链、运营、财务、市场、合作伙伴关系和其他的能力。最原始的定义还包括"最低成本提供者"。

企业文化（**Corporate Culture**）：组织的"感觉"。文化来自组织运行的信仰系统。公司文化可以被描述为权威的、官僚的和专业的。公司文化经常能够影响组织做事的效果。

公司战略（**Corporate Strategy**）：一个多元化组织的总体战略。它回答了"我们应该从事哪些业务"和"这些业务如何为组织整体带来协同效益和（或）额外竞争优势"这两个问题。

销货成本（**Cost of Goods Sold，COGS or CGS**）：生产产品并将其投放市场产生的直接成本（包括劳动力成本和材料成本）。

创造性张力（**Creative Tension**）：指客观现实与愿景之间存在一定的差距，而这样的差距会形成一种创造力，把人们朝着愿景的方向拉动。

创造性（**Creativity**）："一种果断的和谐，一种预期的惊讶，一种习惯的新发现，一种熟悉的惊喜，一种慷慨的自私，一种未预料到的肯定，一种形式的顽强，一件重要的琐事，一种有节制的自由，一种令人兴奋的进步，一种重复的开始，一种辛苦的喜悦，一个可预测的赌注，一种短暂的稳固，一种统一的不同，一个渴望的满足，一种奇迹的渴望以及习惯性的惊异。"创造性是一种从事创新性工作的能力。

标准（**Criteria**）：在决策阶段，决策者采用的标准陈述。为保证项目继续进行而必须达到或超过的绩效。总体来说，标准反映了一个组织的新产品战略。

关键假设（**Critical Assumption**）：在新产品商业案例中的一种明确的或含蓄的假设，如果这种假设错了，会降低成功的可能性。

关键路径（**Critical Path**）：为了成功完成项目而进行的一系列相关的活动，能将任务的完成时间及完成任务的先后关系列出来。关键路径显示的是时间最长的路径，决定完成项目所需要的时间。

关键路径进度计划（**Critical Path Scheduling**）：一种项目控制技术，通常需要使用各种软件工具，它可以在识别相互独立的任务的基础上，将所有新产品开发中的关键步骤建成一个连续的网络。

关键成功因素 （Critical Success Factor）：商业成功的必要因素，但仅拥有这些因素不一定能够成功。

跨职能团队 （Cross-Functional Team）：拥有不同职能领域代表的产品开发团队，这些职能领域通常指生产成功产品的所有关键职能领域，包括营销、工程、制造、运营、财务、销售、客户支持和质量职能领域。这样的团队能保证在开发过程中兼顾所有的职能方面。

跨越鸿沟 （Crossing the Chasm）：从最初消费者（通常称为领先消费者或革新者）所支配的市场转向主流市场的过程。这个概念应用于新的市场正在建立的过程和基于技术的产品或服务。

众包 （Crowd Sourcing）：通过大量征集他人的解决方案，从而获取信息并将其用于特定任务或项目的一系列工具。该服务可以是有偿的，也可以是无偿的，通常借助互联网实现。

文化 （Culture）：在组织中人们共同拥有的信念、核心价值观、假设和期望。

客户 （Customer）：购买或使用产品或服务的人。

客户需要 （Customer Needs）：客户对解决问题的需要。这些需要可以为公司提供新产品开发机遇。

客户感知价值（Customer Perceived Value，CPV）：同其他可替代产品相比，客户对产品带来的收益和支付成本的评价。它是客户决定是否购买产品的基础。

客户现场访问（Customer Site Visits）：一种揭示客户需要的变量市场调研方法。它要求到客户现场观察客户是怎样用产品解决问题、实现产品功能、他们要做什么、为什么他们要这样做、客户遇到的问题是如何解决的、怎样才能做得更好。

客户增值率 （Customer Value Added Ratio）：本公司产品与竞争者产品的物有所值（Worth What Paid For, WWPF）的比率。比值大于 1 意味着与竞争对手相比有较高的价值。

基于客户的成功 （Customer-based Success）：新产品被客户接受的程度。

周期时间 （Cycle Time）：从开始到结束的运行时间。从新产品开发角度来讲，它是指从最初的创意产生到新产品上市销售的时间。开始和结束时间的确定依据不同的公司、同一公司内不同的项目也会不同。

仪表板 （Dashboard）：显示项目情况或组合情况的典型彩色图表，类似于汽车的仪表盘。通常红色标记亟待解决的问题，黄色标记迫近问题，绿色表示项目正在进行。

数据 （Data）：来自商业流程中的测量结果。

数据库 （Database）：对信息的电子化搜集和整理，使对数据的查找、发现、分析和应用更加方便。

决策筛选 （Decision Screen）：用于检查或筛选新产品决策的一系列关键指标。这些指标随开发阶段的不同而不同。

决策树 （Decision Tree）：用于业务决策或计算机程序决策的图表。树的分支表示和风险、成本、结果相关的可能性选择。通过计算每个分支的利润，为公司选择最优决策。

衰退阶段 （Decline Stage）：产品生命周期中的第四个或最后一个阶段。这一阶段可能是由技术的进步，消费者或使用者的偏好变化，全球竞争加剧或环境、规则变化造成的。

防御者 （Defenders）：会采用各种可能的手段维护其市场地位的公司，而采用的手段不仅仅是开发新产品。

可交付成果 （Deliverable）：表明项目达到结果的输出（如测试报告、调整的批准、产品原型或市场调研报告）。可交付成果依据产品的商业投入或开发阶段的不同而不同。

德尔菲流程 （Delphi Process）：在一组专家内部采用的重复打分法，据此得出对未来情况的最可能预测。

人口统计学 （Demographic）：人口数量的统计性描述。描述的特征包括性别、年龄、受教育程度、婚姻状况以及不同的行为或心理特征。

衍生产品 （Derivative Product）：一种对现有产品的性能进行调整、改进或改善而产生的新产品。这种改变不影响基本的产品结构或平台。

衍生项目（Derivative Project）：由现有产品或平台衍生出的项目。它们可以弥补现有产品线的不足，建立具有成本优势的制造能力，或者基于组织的核心技术提升性能和引入新特性。通常风险水平较低。

面向卓越的设计 （Design for Excellence，DFX）：在设计和开发流程中，系统地考虑所有与生命周期有关的因素的设计。这些因素包括可制造性、可靠性、可维护性、可供应性、可测试性等。

可维护性设计 （Design for Maintainability, DFMt）：在设计和开发过程中，系统地考虑可维护性问题的设计。

可制造性设计（Design for Manufacturability, DFM）：在设计和开发流程中，系统地考虑可制造性问题的设计，即考虑形成整体产品所需的组件的可实现性和可制造性。

六西格玛设计 （Design for Six Sigma，DFSS）：目标是创造出能够高效利用资源、具备极高生产率且不受流程变动影响的设计方式。

面向环境的设计 （Design for the Environment，DFE）：在产品生命周期的设计和开发流程中，系统地考虑环境安全或健康问题的设计。

实验设计 （Design of Experiments，DOE）：同时考虑多重产品和流程设计参数的统计方法，而不是在一个时刻只考虑一个参数。

设计规格 （Design Specifications）：一般概念只定性描述了产品概念的利益和功能，而产品设计规格则为进一步的设计和制造提供了定量依据。

设计思维 （Design Thinking）：一种创造性的问题解决方法，或者说，是以更全面、系统、协作的方式发现问题并创造性解决问题的方法。

面向成本的设计 （Design to Cost）：将成本看成独立的设计参数的开发方法。成本目标是建立在客户可接受性和竞争性约束的基础上的。

设计确认 （Design Validation）：进行产品测试以保证产品或服务满足设定的消费者需求。可以利用可工作的产品原型或通过计算机模拟成品的方法加以实现。

开发 （Development）：将产品需求转变成做产品的组织功能。同时，它也是将整体的市场概念第一次转化成市场上的新产品或新服务的阶段。

开发变更单 （Development Change Order，DCO）：在产品开发过程中实现变更的单据。它写明了需要的变化、变化的原因、上市的结果、开发成本和生产成品的成本。它是项目章程的一个附录。

开发团队 （Development Team）：为将概念通过开发、测试、发布过程形成一个或多个新产品而组成的团队。

数字模型 （Digital Mock-up）：在固体模型开发中所创造的电子模型。模型可被用来检测界面和组件的不相容性。利用数字模型可以降低生产产品原型的成本。

非连续性创新 （Discontinuous Innovation）：之前所不知道的能够产生新消费结构和行为变化的产品。

贴现现金流（DCF）分析 ［Discounted Cash-Flow (DCF) Analysis］：将未来收入和支出的现金价值映射到现在的评价方法。利用预测的利率将未来现金流折现成现在的资金。

离散选择实验 （Discrete Choice Experiment）：模拟、预测客户购买决策的定量市场研究工具。

分布式团队 （Dispersed Teams）：在不同地点、时区，甚至不同国家工作的产品开发团队。

颠覆式创新 （Disruptive Innovation）：需要新的商业模式，但不一定需要新的技术。例如，谷歌的安卓操作系统对苹果公司而言就有潜在的颠覆影响。

分销 （Distribution）： 将产品或服务从生产地运送到最终使用者购买地的方法和模式。

发散思维 （Divergent Thinking）： 在创意生成的初始阶段使用的方法，通过思维发散来产生、记录和回忆大量新的或有趣的创意。

动态持续创新 （Dynamically Continuous Innovation）： 改变行为但不一定改变消费模式的新产品。例如，Palm Pilots、电动牙刷和电动卷发器。

早期接受者 （Early Adopters）： 对于新产品，是指在产品生命周期的早期就依据自己的决策而购买产品的客户。对于新流程，是指愿意尝试新流程的组织实体。

经济增加值 （Economic Value Added，EVA）： 在项目周期中增加或减少的股东价值。

移情设计 （Empathic Design）： 揭示客户需求和激发新概念的 5 个步骤。包括去客户的工作地点，了解他们需要解决的问题，你能为他们做什么，询问客户他们在做什么，为什么这么做。通过和客户一起共事，团队培养了和客户同样的移情作用。

工程设计 （Engineering Design）： 产品创造过程中配置产品或服务并且决定特殊形式的功能。

工程模型 （Engineering Model）： 对现在设计的产品进行功能模拟演示的软硬件的结合。

增强型新产品 （Enhanced New Product）： 派生产品的一种。增强型产品包括建立在平台基础上的可以为客户增加价值的附加特征。

准入条件（Entrance Requirement）： 在一个阶段或关口开始前的报告和总结。

企业家（Entrepreneur）： 开创、组织、运行、承担风险并从新的商业风险中收获价值的人。

人种学（Ethnography）： 研究客户与其相关环境的描述性的定性市场研究方法论。研究者通过现场观察客户和环境以获得对他们的生活方式或文化环境的深刻理解，从而更好地理解他们的需求和问题。

事件 （Event）： 一项任务完成时的及时标记。

事件图 （Event Map）： 能够显示未来可能的责任或事件的图表。

游览 （Excursion）： 产生非连续性创意的创意生成技术。游览包括三个一般的步骤：① 远离任务；② 创造分离的或不相关的材料；③ 找到和任务的联系。

退出条件 （Exit Requirement）： 某一阶段或某一关口开发过程的报告和总结。

退出战略 （Exit Strategy）： 从公司的组合中消除产品或产品线的预计划过程。它是以最小损失退出供应链，提供售后部分的供应和维修支持，并将客户的需求转向不同产品的过程。

明确的客户需求 （Explicit Customer Requirement）：客户对产品的需求。

因子分析 （Factor Analysis）：将观测所得数据表示为一系列潜在诱因的函数，从而找出关键影响因子的过程。

制造成本 （Factory Cost）：在生产地生产产品的成本，包括所需要的材料成本、劳动力成本等。

失效率 （Failure Rate）：公司新产品上市而没有达到目标的产品比率。

可行性分析 （Feasibility Analysis）：对一个新产品或新项目的成功可能性进行分析的过程。

可行性决策 （Feasibility Determination）：检查主要的未知领域（技术或市场）来产生一个知识体系以考虑如何解决它、战胜它或弄清约束的本质的一系列的产品开发任务。有时也称作探测性调查。

特性 （Feature）：解决消费者的问题或满足消费者需求的产品功能，为消费者提供利益。不同的功能选择可能适应不同的客户需求。例如，有背带的包是另一个使笔记本电脑易于携带的特性。

特性蔓延 （Feature Creep）：设计者和工程师为产品增加能力、功能和特征的趋势。通常导致计划变化、开发成本和产品成本增加。

特性路线图 （Feature Roadmap）：产品特性随时间进化。产品随着更新换代产生不同的特性。

现场测试 （Field Testing）：在现实情况中测试产品被如何应用。

财务成功 （Financial Success）：新产品实现利润和满足投资目标的程度。

救火（Firefighting）：稀有资源的非计划转移，以解决在产品开发周期的较晚时期发现的问题。

公司级成功 （Firm-Level Success）：公司在新产品开发和商业化上的熟练程度的综合影响。可以用不同的衡量方法评估这种成功。

市场先行者 （First-to-Market）：创造新的产品种类或分类的最早的产品。

灵活关口 （Flexible Gate）：灵活关口在关口决策中没有传统的“继续—停止—循环”关口那样严格。它在短期上市中非常有用。它并不要求在下一个阶段开始时，上一阶段的目标一定都要完成。

焦点小组 （Focus Groups）：8～12 个市场参与者在一个房间内并在引导下一起进行讨论的定性的市场研究技术。讨论集中在消费者问题、产品和可能的解决方法上，讨论结果是不能直接映射到大众市场的。

预测 （Forecast）：基于现有战略和商业计划决策的对成功或失败的预测。

形成阶段（Forming）：用于表示团队建设的第一阶段。大部分团队成员表现得乐观、积极、得体，有些人有些焦虑，因为他们还不完全了解团队将要做什么。

功能（Function）：①产品满足消费者需求的抽象性描述；②能产生如工程等基本商业能力的内部组织描述。

功能要素（Function Elements）：产品的单个运行功能。功能要素经常通过图表来描述产品。

功能管道管理（Functional Pipeline Management）：按公司的项目优先排序在所有的功能领域优化项目流。

功能审查（Functional Reviews）：从功能角度（如机械工程或制造）对产品和开发流程进行技术评估。专家组详细审查设计以发现缺点，从以前的产品中吸取教训，做出促进设计方向发展的决策。技术群体可以从所有角度评估设计，各个领域的功能团队也可以单独进行功能审查。

功能示意图（Functional Schematic）：由产品所有的功能要素组成的示意图，展示产品的所有功能及材料、能源和信号流是怎样流动的。

职能型团队（Functional Team）：项目被分为多个职能模块，每个模块由相应的职能经理负责，并由职能经理或高级管理人员进行协调。

功能测试（Functional Testing）：测试产品要素或完整产品以决定它在售后使用时是否按计划执行功能。

模糊前端（Fuzzy Front End，FFE）：产品开发的凌乱"开始"时期，产品概念还很模糊。在正式产品开发过程开始前，包括三个任务：战略性计划、概念产生和技术预评估。这些活动比较凌乱，不能预测而且非结构化。比较起来，其后的新产品开发流程更加结构化、更可预测、更正式，有清晰的规定的一系列活动、需要回答的问题和需要做出的决策。

模糊关口（Fuzzy Gates）：模糊关口是有条件的或适用于某些情景而不是适用于所有决策的"执行"。它的目的是努力平衡、及时决策和风险管理。决策"通过"的条件是除了规划好的以外，未来必须成功地完成情景关口要求的项目都必须满足关键指标，部分项目还要满足其他指标。例如，新问世产品需要很好的分销灵活性标准，而产品线延伸产品则不需要。

伽马测试（Gamma Test）：用来衡量产品能在多大程度上帮助消费者解决问题、满足消费者需求的产品使用测试。

伽马市场测试（Gamma/In-market Testing）：不能同市场测试（总体市场销售性和财务性的决策）混淆，伽马市场测试是对产品本身和现场营销计划的评价。考虑这一问题的其他方法是在某一地区，某一时间通过真实的分销渠道，使用广告促销等手段执行计划。除了对产品功能的评估，市场计划被要求在现实环境中进行。其核心要素是产品和市场计划的一致。市场测试可以更准确地预测销售，这与发现阶段早期的近似范围估计不同，也可以对发布阶段的任何因素进行诊断调整，这些因素可以是产品、沟通、包装、定位或任何发布计划因素。

甘特图 （Gantt Chart）：在项目进度管理中应用的水平条形图，它可以显示开始的日期、结束的日期和任务的持续时间。

差距分析 （Gap Analysis）：实际结果和期望结果的差距。在产品开发中，这种差距通常通过期望收益与现实收益的差距来衡量。

关口 （Gate）：决策项目可以进入下一个阶段的决策点，以决定是停留在现阶段更好地完成某些任务，还是继续或者停止。不同的公司关口数不同。

把关者 （Gatekeeper）：指在门径管理（Stage-Gate®）流程中，作为建议者、决策者和投资者的经理人群体。利用已经建立的业务标准，这个多功能群体检查新产品机会和项目进展，分配资源。这个群体通常被叫作产品批准委员会或组合管理团队。

渐进退化 （Graceful Degradation）：产品、系统或设计在每次运行时都会出现一点儿缺陷，就需要在失败发生之前采取更正行为加以保护。反之将导致灾难性失败。

漂绿 （Greenwashing）：一个公司或组织花费更多的时间和金钱通过广告和营销宣传“绿色”经营，而不是在其实际业务中努力减少对环境的影响。

毛评点 （Gross Rating Points，GRP）：对媒体在消费者家庭曝光程度的总体度量（接受的次数频率）。

组件 （Groupware）：帮助团队交流、工作协同和合作解决问题的软件。这一术语通常指依靠现代计算机网络（外部或内部）实现的技术。

成长阶段 （Growth Stage）：产品生命周期的第二阶段。产品或服务在销售和市场接受程度上表现为快速的增长。达到成长阶段的产品便可以成功地“跨越鸿沟”。

重量级团队 （Heavyweight Team）：拥有足够的资源来完成项目的有力项目团队。成员向项目领导汇报并面向实际协同定位。

寻找机会领域 （Hunting for Hunting Grounds）：完成新产品开发中的模糊前端的结构化方法论。

机会领域（Hunting Ground）：技术和市场的不连续带来的新产品开发的机会。

最低预期收益率 （Hurdle Rate）：新产品必须满足或超过的最低投资回报率或内部收益率。

创意 （**Idea**）：新产品或新服务的最开始的形式。它通常是解决由个人、团队或公司识别出来的问题的可预见方法。

创意交换 （**Idea Exchange**）：在平静的、不做判断的鼓励交流的场合提供一种框架来激发不同创意的发散性思维工具。

创意生成 （**Idea Generation**）：引导产生解决消费者问题的广泛方案的所有活动和流程。可能用在产品开发的早期阶段来产生初始产品概念，在中间阶段来解决实施上的问题，在后面的阶段来计划发布工作，在结束之后来更好地理解市场上的成功和失败。

创意价值指标 （**Idea Merit Index**）：公平地对新产品创意进行评价和排名的内部度量工作。

实施团队 （**Implementation Team**）：将概念和好的想法转变成现实的团队。

隐性产品需求（**Implicit Product Requirement**）：指客户并不能清晰地说明，甚至不可言传的对产品的期望或需求。

关键调查 （**Important Surveys**）：一种调查反馈者对产品或服务的每一个属性的重要性反馈的特殊测试类型。

渐进式改进 （**Incremental Improvement**）：为使现有产品或服务在客户心中经久不衰而进行的小的改进。

渐进式创新 （**Incremental Innovation**）：对现有的交付利益进行创新改进，但不影响行为和消费。

个体深度访谈 （**Individual Depth Interviews, IDIs**）：一种对反馈者进行开放的、有深度的、引导性的访谈的定量化市场调研技术。这种访谈可以用于更好地理解反馈者的思考过程、动机、目前的行为、偏好、意见以及期望。

工业设计 （**Industrial Design，ID**）：创建、开发概念和设计来优化功能、价值、产品外形和交互系统，使用户和厂商双方受益的专业化服务。

信息 （**Information**）：通过分析数据得出的知识和见解。

信息加速 （**Information Acceleration**）：一种利用虚拟现实技术测试新概念的方法。在该方法中会生成一个虚拟的购买环境，用来模拟在未来的一种实际的采购情况中有时需要几年或更长时间才可获得的信息（产品、社会、政治和技术等）。

告知直觉 （**Informed Intuition**）：以一种结构化的方式使用收集到的团队经验和知识的方法。

初选 （**Initial Screening**）：对项目进行投资（时间或金钱）的第一次决策。项目就是在这个时间诞生的，有时称作“创意筛选”。

许可 （**In-licensed**）：对新产品概念或技术的外部许可。

创新（Innovation）：一种新想法、新方法或新设计。创造新产品或流程的行为，包括将概念或创意发展成最终形式所要求的发明创造及劳动。

创新引擎（Innovation Engine）：指创新性活动和思考新方法的人。其代表第一次将客户和市场机会综合转化成新产品概念。

创新指导委员会（Innovation Steering Committee）：判断新产品开发与公司的战略目标和财务目标是否一致的高层管理团队或小组，他们同时为产品组合和产品开发团队设定目标。

创新战略（Innovation Strategy）：公司开发新产品和技术的定位。一种分类方法是将公司分为勘探者（在技术、产品开发和市场开发、商业化方面领先的公司，尽管单个产品可能不赢利）、分析者（快速跟随者或模仿者，跟随勘探者。他们的产品模仿勘探者推向市场的新产品）、捍卫者（公司会采用各种可能的手段，维护其市场地位，而不仅仅通过开发新产品）和反应者（没有相应的创新战略）。

基于创新的文化（Innovation-Based Culture）：一个公司中的高级管理团队和雇员努力工作，以加强系统化的实践，并不断地将有价值的新产品带给客户，这种企业文化即基于创新的文化。

创造性问题解决（Innovative Problem Solving）：混合复杂问题的定义形式及行动计划以产生独特的非预期的解决方案的方法。

集成结构（Integrated Architecture）：在产品结构上所有的功能要素都融在一个结构块中的产品。要将它按照功能分开很难。

集成产品开发（Integrated Product Development，IPD）：有效率、有效果地开发新产品以满足客户需求的产品开发体系。

知识产权（Intellectual Property，IP）：为组织带来可开发的竞争优势的信息，包括所拥有的知识、技术能力和设计信息等。

内部收益率（Internal Rate of Return，IRR）：投资的未来现金流的折现价值等同于投资成本的折现率。净折现率为 0。

内部创业者（Intrapreneur）：类似公司内部的企业家，在大公司内部开发新的公司。

引入阶段（Introduction Stage）：产品上市和产品生命周期的第一个阶段。这个阶段通常是市场进入、用户试用和产品采用的阶段。

ISO-9000（ISO-9000）：国际标准组织建立的考察公司质量体系的 5 个审计标准，用它来认定一个公司是否遵从这套标准。ISO-9001 特别针对新产品进行考核。

问题（Issue）：确定会影响（可以是正面影响，也可以是负面影响）项目输出的事件。它需要调查潜在的影响并决定如何对付它们。开放问题是指还没有被合理解决的问题，而关闭问题是指已经被成功解决的问题。

《产品创新管理》杂志 （Journal of Product Innovation Management）：新产品开发管理技术领域的核心学术杂志。由 PDMA 拥有，致力于产品研发过程管理实践的改进。它的目标是为管理者和产品开发者提供理论结构和实践技术，从而使他们能够高效地进行管理实践。

改善 （Kaizen）：用来描述持续的、渐进的改善过程的一个日本术语。

发布 （Launch）：将新产品引入市场进行初始销售的过程。

领先用户 （Lead Users）：为满足自己的消费需求发现解决方案的用户。这些方案非常重要，以至于他们改善了现有产品或发明了新产品来满足自己的需求，因为他们还没有发现有供应商能够满足这些需求。当这些消费者的需求成为未来市场需求的征兆时，他们的解决方案可以带来新的产品机会。

精益产品开发 （Lean Product Development，LPD）：以精益方式来应对产品开发中的挑战。精益产品开发是建立在丰田首创的精益方法（丰田生产体系 TPS）的基础之上的。

学习型组织（Learning Organization）：在内部不断测试并更新经验的组织，将这些经验用于改进工作流程和知识体系，它们和组织的核心目标相关，并能为整个组织所采用。

生命周期评估 （Life Cycle Assessment）：分析环境影响（如二氧化碳足迹、水足迹等）的一种科学方法。

生命周期成本 （Life-Cycle Cost）：在产品的生命周期中获取、拥有和运行产品的总成本。相关成本包括：消费价格、培训支出、维护支出、担保成本、支持、报废以及由于维修、停工而带来的损益等。

轻量级团队 （Lightweight Team）：负责成功地开发新产品概念并将其推向市场的新产品团队。在大多数情况下，没有专门的资源，团队依靠技术职能部门的资源完成工作。

产品线延伸 （Line Extension）：不明显改变产品功能，只是通过增加或修改产品特征来派生产品的一种形式。

长期成功 （Long-term Success）：在产品生命周期的大部分时间或长期取得成功的新产品绩效。

“M”曲线 （“M” Curve）：在给定时间内说明创意产生的内容。这种图示说明很像字母 M 的两个拱形。

维护活动 （Maintenance Activity）：旨在解决新产品或服务的初始市场问题和用户问题的一系列产品开发任务的集合。

可制造性（Manufacturability）：新产品以最小成本和最大可靠性能够被顺利生产和有效地生产的程度。

生产装配程序（Manufacturing Assembly Procedure）：由生产部门人员制定的用来描述怎样将组件、部件或系统放在一起以形成最终产品的程序性说明文件。

制造设计（Manufacturing Design）：确定新产品制造流程的过程。

制造测试规格与程序（Manufacturing Test Specification and Procedure）：由开发和制造人员制定的用来描述在制造流程中组件、部件或系统需要满足的性能规格及描述评估规格的过程的说明文件。

市场条件（Market Condition）：新产品将进入的市场的特征，包括竞争产品、竞争程度和增长率。

市场开发（Market Development）：将已有产品介绍给新消费者或使用者。这可能需要进行一些产品修改的工作。

市场研究（Market Research）：关于公司客户、竞争者或市场的信息。可能是第二手资料（可获得的和已公布的）或第一手资料（来自客户自身）。市场调研可能是定量的，也可能是定性的。

市场细分（Market Segmentation）：市场细分是将较大的不同种类的市场划分为较小的同类市场。划分方法有很多：人口的（男性对女性，青年对老年，富有对贫穷）、行为的（电话购买对网上购买对零售，信用卡支付对现金支付）、态度的（相信商店品牌和国有品牌一样对不相信它们一样）。有很多识别细分市场的分析工具，例如，群聚分析、因素分析或歧视分析。最简单最普通的想法是提出潜在细分市场定义然后测试是否具有统计区别。

市场份额（Market Share）：在当地的全部市场销售额中该公司销售额所占的百分比。

市场测试（Market Testing）：新产品及其上市计划同时被测试的产品开发阶段。市场测试模拟可能的市场混合，并有多种不同的形式，它们中的一种被命名为测试市场。

市场驱动（Market-Driven）：由市场引导的公司产品创新工作。

营销组合（Marketing Mix）：包括各种基本的产品营销工具。营销组合通常指 4P，即产品（Product）、定价（Price）、促销（Promotion）、地点（Place）。

营销战略（Marketing Strategy）：将组织中有限的资源集中于最佳机会的一种过程或模型，以有助于组织增加销售额，获得独特的竞争优势。

成熟阶段（Maturity Stage）：产品生命周期的第三个阶段。由于市场饱和，这个阶段的销量开始下滑。这时竞争激烈，可替代产品的选择及消费者的偏好改变可能使公司很难再赢利。

度量（Metrics）：一套全程跟踪产品开发并使企业能够评估流程改进的影响的评估方法。这些评估值通常因企业而异，但是可能包括刻画流程的多个方面的评估值，如面市时间、特定流程阶段的持续时间，以及产品开发的成果（如每年产品商品化的数量和新产品的销售额百分比等）。

思维导图（Mindmapping）：在各种信息或创意之间建立思维连接的图形化技术。首先，将一个关键字或短语写在一页纸的中间。然后从这一中心点出发，将其与不同方向的新创意连接，从而建立起网络式思维关系。

使命（Mission）：有关组织的信仰（Creed）、哲学（Philosophy）、目的、商业准则和信念的陈述，使得组织的精力和资源得以集中。

模块化结构（Modular Architecture）：每个功能因素都有自己物理结构块的产品结构。不同的结构块有不同的功能，功能块之间的相互作用很小并且通常被定义得很好。

监督频率（Monitoring Frequency）：绩效指标的测评频率。

形态学分析法（Morphological Analysis）：根据满足不同需求和技术组件来分解产品的矩阵工具，通常用于目标分析和思维创造。

多维尺度（Multidimensional Scaling，MDS）：在一个数据集（如产品或市场）中，数个个案的相似性被可视化的方法。

多职能团队（Multifunctional Team）：由来自不同业务职能领域的个体组成的为完成统一目标或流程的团队。这个过程需要成功地整合跨区域知识、培训和能力才能完成目标。

多变量分析（Multivariate Analysis）：探讨一个结果变量（也称作因变量）与一个或多个预测变量（也称作自变量）之间的关联。

需要说明（Needs Statement）：对客户需求和愿望的概括，用客户的术语描述，要用某种新产品来实现。

净现值（Net Present Value，NPV）：按照公司的折现率或资本成本，将未来现金流入和现金流出换算成当前资金以评估不同项目的可比投资的方法。

网络图（Network Diagram）：显示开发活动顺序和每个任务间的相关性的图表。经常和甘特图一起使用。

新概念开发模型（New Concept Development Model）：一种理论结构，该理论结构提供了一种通用的用于模糊前端的语句和词汇。该模型包括三部分：不可控的影响因素、驱动模糊前端中的活动的可控引擎和 5 种活动因素（机会识别、机会分析、创意生成和完善、创意选择和概念定义）。

新产品（New Product）：许多观念和实践的一个术语，但是经常被定义为开发新产品（商品或服务）。不仅仅包括在促销阶段推出的产品。

新产品开发流程（New Product Development Process）：公司为将初始的想法重复转化成可销售的产品或服务所采取的一系列工作和步骤。

新产品开发专业人员（New Product Development Professional，NPDP）：PDMA 认证的新产品开发专业人员是掌握了新产品开发知识体系、通过认证测试的专业人员。为了通过新产品开发认证考试，候选人必须拥有正规院校学士学位或更高的学历，并且拥有相关新产品开发领域至少 2 年的从业经验。

新产品开发（New Product Development，NPD）：新产品的战略、组织、概念生成、产品制造和营销计划的制订和评估以及商品化的全过程。通常也被简称为“产品开发”。

新产品创意（New Product Idea）：形成新产品或新服务的主要计划或主要活动目的。

新产品引入（New Product Introduction，NPI）：新产品进入市场的启动和商业化。发生在新产品成功开发项目的末期。

世界级新品（New-to-the-World Product）：消费者或生产者从来没有见过的商品或服务。摩托车、微波炉、宠物棒在引入时都是全新产品。

名义小组过程（Nominal Group Process）：是一个头脑风暴的讨论过程，小组成员先分别将自己的意见写出来，然后针对每条意见进行小组讨论，投票排序。

非破坏性测试（Non-Destructive Test）：保持产品物理状态和运行状态的整体性的产品测试。

非产品优势（Non-Product Advantage）：除了产品本身，产生竞争优势的因素。这些因素包括市场沟通、分销、公司名誉、技术支持和附加服务。

规范阶段（Norming）：用于描述团队建设的第三个阶段。在此阶段，团队成员开始解决彼此之间的分歧、欣赏彼此的优点、尊重领导者的权威。团队成员开始协同工作和相互信任。

开放式创新（Open Innovation）：通过有目的的知识流入和流出加速内部创新，并利用外部创新扩展市场的一种创新范式。

运营（Operations）：不仅包括制造过程，还包括采购、实体分销、办公室管理和其他服务类工作。

运营战略（Operations Strategy）：是一种定义如何用最小的成本保证计划进度、提高质量的新产品开发方法的活动。新产品开发的目的是在最理想的市场机会中获得最大化投资回报并赋予产品最高的价值。

操作手册（**Operator's Manual**）：操作者使用的产品或流程的文字性说明。对象可以为最终消费者或运营者。

机会（**Opportunity**）：公司或个人通过设计或事件识别的，存在于现有情况中的或未来的商业或技术差距。其目的在于捕捉竞争优势、应对威胁、解决问题或改善困难。

组织身份（**Organizational Identity**）：对组织的立场和存在的意义的清晰定义和理解，是组织实现长期成功的基础。

外包（**Outsourcing**）：从外部采购产品或服务，而不是公司自己生产的过程。

杰出公司创新者奖（**Outstanding Corporate Innovator Award**）：PDMA 一年一度通过专业认证颁发给杰出创新公司的奖项。每年 PDMA 都会给出获得这一奖项的基本要求，包括：① 在 5 年内持续发布新产品；② 新产品的成功给公司带来了显著的增长效益；③ 明确地定义了新产品开发的流程；④ 独特的创新特点和无形资产。

帕累托图（**Pareto Chart**）：用来表示改进机会的柱形图，这些柱形按照降序排列。帕累托图把"重要的少数"从"有用的大多数"中区分出来。

参与式设计（**Participatory Design**）：将用户不仅仅视为用户测试中的潜在对象，更是把他们看作是设计和决策过程的一部分的民主方法。

回报（**Payback**）：产品或服务商业化以后所获收益与开发和市场成本相抵消的时间，通常以年计算。有些公司将产品全面上市的时间作为起点，而有些公司从投入开发成本开始计算时间。

获利性（**Payout**）：在预期新产品商业化时间内的盈利额。

感知图（**Perceptual Mapping**）：分析消费者对当前产品和未来产品的看法的量化市场调研工具。感知图是产品在消费者心中的位置的可视化代表。

绩效指标（**Performance Indicators**）：新产品上市成果的评价指标。

绩效测量系统（**Performance Measurement System**）：可以使公司在适当时间段内监视新产品相关绩效指标的系统。

绩效度量（**Performance Metrics**）：一套跟踪产品开发的测量指标，允许公司在时间维度上衡量流程改进的影响。这些方法因公司而异，通常包含针对流程进行的全面测评，如投放时间、具体阶段的延续时间、每年新产品商业化的数量和新产品的销售比例这类新产品开发的产出。

绩效/满意度调查（**Performance/Satisfaction Surveys**）：是一种市场调研工具。反馈者被要求评价某一具体产品或服务在某一属性方面是否满足了他们的要求。通常要求反馈者评价多个产品或服务以进行横向比较。这些信息成为下一代产品修改的重要意见。

成熟阶段 （Performing）：团队建设的第四个阶段。团队在执行阶段通过无摩擦的协作和努力来实现的团队目标。在此阶段，团队合作通畅，由领导者建立起的团队结构和流程运行良好。

PESTLE 分析法 （PESTLE）：基于政策（Political）、经济（Economic）、社会（Social）、技术（Technological）、法律（Legal）和环境（Environmental）因素的一种结构化分析工具。它是极为有效的战略框架，是对趋势的更精准解读，是分析直接影响组织未来，如人口统计、政治因素、颠覆性技术、竞争压力等因素的关键。

阶段审核流程 （Phase Review Process）：一种阶段性的产品开发流程。一个职能团队先完成一系列任务，从而将所产生的信息传递给下一个职能团队，下一个团队完成一系列任务并将信息传递给下一个职能团队。这种类型的产品开发流程并不适合多职能团队合作。所以大多数公司正在从这种流程转向应用跨职能团队的门径管理（Stage-Gate®）流程。

实物要素 （Physical Elements）：构成产品的要素。它可以是组件（或独体的部分）或较小的部件。

试点关口会议 （Pilot Gate Meeting）：通常在门径管理（Stage-Gate®）流程发布时举行的非正式会议，测试流程的设计并让参与者熟悉流程。

管道协同 （Pipeline Alignment）：项目需求与资源供给的平衡。

管道库存 （Pipeline Inventory）：一种还没有到达最终消费者手中、但已经存在于分销链中的产品。

管道负荷 （Pipeline Loading）：在一个组织内部处于开发的不同阶段的新产品的数量和时间安排。

管道管理 （Pipeline Management）：将产品战略、项目管理和职能管理整合起来，以持续优化所有与开发相关的活动的跨项目管理。

管道管理使能工具 （Pipeline Management Enabling Tools）：推动管道管理的辅助决策和数据处理工具。在考虑权重的情况下帮助管道团队系统地进行权衡决策。数据处理工具还被用来分析项目权重、明确资源和技能集负载以及处理管道分析所需要的大量数据。

管道管理流程 （Pipeline Management Process）：包括管道管理团队、结构化的方法论和使能工具三个因素。

管道管理团队 （Pipeline Management Team）：负责解决战略层、项目层和职能层管道问题的团队。

管道 ［**Pipeline**（**Product Pipeline**）］：将开发产品送向市场的预定途径。

平台型产品 （**Platform Product**）：一系列同族产品的设计和组成。在这个平台可以设计出许多派生产品。

平台型项目 （**Platform Project**）：开发出一系列子系统及其接口，由此建立一个通用架构，继而高效地开发和制造出其他衍生产品的项目。

平台路线图 （**Platform Roadmap**）：组织开发的产品的现状和计划演化的示意图，用来表示不同代产品间的结构和特征的关系。

波特五力模型 （**Porter's Five Forces**）：迈克尔·波特提出的分析框架。它通过分析竞争对手、供应商、客户、进入壁垒和替代威胁五个方面来评估一个公司。

组合（**Portfolio**）：通常指公司正在投资并进行战略规划的一系列项目或产品。

组合指标 （**Portfolio Criteria**）：用来评估现有的或计划中的产品开发项目以创造资源平衡的一系列关键指标。

一级市场研究 （**Primary Market Research**）：专门针对现有目标进行数据收集的初始研究。

流程倡导者 （**Process Champion**）：流程倡导者负责日常促进和推动正式流程在整个组织中执行。他们需要对正在进行的培训、创新输入和流程的持续改进负责。

流程经理 （**Process Managers**）：负责确保创意流和项目有序、及时地通过流程的运营经理。

流程图 （**Process Map**）：用横轴代表流程时间，纵轴代表参加人和任务的工作流程图。

流程映射 （**Process Mapping**）：识别和定义与完成任一具体流程相关的所有步骤、参加者、输入、输出和决策的活动。

流程成熟度 （**Process Maturity Level**）：通过比较现有流程和未来流程以进行流程再造的评价。

流程负责人（**Process Owner**）：负责新产品开发流程战略性结果的执行经理。其工作包括管理流程生产能力、输出质量和组织内的参与程度。

流程再造 （**Process Re-engineering**）：通过记录、分析、比较现有流程和“最佳”流程，实施重大流程改进或开发新流程以衡量并提高组织效率的方法。

产品 （**Product**）：用来形容所有商品、服务和所售知识的术语。产品是一系列属性（特征、功能、优点和用处）的组合，它可以是有形的，有物理形态的；也可以是无形的，和服务利益相结合；也可以是两者的结合。

产品和流程绩效成功 （**Product and Process Performance Success**）：新产品

满足其技术绩效和产品开发流程绩效关键指标的程度。

产品审批委员会（Product Approval Committee，PAC）：在门径管理流程中充当建议者、决策者和投资者的经理团队，也叫新产品开发执行团队。这个跨职能团队利用建立的业务关键指标审查新产品机会和项目进展，并按照阶段分配资源。

产品架构（Product Architecture）：将功能要素分配到产品的物理模块，这些物理模块相互作用，执行产品的所有功能。

产品待办列表（Product Backlog）：作为敏捷产品开发的基础，产品待办列表是系统所需的一系列事项要求清单，并按优先次序排列。这些事项包括功能和非功能性的客户需求，也包括技术团队产生的需求。

产品设计规格（Product Design Specifications）：包括所有必要的尺寸、环境因素、人机工程学因素、审美因素、成本、维护、质量、安全性、文档描述，还包括如何执行项目设计的具体样例，以协助他人的工作。

产品开发（Product Development）：新产品的战略、组织、概念产生、产品计划及市场计划的制订、执行和评估以及商业化的总体流程。

产品开发与管理协会（Product Development & Management Association，PDMA）：寻找、开发、组织和发布产品开发和流程领域前沿的理论与实践知识的非营利性组织。在实现其目标的过程中，PDMA 召开地方的、国家级的和国际性的会议，组织教育研讨会，建立教育体系，承办季刊杂志《展望》和双月刊学术期刊《产品创新管理期刊》，审查提议和论文，完成《PDMA 新产品开发手册》和《PDMA 新产品开发工具书》。PDMA 还从事新产品开发专业人士的认证工作。网站：www.pdma.org.

产品开发核对单（Product Development Check List）：在商业化之前，预先列出的确保完成产品开发任务所需的活动和准则的表单。

产品开发引擎（Product Development Engine）：为了及时地推出有竞争力的产品，确定如何综合公司的能力、准则、流程、实践、工具、方法和技能以生产高价值产品的系统。

产品开发组合（Product Development Portfolio）：考虑公司开发能力、对客户最具有吸引力并能通过分散风险和使投资多样化而实现公司短期和长期目标的新产品概念和项目。

产品开发流程（Product Development Process）：公司重复采用的一系列固定的将初始概念转化成可销售产品或服务的工作、步骤和阶段。

产品开发战略（Product Development Strategy）：指导产品创新活动的战略。

产品开发团队（Product Development Team）：由多个人组成的跨职能团队，负责计划和执行一个新的产品开发项目。

产品废止 （Product Discontinuation）：产品或服务由于不能再提供经济的、战略性的或竞争性的优势，从市场撤回或退出。

产品废止期限 （Product Discontinuation Timeline）：一个产品被谨慎地从市场上撤回的过程和时间安排。组织可能在决定做出后立即废止产品，也可能需要一年或更久时间履行这个废止决定，这取决于市场和产品的性质和状况。

产品失败（Product Failure）：一个产品开发项目没有满足组织或市场的目标。

产品系列（Product Family）：从一个公共的产品平台衍生出的一系列产品。产品族的成员一般都有很多共同的部分和部件。

产品创新章程 （Product Innovation Charter，PIC）：一个至关重要的具有战略性的文件，产品创新章程是组织力图使一个产品商业化的核心，它包含项目的起因、目标、领导方针和项目界限，即明确产品开发项目中的"谁、什么、地点、时间及为什么"。在发现阶段中，产品创新章程包含市场偏好、客户需求、规模和潜在利润等方面的假设。随着项目的进行，需要在原型开发和上市测试中对这些假设进行检验，而且业务需求和市场条件也会随着项目的进行而发生改变，开发团队必须保证项目的开发趋势，必须经常参考 PIC 以确保项目的有效性及正确的发展方向，并且确保识别的机遇在发现阶段依然存在。

产品界面 （Product Interfaces）：影响产品开发的内部与外部界面，它包括界面的性质、需求行为和时间。

产品生命周期 （Product Life Cycle）：一个新产品从产生到消失要经历四个阶段：引入期、成长期、成熟期和衰退期。围绕产品经历这个循环的方式是否可预测存在着争议。

产品生命周期管理 （Product Life Cycle Management）：随着时间改变产品的特征和利润、市场混合的要素和制造过程，以从产品生命周期中最大化地获取利润。

产品线 （Product Line）：组织投放到大众市场中的一组产品。这些产品有许多共同的特征、客户及应用，而且还可能共享技术、销售渠道、价格、服务和市场组合的其他要素。

产品管理 （Product Management）：通过不断地监视和检验混合市场的基本要素（其中包括产品及自身的特征、沟通战略、销售渠道和价格），在时间上确保产品或服务很好地满足客户的需要。

产品经理（Product Manager）：总体监督某一产品的各种开发活动的责任人。

有时在消费商品行业被称为品牌经理。

产品负责人（Product Owner）：在划分产品待办列表的优先级和罗列需求时，代表客户利益并具有最终决定权的唯一个体，通常受聘于敏捷产品开发团队。

产品管道（Product Pipeline）：即将投放市场的一系列预备产品。

产品计划（Product Plan）：在产品开发中，对诸如产品描述、进度、资源、财务预算和界面管理计划等开发关键因素的具体总结。

产品平台（Product Platforms）：一组产品所共有的基础结构或在若干年内将成为一系列商业化产品的基础结构。

产品组合（Product Portfolio）：公司的一系列已上市的产品和产品线。

产品定位（Product Positioning）：探究一个产品如何被推销给客户的关键。这个产品定位是指一系列的商业化产品的基础结构。

产品复兴（Product Rejuvenation）：为了延长产品的生命周期，扩大规模需求，对处于成熟期或衰退期的产品进行改进、更新、再包装或再设计的过程。

产品需求文件（Product Requirements Document）：基本包括营销和开发的合同，可以完全、清楚地描述要开发产品的必要属性（功能性能），并验证这些属性如何实现的信息（如通过测试）。

产品优势（Product Superiority）：公司产品相对于公司竞争对手的产品的优势，可以通过为客户提供更大的利益和价值来获得。这是新产品商业化中的关键成功要素之一。

计划评审技术（Program Evaluation and Review Technique，PERT）：一种以事件为导向的网络分析技术，用于对单个行为的工期具有高度不确定性的项目进行整体工期估算。

项目集经理（Program Manager）：负责执行新产品开发项目组合的组织领导者。

项目决策与审核（Project Decision Making and Reviews）：针对项目的可行性依次做出一系列通过/淘汰决策，以确保产品满足公司的市场目标和财务目标。例如，在开发流程中各阶段关口末尾，针对项目可行性进行系统审查。这些阶段性的审查可以确保项目与原始计划基本保持一致。

项目领导者（Project Leader）：管理单个新产品开发项目的人。他负责保证实现突破和可交付成果并有效地利用资源。

项目管理（Project Management）：在项目活动中，运用专门的知识、技能、工具和方法确定项目目标，计划所有为实现目标而进行的工作，领导项目和支持团队，监督进度，确保项目圆满完成。

项目管道管理 （Project Pipeline Management）：为项目在盈利、亏损和中间的适应过程中平稳地储备良好的资源。

项目计划 （Project Plan）：指导项目实施和控制的正式批准文件。文件详细说明了对计划的假设和决策，促进股东间的沟通，而且还包括了范围、成本和时间期限。

项目组合 （Project Portfolio）：在开发流程中的一系列项目。它们会随着创新程度的不同而不同。

项目资源估算 （Project Resource Estimation）：这项工作为项目成本核算做出了巨大的贡献。按照业务计划成功地进行产品交付的一个关键要素是将功能性要求转变成现实的成本估计。

项目发起人 （Project Sponsor）：项目的授权者和资金的提供者。他是项目目标的制定者也是项目结果的评价者。通常为高级经理。

项目战略 （Project Strategy）：某一产品开发项目的目标。它包括了这个项目如何融入公司的产品组合、产品的目标市场，以及将为客户解决什么样的问题。

项目团队（Project Team）：由个人组成的计划和执行一个新产品开发项目的多职能小组。

探索者 （Prospectors）：在技术、产品和市场开发以及商业化方面领先的企业，即使个别产品不产生利润。他们的总体目标是通过某种创新达到市场领先。

产消合一者 （Prosumer）：产消合一者是能够发挥消费者和专业产品开发人员双重作用的独立个体，既是生产者，也是消费者。

协议（Protocol）：对新产品应该具有的属性（主要是收益，也可以包括特征）的陈述。在将项目分配给技术开发团队之前必须准备好协议，收益的陈述要得到项目涉及的各方的一致认同。

产品原型 （Prototype）：新产品概念的物理模型。根据目的的不同，产品原型可分为非实用型、功能实用型和实用美观型。

消费心理学 （Psychographics）：消费者特征，它不仅仅是指人口统计学方面的特征，还包括消费者的态度、兴趣、意见和生活方式。

拉动 （Pull-through）：新产品或服务对其他已存在的产品或服务产生的积极影响所创造的收入。

定性聚类分析 （Qualitative Cluster Analysis）：基于个体或群体采用直觉来组群和连接数据点的过程。

定性市场调研 （Qualitative Marketing Research）：对数量很小的一部分个人或者集体进行研究，得到他们的看法、意向、认识和观点。这种方法被更多地用于收集用户内在的需求并获得对观点和概念的内在反应。这些结果不代表整个市场。定性市场调研用来表明为什么用户要购买某种产品，而定量市场调研揭示了多少用户会购买这种产品。

质量（**Quality**）：这是产品特征的集合，当融入一个产品的时候，它代表了这个产品已经被认可或者已经超出了用户的期望。

质量保证/合规（**Quality Assurance/Compliance**）：负责监督和评估开发制度和实践，来确保它们满足公司标准和适用规范的职能。

质量控制规格与程序（**Quality Control Specification and Procedure**）：一个描述程序和规范的文件。在准备装运之前，要检查部件或系统是否符合程序和规范的要求。

质量功能展开（**Quality Function Deployment，QFD**）：一种运用矩阵分析法的结构化方法，用来连接从市场需求到怎样实现的步骤。当一个多样化的团队决定了怎样将客户的需求同连接这些需求的规范和程序建立关系时，这种方法就能发挥它的作用了。因为明确地将产品设计的方方面面建立了连接，所以，这种方法降低了在特性设计过程中删除重要设计特征或者联系的可能性。对于提升多样化的团队合作而言，这种方法也是一个强有力的工具。

质量源于设计（**Quality-by-Design**）：这是一个从产品开发过程的伊始就设定产品、服务或者流程质量的过程。

定量市场调研（**Quantitative Market Research**）：一种用户调研方法，它最常使用的形式是问卷调查，由大量的用户样本产生可信的结果，这些结果可以分析项目的产出对广大用户的影响程度。定量市场调研用来判定一些重要的水平等级，包括不同用户的需求、现有产品性能等级和满意程度、试验品的错误率、二次购买率和产品的喜好程度等。这种调研方法可以减少产品开发流程中的诸多不确定因素。

突破式创新（**Radical Innovation**）：一种包含新技术、并能够改变市场行为和消费方式的产品创新。

随机抽样（**Random Sample**）：统计人口的一种抽样方法，其中每个成员被抽中的概率相等。

快速原型法（**Rapid Prototyping**）：这是一种多样化的过程，它可以在创造原型或者部分原型的同时，避免工具的运用，而且可以在几小时或者几天（而不是几个星期）的时间里创造出原型（一般是非功能性的）。这种方法可以快速地检验出产品的技术灵活性或消费者的兴趣方向，因此被广泛使用。

回应者（**Reactors**）：没有任何相关创新战略的公司。它们只有在面临竞争的压力的时候，才被迫开发新的产品。

实现差距 （Realization Gap）：从一个需求第一次被提出来，到发布一个产品来满足这个需求的过程所花费的时间。

渲染 （Render）：勤劳的设计者把自己的想法用各种颜色的铅笔、荧光笔或者各种计算机软件表现在纸张上的过程。

重新定位 （Reposition）：为了弥补最初定位的失误或者对市场改变做出反应，改变产品在客户心目中的地位。改变市场的复合性比开发产品能够获得更多的收益。

资源矩阵 （Resource Matrix）：用于显示每个非管理类员工耗费在公司的投资组合中的每个现行项目上的时间的百分比阵列。

资源计划 （Resource Plan）：完成产品开发项目所需要的各种形式的资源的详细总结，包括人力、设备、时间和资金。

责任矩阵 （Responsibility Matrix）：这个矩阵表明了各个职能部门或者个人在每个阶段的每项任务或活动中的具体参与程度。

投资回报率 （Return on Investment，ROI）：一项衡量项目收益的标准，它是项目在整个生命周期中的收益折现与初始投资的百分比。

刚性关口（Rigid Gate）：这是门径管理流程的一种评审点，在着手进行下一阶段的工作前必须完成当前阶段的所有工作。

风险 （Risk）：一个可能发生的事件或者条件，但如果它真的发生的话，会影响项目的实现。在新产品的开发过程中，风险可能是市场、技术或者组织上的问题。

风险接受 （Risk Acceptance）：项目团队决定不更改项目计划的不确定的原因或者条件。当一个团队对于一个风险无能为力的时候，他们将不得不接受一个认可的风险方案。

风险规避 （Risk Avoidance）：改变项目计划以消除风险或保护项目不受风险的影响。

风险管理 （Risk Management）：在一个产品开发的项目中，识别、分析、减少商业风险的过程。

风险减轻 （Risk Mitigation）：为了将风险的影响或可能性降低到一个可接受的程度之下所采取的行动。

风险容限 （Risk Tolerance）：项目投资人愿意接受的风险的级别。容忍的级别正像上文明确指出的那样，投资人会根据不同的风险种类来调整自己的忍受级别。例如，项目延迟的风险，价格风险和技术的潜在风险。

风险转移 （**Risk Transference**）：将一个风险的影响和它作用的范围转移到另外一方。

路线图制定 （**Roadmapping**）：这是一种图形化、多步骤的过程。它可以用来预测未来市场和/或技术的发展，这样可以预先计划并使产品适应这些变化。

稳健性设计 （**Robust Design**）：产品的设计降低了对变化（包括生产变化和错误操作）的敏感性，提高了按照希望的意图执行的可能性。

常规式创新 （**Routine Innovation**）：以组织现有的技术能力为基础，与现有的商业模式相匹配的创新，专注于功能改进和新版本或新模型的开发。

橄榄型流程 （**Rugby Process**）：这是一种产品开发的流程。在这个过程中，各个阶段是彼此相互重叠的，中间没有明显的界限，一个阶段接着一个阶段。

销售预测 （**Sales Forecasting**）：对新产品销售潜力进行预测的技术，如 A-T-A-R（知晓—试用—可获得性—重复）模型。

销售波研究 （**Sales Wave Research**）：为曾经免费获得过某产品的客户群提供该产品与另一种价格略低的竞争对手产品，记录下继续选择该产品的客户数量及其满意水平。这一过程最多可重复 5 次。

Scamper 方法 （**Scamper**）：一种创意工具，采取一系列行动来激发创意。S（Substitute）指替代，C（Combine）指合并，A（Adapt）指改造，M（Modify）指调整，P（Put to another use）指改变用途，E（Eliminate）指去除，R（Reverse）指逆向操作。

扫描试销市场 （**Scanner Test Markets**）：帮助评估产品绩效并提供零售销售点的消费者数据的特殊市场测试。首先被广泛应用于超市行业。

情景分析 （**Scenario Analysis**）：帮助预想未来情景并确保制定可以适应未来机会和挑战的战略工具。

筛选 （**Screening**）：评估新想法或概念并将其应用到产品组合中的过程。现在大多数公司都在应用一种正式的筛选流程，它具有客户、战略、市场、收益率和可行性等领域的评价指标。

Scrum （**Scrum**）：敏捷产品开发中的一个术语，是最流行的实施框架。通过该方法，软件生成得以按规律的步调进行，并由一系列固定长度的迭代过程开发出产品。

敏捷团队 （**Scrum Team**）：常用于敏捷产品开发中。通常由 5～9 名成员组成，具备实现冲刺目标所需的混合职能，或团队成员横跨多个学科（跨职能团队）。

敏捷教练 （**Scrum-master**）：指团队引导者，常用于敏捷产品开发中。其工作是协助团队工作、为产品主管提供支持，而非直接管理团队。

S 曲线 （S-Curve）：技术绩效改进会随着时间而呈现出“S”形曲线。在新产品刚开发阶段，技术绩效改进曲线会缓慢逐步增长。然后随着新产品的经验产生，绩效增加和技术绩效呈跨越式增长。最后，新产品技术的实施开始受到限制并增长缓慢。在某一点，技术受到了限制并继续对其进行改进。通常情况下，这种技术被一种替代技术所取代。这种替代技术又处在它自己的 S 曲线的开始，并在其快速成长期即 S 曲线的中间（垂直）部分迅速取代了原来的技术。

次级市场研究 （Secondary Market Research）：基于最初由他人收集而来的数据进行的研究。

市场细分 （Segmentation）：将一个庞杂的市场划分成许多同种类的子市场的过程。每一个子市场或细分市场对产品、价值、消费和产品使用都有着相似的观点和方法。

高级管理层（Senior Management）：具有表决权或控制项目开发的重要资源，并高于产品开发团队的执行或运行管理层次。

敏感性分析 （Sensitivity Analysis）：对某一不确定因素可能对新产品业务的影响的估计。通过设置假设的上限和下限进行管理，并计算期望结果。

服务 （Services）：如飞机航班或保险政策等无形的产品。如果是无形的，它们是直接通过生产者和使用者交换的，不能运输或储藏。服务交付通常需要消费者的重要参与，不能以所有者转移的形式来销售服务，而且服务也没有所有权。

短期成功 （Short-Term Success）：新产品上市后短时间内，特别是 1 年内的销售绩效。

理想图 （Should-Be Map）：描述流程未来工作情况的流程图说明。它是修订后的现状流程图，是团队流程再造工作的成果。

模拟营销测试 （Simulated Test Market）：一种量化市场调研和营销预测的形式。它将处于某一阶段的新产品展示给消费者。测试的结果是对销售额或市场份额的早期预测，这种预测是建立在数学预测模型、管理假设和模拟中具体的指标的基础上的。

六西格玛 （Six Sigma）：每一百万个操作平均只产生 3.4 个错误的流程运营水平。

六顶思考帽 （Six Thinking Hats）：由爱德华 · 德 · 博诺开发的思维工具，鼓励团队成员将思维模式分成六种明确的职能和角色。每种角色对应一个颜色的“思考帽”。

延期率 （Slip Rate）：计算项目进度执行准确率。公式为延期率=[(实际进度/计划进度)−1]×100%。

社交媒体 （Social Media）：基于计算机的媒介工具，允许人们、公司和其他组织在虚拟社区和网络中创建、共享或交换信息、想法、图片和视频。

规格 （Specification）：对产品特征和性能的具体描述。例如，一种笔记本电脑的规格可能包括 90MHz 的奔腾处理器，16MB 的 RAM 存储和 720MB 的硬盘空间，电池可使用 3.5 小时，重 4.5 磅，256 种色彩的显示器。

上市速度 （Speed to Market）：从开发早期最初创意到新产品最初上市销售的时间长度。确切的开始时间和结束时间根据各公司情况不尽相同，同一公司的不同项目间也可能不同。

发起人 （Sponsor）：新产品开发项目中的非正式角色。他通常在公司中具有较高的级别，并不直接参与项目，但是在需要的时候会伸出援助之手并力排众议。

冲刺 （Sprint）：是敏捷产品开发中的一个术语，是指完成特定任务使开发阶段得以进入审查环节的一段时期，一般 2~4 周。

阶段 （Stage）：整个产品开发过程中具有指定结果和可交付成果的一组同时完成的任务。

阶段式产品开发活动 （Staged Product Development Activity）：当人们没有很多未知因素时，开始执行阶段产品开发的活动。

门径管理流程 （Stage-Gate® Process）：一种按时间顺序划分成具有管理决策关口的不同阶段的产品开发流程。在得到进入下一个产品开发阶段的准许之前，跨职能开发团队必须成功完成当前阶段的相关任务。门径管理流程的框架包括工作流和决策流途径及确保流程顺利进行必需的支持系统。

标准成本 （Standard Cost）：在生产地生产产品的成本，包括所需的材料成本、劳动力成本等。

明星产品 （Star Products）：在高增长市场中占据高市场份额的产品。

中止表决 （Stop Light Voting）：参与者用带有颜色的圆点表示他们意见的综合性思维工具，也称作偏好表决。

震荡阶段 （Storming）：团队建设的第二阶段，此时团队成员开始挑战已有边界。步入这一阶段的标志性事件通常是团队成员的自有工作模式之间发生了碰撞冲突，许多团队因此而解散。

故事板 （Storyboarding）：聚焦于故事开发，与用户如何使用产品有关，可以更好地理解可能带来特定产品设计属性的问题或事项。

战略平衡 （Strategic Balance）：开发项目组合在一个或多个领域内的平衡，如专注还是多样，短期还是长期，高风险还是低风险，产品平台延伸还是新产品平台开发。

战略匹配 （Strategic Fit）：确保项目与所采用的策略相一致。例如，如果某些技术或市场被指定为战略重点领域，这些项目是否与该领域相匹配？

新产品开发战略 （Strategic New Product Development, SNPD）：将新产品战略和新产品组合计划结合起来的过程。

战略合作 （Strategic Partnering）：两家公司（通常有一家大公司和一家小公司）共同开发某种新产品而达成的联盟或合作。在通常情况下，大公司提供资金和产品开发、营销、制造、分销能力，而小公司则提供特殊的技术或创新性技术。

战略管道管理 （Strategic Pipeline Management）：将大量的机会排序并调整组织技能以交付产品的战略平衡。

战略计划 （Strategic Plan）：确立组织未来情况的愿景、使命、价值、目标、目的和战略。

战略优先级 （Strategic Priorities）：确保整个项目组合的投资能够反映公司的战略优先级。例如，如果组织的目标是实现技术领先，那么组合中项目平衡布局应该反映这一目标。

战略 （Strategy）：组织的愿景、使命和价值。组织整体战略的一个子部分就是创新战略。

分层抽样 （Stratified Sampling）：将样本根据某些变量分成若干层，从每一层中抽取一个样本的抽样方法。这些变量与研究中的目标变量相关。

部件 （Subassembly）：用来组装较大部件或最终产品的组件集合。通常在组装前需要测试这些部件是否符合明确的规范。

成功（Success）：实现了预期目标和绩效的产品。产品开发成功有四个标准，在项目层有三个：财务绩效、基于客户的绩效和产品技术绩效。第四个标准是新产品对整个公司成功的贡献。

支持性项目 （Support Projects）：对现有产品实施渐进式改进，或提升现有产品的制造效率。通常风险水平较低。

支持性服务 （Support Service）：这种组织功能的主要目的不是产品开发，而是提供使产品开发项目成功所需要的必要条件。

可持续发展（Sustainable Development）：一种发展模式，既能够满足当代人的需求、又不会损害后代满足自身需求的能力。

可持续创新（Sustainable Innovation）：新产品或服务的开发和商业化过程。在产品生命周期中，从经济、环境和社会角度强调可持续发展的重要性，并在采购、生产、使用和服务结束的若干阶段遵循可持续发展的模式。

SWOT 分析 （SWOT Analysis）："优势、劣势、机会和威胁" 分析。SWOT